诺奖得主人

# 近代思想的

# MAIN CURRENTS OF MODERN THOUGHT

Rudolf Eucken

[德]鲁道夫·欧肯◎著

高玉飞◎译

*Main currents of modern thought*

北京时代华文书局

# 目　录

# 前言　当前状况及我们的任务

在考察当今之思想和生活时，我们不能不首先想到，在生活的真正目的这一问题上，已占据上风的异常混乱局面，以及随之而来的极度不安。我们注意到，人类不仅在所有方面都分裂成不同阵营，而且个人内部也常常发生分裂。这种困惑动荡的局面乍看上去像是历史传统自身作用的结果。如今，我们被种种从过去传衍下来的不同趋向所包围，它们常常彼此敌对，但又共同构成过去数千年传承给我们的遗产和负荷。这一事实，就这样被比其他任何东西更能区分现代文化和古代世界较简陋条件的矛盾撕裂。中世纪留下了一整套人生哲学，它所囊括的思维模式有着本质上的不同，如古希腊和早期基督教，艺术和宗教，热爱生命的趋向和排斥生命的趋向；然而，它们宁可拼凑在一起，也不愿和谐地互相结合。与这种结构解决方法相反的是，现代世界展示了新的生命能量，以及对力的无限扩张，彻底主宰物质世界的渴望。可是，这一具体进展立刻导致了现代世界自身内部的分裂。一边是具思维能力的灵魂要求统治世界和人类生活（即唯智论），另一边是自然及其机械论（也叫自然主义）。作为一个历史知识和思辨反思的时代，19 世纪用痛苦的光辉照亮了这些矛盾，使其不可能再被忽视下去。

而 19 世纪本身又包含了多么丰富的经验！想想它所经历的那些意义深远的变革，其中的每一阶段尽管表面上已沉入历史的大背景中，但仍内在地接近我们，并把我们引向相反的方向：

即德国古典时期的艺术精神文化。它是强大自觉的现实主义，以及以主观主义形式出现的对现实主义的反动，后者以精神自立和全新感觉的发展为主要特征。我们承载了多少源自新旧文化的对立啊，如果要内在地掌控它们，我们又将面临一项多么伟大的任务！

为了详尽阐释这些迥异的趋向并使之相互协调，就需要一种更高的精神力。但由于这种力量的缺乏，我们正遭受所有这些不幸：没有稳定的目标指引我们的努力，没有简单的理念从混乱中脱颖而出，将我们从其怀疑和困惑中解放出来；相反，我们被直观印象征服，我们的生活被它们的矛盾瓦解。这是人类存有被自我经验征服、被实存干扰的影响力控制的必然结果。我们就这样被每一波流经的浪潮颠来覆去，沦为所有大胆的谬误和信念，以及一时心血来潮和激情的无助受害者，沦为不断变迁的情绪和局势的玩物。

我们所经历的变革最终可简化为一个简单的问题，同时也是让我们直面的唯一选择，这选择不容许模棱两可，要求全人类做出抉择。这一事实让当前情势变得格外紧张。现代工作悄然而又持续不断的、不可抗拒的发展，不仅彻头彻尾地改变了传统生活方式，而且还削弱了它作为整体的存在，使其无法立足。无论公开还是默认，从宏观还是细微处，从感官还是精神上，旧有的思维方式把人视为万物的量度和中心，将实有（reality）变成类似人类机构的王国，把人类的福利作为所有活动的目标。而现代工作已从根本上摧毁了这种神人同形观。外部世界的无限扩大，人类自身领域中内在必然性和客观性关系的发现，以及超越主体的创造性精神努力的极大扩展会合在一起，让这种对人类的沉醉显得无比浅薄。它们同时也唤醒了对更广阔、更丰盈、更自由的存有（being）的强烈渴望，以及对整体无限性和整体真理相关生活的巨大渴求。这些变革把自我越来越多地强加给人类的注意力，并索要公正的认可。

但这种否定不会直接导向肯定，同样，崩塌也不必然伴随着建设。新的情势引出了两种彼此直接对立、不可调和的可能性。第一种可能性是，这种反对一味沉醉于人类自身的历史性世界运动，是否意味着人类必须视自身为纯粹的自然存有，并将其所有的思想和活动置于自然范围内？如果是这样的话，人类所有的特性都必须被当作有害的幻象遭到清除，所有给予我们生命意义和价值的东西，都必须服从来自自然的规律和形态。

第二种可能性是，这一运动是否肯定一个新世界、精神的世界在人类内部升起，将其提升到自我和自然之上？人类是否开辟了一个实有的新阶段，其精神生活是否能内在地自我扩大，形成一个世界？那样的话，我们的主要任务将是占领和开发这一世界。在这种情况下，人类必须首先坚定地站稳自己的立场，指引其全部注意力和努力前进，而不是后退。这样，人类就能或多或少地超越人类如今爱把自己想象成的样子。在这方面无论做出何种抉择，都将影响生命整体中下至最渺小、上至最宏伟的事物。虽然人类无法逃避这一抉择，但集中力量的缺失容许我们犹疑摇摆，我们时而倾向此方，时而倒向彼方，一切皆依双方影响力的变化而定。就算基本赞同一方，我们也不能下定决心抛弃另一方；我们并没有全心全意地支持任何一方。

对这一状况我们已说得够多：快速变动的趋向和情绪、逻辑的匮乏（正如对尖锐的矛盾和混在一起的不同思想流派的漠视所揭示的那样），以及在系统思考、随后的论断（无论是初始假设还是最终结论）等方面的薄弱。在所有这些方面，我们意识到内在生活水平出现了严重下降，不，应当说，在取得令人惊诧的外围进步、梦想不到的技术成就和外在的巨大成功的同时，人类却陷入了内在生活的贫困。

显然，我们正处于一场可能击垮我们的精神危机中。但这一局面并非源自个人的任性或怀疑偏见，而是作为整体的历史处境的结果。难道我们不能冀望，产生这场危机的必然性也会给予我们某种引导人类超越其上的手段吗?

事实上，这种混乱状态并不乏反对者，有许多反向运动，也有很多构建标准生活建筑及标准实有概念的尝试。但不幸的是，这些尝试多停留在它们意图克服的影响力内。自我意识的专业化时代只顾沉湎于无穷尽的细节，而把整体忘在脑外，如今它的巅峰期已过。但这一朝向统合的运动最初主要在于这一点：生活和知识的不同领域取代了整体，并根据其各不相同的感觉、经验、目的勾勒出一个形象。以前从未有过这样的情形：所有这些不同领域都在自我的圈子里培育出一个紧固的知识体系，并大胆地将其推向圈子边界之外，竭力去捕获万有。每个领域都将自己的独特任务置于它者之前，并把普遍有效性赋予其概念、标准和方法。因此，每个不同领域都变成掌控万有的中心：宗教和艺术皆构筑了自己的世界，社会运动产生了自身特有的生活观。在知性领域内，特别是自然科学，常常扩展为无所不包的哲学体系。首先这样做的，是达尔文主义影响下的动物学。现在我们注意到，物理学和生理学等也在进行同样的尝试。朝向思辨思维的趋向背弃了哲学家，和自然科学家成为一家。在它们之中，绝不缺乏对真理领地的大胆突袭。哲学论断的混杂加上娴熟的研究工作，让人们没有认识到这种思辨意图的粗暴特征。

它们独特的观点，片面的生活概念和结果，感官知觉性和易于理解等特点，赢得了大量支持者，也让它们获得了一定程度的影响力，但仅此而已。这是因为，事物的真理最终必将反对和打破所有狭隘和主观的限制。这一点在此发生的更加容易，皆因这些不同主张所牵涉的形形色色的运动，很快就因各自的权利发生冲突和争执。

显然，整体不能建于某一部分之上。同样，作为部分有效的真理，如果被夸大成整体真理时，就会变成谬误。就这些部分运动取得影响，彼此阻碍、彼此削弱来说，它们必定增加了自身曾力图移除的混乱。目前，或许没有什么比朝向统一的、徒劳的努力更能导致分裂；从没有哪个时代像今天这样如此热衷于讨论一元论，也从没有哪个时代的分裂如此巨大。

虽然这些尝试有不足之处，但它们教给我们的仍有价值。特别是，从它们的失败中，我们清楚地意识到，从此或彼的个别基础出发，只能一事无成；只有超越个别的离散，才能实现真正的统合。除非我们作为一个整体上升至当前情势之上，并开启新的开始，否则就没有正确应对这一危机的希望。但这为什么不可能呢？历史，就其对内在生活的影响来说，并没有呈现出不间断的上升。它向我们展示的，不仅有真正的精神运动的上升和生长，也有随之而来的衰竭。因而，当精神生活在人类实存中留下其活跃形态，然后归于沉寂，扎下更深更强大的根时，我们就会发现这种反复的周期。这样，它独自就能超越这时代，并将存在于这时代的真理，从所有困扰并分裂我们的不确定性中解放出来。我们再次直面这样一个时期。通过自我回忆，我们须弄清我们存在的根基，以及我们同世界的基本关系。我们必须将诉求对象，从眼前的时代转向时代中的永恒，从微不足道的人类，转向让人类超越纯粹自然存有的更高的力量和规律。

在这种情况下，每一个意识到时代必然性的个人，必须依据各自能力，为向这目标前进而工作，换句话说，为深化生命和重建人类文化而工作。在这项工作中，我们提议开拓的道路将更明显的具备以下三大特征：

第一，我们首先将注意力转向时代的主要运动特征，最重要的精神和智力趋向，我们将对它们进行简单阐释。我们谈论的是运动和趋向，而不是概念和理念。为了从一开始就说清楚，这里要指出两点，首先这不仅仅是一个智力过程，此外它们并非决定性因素。尽管表面上看，这一冲突可能主要在智力领域内肆虐，但在其背后却是源自生命整体的伟大运动，带有实有的独特内容和生命的特有构造。在多种多样的冲突之中，穿过种种不同问题，一种普遍的脉动，有可能在这些更深远运动的影响下，唤醒这时代。因此，通过强调这些思维上的重要预设，可能有助于我们形成时代整体的概念，并获得对其独特性格的认识。

此外，接受起点的多样性，正如我们所做的那样，我们至少获得了以下优势：让这时代的种种论断和问题更容易被证实、被理解。这一方案还有更多优势，它能迅速引导讨论达致一个确定的点，内在必然性在此点上异常鲜明，并能向我们的思维展示其前进道路。

这一探究将表明，在每一点上我们都遇到了同样的问题。确实如此，中心问题已在各种不同环境中，证明自身是一个且是一个相同的东西。这一探究还将表明，正如为整体的战斗在每个点上打响一样，与整体有关的决定在其所有分支上都有效。此外，各个攻击点的经验与命令越是压向它，越指明它是幸福解决方案的唯一可能，我们就对自己的立场越有信心。

第二，在更密切的考察中我们发现，每一个不同的趋向都坚持（或至少包含）一种生活过程，这也是我们建议重点考察的内容。此外，我们将重点考察生活过程是否容许独立精神生活的问题。各种不同趋向通常都承认，精神生活拥有一定的现实性。但我们常常处于蒙昧中，不清楚它包含什么，在直觉之外还有何要求，也不了解它附带什么预设和前提条件。

我们将把注意力用于探寻，这时代的运动如何与精神生活的可能性问题发生关系？这些趋向又是如何导致了这一问题？时代的运动与其又是什么关系？由于这是最后可能抵达的点，也是我们的思维世界构建自身的起点，因此我们将尽力不让自己陷入细节当中，会尽快奋力向前抵达贯穿每个运动的生活。对生活过程的这种研究，肯定会把我们带向这一点：在那里，种种疑难变成个人的亲身经验；在那里，他虽能轻易地嵌入个人经验，却难以逃避个人决策。

第三，当时代之内涵在内心形成出发点和终点，最好的办法是引入历史的考察，以支持哲学的工作。这样做会有效果，首先，它能经由揭示其成长及其关系，照亮并明确地界定现今精神的本质。在力图理解和评价这时代的主流运动时，我们是否能在他们之中辨别出，哪些是转瞬即逝的浪潮，哪些是持久的生活倾向？当前的经验以前是否常常被经历，且具有反复和周期性的特点？或者它是否揭示了某些全新而独特的东西？它是作用还是反作用？向前推进还是向后滑落？这绝非无关紧要的事。历史性回顾的多少将依具体情形而定，例如，在贯穿欧洲文明整体发展的过程中，常常有必要跟踪运动的主要阶段。但有时仅对前面一个阶段进行研究已足以照亮当前。

以史为镜可以更好地阐释现存状况。如果它能让我们更好地认识事物的独特本质，更明晰地意识到他们的局限，发现他们的问题，就能够为独立研究铺平道路。通过发现生活过程在他们之中的运作，不仅当前状况，历史联系，甚至连作为整体的历史也被转化成一个问题。只有将原初的、个人体验的、终极的事实与过去接受的事实区分开来，才能为整体提供新的解释。这样，我们或能引发一场革命，转向对事物的直接思考和分析。只靠这种反转，及其将历史变成永恒生活的进展，就能够从内部看透我们存在的内涵，就能从表象出发抵达事实，从纯粹的数据达至基本真理，在历史的运动中识别内在必然性和持久的趋向，不，应该说，能够从整体中夺取任何意义。唯有如此，从永恒真理的立场对其加以考察，才能度量个人时代的重要性，才能对今日之成绩进行内在的批评。对时代的主张，我们将会参照其在世界精神进化中所处的阶段加以检验。如果历史已揭示了比这一立场所蕴涵的更多内涵和深邃性，那么进步将是必然；与此同时，它也可能在继续求索的方向上获得指引。当哲学工作和世界历史经验这样亲密接触后，批评就无须继续回顾和反省，它能变得进步，有创造力，能够自行推动它所要求的前进运动。

这样的一项研究必须首先摧毁理所当然的性格，因为它总是习惯依附于特定时代的运动；同时，还须清除他们常常犯下的教条主义的错误。

第一个条件是更准确地认识时代的担负和成就。准确地认识，在这里同时意味着，去认识所达到的广度，它凭此便有望获致一个独立有效的判断，而不必犯下不公或用自相矛盾取代独立的错误。接下来，我们的主要目的是，在被多样性和各种运动明显混乱的包围中，发现居主导地位的倾向，以及发展的简单的根本原则。从这一观点出发，我们就能冀望，将时代的真理内涵及其内在必然性，从人类错误和激情的胡乱增加中解放出来，同时因我们自身的努力赢得核心。只有那些能内在体验这时代的人，才能准确地评判它；那些从头至尾只会对这时代吹毛求疵的人，其看法没有任何价值。

最后要补充的是，和此前的多个版本一样，本书亦将对主要概念进行认真的考察。今日之混乱局面很大程度上可归因于对术语的模糊使用。同一个词句时而意义严谨，时而无比松散，这样就容易让论点获得超出词句原意之外的错误内涵。如果同一个词频频获得本质上大不同的含义，那么，事物的面貌会陷入混乱，中心观点也会趋向模糊不清。术语和概念在每个时代都无比契合，但如今却前所未有地松散。要纠正这一不幸的状况，就有必要粗略地回顾一下术语运用的历史，接下来我们将在这个话题上投入一点点时间。

# 第一章　精神生活的基本概念

## 第一节　主观与客观

### 1. 历史

主观与客观的关系是当今矗立在哲学工作和哲学争议中的核心问题。我们对生活的看法，我们的实在观，我们的真理观，不，应当说生活本身的主要潮流，都取决于主观还是客观占上风。一方面，生活运动的主要趋向是从人到世界；另一方面，是从世界到人。所有其他问题都可以回归到这个主要问题。我们如今面对的这一问题，带有源自哲学全部历史阶段的影响印记，因而有必要回顾这一历史发展中的主要阶段。在对其进行研究时，我们会发现，它们包含了上述问题的主要备选方案；同时，我们也会意识到，有一种持续的冲动束缚着世界工作朝某个特定方向发展。

主观与客观等词语的非凡历史表明了这一问题的异常复杂性。数百年以来，它们的含义早已完全颠倒。邓斯·司各脱最初将它们用做词义相反的专业术语："主观一词用来指任何与判断的内容相关的东西，也就是思维的具体对象；客观则表示'观念的呈现'，并因此使其成为呈现主体的东西 ING[①]。"

在 17 和 18 世纪，哲学家一直这样使用这些词语。不过，客观（在当时比"主观"使用的更为普遍）的反义词并非"主观"，而是"形式"或"实在"。学院派哲学体系显示，这一时期，"客观"一词的使用变化为更现代的术语学铺平了道路[②]。

然而，直到被德语吸收之后[③]，这些词语的意思才出现了彻底反转。

"主观"和"客观"这两个词最初仅被沃尔夫学派使用，即使在莱辛和歌德的论战中，这两个词也只是被用做很专业的术语。

首先使它们走向普遍应用的是康德学派。到 19 世纪初，它们已被广泛使用。它们的新含义能得以普及，要完全归功于德国的影响力，因为一开始，这些意思常被认为很奇怪。

虽然这些词在现代术语学中的含义已和中世纪大为不同，但它们的真正意义在于自身的极不确定性，时而被这种、时而被那种影响所左右。

主观最初的意思指仅与个别呈现行为有关的东西，但后来常

① 见普朗特《西方逻辑史》，第三卷，第 208 页。

② 在笛卡儿（法国哲学家、数学家，1596—1690）和伽森狄（1592—1655，法国哲学家）的讨论中，曾出现过"客观"与"主观"。皮埃尔·贝尔（1647—1706，法国哲学家）也曾讲过这一问题。到更晚些时候的柏克莱（1685—1753，英国哲学家）的著作中，我们可以发现以下句子："自然现象仅是自然的显象，因此它们是我们所看所感之物。因此，它们的真正客观本质是一样的。"埃蒂安·沙尔文在《词典原理》（1692）中的"确定性"词条下面也提到了"客观"一词。

③ 主要是通过沃尔夫哲学学派，例如，A.F. 穆勒所著《哲学科学入门》一书，1733 年出版。

古希腊哲学拥有显著的力量和与众不同的特点，原因在于它能将人与自然的基本关系提升至精神层面。

The peculiar strength and distinguishing characteristic of the old Greek philosophy of life lay in its capacity for raising the primitive relationship between man and nature to a spiritual level.

表示（尤其是被科学家使用后）任何有感觉、会思考的生物的自身体验。此外，所有超越直接事实的证据也被称为主观，并被认为不过是一种点缀。就这样，最深邃的和最肤浅的受到同等对待。客观这一术语的意思同样含混不清。有时候它表示与精神活动相对立的实物，有时却又是思想的构成内容。歌德将客观性作为自己的目标，现代自然主义亦是如此。

很明显，这一问题本身一方面是关于人与思维世界的关系，另一方面是世界与居于其中的人之间的关系。从思想是独立的这一点来说，它与世界是分离的；但与此同时，绝对不能忘记的是，思想属于世界，而且它的内容总是来自世界。因此，裂痕尚未形成，已有迫切的希望去弥合，让思维和世界重聚，并彼此紧密结合。

但是，我们越是忙于这一任务，它看上去就越复杂。古希腊敏锐地意识到这一问题的复杂性，却能比我们现代人更好地驾驭它。

古希腊人在古典主义的巅峰期尝试使用的解决方法对哲学史产生了最深远的影响。由柏拉图、亚里士多德等伟大的思想家阐明的这些看法，主要从其背后的一整套生活和行为中汲取力量。

古希腊哲学拥有显著的力量和与众不同的特点，原因在于它能将人与自然的基本关系提升至精神层面。它让这一关系变得高尚的同时，也避免了任何剧烈的分裂。它为人类在世界上安排了一个位置，同时为他保留了精神独立的纯洁性。人类与世界，内在于外在，进而进入超越原始同一性阶段的新时期。它们不但没有走向分裂，相反它们之间的精神联系还能轻易地得到证明，因为它们似乎都属于同一类“存有”，为臻于自身的完美，彼此内在相连，互为补充。

当被人类占有时，充满内在生活的自然就达到了其巅峰，另外，只有首先和世界接触，潜伏于人类内部的力量才能得到充分发展。在这样一种由冥想和爱促成的统一中，生活臻于精神创造的巅峰和幸福。

从这种观点出发，就可以视真理为思维与其目标的一致性。但这种对事物的看法仅能满足某一个阶段的生活，在此阶段，自然比其后来更具精神性，人类比其后来更具自然性；在此阶段，自然由于自身的独特规律和力量尚未实现完全独立，人类的内在生活也没有深邃到足以构建一个自我世界的地步。

毫无疑问，人与自然之间的这种密切关系，以及随之而来的彼此间的丰富互动，有助于建设一种积极、高尚、艺术型的人类文化。但同样可以确定的是，这种对世界抱有单纯想象的精神生活的紧密联盟，不可能永久维持下去。

早在古典主义时期结束前，斯多葛学派和新柏拉图学派就已经在不同方向上寻求解决之道。尽管它们对现代世界的影响没有早期的思想模式那么大，但后者以中世纪经院哲学的形式获得了一次新生，并通过它直接影响现代世界（其特征主要源自它和经院哲学的冲突）。这一新倾向首先通过以下方式展示其影响力：主观的巨大发展，与环境的决裂，以及通过人类及其思想大胆尝试建立一个新世纪，重塑生活，而不是追求与世界联合，并对其采取顺从态度。

科学以一种前所未有的剧烈方式改变了事物的面貌。科学排斥那些没有通过测试的所有事物，同时将剩下的加以阐释并将它们联结起来，最终将人类全部实存纳入系统性思维范围，并将其提升至可想象、可概念化以及理想化的层面。

内在已意识到其统一，并在其领土上确立了自己的地位；与自然获得了完全的自主权，并被视为一个充满完美序列和不可抗规律之领域。

Nature attains to full autonomy and is seen as a domain of faultless sequences and inviolable law.

此同时，外部世界则退居次要地位，并丧失全部内在生活，这是因为外部世界在空间中的运动功能似乎不需要任何精神准则；不仅如此，外部世界还丧失了颜色和多样性，因为所有感官属性都被认为是精神赋予客观对象的一件外衣，而非它们的自身属性。

自然因此被认为是一个由无生命的物质和运动构成的领域，和灵魂没有任何内在联系；另外，灵魂被认为是完全独立的，是用思想力支配永恒的主人。这样灵魂就被提升至无与伦比的高度。这是一项伟大成就，可能也是现代世界能够自诩的最伟大的成就。但它并不能构成这一时期的全部活动。

除了对主观的美化外，当前这一时期还有另外一个明确的趋向，这一趋向主要强调外部世界的广袤与宏伟，并将其与人类的渺小对比；这一趋向致力于用源自与无限宇宙联系而产生的更广阔、更丰盈、更纯洁的生活，取代人类存在的空虚、迷茫与狭隘。

这是一场接近客观对象的运动，力图让人类投身于外在世界，毫无异议地吸收后者的全部内容，从而期冀来自经验以及对外部世界事物更深了解的救赎。人类绝不能只根据自己的理想塑造世界，而应将生活建立于自身在宇宙系统中的位置的真理基础上。

甚至连主观自身的增强也间接地支持这一运动，这是因为，主观越专注于自身领域以及对“它拥有”的所有特征的同化（过去，这些特征被说成是主观“施加”于外部世界的客观对象之上），就越能为终结古代神人同形的生活观铺平道路。这样客体就能自由地发展其本质，在其多样性中让自身更加紧密地联结在一起，直到被牢牢地融合成一个整体。

现在，面纱第一次被取下，自然获得了完全的自主权，并被视为一个充满完美序列和不可抗规律之领域。要强调的是，这一切都是把自身作为除人之外的客观世界的附属物加以解决的，但最终，它注定还要回到人那里，包围他，把他变成一个十足的奴隶。

从这一观点看，主体所有的独立性愈来愈像空洞的幻影；有人宣称，生活应该很乐意适应外部事物，并将其完全置于后者的指引下。人类因此更加依赖环境。这就引出了一种完全由客体支配的新的生活类型。我们因此可以看出，现代被两种迥然不同的运动所渗透，每一种都自立为王；由此导致人类内在的分裂，并让我们的生活陷入根本性的动荡和紧张之中。

现代世界的这种两面性既表现在我们将要处理的大部分问题中，也表现在它让自己看上去正在从事一项艰难但又急迫的任务，并召唤我们采取精神行动。从当前状况出发，难以希冀超越这一分歧的统一或确定的真理，因而现状必须得到进一步的发展，并展现出新的实有基础。这并非异想天开的猜测，而是内在的必然性，驱使伟大的思想家们追求新的道路，并令其反抗将生活和世界视为基于思维之上的实有的古老观点。

在这些阐述新生活类型的尝试中，有两种尤为重要，第一种以斯宾诺莎为代表，他强调客观性，第二种以康德为代表，强调主观性；前者承认和强调主体中的客观性，后者强调客体中的主观性；斯宾诺莎试图通过发现人身上的宇宙力，让人类与世界紧密结合。同时，他还将这种宇宙力与其他人类元素进行了区分：这种力指的是思维，它立足于自身基础之上，受自身必然性支配，独立于与感官环境的一切联系（例如，正如我们所见，数学领域即是如此）。另外，卑微的人类元素则完全是局限于个人目标和情绪的主观经验。

从此种偏见和狭隘转向思维的清晰和广阔，就为人类创造了一种宇宙生活的可能性：既然思维本身被视为扎根于普遍性的生活（这也是外在世界的基础），那么其过程亦应与万物之真理一致，并能直接分享其永恒与无限之特征。

知识于是成为生活的灵魂，满足我们的一切需求，并以宗教和艺术思考作为其理想形式。因此，这种安静伟大的生活类型所吸引的大多是具有艺术气质和爱沉思的心灵。

这种思维倾向的影响已远远超出了实际信徒的圈子，而见于宇宙与卑微人类间的人性分裂，见于在思想和感情上对牢牢确立于中世纪的神人同形论的有力抵抗。

人类开始更清楚地认识到，他们所贪求的幸福本质是何其卑微，那些占上风的观念领域是何其狭隘。人类一旦觉察和认识到这些不足，就绝不会再用旧有的、不加辨别的方式接受它们。

然而，问题依然存在：我们的全部精神生活是否始于思维，终于思维？有可能的是，从不可靠的感官显象向思维真理自身的转变，要求全人类采取行动，这一行动存在于纯思维领域之外。构成这一解决方案基础的假设（我们的思维与周围世界的和谐，以及两者在唯一的宇宙生活中的理解力），绝不能撇清怀疑。当我们思维的宇宙特性不稳定时，它给予我们的生活直理也会即时动摇。

这一考虑也驱使康德走上了一条完全相反的道路。在他看来，外在事物的世界退守至不可企及的遥远处，证实与其之间联系的所有可能性都不复存在。因此，如果我们试图寻求任何真理，在这种情况下，真理就不再“仅限于人类”，而会成为绝对真理，其主要特征是，人类所有的特殊性服从于普遍准则。

In this case truth ceases to be Merely human and becomes absolute ; the characteristic feature is the subordination of all human particularity to universal norms.

必须在主体自身内寻找，而不是在主体与客体的联系中寻找。

这意味着根本性的否定，但康德发现了一条从否定通往肯定之路。他把我们的注意力引向人类生活领域内的那些伟大成就，尤其是引向科学经验体系以及道德行为领域的形成。这些成就中的精神因素肯定归功于主体，这样，主体独自就能超越其传统形式。

与其说它是一个个别点，个别存在，不如说它是一个精神结构。它对自身及其活动的理解因而对每个个体都有效，并因此导致一种新的客观性①，和一种新的真理观。它的确切内容取决于活动的本质和重要性，因此在理论理性和实践理性领域完全不同。

康德认为，所有人类知识必定局限于一个世界内，超出这一世界则是我们所不能企及。我们建立的思维世界（作为对外在世界刺激物的回应）只是我们的呈现方式，仅对我们自身有效；我们的生活观不会超越我们自己；思维以及感官知觉的形式是且一定是“仅限于人类”。但在实践生活领域，情况则完全不同，人类活动臻于完全的独创性，能够形成一个自己的世界。在这种情况下，真理就不再“仅限于人类”，而会成为绝对真理，其主要特征是，人类所有的特殊性服从于普遍准则。

人类现在与实有的真正本质产生了直接联系；作为一个道德

① 毫无疑问，客观性的这一概念充满复杂性，并曾遭到康德反对者的激烈抨击。例如，厄内斯特·普拉特纳（1744—1818,《哲学箴言录》第一部，第 699 页，《评论》）曾说："然而，如果其目的是为了证明知识具有客观正确性，那这种做法肯定极大地扭曲了‘客观性’这一术语，且采用了哲学术语史上迄今未听说过的意义。它被用于表示完全相反的概念。难怪一向认真的施密德先觉得有必要将康德哲学中的‘客观性’描述为‘主观客观性’（《康德作品简明词典》，“客观性”词条）。"

存有，主体自身也成为世界的拥护者。道德因而成为生活正中心的一个独立领域。

另外，知识退守至边缘地带，其主要任务是护卫道德世界免遭干扰。结果就出现一个与斯宾诺莎提出的直接对立的新生活结构。康德哲学拥护为创造一个新世界而行动，斯宾诺莎则支持为探求早已存在的世界根基而宁静沉思。

康德哲学让实有分裂，并强化所有对立，而斯宾诺莎学说则消除统一体内部的对立。不过，它们有一点是一致的：渴望用某种方式赋予生活一种宇宙特性，将人类提升至自我之上，并引导他走向更深邃的事物。

近年来，康德哲学的思想模式出现了复兴，关于这一话题的讨论且留给当前的研究。康德哲学的直接追随者强烈反对保留“自在之物”概念，以及由此导致的对人类能力的限制。和“自在之物”一同消失的还有理论理性和实践理性之间的分裂，这样一来，生活观念作为一个单独联系的整体就不再面临任何障碍。

此外，这些追随者们还积极尝试从人类精神活动中演绎出所有实有（特别是从被认为具有内在运动的思维中）。普罗提诺[①]早就指出过，通过转向自我，让思维自己成为思维的主体，思维在自身领域内就可能战胜主观与客观的对立。这只需在其全部结论中加以推断；只需从所有与个别相关的事物中解放出来，并扩大到世界历史的全部领域；只需举出黑格尔哲学体系作为答案，这

① 译者注：普罗提诺，公元205—270年，罗马哲学家，新柏拉图主义的创建者。

一体系将万有转化成思维的自我发展，将真理视为精神自我意识的苏醒，并赋予人类完全参与这一绝对真理的权利；可是，他须抛弃所有狭隘的主观看法，仅遵循思维过程的必然性。这一大胆的尝试不仅在其所处时代引起轰动，而且其方式也在精神生活的内容上留下了深刻烙印。

然而，初始驱动力刚衰竭，对其的反动就不可避免。哲学的自由发展被用来揭示其局限性。很快，一些严肃的问题开始浮现：它首先被问及的问题是，既然这是一个精神过程，就要具备重验性，而且为达到此目的，需要在过程自身外部寻找一个支点。那么这一过程是否到对其自身外在事物的要求？

第二个问题是，生活向思维的单独转化是否会剥夺实有的全部内容，仅留下一套逻辑形式和公式？第三个问题是，人类精神的绝对性是否被过于草率地承认？无论这些问题的答案是什么，目前的事实是，与其说这一体系被哲学对手打败，倒不如说它被生活自身所选择的实际方向带上衰败之路。这样我们就来到了 19 世纪。

## 2.19 世纪

从未有哪个时代像 19 世纪这样，如此强烈地意识到主观与客观的问题，以及它所包含的对立；也从未有哪个时代像 19 世纪这样，如此直接地、在如此广泛的生活领域内感受到这一困境。与此同时，在克服这种对立关系的过程中，却鲜有新的尝试。康德哲学的不断重现足以说明这点。

我们首先要讨论的是一个极其重要的运动，它带领人类远离内在发展，并借助于自然和技术科学，社会和政治工作，将人类注意力转向对可见世界的征服。在这条道路上，人类日益痴迷于外在世界，他仅从自身对世界的专注力量中寻觅实有和真理，外部事物之外的一切生活都被视为幻影。因而生活的重心转向客观世界，并在忙于外物且受外物制约的工作中寻求自身的意义。

工作将自身从个体中彻底解放出来，形成了一个独立、广泛的关系网，并持续膨胀，最终将人类变成了它的奴仆和工具。这一趋向最早表现在工厂工作上，然后迅速扩散到生活的其他领域。人类的思想和努力愈多地集中于某个外在可见角色的共同任务上，个人心灵内发生的一切就愈加无足轻重，他的状况就越发无关紧要，主体也越发被认为是庞大体制上的一个小小的齿轮，可以被任意搁置一旁的一个数字。这一倾向的科学表述可以在实证主义理论中找到（迄今为止，它在逻辑上由自身原则发展而来，并未和不同类型的思想混合）。

我们方才指出的倾向仍占支配地位，但人类已愈来愈意识到其局限性。一种不断增长的空虚感占领了我们，这不恰恰证明了主观是不可抑制的吗？否认我们自身所有的内在满足感是不可能吗？

支持主体的一场突然的反动是显而易见的，主体开始认为自身及其状况是局势中最重要的因素。随后逐渐形成的倾向抛弃了一切外在束缚，让个人感觉成为唯一标准，最终让生活尽可能地与这一标准一致。

这一反动迄今仍在文学、艺术和社会生活领域内发挥广泛影响。不过，它由于过于缺乏真正的内容而无法战胜反对者，也无法满足人类心灵。它对个体力量的全部吸引力并不能产生连贯的内在生活或普遍真理，最终，它引领我们重返其曾渴望将我们从中解放出来的空虚当中。

这种主观论在科学领域最近的一个典型就是心理主义，它致力于构建一个直接奠基于个人灵魂之上的思维世界。心理主义曾一度被证明颇有影响力，但反动转瞬而至。现在，人们越来越清晰地意识到，如果采用这样不牢靠的根基，它就不可能发展成一门科学，或抵达真理领域[①]。

科学领域之外亦是如此，我们日益意识到主体论的局限性。然而，我们不可能回到此前讲述的那种客观论。因此，我们处于痛苦的分裂状态，工作与心灵兴趣的不同主张之间的对立越发明显。这关系到生活的瓦解，因此绝不能接受将其作为最终的解决方案，而必须找到弥合分歧的方法。

在这方面不乏各种努力。最有影响的当属那种致力于内在地扩大和加强主体，以使其获得对宇宙的新洞察，并使其获得一种现在的生活：这基本上是沿着康德思想路线出现的（虽然绝非完全如此）。

符合这一描述的运动可以在神学和哲学中找到，但它在两个领域中的表现形式不同。在神学中，这一运动试图让宗教真理摆脱思辨和形而上学的不确定性，并将其置于灵魂存有（being）核心的坚实基础上（在此我们主要指的是里敕尔[②]的思路）。在道德领域内尤为如此，在道德人格的发展过程中，精神生活似乎创造

① 对心理主义最有力地反驳来自胡塞尔的《逻辑研究》（1900—1901）。这一著作以令人信服的方式证明，心理主义的深远影响甚至曾及于那些原则上反对它的研究者，这也是胡塞尔著作的重要特征。

② 译者注：里敕尔，1822—1889，德国新教神学家。

了一个自我王国，并将自我置于安全无虞、超越实存（existence）其他阶段的王位之上。

根据这一思维趋向，对精神自我保存有必要的行为无须外在支持，它的真实性可由丰盈的道德和宗教生活予以内在地证明。这种情况下，思维世界更精确地发展主要取决于价值评判，后者代表了与生活之间的这一核心关系，因此优于所有形式的理论证明。

道德和宗教生活遵从自身的内在必然性，生成一套信念体系，但这一体系并不自诩为宇宙哲学，仅通过不断地将自身和伦理一宗教生活联系在一起来维持其有效性。

单就它旨在为人类终极信念提供比学术辩论更坚定、更直接的基础，以及给予生活更多的实用性而言，这一运动毫无疑问是正当的，但其方式却让我们充满疑虑。感觉通常被认为生活的核心，这一运动试图在感觉基础上建立一个哲学架构："感觉是自我意识在其中发现自我直接性的精神功能。"①

但真的可以说生活通过感觉获得自我直接性吗？难道感觉有时候不是空空洞洞吗？感觉自身不能形成内容，它只有在与其余生活发生关系时才能获得内容。由于感觉容易频繁变动，也可以有各种不同解释，以其为基础，就不可能给予生活以稳定性和内容。如果这种感觉不是代表一种必然性，它所申明的内容也没有超越自然、人类和特殊性，那么以感觉主体为基础构建一个思维世界的试图可以说与主观论无异。

然而，这一建构怎么能屹立于灵魂生活的不加掩盖的事实之

① 里敕尔：《基督教的称义与和解教义》，第三章，第142页。

因而，感觉的力量并不能保证任何由其发展而来的思想体系的真理性。

Consequently the strength of a feeling is no guarantee whatever of the truth of any body of thought which may be developed from it.

上呢？一种感觉无论看上去如何重要，它首先也只是针对某一特定主体；无论感觉和某一特定内容关系多么密切，这一联系所表达的也要远远超过直接印象所包含的内容。因为感觉是解释的产物，而这种解释有可能是错误的。因而，感觉的力量并不能保证任何由其发展而来的思想体系的真理性。其中，宗教主张的多样性及冲突的盛行已说明了这一点。

所有宗教都坚信与其相关的基本感觉是无比真诚的，然而不同宗教得出的真理迥然不同。因而需要一个更高的裁决在这些相互冲突的主张中做出抉择，而感觉没有能力承担这一职责。

除非与生俱来带有一种超越自然特殊性和个别性的生活，否则人类根本不可能获得真理；而受困于这些限制因素的真理也称不上真正的真理，由此得出的结论是，人类在任何情况下都不能抛弃自身与实有的基本关系问题，或者将其搁置一旁。

这一问题并非通过事后反省强加给人类，从一开始，它就成为人类精神本质的一部分。一个精神存有的生活的起始与终结并不由其主观条件决定，它还受客观条件影响，且必须与客观条件发生关系；它倾向于坚持主观与客观之间的裂痕应当被克服，并认为受困于主观条件是一种无法容忍的束缚。

里敕尔思想倾向包含的复杂性很容易被遗忘，这是因为感觉刺激通常得到以历史传统形式传承下来的思维世界的补充，这将为其增添更大的稳定性和内容。事实上，历史传统的真理性必须首先得到证明，就此而言，它只能在感觉机构的帮助下实现。感觉还须决定这一传统中的哪些部分内容有价值。因而，经过或多或少迂回曲折的道路之后，我们重回感觉身边，并发现我们仍被囚禁在感觉领域内。我们赋予感觉的独立性愈多，它提供给我们的内容就愈少，它就愈倾向于分裂成许多没有意义的孤独王国。因而，与其说这一方法减少了我们的困惑，毋宁说它增加了困惑。无论离这一思维方式有多远，我们也不能不承认，采用这一思维方式产生的道德和宗教生活颇有活力。但我们不能因此就假装对这些信念的理论构想表示满意。

因而，与其说这一方法减少了我们的困惑，倒不如说增加了。无论如何远离这一思维方式，我们也不能不承认，采用这一思维方式产生的道德和宗教生活颇有活力。但我们不能因此就假装对这些信念的理论框架表示满意。

在哲学领域内，这一问题呈现出基本不同的局面。价值概念[①]在这里被置于一种重要且成果丰硕的运动的中心。这一运动

① 在过去几十年里，涌现出了大量关于价值概念及其意义的文学作品。这里无力对此进行回顾或点评，我们只拿迈农（1853—1920，奥地利唯心主义哲学家）的《对价值理论的心理—伦理研究》（1894）为例。我们将引述霍夫丁在《宗教哲学》中的以下段落阐明这一问题："除知识问题之外，我们还应在价值问题的独立上感谢康德哲学。他教会我们如何分辨评价和解释。"此外，"康德更多地谈及目的，而不是价值。不过，很清楚的是（虽然康德并没有在其心理学或伦理学中给予适当的关注），目的概念以价值概念为先决条件。当康德提及与自然因果顺序相对立的'目的领域'时，他指的是实际上就是后来哲学家所说的'价值领域'。康德的门徒弗里斯开始使用价值概念（《哲学体系》，莱比锡，1804；《新的或人类学的理性批判》，1807）。然而，是赫尔巴特和洛采促成了价值概念在更大圈子内获得承认。继洛采之后，神学家里敕尔与其学生吸收了这一概念。"波施曼最近出版了一部关于弗里斯价值概念的著作。不过，这一概念及其相关问题并非完全是现代的，它出现在主体获得更大独立性的任何时刻。因而，它最早应出现于斯多葛学派时期，后者为其创造了一个专门术语。库萨的尼古拉（1401—1464，文艺复兴初期德国哲学家，罗马天主教会的高级教士）是近代第一位思想家，他把上帝称为"所有价值中的价值"。

将价值看作一个整体，代表了与古代（这里主要是指柏拉图哲学）截然相反的现代思想模式。当永恒存有（permanent being）和短暂生成（transitory becoming）成为实有的主要对立面时（如柏拉图哲学），它距离将这一基本存有同时看作善与价值，并尽可能地将两者统一，仅剩一步之遥。

由此观之，善可以被认为脱离于所有活动，完全独立于所有与人有关的东西。另外，现代思想则主张，离开了有生命的、活跃的存有，就谈不上善的存在。而且，善也只能按照其对生活的重要性获得价值。因此，使用“价值”而不是“善”更适当。这一基本概念能够，也确实呈现了不同的形式。

如果带有敏感性和感觉的个别主体被当成生活的唯一基础，如果对所有活动都按照它们对主体舒适度的贡献加以评价，如果最终起决定作用的是对愉悦和痛苦的考虑，那么就不可能看到这一运动让生活得到提升或充实。因为愉悦把人困在自己未曾领悟的主观感觉上，外在世界再成功，也不能阻挡内在生活的日益狭隘。

这对任何内在生活的提升，对人类和事物的任何直接的欢愉，对客观任何重要的同化作用，都是有害的。对于那些认识到与人类精神处境相关的巨大任务和复杂性的人们来说，这些瑕疵让人尤为痛苦。因为这一状况要求一个向上的提升，不，它要求一次内在的转化。如果生活依然自缚于微不足道的主观条件，这些要求就不可能实现。

另一种思维方式立于无与伦比的更高水平上，康德的批判理想主义方法按这一思维方式被转化成当今的基础，并试图根据后康德时代的经验对其进一步发展。

首先从以下事实开始：我们的生活与活动并没有在盲目的事件直接性中自我消耗；我们的精神本质迫使我们持续地运用我们的判断力。如今我们依据那些不受想象或失败影响的明确标准做出判断。这些标准所揭示的价值观超越了所有纯粹实用性、愉悦以及痛苦，带来了生活的内在提升，从而可以由衷地宣告自身拥有绝对性①。

在此我们必须讨论一次重要的尝试，它力图为人类生活提供源生于内的根基和内容，力图借助于批判性自省的帮助，同时又不陷入思辨形而上学的争论，将人类生活提升至自然冲动之上；与此同时，它还力图为哲学筹划一项特别任务。事实上，只有记起其精神本质并力求将其深化，人类才能战胜由主客观决裂带来的生活分裂的威胁。

我们仅对一点心存疑问。是否能认为，当达到这一步后，这一问题就已解决？是否存在一种内在必然性驱使这一运动继续向前？在这一点上有几个疑问，这些价值观是否能在保留其不同经验的同时获得足够安全的地位？是否只要保持并列、不联合起来组成一个统一的整体，它们就能确保自身根本性不受攻击②？进一步说，是否只有为我们创造一个崭新的、自我呈现并自我主张的精神自我，这些价值观所揭示的更高等级的生活才能奋起反抗，

① 特别是孟斯特伯格在《价值哲学》(1908)中表达了价值的优越性，对这一主题进行了热情有力的阐述。

② 孟斯特伯格也强调了这种联系的必然性，他在《价值哲学》序言中指出，“价值观作为一个整体，必须从根本上接受检验，并能从一种基本实在中推断出来。我们现代哲学缺少一种独立的纯价值观体系，哲学只有包含这一体系，才能成为一种真正的生活动力，长期以来，这一地位一直被自然科学独占。”

并战胜自然和社会自我保护倾向的纠缠与奴役权力？但这几乎是不可能的，除非我们能颠倒万物现在的地位。因此，我们再次回到某种形而上学中，不管它与那些古老的形而上学有多么不同。

所以，对我们而言，价值学说不是一个彻底的答案，而是一个非常有前景和启发意义的运动。目前，这一运动并未在哲学领域之外发挥太大影响，人类仍然在工作与灵魂，在强大的客体对主体的同化与自负的主体对客体的滥用之间，痛苦地摇摆。

这一状况的复杂性引出了以下问题：主观与客观之间的这种完全分裂是不是一个错误？承认内在领域与外在世界并存是否是一个错误？难道我们不可以说，正是因为这个概念，对真理的渴求才会包含一个无法解决的矛盾。因为它既要分裂，又要统一；既要分离，又要靠拢。

近年来，理查德·阿芬那留斯[①]和马赫[②]从截然相反的观点出发，最后却得出了完全相同的结论：这种分裂应被作为一种无用和误导的重复被抛弃。将感觉置于内在世界（内射）和把意识过程置于外在世界（投射）一样，都是错误的。

这些作者给了我们一个世界，而不是两个，他们阻止我们去寻求直接经验之外的对象。这种对待问题的透彻方法，由于其简单化倾向，在我们这个时代留下了明显的影响。但专门对其进行讨论超出了我们当前的任务。确实值得称道的是，它在一个近似于自身的领域内，即在感觉的生理学—心理学理论方面，再次揭示了那些似

① 译者注：理查德·阿芬那留斯，1843—1896，德国哲学家。
② 译者注：马赫，1838—1916，奥地利物理学家、唯心主义哲学家。

乎已经解决的问题，并揭露了传统科学自然观的问题所在。

然而，考虑到我们的自我意识在于实在，而不是意识流，我们不能同意他们的主要论点：即我们的所有知识都是通过我们的独立工作形成的。此外，有必要特别注意这一事实：在超越智力过程之上，形成了一种内在生活，这种生活尽管呈现多样性，但都表现了一种永恒性，历经种种变革和运动依然存在①。和这种自

① 见马赫《感觉的分析》，第二版，第 206 页："心理学和物理学之间没有分歧，没有内在和外在之分，不存在一种感觉符合外在的某事物但又与其自身不同，只存在一种要素（即感觉），它构成了假定的外在和内在世界。根据每个特例中的具体情况，可以在内在或外在中找到这些要素。感觉世界同时属于物理学和心理学领域。"在第 33 页中，马赫指出："我认为心理学和物理学之间没有差别，它们在这些元素方面基本一致。"也见于乌拉沙克（《未来》，1902，第 202 页），"只有有经验者才能在自我意识中找到一棵树呈现的感觉，他始终将这棵树视为其环境的一部分。即便眼前看不到树时也是如此，只不过是通过回忆罢了。和树一样，不那么生动的形象也和感知它的人处于同样的关系。"

当马赫否认自我的独立性和永恒性时，很大程度上是因为他混淆了自我意识和活着的自我本身。例如，在第 3 页上有这样的话："自我意识的明显永恒性首先存在于连续性、缓慢的变动中。自我意识的基础由昨日之不同思想和计划、以及那些长期形成的不自觉的小习惯构成，前者在今天得以持续，并不断地被周围环境唤醒，（因此，在梦中，自我意识有时可能非常混乱，有时倍增，有时则什么都没有。）不同人之间的自我意识和同一个人在一年内的自我意识之间几乎没有什么重大差别。如今，当我回顾年少时，如果重忆之链断裂的话，我几乎会认为那个少年是另外一个人（除了少数特殊节点之外）。"

在第 17 页上，他写道："人们不再赋予自我意识如此高的价值，因为它即便在个人生活中也容易出现巨大变动，在睡眠中或沉思时（尤其是沉浸在幸福时刻时），自我意识可能部分或全部不在。"然而，难道没有一种精神统一体，即便在面对自我意识的种种变化和隐晦时，仍能保持其活力吗？所有的科学进步和艺术创作工作不正是通过这种精神个别性的统一体实现的吗？实践和技术领域内所有伟大成就的源泉难道不也是这个统一体吗？和这种自我意识的分离相反的是，精神生活的这些经验和歌德的信念一致："时间与任何权柄，皆无法将生命的形态毁损。凝神注意着，看那生命如何展现自身。"

我意识的分离相反的是，精神生活的历史的全部过程证明了内在生活的这种独立性。正是通过他的所有工作及其发展的复杂性，人类才能和纯粹的感觉生活拉开愈来愈大的距离。

人类愈来愈多地将外在活动转化成内在经验，愈来愈抵制纯粹感觉的涌入。所有这些不是单纯的智力现象，也不是单纯进行解释的努力，而是丰盈的实有性的展开，这种实有性是我们所了解的最近、最可靠的，唯有它能指导我们如何内在地形成和重塑我们的感觉印象。我们既不可能将如此丰盈的实有性解释为幻影，也不可能让历史的时钟倒转；我们同样不可能逃离主观与客观之间，内在世界与自然之间分裂的必然性。

## 3. 积极立场

### （1）引言

我们应从哪个方向继续我们的探索呢？如果这一分裂不可避免，且没有桥梁连接此岸到彼岸的话，那么我们唯一的出路是接受这种对立为生活过程自身的一部分，并内在地扩展生活过程，使其不再被过时的思想运动认为是某种外围环境，而是自成一世界。

整个世界必须在人自身内展开有力行动，此世界必须超越这一对立，必须直接面向我们，而非经个体媒介的特殊性折射。这样，也唯有这样，人才能获得真理。采取这样一种立场乍看上去有点奇怪，但实际上这是有历史联系的。

人类是怎样形成善与真的观念，并将它们和纯粹的实用性和在追求真与善的过程中，人追求的是一个自身直接领域之外的世界。

Now in seeking the true and the good, man seeks a world outside his own immediate sphere.

现实性分开的？人类怎样才能超越个体的看法与倾向？不能否认的是，我们在此需处理一个值得注意的现象。我们可能在何为真与善的问题上看法大为不同，但这依然不能掩盖这一事实：即不管答案是多么不确定，我们都在追问真与善的问题。

这本身就是一个重要的事实，影响重大。它必须突破实际经验的琐碎细节，它见证了我们存有的内在广阔，存有在明显的异质物中感知并寻求自我。毫无疑问，人不可能真诚地关心与其生活和存有——这事实上也不属于他——毫无关系的事物；他同样也不会对完全外在于自己的事物产生丝毫兴趣。

在追求真与善的过程中，人追求的是一个自身直接领域之外的世界。如果说我们如此强烈地被这个世界的内容所吸引，并如此急于投身行动，按照我们的真正本性，难道我们不是要参与更广阔的领域吗？难道我们的生活不是囊括整个世界吗？确实，在这种情况下，我们必须改变自己的观念。但观念应从属于事实，而非事实从属于观念。所以，我们为什么要抵制这样的改变呢？

对人的这种世界本性的观念做更确切的描述依然是一项艰巨的任务。幸好，像其他方面一样，近几个世纪最著名的哲学工作也在这方面为我们指明了足够清晰的道路。康德其中一项最伟大的成就是将探索精神内容的可能性与纯粹的心理解释分开，例如，他区分了以下两个问题：个人怎样获得知识和道德等等？科学和道德的存在取决于什么样的内在条件？

因而，无论伦理还是逻辑观点都不再依赖心理。起初，这似乎只是一种新方法。但如果没有一种超越我们纯粹精神实存的孤立经验的新生活——这种生活产生于万有，是一种宇宙生活——这一方法就会失败。如果这种生活的专门发展不能在自身内重新聚集于整体上，就无法拥有坚固稳定的基础。它们肯定被视为预示着宇宙发展进入一个新阶段，这一新阶段将发生于主客观的对立之上，而非其下。

正如在其最重要的显现中所见到的那样，现代艺术亦殊途同归。我们赞美歌德式的客观性，当海因洛特将其思想描述为“客观的”时，大师本人表达了他对这种称赞的欣赏。

这种客观性丝毫不意味着客观对主观的抑制和同化，也不是事物对外在印象的简单复制。它包括主观与客观在内在生活的共同基础上的会合和互相渗透。事物自身因此获得心魂，能够准确地显现它们的真正本质；人类生活则获得了内容，来取代原初的空虚。在此，事物并没有像过去那样沾染主观情绪的色彩，而是展现了自身的真实意义。诗人“因而就像一位魔术师，让原本沉默的存有开口说话，世界全部无限性乃展现在他的心魂面前，他让万物认识到自己的特质，同时感知自身内一切活跃的、基本的、有效的东西”。①

歌德将这称为精神与世界的综合（synthesis），“给予我们关于实存永恒和谐的最可喜的允诺”。实际上，这一综合并非发生于灵魂与外在世界之间，而是发生于扩大成一个内在世界的灵魂内部，在其生活的周边与支柱之间。

因此这里不是两种艺术创造，而是三种，除了互相对立的主

① 见《人类生活的问题》，第 472 页。

观与客观方法之外，还有一种更优越的方法，我们称为“至高”或“最高”法。

这种“至高”法既超越了空洞的客观，又超越了无形的主观。它有自己的立场，根据这一立场，生活过程并不寻求一个独立进化的世界，而是要在自身内形成一个世界。唯有如此，它才能借助于一个新世界的创造性综合获得内容，而不是复制早已存在的存有。艺术领域的这种无可争辩的实有性难道不也适用于作为整体的精神生活吗？如果没有某种精神的整体性做后盾，艺术还会对这一问题有丝毫关心吗？

所以我们应充满信心地沿着这条为我们指出的道路，勇敢地坚持到底，无论它可能引导我们偏离日常生活和宇宙观有多远。毫无疑问，只有反对常见观念，才能从内部构建一个世界，并赋予我们的生活和工作以与众不同的形态。

让我们从这一观点出发思考一下三个问题，并看看我们得出什么结论：

第一，精神生活的基本概念。

第二，人与精神生活的关系（用历史回顾的方法）。

第三，真理问题。

接下来，我们将展开这些每个人都应以某种方式坚持的初步假设。

### （2）精神生活的基本概念

精神性的生活被认为是人类独有的特征。这种生活让人类脱离了纯粹的动物界，因此，它也远远高于人与动物共同拥有的自然心灵生活。事实上，即便是肤浅的思考也能立刻告诉我们两者之间的本质区别：在动物界，精神生活不过是伴随自然过程并服务于其目的的一种衍生现象；技巧和才智，无论多么发达，都不过是用于保存个体和种族的工具。作为一种纯粹的工具，才智不能实现内在的连续性，稳固的自立，或自己的任何内容。

而这些恰恰是生活精神层面的特质。一种新的生活过程正在显现；此前偏居陌生世界边缘的内在如今宣称要自立，并建构自身的实有性。由此观之，统合成一个整体的精神生活可以被视为已实现独立，并取得内容的内在生活。在此，实有获得了内在的连续性和一种真正的自我生活；不然，它早已分裂成无限的多样性，并陷入无穷尽的依赖关系中。

这种说法立刻引出一个问题，即这种自我生活是朝向构建一个自我独立王国，远离外在实有，独善其身、自我满足？还是仍然作为一个整体与世界保持联系？唯有第二种观点才能切合生活的现状。因为在自我实现过程中，精神生活依然被世界占据。不把世界拉向自己，精神生活就不能发现自我；在完全征服世界并将其同化之前，它片刻不能安宁。因此，它的全部内容同时也是一个正面的肯定。

精神生活宣称自己是最终的、整体的、无所不包的、核心的万有。但除非它能通过同化作用，使事物得到进一步发展，并引导这些事物抵达它们自我存有的巅峰；除非精神生活的内容表达事物自身的实有性，否则这一主张不可能成真。

如果精神生活立于世界之外，并与其对抗，如果实有没有在

如果精神生活立于世界之外，并与其对抗，如果实有没有在转向精神生活的过程中自我完美，精神生活本身就成为无法容忍的矛盾。

Spiritual life becomes in itself an intolerable contradiction if it stands apart from and confronting the world and not within it, and if reality does not perfect itself in turning to spiritual life.

转向精神生活的过程中自我完美，精神生活本身就成为无法容忍的矛盾。认识到这一点让我们停滞的世界开始流动，并将其转变成一个上升运动的领域。较低阶段的运动由自然界形成，后者是自然精神生活的发源地。这一自然生活展示了一种彻底的矛盾，它形成了一定的内在生活，但与此同时，对外在生活的完全依赖和对自我生活的否认，让这一切都化为乌有。任何有思想的观察者都会看到，在动物生活的伟大循环中，存在关于这一矛盾的压倒性的证据。这种生活尽管拥有丰富的生命和感觉，却既无意识，也无意义。

由于生活现在向内指向自我，而不仅仅是指向外部，因此精神生活标志着解决这一矛盾的开始。既然构成了整体生活中的一个阶段，精神生活就不可能只是个别点的特性，亦不可能是由个别显现随后联合产生的一个集合体。

精神生活从一开始就必定是一个整体，一种独立自存的生活。这一整体具有超越所有多样性、超越主客观对立的统一性。这一整体通过主客观之间的对立，力量与抵抗之间的对立，发展自我。但它依然优于这些对立，并将分裂的双方团结在一起。在精神领域内，缺少另一方的帮助，任何一方都不能发展自我，并臻于自我的最高水平。

这其实不完全是以下双方的对立问题：全部活动的统一立场和片面空虚的生活的分裂立场。从精神生活的观点看，纯粹的主体和客体一样，都是外在的事物。是创造性综合，而不是一方与另一方的关联，生成了内在性以及完整独立的实有性。这种实有性绝不可能来自于外部。

如果我们从给定的存有状态出发，将不可能克服主客观的对立。克服这一对立的必要条件是，我们应从生活过程本身出发。

如果沿着第一条道路前进，世界或主体会被视为独立自存，那么就不可能从一方转化成另一方，我们仍处于一种持久对立的支配下。然而，在这一生活过程中，每一方从一开始都可以和另一方发生关系，每一方的状况都可以通过与整体内所发生和完成的比较后加以判断。之后，这一顽固的对立消失，分裂被一种更高水平的联系取代。

简单的历史解释可以起到阐明和明确这一精神生活概念的作用。启蒙运动和自然机制只承认并列的个别灵魂为唯一实有。它们没有提到精神世界，只有一个神的世界。康德是首个开创支配19世纪精神工作的这一趋向的人，换句话说，他认识到，精神生活与纯粹的灵魂工作机制迥然不同。在康德看来，我们必须与一个共同的、基本的精神结构打交道，这一精神结构优于所有个别的差异。

这就形成了一个囊括所有精神显现的网络，支配它们，并赋予其独特形态。但这一问题并未完成，新材料未被焊接在一起，形成一个牢固独立的整体；此外，精神也没有得到清晰的定义。

康德的追随者将精神生活提高至完全独立的地位，与此同时，他们毫不犹豫地将人类精神生活视为绝对的，并认为它是所有实有的根源。

他们用某些特殊活动取代作为整体的精神生活，从而变得越来越依赖思维。这就导致了一种过于狭隘、过于神人同形的世界观，而实有变成了一个纯粹的永无休止的过程，最终可能消亡。

相反，精神生活被明确地提升至人类存有之上。人没有开创精神生活，但他能够参与其中，同时也能参与实有的更高阶段。精神生活并不作为一个特殊显现、生活的一个特殊面出现，而是一种独立自存的生活，自身就能产生实有性；人类活动远未把握这种精神生活，但已将其作为一个伟大目标而努力。

（3）人与精神生活的关系

当精神生活变得独立，将自身提升至人之上时，人与精神生活的关系就不再是一个明显的事实，而是变成了一个难题。就如精神生活现在所提出的那样，人类，最初看上去像是一个无穷小的点，怎么能在一个整体世界里参与一个独立自存的世界呢？

可以肯定的是，如果精神生活在某种程度上与人直接关联，那么作为一种可能，精神生活只有从一开始就存在于人的存有内，才能做到这一点。精神生活无法经由人的特殊性做媒介与其发生联系（这样就会与它自身疏离）。它必须作为一个无限的整体以某种方式出现于人的头脑中；它必须从内部着手，向人打开（如果说最初只是作为一种可能性的话）一种宇宙生活和宇宙存有，从而扩大其本性。

缺少这样一种内在精神的人类不可能有希望取得任何进步。如果在掌控精神生活的过程中，人没有发现自己的真我，那么精神生活就不可能成为他的动力；如果精神生活没能提供一个永恒的支柱，如果它不是为人类所有事业设定目标和标准的决定性力量，人类将成为无常现象的无助受害者，永远也不可能获得任何真理。

只有精神生活，而不是微不足道的人类，才能保证绝对的永恒不变。人类参与精神生活改变了其存有的所有方面，而这只有超越人类的直接存有才有可能，因此人类生活获得了更深邃的精神基础，同时也将它自己和经验心理学方法（它只关心精神生活的过程）分离开来，这一精神理智方法和上面提到的精神基础以及它的自发活动有关。

在这两方面，人自己似乎成了一个问题和矛盾。就他而言，精神生活既是一个事实，又是一项任务，既是永不被打扰的静止，又是永不满足的尝试，既是内在的核心，又是遥远的目标。当与精神生活相联系时，人自身就显得伟大；当孤立自处时，人就显得渺小。人的生活变成对自我存有的永不停息的探求，只有从这个意义上讲，才能产生真正的历史。

如果所有努力仅仅依赖内在原因，而不受内在的确定目的指引和支配，又怎么可能有真正的历史呢。人类历史领域说明精神生活逐渐战胜了最初的分裂和无助。这是通过一种汇集作用（crystallisation）完成的，在特别有利的情况下，这一作用可能发生在生活过程内。精神活动的聚合体联合起来，通过构建一种独特的生活体系、一座精神实有的大厦，竭力维护它们的最高地位。

在这方面没有比希腊创造性思维对生活和宇宙的独特理解更好的例子了，这种综合代表了古希腊特有的生活内容的唯一真理，并将实有分成“是”和“否”两大类。它不能容忍任何陌生或有敌意的事物，运动和冲突由是生焉，这些运动和冲突通往推动生活前进的经验。新聚集的道路已经被扫清，它们将依次经历同样的命运。

作为一个整体的真理内容就以此种方式，通过不同阶段的成长和衰退，继续发展。但这仅适用于所有运动都包含在一个基本的、充当指引的精神生活内的情况。没有精神生活，就无法在面对人类状况施加的顽固抵抗和无数障碍时，保证真理的普遍存在。由此观之，这一历史过程表现为内在生活——是实体的，而非主观的——的逐步发展。由于这一过程受对立性支配，缺乏彻底的内在性和真正的实存性，因而需要愈来愈快地与人类的当前境况分离。

这一运动内部同样存在那种矛盾对立，只不过它们被不恰当地称作“主观”与“客观”。精神生活同时是自我生活和宇宙生活，一个自我展开，变成一个宇宙，同时，宇宙也获得了一个自我，它们彼此相互拥有。

尽管它们存在这种互相关系，事实仍然是，在历史过程中，生活时而趋向于集中，时而趋向于扩张；我们时而看到渴望内在生活和自我深化的倾向，时而又看到渴望获得广度、将自身沉浸在外在事物中的倾向；一方面，我们面临纯粹的人类元素入侵生活的危险；另一方面，又面对生活被没有灵魂的世界支配的危险。或许存在一种周期性，时而一种倾向占上风，时而另一种倾向占优势。但超越对立、迈向统一的精神生活运动贯穿在所有变革之中。

精神生活内的主观与客观倾向与相对于精神生活的主观和客观倾向，有着根本地不同：后者代表的主观性目的在于构建一个从纯粹主体立场出发的世界，它所代表的客观性，则想象自己能在纯粹的事物中，通过消除其精神因素获得真理。除非偷偷地利用自己拒绝承认的那种更高的精神生活，否则这两种倾向都将迅速陷入虚无之中。

（4）对真理观的影响

**因此引发的任何转变都必定会对真理观产生影响，并使其形态发生独特的改变。**真理不再表示与外在对象的一致，转而表示朝向一种高于所有人类渴望或主观性的生活的上升运动，这种生活通过积极的创造，包含了主观与客观之间的对立。

我们现在关注的是存有向自发活动的转变，后者因其重塑能力，与给定实存内的所有显现有本质的不同。

这种追求真理的努力与独立于所有生活存在的存有（being）的消极状态没有任何关系。但实有确实存在于生活之内，只能通过生活获得。然而，我们现在讨论的这种生活，不仅仅是人类事务，因为它代表了万有独立的自我生活，也只有这样它才能获得内容和价值。

真理不是提升这一生活的单纯工具，它构成了生活存有的一部分。所有知识真理最终都要落脚于作为整体的精神真理，真理知识的所有重要进步都要落脚于生活的扩大和延伸。真理不可能随时获得，人类世世代代借助经验、实验和转化等世界历史的伟大工作，逐步渗透到真理深处。因此，某些哲学体系宣称的已穷尽全部真理，解决了所有谜团的说法，可以想象是但只要我们怀有这样一种信念：所有人类的努力都有精神生活的世界做后盾，这种生活独立于我们的自我意志，仅能通过自由获得，那么我们就不会陷入混乱。

That cannot in any way disturb us if we possess the conviction that all human effort has a world of spiritual life behind it which can be ours only through freedom, but which is independent of our self-will.

何等愚蠢。

因而，我们依然处于对真理的求索过程中，同时，我们也不可避免地处于谬误中。但只要我们怀有这样一种信念：所有人类的努力都有精神生活的世界做后盾，这种生活独立于我们的自我意志，仅能通过自由获得，那么我们就不会陷入混乱。

## 第二节　理论与实践（唯理论与唯意志论）

### 1. 历史

我们刚刚讨论的问题与唯理论和唯意志论问题密切相关，前者讨论的是人同宇宙的关系，此处将转向更直接的精神层面。此外，这里也将涉及对立的生活模式，以及拥有数千年历史的运动。两者之间的一个重要区别是，我们的时代以更大的信心着手处理当前问题。对我们而言，将生活重心放于意志上的倾向毋庸置疑占主导地位，这是因为只有意志才能给予生活温暖、力量和坚定。如此古老的分裂根源突然发现我们统一起来，这是怎么发生的呢？让我们看看历史是否能给出合理的解释。

唯理论和唯意志论这两个术语都是近现代的产物。前者最早在19世纪初的哲学斗争中出现，例如，在谢林[①]的《布鲁诺》中，这一术语被用做唯物论的对立面。唯意志论更是近几十年才出现

① 译者注：谢林，1775—1854，德国唯心主义哲学家。

的[1]。另外，实践和理论的用法则要回溯到古希腊哲学的巅峰期。

亚里士多德最早将理论理性和实践理性进行比较：前者的任务是认识带有自身永恒法则的整体世界，而后者仅和人类以及短暂事物相关。然而，它并不仅限于个别知识，它有自己的原则。同时，它的重要性明显低于理论理性。

类似立场同样可见于经院派思想体系和言论中：当托马斯·阿奎那[2]谈到认知实践时，他所指的就是关于行动的知识。

近代的沃尔弗帮助确立了理论哲学和实践哲学的划分，并让前者无条件地居于统治地位。在语言和哲学的划分上，康德承继了沃尔弗，但两人最重要的分歧是，康德颠倒了理论哲学和实践哲学的地位。

现在，"让自由成为可能"的实践哲学取得了优先地位，并创造了独立的思维领域。"由于实践理性源自'公设'[3]，因此在康德哲学里，实践理性吞并了此前属于理论理性的领地[4]"。

康德让理性在此领域获得了完全独立，结果就是我们无比接近真理本身。事实上，人类在其他任何地方都不可能发现绝对真

……………………

① 这一术语由斐迪南·滕尼斯（1855—1936）创造，他在维也纳《时代》上（1901 年 3 月 23 日）撰文称："这些术语（也就是唯意志论和唯意志论的）首次被本文作者用于《斯宾诺莎进化史》一文（1883 年《科学的哲学季刊》）。冯特（1832—1920，德国心理学家、哲学家）从包尔生（1846—1908，德国哲学家）处借用这一术语，并凭其威望加以应用，遂使唯意志论心理学变得越来越流行。"

② 译者注：托马斯·阿奎那，约 1225—1274，中世纪经院哲学的哲学家和神学家。

③ 即理论上的首要原则，也是《纯粹理性批判》遭质疑之处。

④ 特兰德伦堡，《逻辑研究》第三版，第 457 页。

在此，有两种彼此对立的生活模式，一种倾向于广阔和明晰，另一种倾向于热情和力量；一种的主要特征是秩序，另一种则是自由。

We have here two types of life in direct opposition to one another, the one tending more especially towards breadth and clarity, the other towards warmth and strength ; order distinguishes the one, freedom the other.

理。康德的立场距费希特[①]的“实践理性是所有理性的根源”仅一步之遥。因而，一个时期认为实践不过是理论的应用；另一个时期则将其拔高到新的真理源泉的地位。

一个基本对立贯穿这些术语的历史：即宇宙知识和道德行为（这是实践理性最常用的含义）。问题在于，应当由哪一个支配我们的生活，控制我们的信念？

答案将决定我们在实有以及实有形式上的观点。在此，有两种彼此对立的生活模式，一种倾向于广阔和明晰，另一种倾向于热情和力量；一种的主要特征是秩序，另一种则是自由。

古希腊思想家们无一例外地赋予知性（intellect）以支配地位，其区别仅在于他们贯彻各自基本理念的程度不同。对知性的这一高度评价是对古希腊信念的自然表达：人属于一个不变的宇宙系统，仿佛为人类实存构成了一个宏伟的实有框架。因此，人类除了创造关于这一宇宙的哲学，从日常生活的渺小和人类环境的所有混乱中解放出来外，可以说无事可做。

这里我们提一下亚里士多德，他认为纯理论探索的生活绝对优越于实践生活，并以最纯粹的方式表现了古希腊文化：唯有沿着哲学探究之路才能获得真正的幸福。

在斯多葛学派时期向道德性转变的倾向，并不意味着生活和思维的分裂像思维对实践力的同化那么严重，后者将思维提高到了理性行为的地位。作为希腊精神的最后灵光，普罗提诺哲学思想表明，思维被提升到绝对主宰和世界创造力的至高地位。甚至

① 译者注：弗希特，1762—1814，德国哲学家，爱国主义者。

在衰落期，古希腊世界越发强调其对这一智慧力的信念，这种智慧力曾给予希腊文化工作无限广度和惊人的清晰。

基督教的本性决定了它抗拒这一评价。当生活的主要问题是人与上帝的关系，当伴随着新的深邃性的显现，人开始意识到人类精神中的难题，甚至是黑暗的深渊时，当主要任务最终成为精神的上升和复兴，那么人类的注意力将不会被导向宇宙知识，而是朝向心灵状况，并超越此状况，构建人类关系的新体系。这意味着对唯理论的彻底根除。

但这一内在转变并没在多大程度上将自身表现为一种决定生活总体环境的塑造力。此外，充满人内心的东西也没有提供力量，创造一个相应的思维世界。奥古斯丁在这一方向上取得了重要进步。例如，他将所有实有归因于意志；他在其心理学中赋予意志支配地位（将意志作为灵魂中的统一力）。但即便奥古斯丁也没能将基督教的生活观发展成具有相应思维世界的完整体系。

因此，基督教的发展受到它曾试图取代的思维体系的强有力的、持久的影响。至今，基督教仍遭受内在感觉和外在形式之间的分裂之痛。基督教的信念仍受到希腊唯理论的影响。

假定基督教的神圣教义被世俗教义取代，我们仍将不得不面对这一事实：恰当的知识被用做检验生活真理和价值的标准。在经院哲学的巅峰时期，我们看到希腊唯理论强所未有的强大，逻辑理性深入到基督教思维世界的最深邃处[①]。

① 说中世纪哲学是神学的婢女仅是从表面意义而言，从内在意义来说，更贴切的评价应当是哲学塑造了神学。

当然也不乏很多强调意志作用的相对立的倾向。例如，邓斯·司各脱[1]的唯名论（带有实践倾向的神秘主义），宗教改革让这种思维趋向取得了巨大胜利。

马丁·路德[2]曾竭力想把基督教从古希腊唯理论中（无论是亚里士多德还是新柏拉图主义）解放出来。他认为，古希腊思想扭曲或掩盖了基督教的真实本质。菲利普·梅兰希通[3]把“心及其感情”称为“人最根本和最主要的部分”。

尽管意志论获得了一定发展，但新教没能发现将其内在最深处的力量源泉转化成一种生活体系的能量。最终，它只能再次臣服于唯理论。如果思辨被永久性摒除，那么另一种知识——历史资料的知识——似乎就在拯救灵魂方面变得必不可少。

信仰观也转向强烈的唯理论色彩。新教首先成为一个基于纯文字学派教义的集合体。一种新的正统观念由此产生，它在自以为是和狭隘性方面和古希腊思想差不多。

现代世界从一开始就毫无保留地、愉快地担负起思维的任务。它指望思维挣脱历史传统的束缚。思维也允诺为难以容忍的混乱局面带来清晰。人类坚信思维能够打破琐碎的人类利益，展示无限宇宙的前景。

与古希腊方式相比，思维现在已由安静的冥思变成某种近似

……………………

① 译者注：邓斯·司各脱，约 1265—1308，中世纪苏格兰经院哲学家。

② 译者注：马丁·路德，1483—1546，16 世纪德国宗教改革运动的发起者。

③ 译者注：菲利普·梅兰希通，1497—1560，德国宗教改革家。马丁·路德的亲密战友。

哲学领域的这一变革由康德完成。任何科学工作都无法企及他在这一问题上的伟大影响力。

Such a change was effected in the philosophical sphere by Kant. His influence in this matter was incomparably the greatest which had yet attached to any scientific work.

于无休止的工作和前进；从同化一个给定的世界变成构建一个新世界。这一思维方式支配着启蒙运动的每个细节，不仅包括推崇大胆的宇宙哲学的思辨学派，也包括倾向于实践生活的经验学派。在此，救赎同样被完全寄望于确定明晰的知识，这种知识虽然仍被称作知识，但已不再和过去一样①。

和所有伟大的运动一样，启蒙运动亦带有自身的解毒剂。对知识的过度强调必然引发以下疑问：世界知识能达到何种程度？知识力量能超越人类到什么程度②？然而，迄今为止，从未有过仅靠一次反动就能支配人类灵魂的情况，这一倾向只有积极转向，才能指引人类走上新的道路。

哲学领域的这一变革由康德完成。任何科学工作都无法企及他在这一问题上的伟大影响力。获得更多知识的能力从未得到如此强烈和彻底的检验，成功获取这一能力的条件也从未如此明确。

结果引发了一场剧变，其破坏性在两方面得到了充分补偿：一是将道德行为提升至道德世界，二是承认这个道德世界是万有的核心。这一巨变让唯理论第一次直面一种同等力度的对立运动，这一运动已存在数千年，只不过此前从未被科学地予以分类和系统化。

① 例如，洛克曾指出，“我们在的任务不是要认识万物，而是认识那些和我们行为相关的事物”。

② 例如，这可以在帕斯卡身上看出来，拿启蒙运动最重要的怀疑论者培尔为例会更好。培尔的忠实信徒腓特烈大帝也认为，生活只能从道德中汲取力量和永恒（见策勒尔的《哲学家腓特烈大帝》，第 183 页）。

然而，披着黑格尔泛理性主义外衣的唯理论像以往一样再次大胆抬头。但这一抬头之所以成为可能，是因为它轻率地忽略了康德工作的真正意义，而聚集力的反动很快出现。此后，时代的主要趋向变成了反对唯理论。这在叔本华唯意志论的影响中可以看到；在以实践生活的主张和任务为重点的宗教和神学倾向中可以看到；在人类通常偏好攻击实际社会问题，而非思考宇宙问题上也可以看到——实际上，前者持续不断地将自身强加于我们的注意力。在科学专门领域内，尤其是心理学，趋向于加强这一新趋势，这是因为它揭示了理念世界受本能和兴趣力量支配的程度，甚至想要证明意志指导世界运动。

伴随这种对意志的高度评价而来的，是将现代生活中一切可能的罪恶都归咎于理性支配地位的渴望。我们不确定应向哪个主要方向努力，我们的精神生活亦没有稳固的根基。据说知性应为这一情势负责。为了获得万物的证据，它将只允许我们占有那些间接得到的；直接生活的必然性由此变得不可能。

我们生活在不同观点和不同价值观的混沌中，且被告知，这一切皆起因于理性活动的支配地位。因为理性活动让个体只依赖他们自身的思考能力，因此不可避免地让彼此之间愈来愈疏离。人们抱怨说，神圣的事物不再博得敬畏，原因在于人类自我意识过度发展，而自我意识本身主要由知性及其权力感、对知识的过分自诩引发。如果知性要为我们的所有错误承担主要责任，那么，从它的暴政下解放出来，理应导致整个生活过程中稳定性的普遍增加。现代唯意志论具备实现这一解放的能力吗？

唯意志论并不是一个简单的现象，每一个重要的历史时代都有其独特的唯意志论，其具体形态取决于当时占主导地位的趋向。

Voluntarism is not a simple phenomenon; each important historical epoch has had its own special voluntarism, which has taken a form determined by the leading tendency of the age.

## 2. 唯意志论

**唯意志论并不是一个简单的现象，每一个重要的历史时代都有其独特的唯意志论，其具体形态取决于当时占主导地位的趋向。**

在宗教思想领域，这一趋向表现为以下观点：不仅上帝的启示，而且人类对这些启示的认同都是自发的意志行为。这一观点强调了宗教生活的独立性、自发性以及绝对的现实性。

宗教抵制所有通过其广泛背景让其变得简单明了的企图。托马斯·阿奎那和邓斯·司各脱之间众所周知的观点冲突，清楚地表明了唯理论和唯意志论之间的对立。阿奎那认为，上帝之立善，因其为善也；而司各脱则认为，善之为善，因其为上帝所立也。

唯意志论充分体现了宗教的特殊性、独立性以及唯一性。与此同时，宗教与其余生活分离的危险开始显现。由于没有完成对真理内容的彻底的精神渗透和同化，宗教经验的直接性很容易沦为肤浅、顽固的必然信念，自发性和自由也会变成盲目的自我意志。这不由让人想起普拉提诺的话："那些努力超越理性的人，正陷入不理智的巨大危险中。"

在哲学领域，唯意志论呈现出不同面貌。现在，它变成一个将生活重心从认识转向意志的问题（特别是转向与道德生活相关的意志）。对我们获取知识的能力缺少信心为这一方向提供了主要推动力。由于我们的知识看上去不能深入到真正的基本真理，所以它似乎不能为生活提供坚实基础。只有真理，就其最全面的意义而言，被彻底摒弃，才能找到另外的真理源泉。而在宗教信仰陷入混乱后，似乎没有任何其他的道德行为能拯救人类。

康德深刻地阐释了道德生活，揭示了一个新世界，这个世界构成了实有的最终深度。然而，这个世界在理论上不会比道德行为本身更容易让所有人了解。它不是当下的占有，且仅能说服那些承认基本的生活道德本质，并承担其人类责任的人。因而，行动先于知识。行动结果虽表现为坚定信念，但并不具备理论知识的本质，而只是一个实践公设。我们都知道，这一教导的后果不仅深刻，具有革命性，而且有强烈的促进作用。

要对问题的这一阶段进行评判很难，因为丰硕必然的真理在此与可疑的解释紧密结合。我们的终极信念依赖于表达清晰的显著真理，这些信念基于内在生活和实有的运转，而不是外在世界的制约因素。

这一观点打消了所有通过思考深入事物内在本质，并从这一新立场去阐释实有的企图。内在生活的内容并非事物的固有属性，无法不劳而获，而必须在我们内在萌发，缓慢地展现自身。一个特定的人观察世界的方式，取决于这一内在发展的程度。我们由此可以理解为何人类在追求真理的过程中会内在地自相分裂，为何个人因素如此重要。

一旦我们从泛泛地思考这一立场转入系统地检验其成果，就会发现疑问遍地。认为内在生活的基本事实至关重要，并将其作为追求知识过程中的决定性资料是一回事，但将这些基本事实提升为知识的直接来源则是另一回事。这两者不可能具有同等的重要性。内在生活的事实，正如它们现在这样，不能立即被用做稳固的根基，而要首先接受哲学方法的阐释，随后被确认为真的那些事实，方具有普遍有效性及伴随而来的内在强制力。

有些深奥的数学真理，只有少数人能够理解，这是否会影响它们的普遍有效性呢？依据同样的论点，即使在相应的生活得到发展前，生活真理不具备彻底的说服力，即使接近真理需要全体人类的决定，也并不意味着它们会沦为可要可不要的可能性。作为必然真理，它们仍继续保持其普遍有效性的特点。主观性并不存在于真理自身内，而是存在于人类与真理的关系中。

凡与任何主观因素有内在关联的事物都不可能绝对正确。由此观之，我们原则上不得不拒绝那种认为实践理性片面、具有误导性的观点。不存在两种并存的理性（实践理性和理论理性），有且仅有一种理性与整体生活相关。作为这一理性的基本属性之一，自我行动的概念亦被包含在其中。理性不能被视为完全超然自处的事物，它代表了一种完全独立的生活，代表了自我平衡和独立自存的实有。没有理性生活，就不可能有任何真理。

理性不能被想象成完全超然自处的事物，它代表一种完全独立的生活，代表自我平衡和独立自存的实有。没有这种生活，就根本不可能有任何真理存在。此外，康德的实践理性概念比通常流行的更为显赫，它革新了全部生活，将生活的重心转向原创性工作，并在特定方向上，赋予生活一种具有绝对普遍有效性的宇宙性。

我们可以称其为形而上学，只不过它和我们在本体论思辨中所讨论的形而上学不同。但随着这一形而上学特性的逐渐消失，实践理性领域不再是带有全部深邃性的万有，而会变成个别领域之一，愈来愈无法履行普遍有效真理的功能。因而，建立于这种实践理性之上的生活会让实践生活和道德生活日益狭隘，并将其与人类其他一般来讲，唯意志论体现在下面这一主流看法中：人（与其周围环境关联的人）的实际满足是唯一的真正目标。

Speaking in a general way, it may be said that it reveals itself in the prevailing view that the practical satisfaction of man (of man in relation to his immediate environment) is the one and only true goal.

文化隔绝。结果就造成实践生活变得主观、敏感，道德生活变得肤浅，唯功利主义至上。整体生活在这一分裂过程中不断恶化。

人类文化工作绝不能与人类终极信念分离，它们之间的鸿沟愈宽，我们的生活就愈不可能在精神上受到约束和渗透，也不可能达致任何真正的伟大。

在现代生活中，唯意志论还表现在另一方面，即作为一种科学理论出现。它最初作为一种运动出现在心理学中，目的是证明理性生活依赖于本能和欲望，理性生活的全部过程受一个自发阶段的制约，这在冯特的统觉（apperception）理论中表现得尤为明显。

沿着这些思路，我们获得大量新的、有价值的知识，对整个问题的普遍洞察力也得以深化。然而，明显不合理的是，在这种情况下，我们在整个生活过程中遭遇的知性和意志之间的对立，远远超过灵魂的中心活动和边缘活动之间的对立。

一定要从最广泛的角度思考唯意志论在当今生活中的表现形式。一般来讲，唯意志论体现在下面这一主流看法中：人（与其周围环境关联的人）的实际满足是唯一的真正目标。追求知识被认为只是实现这一目的的工具，如果不用来促进人类福利，实在是对时间的愚蠢浪费。

现代生活的这一普遍趋势在历史概述中早已指出，人类已厌倦了与宇宙问题做斗争。内在发展问题、全体人类朝向胸怀天下的人格发展等问题，被政治、经济和技术问题的无休止增加取代；特别是经济上自我保存的斗争越来越多地消耗我们的能量，越发让生活和行为被视做纯粹的实用性问题。

这一状况没有为知识留下丝毫保持自我价值的空间。特别是实用主义运动（这一运动始于美国和英国，已经愈来愈多地占据文明世界的注意力）试图以这种实用观点为中心，形成一种独特的知识理论。接下来，我们将更详细地讨论这一话题。

## 3. 实用主义

**鉴于实用主义在德国罕为人知，因此在进一步展开讨论前，有必要对其略作解释。**我们将以威廉·詹姆斯[①]发表的一系列以实用主义为主题的讲座为主要参考。

1878 年，查尔斯·皮尔斯在美国杂志《通俗科学月刊》上首次将实用主义用做现代意义上的哲学概念[②]。20 年后，威廉·詹姆斯接过这一问题，并将其推向巅峰。其他值得一提的倡导者包括美国芝加哥的杜威和英国牛津大学的希勒，后者创造了“人文主义”（humanism）一词。

从社会和历史角度出发，我们会看到一个很有意思的现象：美国在这一哲学运动中起了带头作用。在很大程度上，实用主义也是在美国才成为一种普遍趋向。在欧洲，这一运动的影响力在英国和意大利较其他地方更大。

谈到实用主义和其他思想趋向的关系，詹姆斯说：“实用主义代表哲学上一种非常熟悉的看法，即经验主义的看法，但在

①译者注：威廉·詹姆斯，1842—1910，美国哲学家和心理学家，实用主义的倡导者。

②《实用主义》1908 年由威廉·耶路撒勒姆译成德语，后者 1908 年发表的《实用主义：一种哲学方法》也值得注意（注：本章所引用的参考资料均来自《实用主义》英文版）。

我看来，它比经验主义更激进，同时又比经验主义引发的异议更少。”

詹姆斯还指出：“例如，实用主义和唯名论的共同点是，它们都诉诸个别事物；它和功利主义的共同点是，都强调实用层面；它和实证主义的共同点是，都鄙视口头解决方案、无用的问题和形而上的抽象。”

实用主义自我标榜为一种方法，而不是一个体系。这一方法表现在，追求知识与人类实存及其发展密切联系在一起。从这一观点出发，不能得到证明的事物皆不能被视为真。真因而变成善的一部分：“真就是任何能在信仰上证明自己为善的，善亦是如此。”詹姆斯还说，“我们所有的理论都是工具主义，是适应实有的精神模式，而不是天启或某些神立的世界之谜的神秘主义式答案。”

依照这一思路，人文主义将真理视为人类的产物：“真理没有提出任何其他主张，也没有强加任何与健康和财富不同的要求，所有这些主张都是附带条件的。”

这种观点必然完全地转向科学研究，因为与其说科学研究如今被用于证明原理，倒不如说被更多地用于追踪这些原理发展过程所产生的后果。我们不再视事物为独立于人类的自在之物，而是将万物都归功于人类，并根据其对人类的价值加以评判。

这意味着什么？又会带来什么样的转变呢？詹姆斯本人列举的例子可以很好地回答这些问题。

唯物论和唯心论的冲突以全新的方式显现，并通过评判双方给予人类事业的服务，而非通过思考与这两种趋向有关的信念正确与否，来做出决定。唯物论思想派别用较低现象阐释较高现象，世界之命运被描绘成受其盲目的组成部分和无意识力量控制；唯心论则把控制力赋予较高等元素，从而让精神不再只是事件进程的见证者和报告者，并承认它能够积极参与这一进程。

现在的问题是，这两种趋向中的哪一个能最大限度地提升人类生活？毫无疑问，答案是后者。唯物论最终的实用主义结论死气沉沉，而唯心论肯定整个宇宙中存在道德秩序，从而给予我们的希望以充分自由："任何形式的精神信念都与希望领域有关，而唯物论的太阳则坠入失望的海洋。"

对宗教问题按同样思路进行讨论：从人类需求观点、而非思辨理念出发，探讨这一问题，"在实用主义信念方面，如果上帝之假设在最广泛的意义上奏效，那么它即为真。现在，无论剩余困难是什么，经验都表明，它确实有效，问题是如何构建并确认它，以让它和其他有效真理圆满结合"。

那些在这一运动内感觉自在的人很乐意相信，它完全能够在当代获得广泛的影响力。把原来被认为偶然和次要的事物摆在第一位，这种看待事物的方式似乎让它们变得特别简单、易于理解。显然，随后而来的就是巨大的简单化，因为所有和维持人类生活无关的问题都因无利可图而被抛弃。同时，这一关系似乎为各种不同主张提供了一个完全公正的评判标准，从而让不同情况下的问题超越纯粹的党争。

真理被抛入生活溪流的中心，并响应召唤积极参与前进运动，从而变得更直接、更有效、更具适应性。这样一种解决方案似乎特别适合我们所处的这个在信仰上如此分裂的时代。此外，这一工作的积极方面得到了来自对传统真理观深刻批判的真理一旦被看作只是一种工具，它所拥有的全部信念力量必定会消失。真理只能作为目的本身而存在，任何工具性真理都不是真正的真理。

All the power of conviction that truth can possess must disappear the moment it is seen to be a mere means. Truth can only exist as an end in itself."Instrumental" truth is no truth at all.

必要支持①。

尽管这一运动的刺激力得到了杰出的思想家们的支持，但从整体和终极意义方面考虑，我们仍不得不认为它是错误的。

实用主义的巨大影响力首先是因为它颠倒了看待事物的传统方式，但在此过程中，如果真理自身也被完全颠倒呢？事实就是如此。真理观念以及我们追求真理的生活和灵魂的本质可以在以下观点中找到：人类在真理中获得超越其自身所有观点与倾向的事物，这种事物拥有完全不依赖人类同意的有效性。崭新生活的希望就此展现在人类面前，这是对更广阔、更丰盈的存有的憧憬，与实有的所有内在交融，从所有纯粹人的因素中解放出来。

另外，当个人和人类的善成为最高目标和指导准则，真理将下降至纯粹功利主义观点的水准。这会极大损害内在生活。真理一旦被看作只是一种工具，它所拥有的全部信念力量必定会消失。真理只能作为目的本身而存在，任何工具性真理都不是真正的真理。

我们绝非主张基于人类状况的不同学说的影响力是无关紧要的主题。毫无疑问，对这种影响力及其原因进行认真研究和考察，可能获得很多激励和启示。但我们在此所关注的首先只是表象，那些基本的和非基本的，正确或错误的，仍然有待厘清。

实用主义将真理分解成众多个别真理，甚至还因此获得好评。但我们能保证这些个别真理和平和谐地共处吗？它们之间不会有

① 詹姆斯曾就此指出："当然，当前理论局面的躁动，每种思想水平带给某些目的的价值，以及任何一方都无法彻底驱逐其余各方，均表明了这种实用主义观点。"

冲突吗？一旦出现冲突，又该如何仲裁？

最后，作为一种目的，实用主义的主要目标——人类生活的成功和富足——绝不可能摆脱异议。此处的人类生活指的是广泛的文明生活；只有在对人类文化的乐观主义热情的鼓舞下，才能高度评价这一生活。相比我们这个时代，这种人类文化更多地具有早些时代的特征。

当其本身被作为终极目的时，这种生活是否值得付出所有苦恼与兴奋，所有劳作与努力，所有痛苦与牺牲？当我们考察这种生活及其内在的空虚浮华时，当我们想到它是如何被不洁和虚伪完全渗透时，这难道不像一个可怕的矛盾吗？对真理的追求要被当作保存这种极其可疑的生活的工具吗？我们无法想象，还有什么信仰比这种没有根基的生活信念更危险。

## 4. 我们的立场：行动主义

在威廉·詹姆斯所著的《实用主义》德文版引言中，威廉·耶路撒勒姆引用了我对实用主义观点的立场，并评论说：“欧肯的行动主义依赖于明确的形而上学的假设，而实用主义则完全依赖于经验。”的确，我非常欢迎让真理和生活关系更密切，并将其视为超越纯粹知识问题的努力；同时，我也完全不同意以下真理观：真理表现在它与和我们自身并存的实体一致。

可问题依然存在，生活是指什么？在此我们必须承认，上述两种倾向，即“经验主义”和“形而上学”之间存在巨大鸿沟。

前者认为，生活代表人的实际状况，代表人类的状态（无论是个人还是种族都没有根本性的区别）。另外，当谈到寻求真理和生活之间的更密切关系时，我们的意思是精神生活是一种独立自存的生活，它以自身内容及价值观形成某种与所有人类状况截然对立的、全新的东西，而且还要求彻底逆转当前状况。

实用主义和行动主义赋予真理与生活截然不同的意义。前者认为真理只是通往更高目的的工具（于我们而言，这是对内在生活的颠覆）；后者则把真理当作生活自身必不可少的基本组成部分，因而绝不同意把它变成纯粹的工具。

如果我们依据不同倾向在追求真理的斗争中对生活发展所做的贡献来衡量其成就，那么我们会因所采取的不同立场而得出迥异的结果。一方的标准是与人类相关的实用性，另一方的标准是精神生活的保存和满足。对不同的思想倾向，必须根据它们在实际深化和扩展这种生活方面的成功程度进行评价。

这两种立场的分歧如此显著，等于完全对立起来。一种思想倾向召唤人类做出其本性难以接受的牺牲，因为这会让他们的生活艰难，而非惬意。的确，所有真正伟大的思想都有这种作用。但同时，它也能扩大和丰富知识和精神生活。

另一种倾向提升了人类存在的舒适度，但又极大地抑制了精神生活。现代生活清楚地表明，一个充满愉悦和成就的时代，在精神上可能极度空虚[①]。

我们和实用主义者一样，都希冀生活向行动的转变。但我们认为，只要从那种带有严格局限性的生活出发，这一转变就不可

① 关于真理观的进一步探讨，读者可以参考我的著作《生活的基础和理想》英译本。

凡是以追求知识为荣的时代，无不把脑力劳动视为生活的重要组成部分；如果这一部分未得到发展，将妨碍生活自身的完全发展。

Whenever the quest of knowledge has been held in high honour it has always figured as an essential portion of life, a portion which, if undeveloped, would prevent life itself reaching its full stature.

能实现；唯有逆转这一实存，重新回到新的起点，获得新的生活，才能实现这一转变。

我们不否认，这是一种形而上学。事实上，既然只有逆转当前状况才能让原初的自发生活成为可能，那么我们显然需要形而上学。离开了某种形式的形而上学，精神生活就无法自我维持。

这样，随着实有自身蕴涵的深邃性的展开，我们再次回到作为实有新阶段的独立精神生活的必然性上。

考虑到上述全部因素，唯理论和唯意志论之间的对立似乎并未触及问题的实质，还不足以将生活的重心从心灵的一种活动转到另一种活动。它既没有给生活带来什么真正重要的改变，也没有让我们超越陈旧的固有限制。真正的对立双方中，一方是自由、自发的生活，另一方是不管多么渴望与努力，内在仍遭受奴役的生活。一旦认识到这一点，整个问题就会呈现全新的面貌。

## 5. 知性与唯理论

从行动主义者对唯理论及脑力劳动的态度入手，就很容易理解其立场的独特性。在任何情况下，它都不会贬低脑力劳动的重要性，绝不把后者视为生活核心可有可无的点缀。没有积极的脑力劳动，期冀的生活重建和朝向自我行为的生活趋向就绝不可能实现和得到维持。

在这一点上，我们可以以史为鉴，它可作证，凡是以追求知识为荣的时代，无不把脑力劳动视为生活的重要组成部分；如果这一部分未得到发展，将妨碍生活自身的完全发展。它从未以生活跟班的角色出现，也绝不是对一种特定和已结束事态的阐述。

这一点在柏拉图、天主教的神父（例如克雷芒和奥利金）、斯宾诺莎以及莱布尼兹等人那里都可以得到佐证。

人们普遍认为，是知识首先让生活的精神内容获得完全发展成为可能，并变成人类的绝对属性。即便认为知识就是全部生活的主张是错误的，至少它让人们承认知识不仅仅是实有的复制：它并非与生活并存，而是存在于生活之内。

因此，我们必须抵制那种让知性充当我们在现代生活中不喜欢的一切事物的替罪羊的想法。那些渴望独立自存的精神生活，并坚信人类生活的真正内容只能来自这一源泉的人，因此得以从赋予生活以唯理论形式的趋向中逃脱出来。他更可能对唯理论运动占据现代世界（包括我们这个时代）的方式异常敏感。然而，他将精神生活视为一个整体的观点，将阻止他同意唯意志论者针对这一泛滥做出的结论。

不过，首先得让我们先考察一下唯理论力量的发展，然后才能判断潜在的反向运动是否足够强大到与其对抗。

（1）唯理论对现代生活的侵袭

**首先，我们受到过去传承下来的各种形式的唯理论的影响。其中包括常常把知性和灵魂视为可互换的术语的古典时期唯理论**；还有一种唯理论体现在基督教生活中。这一理论虽然遭到很多反对，但仍坚持赋予其信念以智力活动的特征。

现代世界更加期待智力活动能将生活向它努力的方向提升。这一趋向一直维持到现在，它不仅表现在诸如冥思、启蒙等源生于内的趋向中，而且还更清楚地表现在自然研究所塑造的那种思和唯理论对立的运动常常自身也变成唯理论，最终帮其扩大影响。还有什么能比这一事实更清楚地证明唯理论的强大呢？

Nothing could bear clearer witness to the power of intellectualism than the fact that the counter-movements have often become intellectualistic themselves and ended by contributing to its influence.

想类型中。这是因为科学家仍然习惯于将心灵等同于知觉，认为精神生活只不过是外在世界的映射。因此，在他们看来，所有道德提升，乃至我们的全部救赎，都要首先寄望于对概念的匡正[①]。

和唯理论对立的运动常常自身也变成唯理论，最终帮其扩大影响。还有什么能比这一事实更清楚地证明唯理论的强大呢？就这样，唯理论贯穿基督教的整个历史；就这样，唯理论继续迈入了19世纪。谢林在人生的后半段曾竭尽全力，试图打破当时根深蒂固的理性主义，并用一种积极、非理性的思想模式取而代之。但他的新思维被表述成一种纯粹的教义。要接受这种教义，并皈依于这些信念，就等于将个人生活置于真理基础之上。如果说这不是理性主义和唯理论，那么它是什么？如今反对唯理论的很多人很可能和谢林当初所做的完全一样。

唯理论牢牢地扎根于新与旧的思维习惯中，因此它的影响力也就比我们上面提到的趋向更危险，因为它更擅长潜移默化，渗透程度更深。在人类文明的早期，知识的基本任务被认为是从现象的无限多样性中提取共相：在古代世界的人们看来，简单和不变的形式似乎构成实有的基本结构，因此视实有为整体成为当时的主流观点。这与其知识观完全一致。但现在这种实有观再也无

① 这一点在19世纪伟大的实证主义哲学——孔德（1798—1857，法国实证主义哲学家）哲学——中表现的特别清楚。我们在此只能引述《实证哲学教程》（第四版，1877年）中最具代表性的句子：例如，在第一卷第40~41页上说，“社会机制最终反映在观念上”。又如在第四卷第113页上，作者指出，现状之所以令人不满，主要原因在于知性的混乱，因此我们的第一要务就是哲学上的恰当性。作者认为，政治腐败的最深层根源在于“一般观念的无力和失信”。事实上，孔德将不同历史时期看作各自对应的知识阶段。近代一元论同样认为自己能通过匡正概念来提升生活的整体水平（具体内容见“一元论和多元论”一章）。

法立足，与其相对应的知识观也就不足为信。

要辨别经验的主要特征，将多样性统合为一个整体，所涉及和要求的远远超过任何对相似观点的简单抽象[①]。

除了这种唯理论对追求共相的过高评价外，还有一种对抽象概念的狂热崇拜，这在19世纪尤为明显。如今，理性、文明、法律、价值、进步、人道主义这些过于含混不清的概念，拥有何等巨大的力量啊！它们的最大优点似乎就在于它们的不确定性，这种不确定性使我们免于做出不愉快的决定。它们常常充当空白支票的角色，任由每个人随心所欲地填写。与此同时，我们也要批判黑格尔的概念观，后者在任何情况下都会给予一个相关联的思维世界确切的内容。

唯理论的影响力还表现在下面这一普遍趋向中：把我们追求逻辑结论方法的行为，看作普遍规律下某个特例的小前提。事实上，逻辑形式只不过是容器，如果没有思维过程将其填满，并让其变得必不可少，科学工作本身将不能长远发展，更不能做出任何新成就。

在科学领域外，这种滥用现象更为明显，例如，当政治生活、法律诉讼，乃至全部人类活动，都被看作普遍原则应用于特例

①“抽象”这一术语本身就表明了这种转变。这一术语的发展有两个主要阶段，一个是逻辑——形而上阶段，另一个是心理学阶段。前者要追溯到亚里士多德，后者则与洛克相关。亚里士多德认为，抽象就是独立于质料而存在的形式，这里主要指的是“数”。这一含义在中世纪得以保留，直到近代，抽象才表示从现象的多样性中选择共相。康德认为，抽象指“从特定观念中移除所有不同元素，从而只剩下相同元素”。因此，康德不会说“抽象化某事物”，而是说“从某事物中抽象”。因此，他认为，“人们实际上应当把‘抽象概念’叫作‘抽象了的概念’。现代术语学中的不确定性很大程度上是因为混淆了这两种意义。

时就是如此。这样就等于迫使万物套用同一个僵硬模式，从而消灭了独创性和个性。这也是如今饱受抨击的官僚主义的根源之一（然而，面对如此多的抨击，官僚主义倾向似乎仍在加剧）。

最后，我们一定不能忘记，唯理论将思维等同于心灵的倾向，以及将世界当作冥思对象的倾向，都已深深渗入我们的话语之中（特别是在科学领域内）。

虽然表面上看，更多的术语没有让我们走太远，但事实上，它们可能轻易就把我们带入唯理论的枷锁下。唯理论于是从四面八方包围我们，把我们囚禁它那密集的网眼里。没有任何主观感觉能解救我们。正如我们所见，哪怕一个完全相反的主张也有可能轻松地引导我们回到老路上去。仅有一个办法让这一问题出现新的转机，那就是要承认，脑力劳动只有变成无所不包的精神生活的必不可少的一部分，从这一精神生活中接收内容，并促进其发展；只有在伟大的精神组织驱动力的指导下，只有在来自这些源头的力量的驱使下，它才能变得积极，富有成效。

这一点可以通过直接和间接两种方法加以证明：一方面，所有真正的知识成就都与整体精神生活运动保持密切关系；另一方面，一旦脑力劳动终结这种关系，就会立刻沦为空洞的形式主义或不可靠的映像。知性对整体的这种依赖，与承认其在整体内的重要性和意义是完全兼容的。

### （2）作为知识基础的生活过程

那些认为知识不甚重要，且认为知识只不过是现象记录的人，不会浪费时间去研究它的真正本质以及它和整体精神生活的关只有把希腊哲学看做对全部希腊文化背后的同一种生活综合的科学应用，才能理解它与众不同的伟大性。

**It would be impossible for anyone to understand the distinctive greatness of Greek philosophy without perceiving it to be a scientific application of the same synthesis of life which lay behind the whole of Greek culture.**

系。但那些在希冀在知识中追求启发和实有的内在同化之士，将意识到这是一个难题。

如果不具备与这种任务相匹配的能力，如果不拥有应对事物抵抗的力量，我们怎么可能征服和占有陌生的实有？如果经验没有将自身同源生于内的运动相联系，并推动其发展，它怎么能变得对我们有价值呢？如果没有先向它提出问题，它又怎么能回答我们呢？

但是，如果整体生活过程没有完成内在的集中，将其活动融合成一个整体，并借助这一整体与环境做斗争，那在哪里才能找到实现这一成就的力量呢？这种运动将给予知识的所有其他表现形式一种特性和一个方向。当生活被这样联系在一起，成为一个独特整体时，这一整体所特有的实存（existence）领域就和其余生活区分开来，人与实有（reality）和人与其工作领域之间的基本关系以及经验也被赋予一种特殊形式。

知识的目的和方法将遵循这些原则。只有把希腊哲学看作对全部希腊文化背后的同一种生活综合的科学应用，才能理解它与众不同的伟大性。这一综合的获取离不开脑力劳动，相反，它不断地需要其帮助。不过，这不是一种纯粹的知识工作，而是一种完全信任自身力量的知识工作。事实上，只有奠基于生活综合，并利用其丰富资源的知识，才能具有稳固的倾向，并依据不可违背的原则发展。只有这样的知识才能把握其对象，并深入其中心；只有这样的知识才能将实有变成充满活力的整体。

为什么经院哲学在其建构过程中表现得如此勤勉和精巧，仍然给人留下如此贫乏的印象？为什么它拥有如此广泛的机会，相比而言在精神层面上却收获寥寥？原因就在于它缺少对一种独特生活的塑造力，因而不能赋予其概念以内在的温暖和必然信念的力量。如果只是因为一种新生活在其内部作用并贯穿其中，那么较新的哲学注定要战胜经院哲学。

这一原因也可以用来解释，莱布尼兹和康德等创造性思想家与沃尔夫和赫尔巴特等才华横溢的经院派哲学之间的区别。前者揭示了新的生活综合体，他们的工作产生了丰富的实有性。他们不仅仅是把给定的材料打散并重新组合，也不仅仅是思考实有。他们是新实有的生产者，精神世界里的孕育者。

没有什么能比逻辑领域自身内的经验更有力地证明知识与整体精神生活之间的这种联系的了，逻辑的不变性和其定律的普遍适应性，使它倾向于认为自身高于任何依存性或关系。这些定律的不可违背性明晰且无可争辩，但定律和形式就其本身而言并不能产生生活的思想。真正的人类思想绝不只是对这些思维定律的千篇一律地运用，只有超越这种应用，它才能保持本质特征，这一特征渗入并支配每个细节，且仅源自整体生活过程。

从这一观点来看，在较完美体系中的思维与它所表现的关键综合不同。因此，具体到逻辑方法细枝末节的希腊科学获得了一种独特形态，这形态来自于希腊生活的普遍艺术倾向，来自于思想和沉思的密切关系，来自于对直接快速综合的渴望和对任何模糊事物的厌恶，来自于对既定不变的生活元素的承认。

此外也要考虑到，古典时期和中世纪晚期的知识特征强烈地展现了受宗教支配的新生活的影响力。现在，我们全部看得见的实存已成为一个看得见的法则的符号，概念丧失了它们的固有特征，主张也失去了它们稳固的独特性。这一富有寓意的描述感知并领悟到一个超越当前感觉——实存状况的更高世界，但并没有把后者贬低成无关紧要的现象。

因此，意象和实体成了同一个对象，也就是说，感觉和精神是一体的。这一近乎幻想的思维趋向受到情绪和直觉的支配，并没有意识到它已陷入站不住脚的矛盾对立中：既要连接要又松开，既要肯定又要否定。然而，中世纪的教会和圣事论等概念就依赖于这种思维方式。在其巅峰时期，经院哲学变得更明晰，也更加保守，但在此之后，虽然出现了三段论方法的积极发展，它仍缺少一种独立的综合和相应的思维能量的活力，缺少析取过程中的果断性，也缺少让对立的选择方案分离的力量：迥异的世界在此被发现以最和谐的方式并存（例如亚里士多德学派对世界的肯定以及古基督教对世界的否定，或者在基督教自身内部，教会秩序与将自身置于所有秩序之上的神秘主义）。这一体系被如此巧妙地安排和分类，只要不发生直接冲突，各组成部分似乎就能完全和谐共处。活跃的思维原以为水火不容的基本原则看上去似乎意趣相投。

我们可以拿现代科学的逻辑方法为例进一步说明，后者的分析更尖锐，分类更明晰，此外，它将科学的基本原则平均分解，并力求深入无限之中。这一切都充分显示了它与力量和运动的现代理想的密切联系。

正如每个确定的时代都有其独特的逻辑方法一样，每一位独立的思想家也是如此。没有独特的逻辑方法，就不可能有独特的思维模式和生活建构。这种生活建构愈强大，它的影响就愈深入，直到抵达思维最简单的元素和活动。思维工作就这样和整体生活联系在一起，并由此变得更丰富、更有个性、更具体。与此同时，事实上，论点的信念力量不应归功于它们的逻辑或辩证价值，而要归功于它们必须依赖的精神生活的内容和力量、精神的集中以及生命力。

In reality, arguments owe their power of conviction not to their logical or dialectical value, but to the content and force of the spiritual life, the spiritual concentrations, the life-energies, which they have to draw upon.

新的问题和任务出现。知识为整体生活所做的贡献必须得到展示；在知识发展过程中，如何将偶然从本质中分离出去？怎样建立个别之间的联系？普遍有效性又是如何形成的？这些都必须得到更为充分的论证。

乍看上去，知识的普遍有效性似乎在两方面明显遭到威胁，一个是存在于知识之间的密切联系，另一个是多样的生活组织。有人或许会问，难道这样不会导致真理的瓦解（它将变成许多真理）和具有破坏性的相对主义的完全胜利吗？只有当所有生活综合体平等并列在一起，且各自成就并不是为了实现一个万物据其度量自我的唯一的全面综合时，这一疑问才会成真。难道这种综合不可能作为努力的首要目标存在吗？难道它不可能从一开始就为生活还有思维独有的塑造和指引服务吗？这并非反对那种认为其构想会引发新问题的想法。如果这些问题是真实的，它们只会加强这一基本观点，而不是对其产生任何不利影响。

## （3）探索真理及其原动力

在追求真理的过程中，什么是最强大、最具决定性的因素呢？每一个考虑因素都促使我们相信，我们在此面对真正的难题。只需对信念迥异的人们之间的争论略作考察，就能清楚地发现，仅仅原因和证据无法成为决定性因素。在人类思维的伟大斗争中，在精神冲突的更大舞台上，还应有哪些因素起作用呢？所有辩论者都把对方的论点转化为自己的语言和思维模式，并将其改头换面。结果就是两种独白并存，争论很少达到真正对话的水平。事实上，论点的信念力量不应归功于它们的逻辑或辩证价值，而要归功于它们必须依赖的精神生活的内容和力量、精神的集中以及生命力。

在讨论真理问题时，每个争论者都极力捍卫自身及其固有性格。力量、热情和激情最初就是从这种精神的自我保存出发，涌入知识运动中。只有精神上的密切关系准备好共同立场，丰盈的表现和相互理解的可能性才会成为可能。亚里士多德、奥古斯丁、托马斯·阿奎那以及伏尔泰等都是一流的逻辑学家，但假如让他们聚在一起讨论永恒真理的问题，有人会认为他们能说服彼此吗？只有浅陋和反复无常的人才会在争论时改变自己的精神本性。仅仅站在知识因素的基础上，一个人绝不可能喜乐无忧地把握自身存有。他会一直害怕某个更强大的辩手出现并打败他，迫使他站到相反的立场上去。

历史研究表明，不是孤立的思想家或更多类似的理念，而是独特的生活集中和精神力，支配着人们的灵魂，唤醒他们的激情。黑格尔思想的那些自觉和不自觉的信徒常常告诉我们，信念产生带有绝对必然性的结论，且没有什么能像逻辑矛盾那样深深地激发我们，不可抗拒地推动我们前进。结论和矛盾当然能获得战胜人类的不可抗拒的力量，但这并非因为纯粹的逻辑原因。结论可能近在咫尺，但尚未被完成；矛盾可能触手可及，但从未被感知。

既然这样，这一问题归根结底就是，这些难题是否与精神的自我保存任务有关，生命力是否通过这些难题自我呈现，并最终形成一个精神实存区域。只有当精神生活被这样同化，并和它所表现的生活统一后，其结论才能具有强制性，其矛盾才能令人难以容忍。逻辑的力量首先来自于统一的水平、将生活聚合成一个与其相关联的整体的力量，而不是来自于逻辑自身的资源（正如人们常常错误想象的那样）。

忍耐一种精神矛盾状况的持久性始终象征着一种纤弱的生活集中。这是儿童和远古历史时期精神生活的特征，也是凡庸人类的特征，和来自我们精神自由的要求形成了鲜明对照。逻辑的缺陷表明了这一弱点，但并非导致它的原因。在当今之精神状况下，没有什么比思维领域内的矛盾更让人麻痹、令人烦恼的了。它揭示了集中力、真正的个人生活以及在最忙碌的工作当中自我维持的自发活动的巨大匮乏。

就现状而言，生活充满了基本矛盾。这些矛盾常常因表面上的妥协得到缓解，且看上去似乎完全消失。或者，尽管存在真正的矛盾，但不同思维模式可能被强行归在一起，彼此混杂。例如，古老的道德——宗教理想主义和按现代方式发展的人类文化所代表的两种截然不同的观点，常常不得不忍受这种对待。在更为开明的现代作家的作品中，我们可以看到这种迥异的生活态度的奇特混杂。任何擅长聆听思想和谐之音的人，必会敏锐地察觉尼采作品中的嘈杂，它呈现了现代与古代、浪漫与古典、艺术与动态思维的混杂。然而，大多数所谓有教养的人们虽没有真正蓬勃的个人生活，却一点也不反对精神上的不和谐。他们认为这些不和谐音能提供多样性和精神娱乐，也就是说，矛盾越多，作者就越有独创性、越有趣。

没有什么能比宗教的发展更明显地表明思维对精神生活力量的依赖。强有力的宗教运动总是肇始于让时况变得难以忍受的矛盾，尤其要归因于不断增强的内在性的要求。这种内在性与适应人类境况的时间和努力进程所产生的外在制度、习俗以及惯例等在精神冲突中，最终获胜的不是孤立的智力因素，而是基本的生活过程及它们包含的精神实有的内容。

In spiritual conflicts it is not isolated intellectual considerations that carry the day, but basic life-processes and the content of the spiritual reality which they comprehend.

发生尖锐冲突。但是，对这些矛盾的知觉、容忍和克服很少只由逻辑因素引发。例如，在宗教改革期间，教会提供的外在宗教性和意欲追求更内在事物的诚挚灵魂之间的对立是显而易见的。彼时最伟大的学者伊拉斯谟和路德一样意识到了这一点（正如我们在其作品中看到的）。但为什么是路德而不是伊拉斯谟最终成为宗教改革运动的伟大领袖呢？这当然不是因为路德是更伟大的逻辑学家，因为在这方面，他远逊于伊拉斯谟。真正的原因是，对路德来说，当时的局势及其涉及的矛盾，已不再只是一个可以安静思考和理性反省的问题。它变成一项私事，让他感到剧痛，情势已让他无法忍受。这一问题逼近路德，他迫切需要寻求解决这一冲突的方法，以影响他的生活核心。这是他的精神自我保存的要求，其内在激情已将所有其他考虑因素抛诸脑后。精神自我保存的本能力量赋予这个平凡之辈以能力和权力，去攻击一个曾被人类心灵奉为神圣的伟大传统秩序，并尝试建设一个新秩序。这种基本的精神必然性驱使路德不惜代价前行，并让他成为时代英雄。与其相比，伊拉斯谟虽然知识更渊博，举止更文雅，头脑更敏捷，却显得无足轻重。

在精神冲突中，最终获胜的不是孤立的智力因素，而是基本的生活过程及它们包含的精神实有的内容。这样，不同的思想体系均可以回溯到这些过程，所有真正的进步均依赖于这种精神实有性的扩大。古老的思想综合体并不会因一些更好理由的突然出现而被打败，战胜它们的是对其所表现的生活局限性的洞察。

接下来，新的集中，或至少是新运动将会显现，新的积极生活会让旧生活——无论它表面上多么安全——显得空洞落伍。即便旧生活能继续保持其外观，也会丧失其精神权威。即使在它坚信自身统治固若金汤的地方，它也早已被击败。决定性的观点因而将自身从理念转移到生命力上，从智力因素转移到生活的创造性发展上，这必定有助于深化工作、巩固努力。当我们将生活看作一种生命力之间，而非学说之间的冲突时，我们就抵达一种更为宏大的历史观。这一问题也会变得更艰难、更根本，因为它已变成一个发掘学说根源、发现内心最深处的力量源泉、抵达冲突最关键点的问题。但我们在工作中将得到下面这一信念的支持和鼓舞：即原始力量和根本必然性比脑力劳动自身产生的内容，更能丰富人类生活。

（4）在知识领域内的影响

知识工作与整体精神生活及精神实有性建设之间的这种联系，必定对知识的发展产生深远影响。由于章节篇幅有限，我们只能从其结果有助于某些重要问题的解决角度对这些影响进行讨论，否则，这些问题将依旧得不到有效解决。同那些独立科学相比，在哲学如何才能拥有独立课题的问题上仍存在诸多不确定性。人们经常给出的答案——哲学必须统一各种独立科学的成果——并不充分。因为这种统一要么只是一种并列，要么意味着建设和转化，而后者只有在新的原则基础上才能实现。

既然这种新原则既不能从外部获得，也不能从知识过程中产生，那么它只能存在于整体生活过程中。最终，我们抵达自身所能接近的最远点。人与实有的基本关系连同他的生活和存有的意义，必须由这一重要过程的本质和经验决定。

只有从这一观点出发，我们才能将不同独立科学联系在一起，恰当地评价他们，并发展其成果。这一基本过程无法在事物表面上找到，它必须被识别和表达，这是主要哲学学科的任务，它以古老的形而上学的名义从事这一工作。然后，其他学科也会在其不同知识领域内得到进一步发展。这一观点也解释了哲学和人类个性之间的密切联系，而没有把哲学贬低到只是个人性格的表现的地位。此外，要渗透到这一基本进程之中，就必须要有一种深邃、广阔、强大的生活。从这个意义上来说，生活的量度最终也是思维的量度。

这种看待问题的方式让我们基本上接近真理问题的解决方法。如今，可能没有人会怀疑，如果真理被想象成我们的思维与外在世界的一致，那么我们最后必定会放弃所有对真理的希望。但是，这种否定愈自信，应对并取代它的肯定就愈可疑。现在将这一问题同生活过程联系起来，对它的认识就更加清楚。除了整体精神真理外，不存在任何知性真理，但这完全意味着世界向宇宙生活的转变，从内部对实有的体悟。

隐藏在这一观点背后的前提是，超越人类的精神生活构成实有的终极基础。人的自我任务是一场持续的斗争和上升的努力，这是一次推进和上升，一场与越来越多的非精神和半精神的抵抗进行的斗争。正如我们所见，在这一斗争中，不存在任何扎根于生活综合体之外的知识。虽然这些综合体具有现实性，但它们首先只是一些尝试，只有在与外在及内在世界的冲突中才能证明自身能力。在这一工作调整中，知识起了主导作用。它是阐明和检验的必要条件，对于证明普遍有效性、摒弃所有最琐碎的人类因素、形成精神生活的宇宙性也必不可少。但只有在一定程度上把自身和这些综合所独有的区分开，知识才能发挥这种关键作用。另外，如果没有促进一种新的、更高阶段综合的形成，这一批判就不能指引我们前进。

在这一联系中又出现了另外一个问题，即知识发展的稳固起点问题。自从人丧失与感觉世界的直接联系后，这一问题就变得无法避免。知识一直在自身内徒劳地寻求一个坚实的基础，但教条式的假设屡屡出现在那些被视为基本和不容置疑的内容里。这一坚实基础只能通过一种方式获得：将整体生活联系起来，成为一个统一体，同时将其转化为个人行动。唯有这样知识才能获得和享有不证自明的必然性。对于投身这一斗争的人来说，这个统一体是一个永恒的挑战，因为它只有在抵达旅程尽头时方能完全实现（这一尽头位于无穷远处）。但如果这个看上去难以实现的挑战不是精神生活的根本实有的话，追求统一的尝试自身也不可能成功。

一种反对哲学的古老声音认为，在哲学整个漫长的历史过程中，它所做的只不过是将观念堆积在一起，直至它们变得面目全非。同时，它也无法确定晚期观念是否比早期观念更可靠。哲学当然保留着一定的自由和个人决策因素。它和宗教、道德、艺术等高贵的事物一样，始终要求个体的积极参与，而不是从外部强加给任何人。人类观念的累积并非因为这个原因。关于哲学与人竭力接近精神实有的密切关系的知识有把握保护它免遭这一诋毁。哲学的历史发展因而与人类精神生活的演化进入最密切的联系，且随着这一演化的决定性发展对基本事实的揭示，它们也会推动哲学工作沿着新道路前进。

我们已不可能再从古希腊的立场看待生活中的这些伟大问题，

环境只能为人类提供可能性与诱因，要由此产生具有明确特征的实有，还需强有力的进步行动，而这始终取决于个人主动性。

**Environment can do no more for humanity than provide possibilities and incentives ; to produce therefrom a reality possessing a well-defined character demands forceful progressive action, and this is always a matter of individual initiative.**

因为基督教带来了生活过程的深刻转变，在其中发现了无比棘手的冲突和丰饶的深度，由此倒退回到较古老的立场上去是不可想象的。我们也回不到中世纪，因为现代世界在世界和人之间划定了更鲜明的界限，并鼓励内在生活谋求更大的独立。

这些及类似的经验难道不正说明思想家与历史和全体人类处于最密切的联系吗？然而，这不会涉及他丧失独立性的问题。环境只能为人类提供可能性与诱因，要由此产生具有明确特征的实有，还需强有力的进步行动，而这始终取决于个人主动性。因此，这两种因素相互影响，同时，包含这两者的整体无疑会变得更丰饶、更强大。

### （5）对哲学历史的影响

承认哲学和整体生活之间的这种联系，必定也会强烈地影响到我们对哲学史的态度。这种态度已不足以描述当下各种不同的哲学体系，并将它们分门别类。我们现在的责任是发掘基本的生活内容，并在更全面的背景下确定思想家的话语。这里的主要问题是，与其说是要确定某个哲学家讲过什么，不如说要弄清楚他是如何讲的。我们必须确定他所表达的精神生活的类型。

因此有必要阐明思想家与其历史环境和人类环境之间的关系，不过不能用当前的社会—历史研究法，否则就会本末倒置，将内在归因于外在，将伟大归因于渺小，将永恒归因于短暂。自此以后，个人成就的意义将根据他们开拓新深度、扩展精神实有性的成功程度进行评判。从这个意义上说，所有伟大思想皆为勇往直前，皆是改革与创造。虽然哲学倾向与其较深起源的关系在某些方面让哲学史研究方法更加复杂，但在另外一些方面，它也有助于化繁为简。按以上标准评判，仅有少量思想表现称得上是真正的创造，能够真正增加生活的内容；仅有少量思想类型能从明显混乱的大堆材料中脱颖而出，且其本质反复显现在不同背景下和表现形式中。

这样，真正的核心内容就能与次要内容更清晰地区分开。首次考察所揭示的很大程度上只是事物的次要部分：微妙的定义和解释，一种或另一种学问，有点聪明的论证。这些物料可以为人类精神提供消遣，但不能真正地丰富精神生活。我们比普遍认为的更富有，也更贫穷，我们在拥有的内容上更富有，但在广度上更贫穷。

最后，追求终极和根本的过程能防止对单纯的思想体系形式做过高评价，因为这会轻易引导我们偏离更本质的内容。当然，我们也不希望低估思想体系的形式。

系统关联性将不同原则更密切地联系起来，减少了矛盾的可能性。这有助于思维世界有组织的和统一的发展。但所有这些得以发生的前提条件是存在一种生机勃发、鼓舞人心的内容，且只能从整体生活的综合和整体生命力中产生。如果缺少这一内容，无论逻辑力量多么强大，无论哲学体系的建构和组合多有独创性，都无法阻挡它沦落成一个毫无意义的框架。沃尔夫的思想体系比莱布尼兹的思想体系发展的更为充分，但我们能说前者是更伟大的哲学家吗？奥古斯丁由于自身性格的矛盾性，从未将其思想系统化，但他丰富和扩大了精神世界，影响了人类思想，同时代中罕有与其相匹者。

让我们首先把注意力放在本质、创造力和核心动力上，而不是过分地看重形式。进一步展开讨论意义不大，更详细的解释也只不过是来自一个更大思想范围的片段。我们之所以关注这个话题，是因为指出下面这一点很重要：我们被驱使去追求超越知识的事物完全符合知识自身的利益。同时，我们显然没有趋向唯意志论。可能很多以唯意志论者自称的人所追求的目标和我们的目标相差不大，我们欢迎这种一致性，但无论个人如何看待这一问题，我们一定不能忽略两者之间的本质区别：一个仅仅是兴趣在精神生活自身内的转移，另一个则是超越所有经验主义的精神生活。

## 第三节 唯心论与唯实论

### 1. 术语

“唯心论”和“唯实论”这两个术语现在已变成陈词滥调，几乎丧失了全部确定的意义和科学价值。不过，它们仍代表了一种古老永恒的对立，展现了现代思想的一个重大问题。既然如此，首先对这些术语本身略作探讨会对我们大有帮助。

“唯心论”这一术语首先出现在17世纪末的哲学中[①]。当莱布尼兹用这个词来代替他此前使用的术语“形式主义者”（formalist）——也就是“唯物主义者”（materialist）的反义词时，他所指的是柏拉图、亚里士多德等哲学家，后者认为事物的本质

① 更多细节见于费英格的《斯特拉斯堡哲学论文集》，第94页之后。在艺术理论中，这一术语的使用似乎可以追溯到更早时期，至少，曾有人友善地提醒我说，早在弗朗西斯科·帕切科的《绘画艺术》(1649年）中，唯心论就已被用来形容一种艺术倾向，但我目前尚不能证实这点。

在于其形式。与此同时，“理念”（idea）这一词汇的现代意义也开始被人们所了解。它最初指一种典型形式（一开始在法语中的意思），后来表示仅存在于精神中的纯粹表象。

笛卡儿和洛克尽管观点上存在矛盾，但都帮助推动了这一含义进入哲学。至此，唯心论开始成为一种理论体系，它只承认理念领域的实有性，而否认外在世界的实有性。这一术语过去尤其是指“贝克莱主义”，不过通常都含有贬低意味，因为它暗指实有的瓦解。例如，沃尔夫曾把唯心论者、唯物论者和怀疑论者称作“三大有害学派”。

直到 18 世纪末期，哲学家们还普遍抵制唯心论，其坚决程度不亚于后来他们自称为“唯心论者”时的样子①。和唯心论概念相反，唯实论在 18 世纪被认为代表思维之外的实存世界②。从 19 世纪一直到今天，赫尔巴特及其追随者一直保持这一用法。

和很多其他术语一样，唯心论和唯实论也受到了康德哲学的根本影响③。康德本人一开始采用的是传统术语学含义，此后他将唯心论归入怀疑论④。

康德创造“先验唯心论”这一术语并非参考了柏拉图的哲学

……………………

① 沃尔夫（见于《关于自然事物的目的的理性思想》，第 75 页）绝不会听到有人将柏拉图称为唯心论者。柏拉图的确认为物质世界仅是一种显象，但他并没有像唯心论者那样认为物质仅作为理念存在。

② 众所周知，在中世纪，唯实论是唯名论的对立面，其追随者通常被叫作“实在的”。勃兰特·卡尔最早提到“唯实论”这一术语（《逻辑学故事》，第 221 页）出自彼得斯·尼格利（约 1475 年）。

③ 详细论述见于特伦德伦堡《逻辑研究》，第三修订版，第二章，第 512 页之后）。

④ 例如，可见于《纯粹理性批判》第二版序言。

思想，而是贝克莱的唯心论。康德反对毫不否认甚至丝毫不怀疑事物存在于精神之外的新唯心论，但他把知觉和思维的形式说成是纯粹主观的，因此所有能被我们感受到的客观对象都仅仅是现象，“它们在我们的思维之外没有存身之地”。

就形式载体和知识主体而言，这种意义的变化孕育着一个丰硕发展的萌芽阶段，与其说它是个人的特殊性，毋宁说它是我们存有的共同结构，是人类的精神组织。既然这一问题由此脱离了心理学，并被心灵哲学占领，就为所有坚持精神活动优越于外在世界力量的哲学家为自己冠上“唯心论者”创造了可能。因此席勒在写给德国语言学家威廉·洪德堡的信中说（《书信集》，第485页）：“毕竟，我们都是唯心论者，会羞于被人说成是事物塑造了我们，而不是我们塑造了事物。”[①]

在确定这一术语的意义方面，没人能超过费希特的影响力。德国复兴人文主义（文艺复兴的新阶段）对这一术语的使用在某种程度上明显和上述意义有关，只不过同时赋予它独特的形式而已。因此，弗里德里希·沃尔夫在《古典学博物馆》（1807年）的开篇文章中解释称，“精神朝向理念的方向”是“所有更高发展的首要条件”。他最喜欢的一句话是“自由高尚的心灵不能总

……………………

① 席勒在《论人类的审美教育书简》中详尽考察了这些术语，他认为唯实论者受自然必然性的支配，唯心论者则受理性必然性的支配。这种术语含义的变化遭到了系统论哲学家们的反对。例如，普拉特纳说：“唯心论的概念如今已被用的过于泛滥，它过去通常指否认除精神之外的一切实有……按现今唯心论的定义，任何将外在世界看作显象的人都是唯心论者。换句话说，所有哲学家都无一例外地是唯心论者。”（见于《哲学箴言录》，第412页）

是追求有用”[1]，由此可知，他上述观点的意思是，生活应趋向美，而不是有用；生活应趋向所有精神力量因自身缘由的和谐发展，而不是为了任何结果。

在推动唯心论概念深入发展方面，歌德的贡献无人能比。这不仅表现在他的个性上，也表现在他的生活和工作中，当然，在其他方面，他也很诚实地把自己称作“唯实论者”。

在 19 世纪的话语中，唯心论的哲学和艺术含义已融为一体，开始指精神生活的自我活动和内在价值，因此，我们将结束对 18 世纪占主导地位的知识理论相关的唯心论和唯实论的学术讨论，转入对一个古老永恒的人类问题的探讨。

## 2. 实践唯心论的冲突

唯心论和唯实论的对立可以用不同方式加以阐述，但这一问题的本质始终未变：到底要在看得见的世界内还是看不见的世界内寻求我们生活的真正重心？到底要在前者范围内还是后者范围内实现我们存在的主要目的？人类生活究竟是自然的延续，还是实有的一个全新、更高的阶段？难道所有精神表现形式都只是具有自然本性的生活的一个附属物或工具？难道人没有除世俗兴趣之外的其他目标吗？人类生活只能通过参与一个超越人类状况的秩序，才能获得意义和价值吗？如果我们按普遍观点把实有分成较高阶段和较低阶段，那么究竟是较高阶段产生于较低阶段，还是较高阶段提供通往较低阶段的钥匙？

①亚里士多德《政治学》。

隐藏在并遍及所有这些不同阐述之中的对立让生活从根本上陷入分裂，从最庞大的到最渺小的，从思维到行动，从价值观到内容，生活的所有分支无不受其影响。实有概念自身亦不能幸免。唯心论者必定要竭其所能，反对根据实在论的标准评判这一概念。然而，当唯心主义者的世界仅仅被看成一个附属物，一个特定和确定世界的一种装饰物的话，结果就注定会是这样。唯心论者辩称，感觉世界的内容与价值完全来自他的思维世界，离开了思维世界，世界和实有的空洞概念根本就不可能存在。唯心论的命运往往和宗教的命运类似。只要宗教支配着生活，它的世界在各方面就被认为是最接近和最确定的。

奥古斯丁通过诉诸至高存有（上帝）的理念击退了所有怀疑。托马斯·阿奎那把超自然世界称为“祖国”（patria）。直到宗教的统治地位出现动摇，其内容丧失真正的力量之后，超越的生活理念以及伴随它的超越理念方才在宗教世界里凸显。当宗教从一开始就被视为超验之时，它实际上就已经被抛弃了。同样，当人们认为唯心论的世界奇特又遥远，不付出艰苦的脑力劳动就无法取得时，它就败局已定了。

但如果把如此尖锐的对立置于我们面前，我们就完全放弃了调和的可能性，甚至放弃了所谓的“唯实论的唯心论”的可能性，之所以这么称呼它，是因为它做出了巨大让步。

唯心论者应当且必须掌握构成唯实论基础的事实，同样，唯实论也有责任了解唯心论。然而，当它们真的这样去研究彼此后，结果却是每一方都按照自己的信念去左右形势，从而增加了，而不是减少了对立。

### （1）19 世纪的唯实论

在 19 世纪，这一古老的矛盾进入了一个新阶段，因此有必要探寻这一阶段的意义。19 世纪前，人类文化坚定地沿着唯心论的方向前进，尤其是传统宗教生活更是如此，但新文化也在很大程度上从内部抨击生活的问题，并试图让外在环境服从思维的要求。

确实，在这一时期，一种具有唯实论本质的相反倾向从未缺席，只不过，与其说它是解决这一整体问题的明确努力，毋宁说它是个人做出的顽强抵抗。后者对感觉世界的休戚充满了过于浓厚的兴趣，以至于不能将自我提升至唯心论者所要求的水平。由若干琐碎的个人力量构成的这个对立面具有相应地局限性，它可能发挥了一定的抑制和瓦解作用，但尚不足以创造一种新的生活体系，并由此动摇唯心论的根基。

现在，这一任务落到了 19 世纪唯实论的肩上。唯实论认为，直觉世界对人来说已足够，它能赋予他所有目标，满足他所有意欲，但又不会将他的生活降至较低水平。这一任务已远远超出了对传统状况的重新安排或重新阐释，它主要从以下这一事实中汲取力量：人类直接实存的世界对于我们的意义超过此前任何时期。正是因为它提供了一种与唯心论者相反的新实有，新的唯实论才能有望赢得人类的支持。与其说这是一场两种敌对主义之间的战斗，不如说是两种对立实有之间的战斗。这同时也证明了此前论述过的一个观点，即与其说哲学冲突与对现状的阐释有关，不如说与现状的形式有关。

大量不同的运动在 19 世纪结合在一起，产生了丰富的直接实有性。人类获得了关于自然运作的崭新的、更深邃的知识，自然也日益成为人类日常消遣和兴趣的主体，随之而来的人类知识的增长很快被科技技术转化成对人类生活的直接改善，人类生活得到了极大丰富，发展得更快更强。

人类能力的惊人发展愈来愈倾向于消除命运的顽固性。困难自身也被看作挑战和新行动的动力，从而变得不再那么苦涩。与此同时，人类社会导致了越来越多的艰巨任务。人们日益确信，社会被塑造的方式很重要，现状真正得以改善的可能性也很重要。如此方能将生活置于更高水平之上，并促成更为普遍的幸福。

很快就出现了对不同民族与众不同的特征的认可与赞赏，而国民性格的形成又促进了相应的情感和力量的发展。在国家内部，个人力量获得了更大的发展和表现范围；在经济领域内，朝向更平等地分配财富的趋向和劳动技术组织相关联的难题不谋而合，从而唤起了一种无限深邃的感情：物质条件的力量第一次被清晰地感知和充分地评价。人类生活的内在状况和幸福似乎依赖于这些特定问题的答案。这些不同的运动相互补充、相互促进，这一生活的成果和问题更坚定地将人类和它周围的直接世界联系在一起。

此外，作为工作上的实干家，人自身在工作中形成了自己的个性。说到“人”，我们指的是活生生的、有血有肉的人，而非哲学体系中被美化的形象。历史和社会，正如它们现在这样，共同促成了这一成果。它们的力量更紧密地联合起来，时空再也不能将它们分开。他们在共同的工作中团结起来，并开始认识到一种普遍全面的团结。人类作为一个整体屹立于我们面前。它联合了原来分散的力量，形成了持久的关系，这些关系将个人紧密联系在一起，大大提高了整体生活的能力。人类由此成为崇敬和信仰的目标，成为似乎能够吸收人的全部道德和实践活动的目标。

这种新的思维方法必定会以特有的方式重塑生活的所有部分；在每一个方向上，它必定会产生同样的效果；它必定会让所有活动形式无比依赖外在世界。由此观之，只有与事物保持联系才能引导人类力量通往活跃的实有，并远离朦胧的可能性。反之，与具体事物分开，精神在自我的内在生活中筑起壕沟，必定会让我们所有的努力显得死气沉沉、虚无缥缈。对真正实有的渴求是这一趋向的根基和动力。对它的支持者来说，所有陈旧的、唯心论的生活观不过是清晨的团团薄雾，注定要在新的一天的胜利之光面前消失。

（2）新唯实论的局限性

今日之光明是否摆脱了阴霾？我们是否应毫不怀疑地接受这种新趋向？唯实论运动的真实命运表明，这一问题仍未脱离混乱。诚然，唯实论不仅压倒性地赢得了人类的支持，而且还为工作提供了巨大动力，促进了我们的全部实存，鼓励我们更勇敢地克服困难，对所有荒谬发起更成功的进攻。与此同时，这一运动的发展导致的问题使我们超出了唯实论划定的界限，并危及唯实论领域的独立。

只有当世界工作自身的简单进步解决了每一个困难，只有当所有独立的内在生活越来越彻底地消失，且人类转变成只会工作的工具，唯实论体系才能有理由冒充唯一的无所不能的实有。但这种转变并没发生，相反，事件的实际进程已经清楚地表明，仅靠工作无法吸引全体人类。

我们意识到一种令人痛苦的空虚，工作不再让我们满足，即便它再成功，灵魂也仍然无家可归。

We are conscious of a painful vacuity, and having this consciousness our work no longer satisfies us ; in spite of all its successes it leaves the soul homeless.

首先，工作已越来越意味着为生存进行的激烈斗争，这一斗争发生在个人之间、不同阶级和民族之间。对立越来越尖锐，冲突领域越来越大。这一斗争唤醒的情感无比清晰地表明，支持工作的是敏感的存有者，是对幸福的渴望，是对工作给予某种个人补偿的要求，即使这种补偿会给工作自身带来损失。难道除了依赖内在生活外，没有任何办法能应对这一要求导致的危险吗？换言之，必须依赖一个严格的唯实论不可能在逻辑上承认的量吗？

此外，这些纠纷超越了被工作解放的力量之间的矛盾，看上去好像与工作的真正本质密不可分。工作只不过是人类技能的一部分，且工作越专业化，这一部分就越小，也就是说，个体掌握的领域变得越来越狭隘和局限。

从唯实论的观点来看，这种对少数专门能力之外的所有事物的忽略，这种人类整体的愚昧，肯定是无所谓的。因为在它看来，生活不过是和外部环境的联系而已。但对于遭受损失和痛苦的真实的人来说，这绝非无关紧要之事。因为在他身上明显有更多唯实论者没有承认的，或者说逻辑上不能承认的东西。

此外，工作将人与其成就、与一些结果牢牢地联系在一起。从这一观点来看，所有没能产生切实成果的努力都是浪费。这势必让精神完全转向外在，并让灵魂对自身的幸福漠不关心。的确，唯实论甚至不容许灵魂内在状态的存在。这种对成果、成功和赞誉的持续追求越来越吸引人们，并抑制所有独立的精神生活。我们不可能接受这种状况。我们意识到一种令人痛苦的空虚，工作不再让我们满足，即便它再成功，灵魂也仍然无家可归。

对全体人类来说，实存对工作的这种彻底投入意味着生活的精神内容的贫瘠。缺少内在地团结人类的共同看法和信念，就会导致共同思想世界的消失和对全体人类的严重伤害。因为没有这样一种思想世界，我们的生活就不可能有独立的价值和真正的伟大，乃至丧失灵魂。这些不仅仅是抽象的哲学考量，更是现代人类不可否认的经验。

虽然现代劳动和创造力取得了辉煌胜利，但谁能否认，我们之中已经出现了掺杂着悲观主义、不断滋长的巨大不满？19世纪比其他任何时代都更有力地扩大了生活的方方面面，改善了人类的生活条件。人们原本期冀它带着一种自豪愉悦的力量意识走向世纪末。但事实却非如此，这表明支配这一时期的生活类型存在缺陷。这一缺陷就在于唯实论意欲将精神完全清除出去，而精神绝不允许自身被清除，否认精神的企图只会让它更加活跃。

（3）对唯心论传统形式的批评

这类经验迫使我们重新审视整个问题，尽可能地确定每种观点哪些方面是错的，哪些方面是对的，这是我们义不容辞的责任。如果不是因为生活的整个实有中缺少唯心论的传统形式，对它的渴望就不可能体现在唯实论这样强大的趋向中。毫无疑问，它们的确有过这种匮乏，且不再牢牢地扎根于人类真正的内在生活。

唯心论有两种主要形式，一种是现在仍然通过各种类型的基督教教义发挥作用的宗教唯心论，另一种是艺术唯心论，它发源于古希腊，成为一种经常遭到抑制但从未被彻底击垮的思想趋向。

宗教对生活的阐释将人类实存置于一种更深邃的实有秩序基础

上，它使人类超越时间，臻于永恒；超越被外在事物所吸引的生活，臻于一种纯粹内在的生活。不管宗教现在变得多么虚弱，这一趋向依然构成一股强大的力量。即使在被否认的区域，它仍秘密地发挥作用。但这种生活方式已经没有把握说服现代人，它不再同人的心灵直接对话。之所以导致这种局面，是因为宗教传统形式和现代思想世界之间出现了一道显著的鸿沟。即使那些希冀弥合这一鸿沟的人，也不再熟悉古老信仰的直接性，对其亦没有绝对把握。当宗教不再是最确定的事物时，就很容易变得最不确定。

现代人对早期基督徒的那种个人宗教体验的疏远，让宗教大伤元气。在早期，由于人们强烈地意识到人类的弱点，感受到难以撼动的局限性和互相冲突的矛盾，所以才不得不求助于宗教。换言之，人们觉得只有诉诸另一个世界，他们的精神自我才能得到救赎。但是，现代起源于一种对生活的强大冲动，一种朝气蓬勃的力量感，并从后者那里获得其独特的印记。

由此观之，人类开始将生活视为一项难以估量的任务，并在抨击这一任务的过程中从内在和外地两方面发展自己。严格的限制和最终的放弃似乎已成为历史，世界看上去正通过自我发展朝着最高境界前进。或许问题没有像现代思想的信徒想象的那么简单，或许未来的发展会让我们认识到我们的局限性，当然，也认识到我们的无能！但现在，力量意识坚守阵地，对宗教也没有任何直接、自发、不可抗拒的冲动。宗教因而失去了其强制力和可靠的真理。

艺术型唯心论处于趋向虚幻的更大危险之中。它力图让世界完美，但并非从更高的立场出发，而是依靠世界自身固有的活动。内在与外在、精神与世界的会合导致了一种貌似将全部生活多样性统合在一起的构造。这一构造为每个不同元素设定恰当的限制，将各部分黏合在一起，形成一个和谐同质的整体。每一种单纯的自然力由此得到升华，精神也从模糊不清的可能性变得像白天一样清晰。

艺术综合借助这一成就创造了一种既活跃又崇高的生活，提高了人类实存的水平，让精神的本质更为完美。它同时证明了自身在精神生活的形成过程中是不可或缺的。

但是，它具有为生活提供完整内容的体魄和力量吗？难道没有可能，只有那些拥有独特天赋或突出创造力的人才能在这种运动中发现生活重心吗？难道不会产生一个排他且乐此不疲的特权阶层吗？此外，难道个人、民族和时代一定不能臻于一种无比丰盈的生活，从而在艺术创造工作中体验和实现伟大事物吗？难道精神深邃性在被表达出来之前一定不能被拥有吗？没有这种深邃性，艺术生活只能局限于表面，且很容易退化至业余水平，从而失去全部真实内容。

当人类实存中的这些艰难问题、激烈矛盾和骇人深渊最终得到充分认识后（19 世纪的经验推动我们在此方向上前进），艺术能真正地凭其自身力量宣称解决所有困难，照亮所有暗处，并用喜悦取代全部悲伤吗？如果做不到这一点，艺术极可能倾向于粉饰人类实存中的非理性与不和谐，同时夸大其和谐的一面。

真理意识在此被唤醒，起身反抗。唯实论者认为，他们现在成了真理事业的先驱。唯实论对那种盛行的唯心论的批评更为明显，虽然后者的基础及细节饱受批评，但它仍坚持唯心论的普遍趋向，拒绝赋予它任何清晰的形态或确定的基础。这种唯心论唤起了对“更高”的热情，却丝毫不清楚“更高”为何物[①]；它颂扬“真”、“善”和“美”，但又没对其内容提供任何解释。因此就不难理解，为何传统的唯心论生活形态不能满足这种刚被唤醒的追求真理的冲动。虽然唯实论强有力地体现了这种冲动，但能否完全满足它又是另一回事。

（4）实有的问题

从唯实论的观点看，只有把行动和我们的可见世界持续不断的联系起来，才能抵达生活中的实有。这种联系能产生新实有的说法是极其可疑的，因为它只是某个实有被人体验，或能够被人体验的问题，其他所有实有都在他的范围之外，引不起他的丝毫兴趣。

行动与环境的这种联系产生了大量实际行动和成就，不过它们不属于个人经验。只有当已完成的工作被归入一个统一体，且作为一个整体包含在精神生活之中时，它才能成为经验。

虽然唯实论不得不利用这种精神生活实现自己的目的，但它并不具备阐释它的手段。唯实论没有利用自身资源形成一个特有

①“更高”最早在德国文学史上的“狂飙突进”运动中被频繁使用，这一词语指一种新的、假定的更高级的思想潮流。浪漫派常常用“更高”区分他们自己与普通人之间的目标和观念。在这方面，施莱尔马赫充满活力的作品就是很好的例子。当时，人们常常说“更高”生活、“更高”感情、“更高”教育、“更高”道德等等，以至于到了后来，这一术语沦为笑谈（比如“更高”废话）。康德从根本上反对使用这一术语。当菲德尔称赞康德思想是“更高”唯心论时，康德反驳说：“绝对称不上‘更高’，高塔和形而上学的巨人们很相似，都是树大招风，不适合我。我不过是处在充满丰富经验的洼地里。”

的世界，如果它只能依靠自身手段的话，必然会清除所有内在联系，摧毁全部生活体系，当然也会消灭它自己。

唯实论离不开一个隐性假设，即精神生活由多样性构成，并借助后者克服主观与客观之间的对立。如果缺少这一假设，就不可能证明以下说法：和普通类型的唯心论相比，看得见的世界对人来说意味着更多，也能让人获得更多。

这究竟是什么意思呢，难道不是说唯实论被唯心论的思想世界所包含吗？没有唯心论的帮助，唯实论根本就不能构成一套生活体系。在这种情况下，当精神被剥夺了独立性，且其内容尽可能来自外部时，就会导致一个突出矛盾。即便被勉强掩盖住，这一矛盾也会不断地显现于在唯实论中无立足之地的原理概念和学说中。

让我们来看看最伟大的唯实论思想家——孔德的哲学体系，在奠定其思想基础时，孔德尽可能地剔除了所有来自唯心论的内容。但是，当构思和考证阶段一结束，执行和积极的建设工作展开后，问题就呈现出不同的一面。建设工作进展愈快，在概念上愈趋向唯心论。尤其是，这样一种变更——有形的强制力被转化成道德义务——单独导致了从知识到行动的决定性过渡。最终虽形成了一个完整的生活体系，但它的建立离不开向唯心论持续求助，而讽刺的是，消灭后者曾被认为是保存真理的基本条件。

是否有任何人坚持认为这样一个分裂的世界能满足精神生活的需要，特别是道德的要求？在这一点上，我们可以再次以孔德为例，而且我们会再次发现他突然改变立场，只不过这次正好反过来：现在出发点属于唯心论，而结论变成了唯实论。

他的深层本性对自身所处时代的黑暗面甚为敏感，对此他是完全从唯心论的观点来看的。他对待这一问题是如此认真，似乎只有有力、独到、创造性的努力，以及不亚于彻底变革的可能性才能应对这一局面。但他研究这一课题所用的唯心论材料不充分，他对社会组织的建议连同变更提议也演变成对自然的解释。人类想通过这种方法实现期望的巨变：善对恶的胜利。

只有人类愚钝的乐观主义才能掩盖这一伟大课题和手段不足之间的巨大差距。然而，这就是唯实论的典型特征：要么秉持一种肤浅的生活观，要么让自己陷入矛盾中，这些矛盾从逻辑上讲会导致它自身的毁灭。

当一种生活体系愈是致力于公平对待人类生活的全部内容，就变得愈发自我矛盾，这样的生活体系能满足我们对真理和实有的渴求吗？这些抽象考虑得到了人类实际经验的支持。朝向唯实论的运动发生在一种弥漫着唯心论的精神氛围中。这是因为无论唯心论的各种独特形态可能遭受过多么严重的分裂，作为数百年的劳动成果，文明的总体发展已经产生了一种具有唯心论一般特征的思想、情感和评价，只是这种唯心论已不再和它的任何独特形态有明确关系。

唯心论就这样渗透到我们的全部生活中，进入我们最深处的灵魂。唯实论的生活秩序仍未摆脱它的影响，并继续依赖它进行修正和缓和。但唯实论越是独立，越是意识到自己的真正性格，它就必定会越彻底地清除这些唯心论因素。然而，它不可能这样做，除非想让它自身变得狭隘，甚至消灭自己。所以，伴随唯实论外在胜利的是内在的失败。

如果整个事件只是一场戏剧表演，或有可能以最淡定的心态深思历史运动的这种辩证发展，甚至有可能从竞争思想体系的巨大冲突中获得纯粹的愉悦。但这一岌岌可危的问题关系到人类的命运，其存在合理与否，灵魂的获得或失去，因此没理由不偏不倚地旁观。

### （5）新唯心论的必要性

尽管唯实论及其表面文化不能满足我们，但生活的内容现在经历如此巨大的变动，使它有可能更多地恢复到古老的唯心论。生活中内在和外在的非理性因素对我们而言比它对老派唯心论者来说更为明显。精确事实的巨大累积和自然界对精神生活目标的漠视如此贴近我们的灵魂，以至于我们不能像以往唯心论者那样轻松地越过它们。如果唯心论要成功应对这些日益增加的混乱，克服这些新障碍，就必须进一步深化，扎下更牢固的根基。要让这成为可能，就必须认识到当前问题既非完成任何特定任务，也非实现生活在特定方向上的发展。当前最危急的是获得真正的、根本的生活，这是因为，如果没有我们的日常生活扎根其中并觅得支持的实有深度，就不可能有真正的个人生活，也就不会有任何真正的生活。

同时，精神生活必须更明确地和纯粹人的因素分离，并跃升其上：自然界和看得见的实存领域以巨大的压力包围着我们。如果我们的精神活动不代表新的实有阶段和整体的精神世界生活，且自身拥有可依赖的资源，它将无力抵抗这一压力。另外，唯心论也不会有坚固的基础和明确的权利。

只有一个完全独立的精神世界在我们内部发挥作用，并拥有让我们的生活充实的力量，唯心论的最基本要求才会变得易懂可行。这一要求就是，新世界的特征和良善应超越人类所有的目标，超越人类生活的日常关心，且不受人类意欲和观念支配。唯有这样，精神世界方有可能不从人类那里获得其真理，相反，人类通过与精神世界的真理比较，衡量其生活所包含的真理的价值。

让人类充当衡量善与真理的标尺无异于内在地摧毁它们。但如果我们的直接实存被当作万有，我们怎样才能超越人类呢①？

不管这些影响力多么令人困惑、多么虚弱，有一个问题始终在发出自己的声音，并要求得到回答：难道我们的努力只能用于促进人类福利，改善特定实存内的事物吗？我们为何不引导自我朝向精神生活，进入新的实有呢？这种实有同时也是真正价值的领域。

一方面，如果精神生活不具有超越纯粹人类事务的内在优越性，唯心论就不可能存在，我们生活的全部意义与价值也会随之消失，只给我们留下内容空空的实存。另一方面，如果精神生活的至高地位获得承认，人类这边就没有什么缺陷能危及精神事物。所有发展的基本事实于是安全无虞，并远离所有干扰影响。当精神生活在我们的领域内发展时，它可能总是会和纯粹人类的内容混杂在一起。理念除非得到兴趣的协助，否则一般不会发挥影响力。

另外，基于人类立场的精神生活可能已产生于陈腐的起点，

① 在这点上，我们可能会记起康德的话：“但关于道德法则，则经验不幸为幻象之母矣！而最大的无耻就是从被做着的事情中取得有关我应当做的事情的法则，或想由前者来限制后者。”

并缓慢地前进，其间历经诸多反动。从我们此前描述的观点看，所有这些都会极大地危及精神生活的基本事实。甚至可以说，人类表现出来的抵抗，对精神必然性和人类喜欢用来掩盖自我的精神现象的勉强承认，只能强化以下信念：在人类内部运作的精神生活要多于来自实际存在的人的精神生活。

如果当今最好的智力和精神工作再次趋向唯心论，那么就能冀望这一运动不会满足于软弱的妥协，它必定会明确指出，这是一个“是或否”的问题；它也必定会坚决要求必不可少的反转。唯心论不能仅仅站在防御立场，它必须向前推进；它必须积极，不能只是一味地批判。唯有这样，真正的精神文化才能成功反抗人类文化中日益滋长的肤浅和自负；唯有这样，真正的精神文化才能成功抵抗自然、历史和社会用来威胁压制和战胜人类的强大力量。没有对人类伟大和价值的信心，就不可能有进步。但这一信心须有一个坚实的基础。

# 第二章　知识问题

## 第一节　思维与经验（形而上学）

### 1. 历史

有必要先对相关术语略作点评。随着时间的流逝，“经验”这一术语已愈来愈含混不清。不同思想家用它来表达众多不同的含义，几乎让它不再被认为是一个确定的术语。虽然人们在这个话题上做了大量研究工作，但日常前科学经验和科学经验两者的区别尚未见于语言表达。科学经验的概念和斯多葛学派一样古老。现代哲学中的经验学派倾向于使用古希腊的词语“经验主义”、“经验主义的”和“经验主义者”表示较低类型的经验。

德国18世纪的经院派哲学也曾力图区分“通过实验得到的”或“普通”经验与“学到的”经验。康德也曾在此意义上使用过“经验主义的”一词。19世纪经验学派最重要的代表人物孔德曾极力反对“经验主义”。然而，这种区分方法并没有获得普遍认同，唯一被广泛接受的是，“Empiriker”表示较低类型的经验，

"Empirist" 表示较高类型的经验，这一区别可能来自康德哲学。

类似词语还有"先天的"和"后天的"，它们的演变历史更为重要。这些词语意义的变化反映了人类追求知识的主要阶段。这些变化的影响至今仍未消散。这些词语源自亚里士多德的叙述方法，他将"一般"称作（概念上）"较早的"，"个别"是"较晚的"。不过，直到中世纪巅峰时期，这种用法才在话语中觅得一席之地。阿尔伯特·马格纳斯[①]认为，要证明一个事物是"先天的"，就是要证明它来自基本原理；同理，要证明一个事物是"后天的"，就是要证明它来自"结论"。普朗特曾提到，来自德国萨克森州的阿尔伯特（一位 14 世纪的学者）也曾这样用过"先天的"和"后天的"[②]。这些术语的上述含义一直保持到现代[③]，而且现在仍未绝迹。到 17 世纪末，知识的起源问题变得非常迫切，同时方法论开始给知识论让路。这一点在莱布尼兹身上表现得尤为明显。

莱布尼兹认为，"先天的"意味着源自理性，"后天的"则源自经验。从表面或更深层的意义上，这一区分可以被解释为相对的或绝对的。首先，先天的知识意味着从公认的前提推导出的知识，它先于对问题的实际检验。也就是说，先天知识仅仅以建立在推理过程的基础上。在这种情况下，知识的终极起源问题仍未得到解答。但在莱布尼兹及后来他的追随者的著作中，除了上述

① 译者注：阿尔伯特·马格纳斯，约 1200—1280，德国经院哲学家、神学家和科学家。

②《西方逻辑史》，第四卷，第 78 页。

③ 它们被用于《波尔·罗亚尔逻辑》（也叫《逻辑或思维的艺术》，1662 年）一书中。

含义外，“先天的”已开始表示另外一种意思，即不依赖所有经验，只属于理性的知识①。

这一整体发展路线在康德哲学中达到巅峰。因为康德认为，经验本身只能通过一套先天的概念和真理体系获得。但康德也常常在更宽泛的意义上使用这个词。大约在这一时期，这些术语开始被用于系统哲学领域之外，“先天的”也在德语中获得了一个非常明确的含义②。现代经验主义尝试从经验中推断出先天的真理（尤其是在进化论的帮助下），就是较宽泛地运用这一术语的明显例子。

“先天的”在这里表示那种个人无法亲自获得，而是作为人类经验的产物传承给他的，是整体为他的思想规定的明确道路。因此，作为一个整体的人类（而不是每个单独的个体）完全依赖

① 莱布尼兹对比了通过纯粹理性获得的先天知识与通过实验哲学获得的后天知识。约翰·海因里希·兰伯特在《新工具》一书中说：“因此应当这样理解，在绝对严格的意义上，‘先天的’这一术语只能用来指那些完全不依赖经验的。”

② 在较早时期，“先天的”是从德语“在此之前”翻译过来的。马丁·路德的《餐桌闲话》可以看到这一用法，最近的则出现在18世纪。莱辛的《共济会员对话录》被称为“先天的”最初起源，我自己也不知道在更早期的著作中是否曾出现过这一用法。不过，它们只是在较松散的和相对意义上阐释了这一术语。从绝对意义上讲，“先天的”等同于“纯粹”，后者也有漫长的历史。自古希腊哲学家阿那克萨哥拉那个时代起，“纯粹”就被古代人用来指和感性世界的杂乱本质对立的精神世界的简单纯净本质。新柏拉图主义者将这一概念引入到知识领域，并将其描述为一种独立于所有感性意象的纯粹知识。笛卡儿也曾谈过“纯粹理性，”。沃尔夫学派在笛卡儿的基础上理解“纯粹认识”，同时他们的“纯粹理性”代表了和经验相对立的事物，因此相当于“先天的”。戈特舍德也沿袭了这一术语（见于《全部哲理的第一基因》，1739年，第485页），例如，reiner Verstand表示没有感性意象，reine Vernunft表示未混杂来自经验的真理的理性。因此，康德对reine Vernunft（纯粹理性）的使用与当时学术界的用法是一致的。

于经验。这和康德所说的“绝对先天的”是完全不同的问题，那种认为可以借助达尔文和斯宾塞来反驳康德的想法是明显的误解，这一误解揭示了在准确理解此类问题上的无能。

词语使用上的这种变化和不确定性，自然会让我们怀疑复杂问题的存在，哲学的发展历史也印证了这种看法。它揭示了一场持续数千年且重要性与日俱增的斗争。尽管这一斗争天性热情奔放，但其成果寥寥，原因在于它没能抓住问题要害。人们为知识是源自外在事物还是思维的自发活动而争执不休。但这一问题只有在我们知识的研究对象和质料没有疑义时才能得到回答。还有必要继续追问知识源自何处的问题吗？应该回到知识为何物的问题上吗？然而，实际发生的就是如此。

在知识的真正本质问题上，我们没有达成丝毫一致。矛盾冲突的各方将各自的证据建立在迥异的概念上，所以这些证据只对那些已站在同一立场上的人才有效。历史发展因而变成了一系列的独白，对手们没有发展出有益的联系，而仅仅是彼此确认了此前的观点。不回到终极问题，尤其是回到我们的研究一直触及的根本问题上，知识的对象和质料就不可能得到确定。这一根本问题就是，人类的生活和活动仅仅是自然进程的延续还是新的实有阶段？

在知识自身领域内，关于知识起源问题的争论引发了另一个问题，即除了专门科学外，是否有可能或有必要拥有一门独立哲学？因此，这一问题也会纳入我们的讨论。

虽然自柏拉图时代起，知识的起源问题就已经与哲学联系起来，但直到现代，它才占据主导地位。这是历史上第一次，精神生活和外在环境出现明显的分离，它们也因此不得不清晰地自我定义，明确地展示自身能力。它们之所以出现更广泛的分离，不是因为任何哲学洞察的增加，而是因为生活本身出现了分裂，形成了两个对立趋向。

一方是独立自存的内在生活，它是数个世纪工作和各种各样经验累积的成果，它具有强大的自觉意识，宣称自己是万物的中心，进而大胆地通过知识活动和思维重建宇宙。

另一方是感性世界，它抛弃了中世纪掩盖其真实面目的面纱，宣称自己是一支独立于人类的力量。它展现了一种强大坚固的结构，展示了一种深邃丰盈的生活，看上去好像已经完全统治了人类实存，并同时为生活和知识提供内容。

这两种趋向的差异如此悬殊，任何友好的调解都没有可能。这一问题的要害在于，必须二者择一，我们的知识观将因我们选择的不同立场而根本不同。于是，实有观完全对立的理性主义和经验主义就产生了。

经验主义采取的立场以个人感觉为基础，它令人信服地表明，这种感觉并非唾手可得，而是在环境的指引下，从个别印象中逐渐建立起来。从这一观点看，哲学的唯一作用就是将知识归功于感觉。在这种情况下，它只有作为经验心理学才有存在的意义。最终，知识仅仅成为感觉和观念的大联合，没有任何内在联系，也没有做出任何阐明实有本身的努力。经验主义是否能被称为一门科学仍然值得怀疑。它能通过这样的方式超越个人，获致任何和人类有关的共同特性吗？这个问题是正当的，且有足够多的理由给予否定的回答。

理性主义的立场与经验主义完全不同。它基于科学事实之上，认为科学的真正本质是为以下信念提供证据：科学不是从外在给予人类的，而是产生于思维本身，是思维自发活动的结果。特别是科学知识的表面特性，似乎不能源自外部。除了精神的内在本质外，还能什么有能力充当支持科学构造的永恒的、普遍有效真理的呢？根据这些原则，知识基本上沦为完全来自于人类理性中固有的观念，科学和哲学的过程实际上变成一种分析。

对莱布尼兹来说，哲学好比一种宇宙数学，不停地迫使知识的基本预设越来越向回退，并将万有越来越多地转化成数学方程式。但一旦科学的系统结构按这一方式建立起来，世界就越来越趋向于变成一个只剩下形式和联系的领域，实有也面临着走向空洞、毫无生气的危险。因此，经验主义貌似不能为其无限材料提供任何主要形式，理性主义也不能为其形式提供令人满意的内容。

康德竭力克服经验主义和理性主义的对立，这两方面在他自己的本性中都有所体现。从他积极地寻求让知识超越纯粹的观念联合，并让其成为一个联系的整体看，他站在理性主义一边。但他的理性主义又具有一定的经验主义特征，这表现在他认为知识并不是思维完全通过自发活动产生的。知识必须始终依赖呈现给精神的材料，因此思维只能抵达显象（appearances）世界，而不能臻于“物自体”的世界。对事实的强烈感觉也与经验主义有关，康德始终坚持精确定义那些个别独特的事物。理性主义则相反，为了让个别事物更符合其思维体系，往往倾向于磨掉其棱角。康德思想是明显的定性分析，正如莱布尼兹是定量分析一样，前者用于对比，后者用于阶段。在探讨这一问题时，康德对过程的周密评判方法不仅比过去更系统，而且还特别深入地去尝试明确人类获得知识的独特能力。

在对整个问题的研究中，康德伟大的新方法开创了一个新时代，尽管如此，新答案仍然立刻导致了新的问题和疑问。在和一个陌生世界结合在一起时，思维还能保持其独立性吗？在探讨思维作用和感官印象之间的关系时，康德的研究工作比其著作中任何其他部分都更不直接，更不自然。这一事实凸显了这一问题的极端复杂性。

此外，最终结论不能让任何一方满意。康德对思维工作的提升不可避免地超越对“物自体”的束缚及对现象领域的限制，因而无法被理性主义者接受。另外，经验主义者可能质问，不，他们一定会质问，按照康德的说法，这种形式结构首先让经验成为可能，那么如果它们没有从经验中逐渐生成呢？

这些矛盾让知识陷入不确定的处境中，如果不是康德的实践哲学加强和完善了思维世界，这种不确定性会更加强烈。但我们绝不能幻想实践哲学的基础就能超越怀疑。所以，当哲学的进一步发展超越康德解决知识问题的方案时，当思维和经验之间的对立愈来愈尖锐时，我们并不感到惊讶。这一情势部分由社会和历史实有概念引发，康德对此一无所知。但这些概念却比任何其他运动都更有力地塑造了19世纪的特征[①]。

双方都抓住了这一新的思维方法，并力图在它的帮助下实现

……………………

① 下面提到的《纯粹理性批判》序言表明，康德否认真理会出现历史的变动，他说：“现在形而上学，按照我们将要详细阐述的概念，是唯一的科学，它是如此圆满，以后的人们只需根据其目标做好传授的工作即可，不可能再给它增添任何内容。”

那个迄今尚未达到的目标。从两种对立的观点出发去观察历史，就会看到两种截然不同的场景。理性主义将历史看作一个受内在必然性驱动的单一运动。经验主义则将历史看作无穷无尽事件的累积。通过与历史联合，理性主义发展成为一个思辨结构，它认为思维过程在其演变过程中产生了万有。它愈来愈试图将全部事实转化成理性的产物。在它那里，经验只是经验，没有丝毫立足之地。旧式理性主义的分析法让位给综合法。哲学采取了涵盖一切的逻辑形式，并被认为塑造了整个历史过程。它将所有真正的知识据为己用，不允许个别科学有丝毫独立性。

历史趋向以完全相反的方式影响了经验主义。它利用科学的进化观念推断出，精神所拥有的一切都来自经验。从这个角度看，知识的形式愈来愈为了适应环境。在生存斗争的影响下，这种适应被认为越来越有用且经济。我们的思维展现的所有基本趋向和形式就是这样产生的。知识的全部内在与逻辑结构被大量事实取代。解释完全变成了描述。这里没有独立哲学的空间，自然科学已变成唯一真正的知识。留给哲学唯一的工作就是对科学更重要的成果进行选择和分类。

19 世纪的实际工作是沿着介于这两种对立趋向之间的一条道路进行的。在 19 世纪初期，人类高度绷紧的自我意识以及其对内在文化问题的专注都倾向于支持理性主义。后来，人类对外在世界和大量信息（如科技、历史、政治和实践等方面）的兴趣急剧增加，从而推动了经验主义的发展。在前一个时期，人类认为自己是实有的中心，并相信他的精神活动完全能够照亮最初的黑暗。在后一个时期，对自我微不足道的意识将人类击败，并将其从中心逐向边缘。他不再寄望于自己创造实有，只能谦卑地等待实有被揭示。驱使人们依赖经验的不仅是这种必然性，而且还有内在的意欲，这一意欲渴望经验提供比理性思维世界更多的生活直接性、现实性和更大的丰富性，而理性思维世界则将实有禁锢在孤立概念和形式的框架中。理性主义的过程被视为生活的贫瘠和瓦解。狄尔泰说过的一句话可以看作对此的反动，“对实有永不满足的意欲已成为当今科学的最强大的灵魂①”。

当然也不乏调和与适应的努力。康德思维方法的复兴就表明，无论经验多么有用，也绝不可能凭一己之力产生科学知识，它需要思维持续不断的帮助。此外，它也表明，个别科学包含的超越科学本身的初步假定，不能由科学自身的方法来证明。

然而，这种反向运动是消极的，而非积极的。它可能指出了经验世界无法解决的问题，但却无法开创新的生活和思想领域。它不能提供向特定哲学方法和独立哲学前进的推动力。在这一点上，哲学唯一的作用就是为个别科学提供一个批评和反思的背景，为专家们提供一项有趣的消遣，但它很难推动精神生活的提升。在缺少一个支配原则的情况下，这种哲学也不能超越个人立场的主观性。

对人类来说，这意味着丧失了一个曾拥有数千年的共同观念和信念的世界。环境的急速扩张导致了一股乐观情绪，让人类几

① 詹姆斯曾在《实用主义》中公正地评价说：“在过去 150 年里，科学的进步似乎就意味着物质世界的扩大和人的重要性的降低。导致的结果就是自然主义或实证主义看法的增多。”他还说，“从来没有哪个时代像今天这样有这么多坚定的经验主义者。”

只有找到共同观点和信念，才能深入问题的核心。要做到这一点，就必须占据主导地位，换句话说，必须有一门独立哲学。

It does not really go to the root of the matter unless it discovers common ideas and convictions, and to do this it must take up a commanding position ; in other words, there must be an independent philosophy.

乎完全忽略了这一损失以及随后可能出现的瓦解和内在贫瘠的极端重要性。这种快乐的遗忘不可能持久。对联系的思维世界和生活的内在统一的渴望根深蒂固，不可能被长期抑制。今天可以清楚地看到这一反动的开始。不同科学自身要求更大的统一，它们自身的建设性进步导致了对基本原理和初步假定更严格的检验，这样做的结果是发现了与其他知识领域的联系，并因此鼓舞了朝向统一的运动。

要求综合的声音再次从四面八方响起。然而，如果已经确立的联系只不过是一种并列，那么由此产生的综合也是假的。只有找到共同观点和信念，才能深入问题的核心。要做到这一点，就必须占据主导地位，换句话说，必须有一门独立哲学。在同一方向上还有一股更强大的力量，那就是我们的共同生活。完全依赖外在世界和将生活完全转化成工作的缺点变得越来越明显。可依赖的统一原则的缺乏再也不能被忽视了。只有一种更高的统一才能将生活转化成自我生活，并使我们有能力把它真正变成自己的生活。

在势不可当的大量印象之中，在关于整体生活的大量不确定性和如此多具体的确定性的并列之中，我们不可能意识不到精神上的空虚。在这种情况下，我们所有的精神生活、实存的全部意义和价值都变得可疑，我们脚下的大地也彻底动摇。这就迫切需要重新回到我们实存的基础，并为保护人类精神而战。

当这些问题迫切要求解决时，我们不能还只是满足于经验。我们不得不探求新的可能性，彻底地调整我们和实有的关联。哲学又一次走上舞台，但这次不仅仅作为助手去阐释经验，而且带来了它自己的思维世界，并拥有重新创造和构建思维世界的力量。

## 2. 独立哲学的权利

我们的研究首先从独立哲学的问题开始，这是因为这一问题的答案将决定知识的整个面貌。但我们怎样才能得到答案呢？在知识问题上，与过去并没有多少直接联系，也没有需要深入探究的明显线索。这一点已在我们对历史的整体回顾中表现得很清楚，并得到了当今独特情势的证实。我们如今越发意识到我们已偏离了人类以前的成就，中断了与过去的联系。

精神生活的发展让自然和精神愈来愈趋向内在的分裂，从而阻止知识直接领会这两者，而只能被迫二者选一。两种完全不同的世界观就这样产生了，每一方都宣称自己代表真理。但任何一方都不能独占这一领域，所以思维只能继续在这两极之间来回摇摆。

这一经验似乎表明，相互冲突的主张有必要互相谅解和适应。只要承认知识中存在不同的要素，并将其分别归入不同领域，就极有可能实现这一目标。康德就是这样来区分形式和质料的。但因为这一方法很难，不，简直可以说不可能让属于不同范畴的要素，比如像感觉和逻辑活动这样截然不同的要素，为了共同事业联合起来，所以最终只能一败涂地。要让这两者待在一起看上去似乎不可能，同样，要决定支持其中任意一方也是不可能的。

除了这种历史经验之外，我们还必须考虑到目前相互冲突的影响和推动力。我们越来越察觉到完全被经验占据的生活和思想是何等空虚，但同时，经验又以越来越大的压力包围我们。我们希望思维更加独立，但我们对思辨体系的反感让我们在前进的每个歇脚点都犹疑不定，拒绝相信任何形而上学。这一复杂局面迫使我们直面问题，大胆地尝试用我们自己的方式加以解决。

让我们从以下问题开始：是什么驱使人超越经验世界？是思维自身本性引导人走上这一道路，同时提供给他坚持这一道路的能力吗？这一解释在人类文明的早期就已被提出，至今仍时有耳闻。据说思维包含经验世界不能满足的要求，然而，思维自身的内在必然性坚持这些要求必须得到满足。因此，思维不得不改造这个世界，甚至重建一个新世界。这是因为对思维而言，其自身内在必然性的重要性超过了来自外界的任何印象。

如果思维所坚持的内在必然性不是在自身领域之外宣称有效，如果思维所投射的世界不是宣称自己代表了事物本身真理的话，那么就容易解决且有说服力。可是，这些主张超出了思维自身的领域，除了人为假定外，它无法证明自身的正当性，而这样做只会导致更大的困难。既然这样，如果思维仅将人类观念投射到外在世界，是否有可能避免这一缺陷？思维假定的这种必然性完全基于其自身基础之上，因为它拒绝且必定拒绝任何外在支持，并最终依赖于一种迫切感和一种绝对无法抗拒的强制力。但问题是，是否真的有这样一种强制力？这种迫切感是否会导致主观主义和个人主义？

事实上，杰出的哲学家在这个问题上给出了不同的看法。黑格尔坚称，思维让全部实有处于运动中。赫尔巴特则从实有中移除所有运动。黑格尔欢迎矛盾，认为它是世界进程中的推动力和上升力，赫尔巴特则无法容忍任何矛盾存在。这些诉求中的哪一个代表了真正的思维必然性？我们自己认为要遵守哪个？要让思维独自解释世界必须满足一个条件：思维自身内部必须包含万有或通过自己的活动产生万有。因此，思维的自我认识就变成世界知识，生活过程的真理包含在其自身内，不需要任何外部证实。事实的逻辑已一次又一次地推动哲学朝这一方向发展，从普罗提诺一直到黑格尔。这是因为，循着这条道路前进似乎已是克服思维和存有之间分裂的唯一方法。

但现代世界通过其对黑格尔思想体系的体验，已明显意识到其中的困难，它们不仅扰乱了思维对万有的专注，而且也扰乱了对随之而来的世界转化成形式概念幻境的危险的专注。这一经验产生的影响不会很快消失。如果思维既不与存有一致，又不能向我们提供获得除它自身之外的存有的手段，那么就不可能仅从思维基础出发获得任何知识，更不可能构建与经验世界并列的独立思维世界。全部成功希望都取决于思维与实有结成更广泛的联系，并因此与实有建立与众不同的关系。它也的确是这样做的。思维一开始并没有构成人的整个知识领域。

心灵最初忙于与个别观念之间的联系，忙于编织它们的机械网络。思维朝向客观性、自身内在规律以及对多样性的简单理解（这与观念之链特有的持续的显现形成鲜明对照）的趋势，让它不得不反对这些联系，并在独立基础上确立自身地位。只有成为人类当前生活阶段的一部分及其表现形式，思维才能做到这一点。

这就涉及有别于纯粹的灵魂生活的精神生活概念。在精神生活中，我们承认宇宙获得新的发展，这种发展显示了一种深邃性，并通过自我集中形成了一种世界生活。因此，参与精神生活就意味着参与世界生活。精神生活的运动和变革产生的经验不属于任何渺小的自我，只能被视为对整体实有的揭示。

此外，这一新生活已证明自身超越了主客观之间的对立。它只有精神生活构成实有核心，知识才能成为世界知识。精神生活的这种基础及其普遍性是所有知识所独有的特征。

Knowledge cannot become world-knowledge unless the spiritual life whence it issues itself constitutes the core of reality. Such a foundation in spiritual life with its accompanying universality is peculiar to all knowledge.

不是那种需要依靠外部补充的半拉子存有，而是作为完全活跃的生活超越这一对立。这种精神生活本身带有独立实有的痕迹，其运动是为实现这种实有的完全发展而进行的斗争。这种精神生活，而不是人类或单独个体，才是思维和所有对知识的渴求的基础。当知识既不指向自身，亦不指向自身之外，而是从一开始就指向精神生活时，知识就呈现出全新的面貌。只有精神生活构成实有核心，知识才能成为世界知识。精神生活的这种基础及其普遍性是所有知识所独有的特征。不过，落到哲学身上的这一特别任务的本质并不难理解。所有对知识的渴望都取决于整体与整体的联系，但这种联系可能作为一个无声的预设而不引人注意，这一工作可能关注的是个别领域或个别联系。因此有必要有一门特殊的科学从整体上处理这一问题，且第一要务是阐明基本事实，尽力阐释它的内容以及它与周围世界的关系。这门科学就是哲学。

精神生活当然不只是个别点的并列，而是一个内在的整体。可以期冀的是，哲学将为世界开创新的面貌；同样可以期冀的是，无论个别科学做出了什么贡献，哲学都能够用独立的贡献来回应，并在其自身基础上将已知事实重新转化成问题。

因此，所有哲学思想之基石，所有公理之原理，都是无所不包的精神生活这一事实。超越自然的新的实有阶段最终获得承认，这一事实改变了宇宙面貌，也让自然本身呈现出不同的样子。

但与自然相比，精神生活不仅包含更多内容，而且还预示着实有趋向自我内在本性和生活自我直觉性的运动。它声称自己是最后，也是最终阶段。正因为这样，它必须坚持从自身观点出发判断和理解所有事物，并根据自身标准衡量一切事物。这一主张必定引出以下问题：精神生活在人的生活中达到何种程度才能胜任这项任务？其中的困难必须予以考虑，战胜它们的可能性必须接受检验。人的个性是伟大性和局限性相结合的产物。所有这些为哲学提供了一项特别任务，并给予它一种独立的宇宙观。哲学工作也因此具有某些典型特征，接下来，我们将着重谈论其中的三个特征：

首先，当哲学力图从整体精神生活抵达整体实有时，它的工作并不属于现有领域，它必须首先创造这一领域。它没有找到自己的世界，它必须创造这一世界。它追求的整体并非来自外部，而是必须从内部形成。它要求一个创造性的综合。这一哲学的世界观之所以能获得独立，主要受到下面这一事实的推动：哲学力图综合的实存只有经过转化后才能被吸收。但提供给哲学的物料特性迥异，难以按原样组合在一起。尤其是自然和内在世界在单一实有内部的会合，将不可避免地推动我们完成初次显现的转化。

如果说形而上学的趋向更牢固地扎根于现代思想，只是因为现代世界清楚地揭示了自然和心灵之间的鲜明对照的话，那么当整体被集中时，这种对照将进一步激化，成为难以忍受的矛盾。同时，哲学活动关心的问题是，我们的生活和思维的全部范围在这一综合过程中有多少被占据？有多少促成了这一综合体的建设？这是因为并非我们所知晓的所有事物都会出现在这一哲学综合之中。

此外，将其余部分聚集在自己周围，并给予整体独特特征的占支配地位的中心点必须始终最先确定，而且可以在不同方向上寻求。在这方面，不同时期差别很大。在中世纪的精神生活建设将其全部领域让给宗教后，启蒙运动强调对更宽广的实有的渴望，它在自然和个体灵魂的并列中找到了这种实有。康德思想运动产如果哲学的目标是将我们的全部实有转化成自由，并将我们从给定世界转移到一个我们自己建设的世界，那么就必须接受自由带来的风险。

If philosophy aims at converting our whole existence into freedom and transferring us from a given world to a self-constructed world of our own, then it must also accept the risks of freedom.

生了独立的精神生活概念，历史与社会的发展让它成为整体的核心。但它越来越多地将实有转化成纯粹的思想，并因此导致实有的范围日益狭小，反动变得不可避免。这一反动再次威胁将精神生活抽离哲学领域，并重新退回到启蒙运动所特有的实有观念。同时，占支配地位的中心点的缺乏被强烈地感知，这是因为，事实上只有独立的精神生活才能提供这一中心点。

被纳入哲学综合内的实有的数量和这一综合的关键中心点的地位是反复出现的难题，这清楚地表明了哲学工作的伟大自由。尽管哲学与个别科学有种种联系，但朝着大胆创新建设的趋向推动它思考。在这一任务上，知识的想象力必不可少，但离开了哲学带我们超越的经验世界的帮助，想象力构建的形式就不可能觉得真实。

所有这一切都充满风险，但没有风险，伟大事业就没有任何可能。如果哲学的目标是将我们的全部实有转化成自由，并将我们从给定世界转移到一个我们自己建设的世界，那么就必须接受自由带来的风险。不过，在我们看来，哲学面临的风险不同于它在以纯粹概念建构为基础的哲学体系中的风险。因为在我们这里，努力首先指向一个事实：它既是思维自身所依赖的事实，也是无所不包的精神生活的事实。它所包含的内容必须作为事实呈现，它必须被展示出来，而不是被推断出来。它如何与周围世界相处？它在里面是否发现了抵抗？为了战胜这种抵抗，它必须怎样进一步发展自我？所有这些问题都与现实性有关。虽然这一现实性不能来自外部，但必须不断地通过生活的集中和同想象力的斗争重新获得。想象力曾把生活视为一个整体并据此对其进行衡量。这里面包含一个不能强加给任何时代或个人的自由行动，当然也绝对不能把它看作只是一个个人喜好或品位的问题。

其次，超越对事物的简单认知，获得对它们的真正知识，这一努力最早是在哲学那里得到认可。因为知识不是别的，乃是对个人自己的生活的吸收，是自我发现和自我认知。这种知识不可能从感官经验领域那里获得，因为后者提供的不过是一些并列的事件；此外，它也不可能在心灵的主观生活和自然人的自我意识中通过重塑事物获得。因为这样一种自我意识只会将它自身的主观局限性投射到外在进界，这一投射和它自己一样，都是属人的。因此，即使披上最完美的形式外衣，这种主观局限性和人类历史早期那种对环境的幼稚转化没有本质区别。只有精神生活才能在事物内寻求和发现自我，它揭示的内在性并非由外在强加给事物，而是包含在它们自己的存有内；这种精神生活利用包容力将外在抵抗转化成内在障碍，并把同它们的斗争转化成内在经验。

现在，哲学让自身承担了朝向内在启蒙和了解实有的运动的责任。在对世界的这种精神化方面，人类在现有条件下能完成多少，能取得多大成功则是另一个问题。单单提出知识的问题这一事实就意味着一个彻底的立场转变，并使哲学不再满足于仅仅了解事物。任何障碍和怀疑都不能改变对实有的阐释始于人这一事实。

如果他的思想不是来自作为一个整体的世界，他又怎么能将世界作为一个整体考虑呢？因此，实有的这一运动推动我们超越所有对表象的收集和归类，实现心灵的胜利。当精神生活被明确当作这一努力的工具，实存的全部广度也与其发生联系时，它可以抨击让实有的真正内在性呈现独特效力的任务。

最后，是哲学以最明晰的形态展示了知识斗争和整体精神生活之间的联系。而且这赋予这一斗争更多保障、力量和重要性。哲学之所以需要这一生活是因为，只有这种生活的资源和力量才能将其提升至徒劳的映像之上，并让它从力图保护创造的犹疑不定中脱身。精神生活之所以需要哲学是因为，只有通过哲学它才能获得完全的阐释、统一和创新力。要明白哲学是如何作为一个整体从生活中产生，并因生活的实际情况不同而表现为不同形式，我们只需比较不同时代和人类文化的类型即可。例如，在印度和欧洲以及旁边亚洲的人类文化体系中，哲学的本质和目的是多么不同啊！这种差异与不同的生活类型完全吻合。在前一个例子中，我们见到的与其说是对世界的渗透和征服，不如说是与世界的分离和从中解放；与其说是在面对哪怕是最顽强的抵抗时，为维护世界而对生活的提升，不如说是对生活的削弱，所有硬度的软化；是分解和消亡；是深刻的思考，只是未转化成行动。

在第二个例子中，我们看到的则是截然不同的画面：一种强有力的生命冲动；不管遇到什么障碍都坚决依附于实存；任何巨变和明显的毁灭都无法阻止它对生活持续不断的肯定；突破所有局限性，奋力向前，建设新世界，产生新的生活形式。同时，哲学愈来愈成为对世界的渗透，与来自世界的抵抗搏斗，并在克服抵抗的过程中进步。然而，也没有必要离题太远去了解哲学工作和精神生活的一般状况之间的密切联系。19 世纪的经验本身已经无比清晰地证明了这一点。

纯粹的思辨体系能对我们的父辈们施加难以抵抗的影响力，却丝毫不能影响我们，甚至连最积极的复兴努力都不能赋予它们真正的信念力量，这到底是怎么回事？答案就是，自那时起，生活的整真正伟大的哲学成就的特征是，它们实现的要远远超过纯粹的概念分类或精神视野的扩大。

It is characteristic of really great philosophical achievements that in them something more is accomplished than a mere classification of concepts or an enlargement of intellectual horizon.

体状况及其基本倾向已发生了根本变化。那时，具有精神创造性的人视自己为宇宙的中心。仿佛这种创造力能将所有实有转化成理性，因此它的观念可能期冀通过勇敢的前进揭示宇宙的最终深度。由此说来，对真理的完全占有似乎也不是太唐突的意欲。

但如今我们已意识到，人类同无限世界相比极为渺小。我们被这一意识统治，并认为自己处于事物的边缘而非中心。如今，精神生活没有自我集中臻于统一的创造；如今，我们也受到人类领域自身的严重纠纷的阻碍。如果哲学的努力是为了让它自身在这种情势中被感知，我们就必须集中所有的力量。的确，看上去似乎除了从事物边缘开始缓慢向前推进或谨慎后退外，不可能有更多作为。

正如哲学利用的是作为整体的生活，它影响的也是整体生活。每一个伟大的哲学成就无不与整体精神生活的努力向上有关。它不是纯粹知识创造力的产物，而是全部精神本性的工作和加强，也是胸怀天下的个性的自我保存。真正伟大的哲学成就的特征是，它们实现的要远远超过纯粹的概念分类或精神视野的扩大。它们的工作导致了生活过程自身的进一步发展，以及精神实有性的增长。

哲学绝不会只传递事物现成的印象，它亲自参与到建设工作中。因此，从哲学的内在本质看，它绝不是一种冷静的思考，而是强有力的生活感情。只有与整体生活的这种联系才能解释哲学在人类实存中的地位和重要性；不然，人类实存就会包含一个矛盾，这是因为，从外部看，哲学就像一个不同思想体系的混合体，这些体系貌似相互矛盾，彼此中和对方的影响。此外，这些体系通常已被人类拒绝而不是被接受。但与此同时，我们看到，在放弃与哲学的所有联系的情况下，精神生活会走向贫乏和衰败。宗教在这方面提供了一个极好的例证。当宗教拒绝所有哲学时，它变得多么狭隘、多么不足！而当哲学与生活的密切联系得到认可时，这一矛盾就会消失。

现在，哲学的主要成就不是陈述现成的学说，而是内在地提升生活过程，获取独立和独创性，以及更多地将事物当作一个整体看待，更内在、更深入其本质的能力。哲学与生活的联盟也阐明了它在不同趋向中的不同，但并没有将所有这些趋向置于同一基础上，并因此放弃了抵达普遍有效真理的要求。此外，我们的哲学偏好和决定随我们的生活中心以及关系而变化，在这种关系中，我们从这一中心塑造的生活坚持将实有当作一个整体。

首要问题是，是否能实现生活的综合，或生活是否仍然只是一系列事件？在后一种情况下，根本不可能存在任何哲学。然而，在试图进行这一综合时，面临的主要问题将是，思维的主要基础能够在社会平均生活归属的自然实存中，还是在更高领域中发现？后者的生活具有精神内容和价值，处于精神自由状态。自然主义及其经验论代表了前者的立场，唯理论及其对“先天论”坚持代表了后者的立场。

进一步说，唯理论自身的道路分裂为两条，导致这一分裂的问题是上升的精神生活对世界状况所做抵抗的态度。纯唯理论相信自己能够通过自身能力的充分发展，直接战胜所有抵抗，并完全同化那些对其有明显敌意的内容。但这样一种思维将倾向于思辨建设和对经验的贬低。另外，当抵抗被认为过于强烈，不能被精神力量征服时，悲观情绪由此产生，并导致对知识可能性的怀疑。这是以唯理论的思路去理解知识的任务，所以其立场必定被在每一次人类的精神上升中，都有某种超人的力量帮忙。弄清这种永恒的、超人的因素——换句话说就是绝对命令——就成了哲学的独特使命。

Something timeless assists in every great historical event, something superhuman in every spiritual ascent of man. It is the peculiar mission of philosophy to work out this timeless, superhuman element—in a word, this absolute.

归入唯理论。但由于这一任务已被宣称完全不可能完成，生活就要承受一个根本矛盾的巨大压力。

即便困难和抵抗得到承认，生活的进一步发展仍然被认为不可能。这一发展会让生活处于其最深处的核心，远离这些令人气馁的影响力。这种立场最终导致的就是所谓的“实证唯理论”：它推动我们走向一种完全不同于任何纯粹的概念建设的形而上学。从这一观点看，纯粹的唯理论似乎变得抽象，并在恰当地渗透到真实的实有、充分估计其阻力方面失败了。由此产生的哲学思想的主要类型不可能被认为具有同等可能性，它们也不可能和平共处。只有一个可能被认为充分体现了真理。同时，这种与生活的联系清楚地表明，人的决定本质上取决于他自身处境及经验，以及所讨论时期的工作与氛围。因此，尽管可以确定只有唯一真理，但我们将发现，几乎不可能共同接受它。

我们无须担心，哲学与整体生活的这种密切联系不会让哲学听命于历史阶段的不断改变，并让它接受消极相对主义的摆布。因为只有当精神生活仅是历史和社会发展的产物，是一种纯粹的人类现象时，这才会成真。实际上，所有历史和社会的精神性都不过是优于所有纯粹人类实存的永恒精神生活的发展。人类文化仅有一个灵魂，且只有当它参与这种精神生活时，才能成真。在每个伟大的历史事件中都有某种永恒因素助力；在每一次人类的精神上升中，都有某种超人的力量帮忙。弄清这种永恒的、超人的因素——换句话说就是绝对命令——就成了哲学的独特使命。

哲学不仅有最广阔的愿景，而且由于它的思想自由，它能轻易地奋勇向前抵达基本事实，并在永恒的视角下对事物展开冥思。通过彻底的转化，它能将我们的生活提升至纯粹事物之上，并给予它一个独立基础。它可以将当前所有成就引入哲学的基本过程和内在必然性中加以衡量，并对它们展开批评，还可以从这一立场出发给它们安排新的任务。

在转化直接实存过程中，哲学所做的仅仅是将精神生活的根本必然性表达出来，并帮助将精神生活安放在一个完全独立和独创性的位置上。在这一方向上的努力本身就包含了生活方向的改变，并为生活带来了一场革命。它改变了生活和万有的面貌。这一运动向我们提出了绝对要求，并迫使我们认识到，我们所拥有的从根本上来说是不充足的；同时，它又揭示了更深邃处的景象。撇开别的不说，单就这个原因而论，它也具有重要意义[①]。

## 3. 形而上学化

正如我们所见，哲学除了超越感官经验世界之外，并没有获

① 在此我们可以引用思想家斯蒂芬森的话进行说明，虽然他的思想趋向和我们的并不完全相同。在《演讲与论文集》第 6 页中，他说："哲学的名声既非来自它自身或其工作，也不是来自其激情的独特力量或纯粹性。而是来自哲学在其中安放客体的清澈崇高的氛围，哲学专注于这一客体，并努力去认识它的重要意义。因此，哲学可以毫无风险地袒露自身的无能为力，静默片刻，然后低调工作；然而，哲学古老高尚的存在向人类证明，完整知识之光芒照耀在世界变幻的显象和我们日常的卑微思想上。经验科学的概念和标准所坚持的知识也是哲学竭力接近的，正如到无垠宇宙的距离对地球所做的那样。在常识范围内，即便最强大的信念也不过是短暂易变的看法。当哲学将它们和必然性进行比较时，虽然后者仅被含糊地理解，但仍形成了自己的起点。能够向我们揭示如此广阔视野的观点必然知道如何确保自身的独立性。"

得任何明确的任务，何况后者也不是外部施加给它的，而是源自它的本性。因此，哲学工作从一开始就包含巨大的张力，这种张力不断加剧，最终经由人类世界的独特经验形成尖锐对立。精神生活在人类兴趣领域中的自我展现方式与其自身存有完全矛盾。凡是明确承认这一矛盾的人不可避免地要做出抉择。要么放弃精神生活，要么给它指派一个和直接世界相反的位置，并让它成为它的自我世界的工具。

只有取得完全独立，精神生活才能支配实有，并将其引向自身。然而，在人类领域内，从自然的观点看，它只不过是一种衍生现象；但从社会实存的角度看，它又像社会生活的产物。精神生活从整体出发抵达个别，但在直接实存中，所有联合体都是个别元素的组合；精神生活的主要特征是自发活动和独创性，而直接经验则完全是一个串联，并因此制约了它的所有活动。精神生活所代表的真理超越了时间，而人类生活只能循着时间轨道前进。现在，精神生活既不可能作为一种世界力在我们内部运行，也不能产生一种独特的世界观。因此，我们必须坚持这一看法，而且，就算这样做遇到直接世界的彻底反抗，我们也要坚持到底。

当相对于世界的优势不断加强，达到对立的临界点时，思辨就变成形而上学。由于形而上学给予哲学的特征一个更为明显的印记，并更清楚地阐述了这些特征，因此会进一步巩固思辨所固有的宇宙观的反转。同时，它会让人们知道，给定世界不能被当作仅是存有精神形式的显现而被完全抛弃，相反，它提供了对此的抵抗。然而，这一抵抗必定导致复杂影响和严重冲突。接下来，必定有一种历史因素进入我们的整体世界观。形而上学的典型特我们也可以看到，在形而上学中，一场冲突为维护哲学独立而展开。如果没有步入形而上学，哲学就会成为碎片。

We thus see that in metaphysics a conflict is waged for the maintenance of an independent philosophy. If it does not advance into metaphysics philosophy falls asunder.

征就是承认或至少暗示这种因素的存在。

同时，我们的问题在增加。精神的目标和人可支配的手段之间的鸿沟在扩大。除非有一种形而上学的生活为形而上学思想做后盾，否则这一任务必定像是鲁莽的冒险，事实上，所有生活自身内都有形而上学清晰表达的这种问题。因为在人类领域内，所有真正的精神生活的发展不仅是对直接世界的超越，而且也同它相矛盾。例如，道德不仅超越了自然的自我保存，而且必定和那种世俗的自我私利与卑微目标水火不容，必定会为建设它的王国与这种世俗常规进行艰苦斗争。

不过，这一王国必须拥有它自己的世界观。但这无疑会带来复杂的影响，只不过这些是被强加于我们身上，而并非由我们自己创造。试图通过回到直接的道德显象，并将道德人格作为牢固基础的方式避开这些困难是不可能的。因为这样一种人格不仅与直接世界的简单并列和被束缚状态尖锐对立，而且还直接包含一种宇宙观，它代表一种新的事物秩序，因此它本身也拥有一种宇宙性。可是，如果没有支持它的实有愿景，这种宇宙性就不能生动地呈现在人类面前。

因此，正是自我保存自身的这种努力驱使我们走向形而上学。我们也可以看到，在形而上学中，一场冲突为维护哲学独立而展开。如果没有步入形而上学，哲学就会成为碎片。形而上学的抗拒表明，要么是朝向哲学的运动在追求自身道路时，没有足够力量应对直接世界的抵抗；要么是肤浅的乐观主义导致抵抗被低估。当任务扩大后，抵抗也会随之增加。在这种情况下，独立哲学建设始终不得不克服的障碍将变得更加严重。向前推进和对获胜观点的保卫同样呈现出一副英雄气概。思维的要求在此不可能用纯概念形式表达出来，但总而言之，对纯粹外观表现的超越将被迫求助于隐喻。但如果想象力用这种方式获得更广阔的舞台，整体绝不会因此变成纯粹的影像。不管表象多么不足，从精神的立场看，必然性都可能对我们整体生活中的那些最原初、最确定的事物施加影响。表象的严重不足只会让我们更加意识到基本事实的确定性。精神生活的全部深邃性有其特性。最初在精神生活内的提升以及从这一立场出发对万有的证明，只能部分地融入人类及精神形式。

如果以这种较深的基础为参照，并从彼处出发对其进行阐释，那么只有在人心灵内完成的才是真实的。一旦精神生活与其源头分离，并不再满足于只是作为一个工具，它就会陷入虚妄之中。这一点在哲学中表现得尤为明显。当哲学概念与形式没有持续地回溯到基本的精神过程，并从那里得到激励时，它就有演变成纯粹神话的风险。我们也常常发现，最高艺术已被下面这一意识支配：创造力通过它所有的表象媒介，呈现了某种更深入、某种可能真正受到激发并变得活跃，但不能得到充分表现的事物。在《歌德对话录》中，歌德曾告白说："我从不认为我所加工和完成的超越了事物表象。本质上，予我而言，我创造的是壶还是锅，这委实是一个无足轻重的问题。"同样的矛盾出现在各个方面。生活过程就其最内在的本质来说，被提升纯粹人类之上，臻于独立灵性和绝对真理，然而，在其发展过程中，它不能克服人类领域的局限性。尽管有这么多不足之处，它仍坚定地要求必要之物；尽管有这么多与执行有关的难题，它仍要求对基本事实进行维护。

对于所有怀疑和软弱的信仰来说，这是一个毫不费力的攻击每一个重要文明都有它自己的形而上学，文明通过它表达最深处的存有和目的。

Every important civilisation has its own metaphysics, in which it expresses its innermost being and intention.

点，人们的思想在此最易发生分裂。只要从不偏不倚的立场出发，冷静地思考这一问题，怀疑就能轻松占上风。只有将这一任务当作我们自己生活的本质加以承担，将它视为精神自我保存的问题，才有可能克服这种怀疑。当这样一种尖锐的取舍摆在我们面前时，已不可能达成任何和解。

如果形而上学因此遭受和所有致力于独立精神生活相同的命运的话，它的独特任务就在于清晰地揭示矛盾，以便将生活从所有漠不关心中唤醒，并向其灌输一种向内的和前进的必然动力。这是因为，维持精神自我保存的必要条件源自时代的日常生活，并在与之相反的方向上得到发展和巩固，它被这种生活奉为不可拒绝的任务。随后，一种不满、不安和内在运动开始出现在生活中。这种探索迫使生活努力提升自我，同时，这一努力在理想动机的指导下，沿着确定的道路前进。因此，在我们看来，形而上学作为一个整体不能被视为某种超乎人类历史任务的努力与经验的工作，而是与这一问题的诸多运动紧密交织在一起。

每一个重要文明都有它自己的形而上学，文明通过它表达最深处的存有和目的，文明的渴望在这种形而上学中并借由它获得了一个基本性格和一个活的灵魂，并在那里将自身理想化。一方面，形而上学必须掌握渗透到某一文化中的支配力量；另一方面，它必须将自身所领会的提升至现状的所有限制之上，并达致形式和绝对有效性的完美统一，并从这一立场出发，负责反对一切常规和社会习惯的斗争，并因此引发“支持和反对”的急剧分裂。例如，柏拉图的“理念说”将希腊艺术化的宇宙观提升到形而上领域，不变的永恒理念占据首位。同样，启蒙运动时期的思维世界从莱布尼兹体系中获得一个形而上的形式，这一体系强调无限的小以及将哲学转化成通用数学。

我们不断觉察到，事物直观次序的反转竭力从人类成就的巅峰向绝对真理发展，竭力为我们的思维和存有取得一个独立精神品格。通过与历史的这种关系，形而上学并没有向转瞬即逝的事物妥协，而是详细阐述了世世代代传承下来的永恒的真理元素。这种元素没有随着时代变迁消失，而是一直持续存在，至少表现为一种可能性和挑战。

如果我们以这种方式看待形而上学，那么就不难应付那些亘古以来就施加于形而上学的攻击。仅仅这个名字就必定会引发偏见[①]。在内容方面，形而上学现在必须追求一条与过去不同的道路。必须与那种天马行空的沉思彻底分道扬镳，因为后者相信它

① 形而上学这一表达法源自西塞罗的同时代人安德罗尼柯，后者在整理亚里士多德的作品时，把与“第一哲学”相关的研究放在物理学后面。早在公元1世纪，这种位置安排就导致了“物理学之后”（metaphysica，也就是形而上学）这一学科的命名。“物理学之后”这一用法的单数形式来自经院体系，可能源自阿威罗伊对亚里士多德作品的翻译。形而上学这个名字很不幸，因为从一开始，它就表明自己隶属于概念本身，从而制造出一种印象：它与遥远或先验有关，代表一种对直观实有的或多或少的想象添加。新柏拉图主义者赫伦尼乌斯早就用这种方式提及它。对于经院派哲学家来说，比如托马斯·阿奎那，“物理学之后”和“形而上”等义。然而，康德曾指出：“这一学科的古老名字早就表明了它所指向的知识类型。”它力图超越经验所能达到的全部客观对象，目的是知道哪一个在任何条件下都不能成为经验之客观对象。另外，形而上学的还朋友们试图获得新的术语。德国笛卡儿最重要的信徒克劳伯格曾推荐使用“本体论”，但对旧术语的冷淡很快就蔓延到新术语上。此外，本体论仅仅表示较老的形而上学。我们可以顺便问一下，没有一位一流的思想家用“形而上学”的名字写过著作，这难道不是一个值得注意的事实吗？

自己能够仅从思想中创造一个新世界：这更符合那种旧式思维方式，它认为自己可能通过知识发现生活的全部精神内容，然后将它传递给生活的其他部分。然而，我们现在将知识置于一个根本的精神生活内，并允许它和其他部分同时为真理和这种较深生活的发展而斗争。

亚里士多德将“第一哲学”（即形而上学）的任务确定为研究存有的存有，他还发现了存有最普遍的属性，但他的这些成就从一开始就误入歧途。因为这让某些构成事物主要框架的形式属性看上去像是事物的真正本质，而全部特殊性则只是说明性材料。因而形而上学变成了纯粹的本体论，这导致思维世界运动日益趋向抽象和形式，而把人类生活的具体内容搁置一边。同时，它还导致了教条主义，因为对这些形式属性的认识似乎永远在任何经验之前，而且独立于任何历史运动，正是这个原因才让形而上学把它作为不可违背的真理传达给其他知识学科。这一教条主义过程产生了双重后果，一是剥夺了形而上学的内在运动，二是剥夺了其他科学的独立性。因此丝毫不奇怪，这种本体论的、教条主义的形而上学遭到了来自四面八方的抵制。

只有抛弃这种旧式的形而上学，现代科学研究的发展才有可能。但反对一种特定类型的形而上学并不意味着抛弃所有形而上学。在这一点上，我们赞同康德的观点：“某种形而上学一直存在于世界上，而且毫无疑问会继续存在下去。”无论如何，我们自己的思维方式认为有必要的形而上学没有向摧毁旧式形而上学的反对意见敞开大门。

这是因为，只要在知识自身内部有生活发展的萌芽，只要知识主要指向对这种生活的深化和阐释，那么形而上学就不会怂恿思维和生活步入抽象，而会将它的现实性和明确性传递给它们。随着对全部多样性的综合，形而上学将首次清晰地呈现我们的存有及世界的独特个性。

只有所有生活的不同意义和问题，甚至是宗教、艺术和道德的那些互相联系的体系，在一个无所不包的生活计划内被赋予一个明确的位置和目标，才能克服当前解决方案和解释的无比单调乏味。此外，实有整合成一个这样的整体时所揭示的内容，能独自证明存有表现形式的合理性，并为它提供一个意义。

因此，我们的研究不得不捍卫形而上学，并非因为对形式和共性的愉悦，而是因为对更多个性、更深刻的现实性、我们生活领域的更有力的变革的渴望。

如果一种形而上学能够保持追求知识的努力与一种基本且广泛的精神生活之间的联系，那么它同样有把握掌控僵硬的教条主义。这样一种形而上学将与普遍的历史运动最紧密地联系在一起，同时获得它自身的历史。然而，这不会导致它退化到。

如今，我们没有形而上学，很多人认为这是好事。如果我们的思维世界碰巧格外繁荣，如果在没有形而上学的情况下，也有坚定的信念支配我们的生活和努力，也有崇高的目标支持着我们，并将我们从琐碎的人类日常工作中解放出来，那么他们的看法也未尝不具有合理性。

但事实上，我们不得不承认一种永无止境的瓦解，对所有原理信念的可悲的不安感，在面对人类平凡命运时的无助感，以及在外部过剩的丰裕中的灵魂空虚感。那些能默默忍受这种状况的人们将不会被任何理论思考带向形而上学；但那些认为迫切需要将我们的文明结合成一个更紧固、更有目的性的整体，并为其内在独立性的人们，将会与我们一道保留形而上学，并沿着新的道路继续寻求这一古老任务。

## 4. 对知识的追求：概观

上文阐述了知识本质的基本理念，以此可窥斑见豹。尤其是，它正符合我们提倡的精神生活的概念，能够纠正历史遗留下来与此相背的内容的不足。从我们的观点来看，精神生活是同一时间现实的新阶段，不同且超越于自然，相对于我们发现的灵魂生活，它是生活的新源泉，于此，两个阶段的产品汇聚在一起。

从这个更深的角度来看，它将有可能既将知识的实质从对外部对象的所有依赖中解放出来，又充分认识到我们人类追求知识的局限性：许多因素，先前是对立有碍的，现在也可为彼此的进步起到促进作用。

我们视精神生活为完全活跃的，它并非运行于主观与客观之间，但从一开始就包含了其对立面。在这种情况下我们的任务不是尝试复制一个卓越的世界，而是必须塑造和完善我们自己的存在。因此精神生活本身必须包含不同的表达阶段，遵循固有的整体性，实现从低级阶段到高级阶段的发展。在任何情况下，和它相关的活动只有转变成自主行为才能真正成为它的所属。这一点也适用于知识：其运动作为一个整体存在于生活之中；同样，与它相关的问题必须位于精神生活之内而非游离于它之外；若完全游离之外便什么也不能激发，什么也不能付诸运动；它永远也不可能触及思想，而且无论如何也不可能成为一个智力问题，除非客观已然多多少少呈现在现实的思想世界之前。然而，眼前显而易见，这种方式并不符合精神生活的本质，不仅如此，它与之背道而驰。这种矛盾随之成为进一步建设的迫切冲动。因此，随着知识向着更高阶段的任务紧迫迈进，精神生活完成了一次自主行为。

如果是这样，没有任何东西可以成为一个智力问题，它没有以某种方式纳入生活的进程。因此，当知识变得活跃时，它必须紧随生活的内在发展。人类历史研究和每日的经历以清晰和令人信服的方式证实了这一说法。因为这些告诉我们，那些和人类近在咫尺以及对感官上有强烈冲击的，可能在一种内在的意义上仍是完全陌生的，也根本成为不了知识问题。世事不会回答对现实没有疑问的人，它只会将自己展示于提出多种可能的人。即使最强硬的抵触对精神也产生不了影响，除非它转化成了内部阻力。个人、民族或整个时代可能遭受最严重的摧残，沉睡不醒，没有动力去采取任何形式的保护措施。伟大的艺术家和教育家都坚持认为精神器官不是与生俱来的，但是必须塑造成型①。一项人类历史研究也表明，非常靠近人类的那个层面（不，在外表看来已从属于人类了）近来刚刚变成了他生活的一部分且激发了他的斗志；同时它允许我们认识潜在的假想和倾向性，后来都被轻而易举地

① 在这里，我们要提及赫尔巴特关于他年逾九十的乡村教师的名言："我们应该铭记于心，只有实践才是检验的标准！九十岁高龄的乡村教师有漫长人生历程的实践经验，有对伟大劳动的切身体会。但是，他也会批评自己的成就和方法吗？"福禄贝尔持同一观点："为了了解自然，必须通过自己独特的艺术途径由内及外重新塑造。"

视为理所当然。自然的艺术发现是如此缓慢的过程；然而，近来有实例表明，美丽的风景已然展现在我们眼前！考虑一下，目前的艺术如何努力开发我们的视觉灵敏度，让我们去欣赏外部世界敞开的新天地，去看越来越多的东西。此外，人类必须去发现自我，发现人性，发现人性背后的普通生活和感受；人类会发现所有这些并非与生俱来，须通过内在的运动和发展方能获得。教育学将统觉描述为在个体的思想世界吸收新的印象；然而伟大的历史世界同个体一样也有统觉；人性作为一个整体，不能够接受反对内在运动的任何事物。

特定事物若要延伸至整体层面，若要易于接受须得成为知识的新内容。这样，很清楚，所有知识存在于人类的工作范畴，若无此范畴的发展便不会有知识的根本进步。就知识而言，每一个真正伟大的成就都不归属于某个现成的领域，但它可以改变生活的领域。没有现代人相对于世界的显著优势以及对于自己灵魂无限可能的自信就不会有现代科学。通过这样，知识进程获得更深层次的基础，我们能够将其构想为内在的程序，从而避免我们陷入看似被迫将思想视为外在世界或是用存在来包装的两难境地。

但是，对精神生活独立性及知识加工的内在性的这种认识[①]将精确地使人类充分认识鲜明的人为因素和实践经验的重要性。我们构想的精神生活和知识越独立越卓著，现实世界就越远离我们，我们也越能觉察到只有在特定条件下，人类才能参与到精神

① 我们这里的“内在性”一词取其本意，表明某事物在其生命进程中产生且不会超出该进程。

生活中，且精神生活只有通过某种经验才能进入。人类首先致力于现实的亚精神阶段，它与感觉世界有机连接且做出了智力表达；如果更高阶段在他的范畴内毫不具备可操作性的话，人类根本不可能跨过此阶段。但是，在生命进程中这个更高阶段没有完全呈现；作为规则，这种恰好的冲动需来自于特定条件，来自于低级阶段的困惑和矛盾。历史清晰地告诉我们对知识的诉求形成的是何等的艰辛和缓慢。这项运动的进展迫使它认识到人类本质和环境的特殊——这种特殊性并非从理论上推论得出，而是简单地接受为事实。在这种程度上，人类知识带有经验特征。然而，有此认识使我们远离了经验主义。事实上我们难以认识到这一经验特征，除非我们占据优越于纯粹经验的位置。由于所受的局限和束缚，人类只有参与独立和高级的精神生活才能获此洞察力，才能从这个角度衡量自己的位置。

关于知识，经验具有双重意义：它是外部的局限和内部的决心。当精神活动受缚于外部条件不能完全成为自主活动的时候，它具有第一重意义；当它在矛盾和抵制中首次展示出完全明确的特征，学会通过实验和实践认知自我且实现了纯粹的自我活动的时候，它具有第二重意义。在两种情况下人类知识都依赖经验，经验在这里不可或缺，精神生活不仅与其环境相关，而且构成了生活本身；不仅决定了它的范围，而且决定了它的内容。

人类开发的知识首先发现自己面对着一个外部的不可估量的世界，它只有通过与这个世界密切的联系才能发展自我；事实上，它有可能完全依赖这个世界。此外，它的开始涉及生命的多个庞大的部门，尤其是通过感官认知自然，这个过程中知识绝不可能从特定世界中剥离；进入人类思想世界的部分也不可能完全转换为思想术语，它继续依附于外部世界，好似无法逾越的屏障。然而，这种关联性，与可感知事物的联系未必能够直接产生知识。知识的发展取决于多种条件和因素的制约，但是即便如此，它首先仍然是精神生活的产品。知识的发展必须紧密联系实践经验而不能游离于其外，正如印象若不经过根本转变就不可能成为思想。同样的自然现象对于普通人是直觉，对于科学家却是思想，这是多么本质的区别啊！黑格尔公正地观察到，“精神的本质不是将从外部而来的东西吸收同化，也不允许将它视为固有继续按照以前的样子发展下去，而是必须切断原有的联系，在内部重组”。

精神生活的延展及对其内在性质的探索对于我们人类来说，既是问题也是任务。精神生活既不会像思辨哲学乐观的看法那样直接以确切明了的形式填充我们的生活，也不会坚定稳步地将我们向它拉近；相反，我们不得不从微小的起点开始逐步做起（这并非一成不变），而且我们的努力一直伴随着困难和危险。许多事我们推进时信心满满，结果却发现此路不通；我们经常发现事情似乎在反反复复毫无进展。然而，我们的思考尚未终结，仅仅是选择了途径而已。我们的能与不能只有通过生活的实践经验方能揭示。更加确定的是，唯有通过奋争方能探及我们生命的深度。抵抗力会驱使它释放全部的力量，产生完全的创新力。与此同时，精神的成长并不意味着战胜了敌对力量取得了胜利，更不意味着它从此光照千秋，取得完胜。内在的进步可能会带来新要求、新问题和新阻力，因此现实方面将采取越来越不理性的形式。这种现状使知识本质上不同于理性主义下的知识；每个点上现在都将实践经验如果我们的知识能力来决定生活的全部内容，那么精神贫穷将是不可避免的结果。

Therefore if our intellectual capacity is to decide as to the whole content of life, a spiritual impoverishment will be the inevitable result.

视为整体。只是在知识的初级阶段的早期人类幻想着自己能够顺利完成；日益增加的洞察力使认知增加，也使未解决的问题增加；世界不是变得更加清晰，而是变得更加神秘。因此，站在现代生活的高度精确地说出知识的大概绝非易事。现实在我们面前隐约可见，从无机到有机，从无生命到生机勃勃且有心理，从灵魂受自然奴役到灵魂充满思想，一系列的进步渐渐产生。每个阶段都呈现了现实的某些特征；关于是将最低阶段还是最高阶段作为起点，一直以来总有意见分歧。哲学不可能避免这一可见的现实，将最高阶段作为最深层次的揭示，并由此观点出发构建整个概念体系。但是近来发现，从此观点出发搭建的类别不能适应我们现下的世界，它因其固有的刻板特征而与这些类别格格不入；同时也发现，这个世界在整个活动中十分漠视这个高级阶段，将其视为附属。看起来我们不由自主认定的一切事物的本质好像不能借助其概念或是力量的协助在我们的世界实现它的目标。每个方面都有相同的矛盾；人类精神本质需求多于单纯人性需求的目标是可以实现的；精神的自我保护迫使他证明这样的真理，知识能力是不能完全等同的，同时积极维护这些真理暗示下的基本想法，而不是将其充分付诸实施。因此，如果我们的知识能力来决定生活的全部内容，那么精神贫穷将是不可避免的结果。

## 5. 对理性主义和经验主义的评价

前面的讨论让我们可以尝试评价两种对立运动。我们将看到，每一方都代表重要的真理元素，且成功地运用它们攻击对方；但当每一方试图为自身获得一个最终解决方案时，就会陷入错误，无法维持自身立场。唯理论的力量在于它对精神生活独立性的支持以及相对于周围状况的优越性，还在于它对以下信念的捍卫：即生活本质上并不是从外在开始也就是说，就像柏拉图所说那样，一个盲人不可能从外部得到光明。缺少这一信念，就根本不可能存在真理这种东西。我们的知识对外在印象的完全依赖会使它丧失全部稳定性、所有联系和所有内在阐释，并会让它处于个别事件的支配之下。

在面对这些事实时，唯理论主张“先天的”，其必然性不言自明。但必须将“先天的”作为精神生活的根本法则而加以理解，而不能把它看作每个个体灵魂内一个现成的量。这样一种“先天的”包含一个主张：精神生活有自己的标准，它持续不断地将我们对知识的探求转向真理并远离错误。它还包含另外一个主张，即精神生活从根本上说是超历史的，并不是单纯历史的产物。没有这种超历史的特点，它就永远不可能让历史形态服从更高的批判。它将完全被这些形态变动所支配。

既然唯理论代表了这种不可或缺的真理，它就比经验主义拥有更多正当性。但唯理论的错误在于，它认为有可能直接抵达这些真理，它将实际上遥远的目标当作眼前的事实，或认为它很容易接近。我们指的是唯理论将人的精神生活无条件地视为自身的精神生活，将其视为绝对精神生活。这会让我们对人类特性以及局限性的感觉变得迟钝。这种影响表现在，思维只能通过与整体独立的精神生活相联系而创造的成就被归功于思维自身，并由此让理念丧失了其深邃性；这一影响还表现在，唯理论相信我们的精神生活将踏上一条可靠的道路，且没有任何内在的混乱。

总的来说，唯理论倾向于削弱和通过解释消除人类在世界中发现的模糊敌对的元素。可以说，它为了普遍牺牲了个体，为了形式牺牲了内容。由此产生的实有观极其圆滑、平淡、苍白。无论是生活还是思维都变得抽象、形式化、虚幻。这在唯理论的历史观上表现得尤为明显。唯理论认为，历史运动从一开始就被认为发生在理性领域内，但事实上，它必须首先努力获得它的理性特征，并不断进行确认。唯理论认为，所有对立和冲突都不过是理性进步的工具，所有的非理性最终都会融入一个伟大和谐之中。然而，实际上，这一斗争并不仅仅发生在理性领域内部。它更像是一场为理性的斗争，人类关系中理性的每一次增长同时也倾向于带来非理性因素的增长。

根据这一观点，每一个时代似乎都代表了在前一个时代基础之上的稳定进步，人类获得的历史经验被视为永恒的财富，虽然在终极问题上的斗争不断地重新开始；必须不断地重新构建坚实的基础，每个精神经验反复地恢复其性格。

作为精神工作的工具，人目前看上去既纯粹又简单，尽管事实是，他的主要倾向宁可是让精神生活服从于自然和社会的自我保存本能，进而让精神生活疏远或偏离自身的目的。当这些模糊敌对的因素被这样略过后，历史就丧气了它的力量和深度。唯理论的这种方法贯彻的越彻底，它对实有的抽空和驱散作用就越大。

另外，很明显，历史生活不是与持续稳定的运动一起前进，而是历史生活作为一个整体必须不断地成为新冲突的主体，并持续地得到重新确认，那么自由行动优先于历史过程理念，且理性建设的全部可能性消失。

因此，唯理论的自由发展必定引发渴望现实性并准备承认人类局限性的经验主义的反动。历史表明，当传统唯理论的缺陷变得很明显时，经验主义就会获得更多力量与声望。对思辨概念建设的反感得到了近期经验主义发展的支持。但是，经验主义完全不能给予我们的思维世界的经验特征以适当的表达。它认为经验过程与自发活动严重对立，然而，如果没有自发活动，就不可能有科学知识。

由于经验主义否认所有独立的精神生活，它必定竭力只从人类立场出发去发展精神性和知识。实际上，这是不可能的[①]，而且它只能通过暗自假定一个精神世界的存在，并利用其中的元素来实现一种表面上的成功。

这导致了一种被彻头彻尾扭曲的实有观。在对待知识过程方面，经验主义将其全部注意力倾注在已完成的工作上，却遗忘了这一成就自身内的精神活动。它紧紧抓住外在客体，却忘了如果不通过我们的占有行为，就对我们毫无意义。它通过经验感知知识的决心，但它并没有认识到，这一决心出现于广大的精神空间内，并通过精神自身的运动，而不是与外在的联系实现。它被如此丰富的特殊性包围，以至于它将这些特殊性之间的联系视为理所当然之事。绝不能只见树木不见森林。经验主义者认为，事物自身产生了那些事实上是我们的活动安放在它们内部的内容。例如，这可以在经验世界的概念中看到，后者并不只是经验的产

……………………

① 通过经验手段形成一门科学是不可能的，许多著名思想家已经清楚地指出了这一点。例如，文德尔班评价说："通过经验主义理论向自身即为理论所依赖的假设提供基础是一种无望的企图。"胡塞尔也曾评论说："反对某个逻辑理论的最好论据是说它和理论可能性的明显条件相冲突。"

物[①]。从康德的工作来看，要掩盖这一事实并不容易：存在一个整体知识的问题。这就是说，必须首先获得经验发生之根基，在追求真理的过程中，矛盾与孤立的数据无关，而与整体性有关，即作为一个整体的建设和信念[②]。

然而，经验主义不可避免地掩盖了这一事实，这是因为它只考虑实有的个别方面，但这些个别方面并没有穷尽其范围和深度。而且，正如我们简单阐释的那样，这不仅对主观方面有效，也对客观方面有效。

我们的思维和生活首先将游戏看作意识过程，经验主义满足于这一点，却没有意识到，没有更加根深蒂固的精神生活的自我意识，没有第一印象的反转，意识的内容自身也难以被理解。这时，对一个逐渐成形的统一自我的看法就被以下洞察取代：自我首先让所有内在综合成为可能。这种综合是科学存在的必要条件。现在，将心灵生活分解成并列的意识的个别过程，就等于抛弃所有内在联系，进而让所有科学变得根本不可能。

…………………………

① 在这方面，我们的语言方式难辞其咎，因为它让思维和经验完全对立起来，好像经验离开了思维也能完成任何任务一样。一位早期的作家罗伯特·波义耳曾对此表示异议："当我们说经验纠正理性时，这其实是一种错误的说法，因为这种理性自身就是在经验的基础上产生的，它如何来纠正自己此前做出的判断。"

② 特别值得注意的是，如今人们动辄就求助于经验，但对这些经验的适应条件或可行性未作任何研究。这在教育界可能最为普遍。新的学派纷纷创立，很快就有人说经验非常有效。现在的一个普遍趋向是，人们热衷于照搬照抄国外的工具和手段，理由是这些工具在其他国家得到了经验的验证。但我们能假定适合这个人的就同样适合另外一个人吗？如果两个人处于不同生活状况下怎么办？如果一项制度在不同地方都产生了良好结果，难道就能证明它具有普遍优势？只有在基本相同的条件下，经验才具有吸引力，但是否如此通常都不能充分确定。

然而，在客观方面，经验主义过于依赖外在自然界，而忽略了实存其他领域的独特性。当经验主义学说中适用于自然的那部分被延伸至整个世界时，它就会陷入错误。我们经验的感官印象绝不允许被完全转化成精神活动，并从中获得发展；因此总是要对我们保留一点陌生感和约束，此外，我们亦没有超越纯粹的记录和描述。但即便是一眼看上去，人类生活及其努力也揭示了一种不同的情势。

在此，我们又一次遭遇个别过程，但我们有能力越过纯粹的印象：这些过程允许回溯至产生它们的生活过程，也允许彼此连接在一起。由于旁观者能将自己“移入”这一过程之中，所以他能将陌生元素转化成个人生活。然而，如果人能由此与他人共同生活并产生共感，而不仅仅是从外部将他人作为一个陌生物考虑，那么就会形成一种高于纯粹描述的知识。但如果我们承认人类领域内存在一种精神生活，如果我们在知识发展过程中将此作为立场基础，并自那里阐明并总结人类整体社会和历史生活，包括个人经验，我们就又前进了一步。

在这种情况下，我们绝不能满足于对已观察到的现象仅仅分门别类。我们必须进行对它们进行内在运用，并批判性地转化我们所吸收的内容。因为正如在人类领域中所揭示的那样，精神生活在当前条件下充满了大量短暂的、偶然的、仅为人类本性的事件，没有强有力的筛选和对个人自我本性的调整，精神生活就不可能得到净化。同时，从这些特别联系和趋向中挑选也是我们的任务。精神生活在其中发现了一个全面的整体，我们可以由此阐明这种多样性并使其连贯。在真理中，知识的巅峰向人类揭示的可以见于精神生活的独特发展和精神世界的建设。因此，这里也有与我们的整体宇宙观相关的决定。必须从这一立场出发确定我们的世界观类型，也必须从同一立场出发，给予人类实存的局限性和矛盾以公平和公正。

整体任务充满了经验和运动，它们带我们深入我们自身内部，而且在任何情况下都不会只从概念出发。因此，它完全位于纯粹唯理论领域之外，也位于纯粹经验主义的范围之外。两者都没能清晰地区分精神生活和人类实存。这推动唯理论过分夸大人的作用，或让经验主义否认精神生活。前者不能为知识提供活生生的内容，后者则剥夺了知识的科学性。经验主义和唯理论常犯的另外一个错误是：双方都没有把知识当作一个更大的整体精神生活，并把知识问题与这一整体联系起来进行处理。由此被孤立的知识要么被低估，要么被高估。同时，唯理论和经验主义都代表知识不可或缺的因素：一边代表独创性，另一边代表现实性。

当前需要的是一个新的立场，由此立场出发，可以将真理的这些因素合成一个整体，从而不再片面地依赖人类知识的伟大或其局限性，而是同时承认其伟大和局限性。尽管有很多明显的弱点，经验主义仍然不断地重新露头并向人类施展其压倒性的影响力，与其说这是因为它目前已经取得的成就，毋宁说是因为它对真理概念的那种理解存在缺陷。这种真理概念常常带有唯理论的特征。

唯理论的贡献与正当性见于两方面：一是它将真理提升至人们观念的全部阴影与分裂之上；二是它让真理完全独立于人。一旦这种独立变得不牢靠，科学就不能再免于彻底的毁灭。但只要真理和人之间的分离在某种程度上没有得到克服，真理没有以某种方式变成我们自己的事务，真理将会继续或多或少地冷漠呆板，它借其压倒性的力量感动我们并提升整体生活的能力仍将难以言表。但是，我们必须拒绝那种依据真理对生活的实际效用来衡量其价值的实用主义方法（或通过任何外在标准），对真理的理解仍然必须坚持这一原则：即它是否能发展出一种新生活，同时，真理本身也必须被视为存在于生活内部，而不是与生活并存。这基本上不是一个把握生活外部实有的问题，而是获得一种能从自身发展出实有的生活。通过这一探索，我们可以确保与真理之间更密切的联系，没有这种联系，我们就会沦为经验主义的受害者。如果没有怀着对真理的信念出发，经验主义就不能臻于任何真理。

在经验主义与唯理论中，正如我们所看到的那样，相互对立的精神趋向正在运转。哪一个能暂时取得上风将取决于既定时代的特征和具体环境。如果思维世界被认为本质上完整无缺，且能被轻松地回顾，就像在远古世纪、中世纪以及德国思辨哲学时期那样，那么，精神自身的功劳将居首位，且会出现一种低估经验的趋向。另外，当对此前眼界的狭隘性的意识占了主导地位，并表现出一种扩展意欲，救赎将只会从经验和建设内寻找，不，应该是转化才对，精神活动会被轻易忽略。这就是在培根身上所发生的，且在 19 世纪再次发生，在今天则频频发生。

在 19 世纪工作的影响下，我们在自然和历史领域内视野的无限扩大，肯定要在德国展现其独特的影响力，这是因为，与其相伴而生的是对建设体系的过于僵硬的综合的一种强力反动。但是，这种经验主义运动扩散的越厉害，它就越排外，反动就越有必要。我们发现，那种经验主义只能获得一个无效的结论，这是因为它在一个现成的思维世界内活动，这一世界优越于（甚至矛盾于）它自己的概念世界。但这一趋向变得越独立、对约束越不耐烦，这一思维世界就会越容易动摇和分裂。因此，通过自身的进步，这一趋向削弱了这些不可或缺的补充，其外在的胜利必然要以内在的崩塌为代价。一旦完全依赖于其手段，它的缺陷就暴露无遗。尽管在远离生活的科学领域内，经验主义得到了众多支持，但我们察觉到，一场灾难正在降临。已知事实的累积和排列无法提供任何类型的知识、理念或信念，这一点变得越来越明显。然而，与此同时，如果人要继续作为一个灵魂存有，而不是堕落成一个纯粹的文明机器，就不能没有这些。

思维必然要超越经验主义，这不仅是因为精神生活的必然性，也是因为当今文化的特殊境况。没有思维的独立和原创性，就不可能存在任何文化。但只要生活沿着可靠的道路前进，就可以忽略和忘记这种独立性，除非受到极大混乱和矛盾的威胁。然而，今天，我们完全被这种混乱和矛盾支配，我们认识到，为实现强有力的综合和真理全部元素的发展，必须完全超越对我们对全部文化遗产的负载，必须对所有陈腐虚假的内容进行有力筛选。

不，我们是如此严重地动摇，以至于我们的不确定性扩展到了真理的最后元素，并迫使我们为整体精神生活而斗争。面对这种任务，如果没有独立和独创性活动能力，没有精神生活的自我冥思和自我觉醒，没有精神的提升和革新，我们怎么能取得进步，指出新的可能性，揭示新的事实领域呢？然而，经验主义在上述方面都爱莫能助。

而且，由于时代迫切需要一次内在转化，因此必须将经验主义置于精神生活之后。对于当今哲学研究朝向理想主义的趋势，我们表示热烈欢迎。我们同时也非常理解，人们不喜欢再次接受旧式的形而上学，因此我们需要生活的彻底革新和强化，我们需要一种积极进步的理想主义。然而，这种理想主义不能只是批判性的，它必须是积极的。这是因为，虽然在哲学研究的最高水平上占支配地位的批判理想主义在指出现实主义和经验主义的局限性方面做出了重要贡献，尤其是证明了后者只能通过偷偷借助对手的帮助才能创造整体生活和知识，此外，虽然它也展示了一种新的事物次序的作用及约束，但没有将这些主要趋势汇聚成一个整体。然而，如果人要在这一运动中找到精神自我，将其生活重心安放其中，并倒转整个生活趋向，整体就必不可少。如果没有这样一种倒转，如果不彻底告别另一方，进入具有根本力量的生活，新的生活将很难足够强壮，并采取一种与另一种次序相反的独立立场，克服迫近的物欲所造成的巨大障碍。所以，驱使我们朝着形而上学的方向前进的不单单是对知识冒险的渴求，更多的是精神生活自我保存的必然要求。

## 第二节　机械论与有机论（目的论）

“机械论”和有机论概念背后的历史极具影响力。这段历史不仅表现出宇宙推想和方法论的巨大差异，也揭示了科学研究的艰苦斗争性；而且，它充满细微差别和更加细腻的思想变化，因此使我们对整体运动产生了特有的深刻见解。几千年前的反对意见至今仍具影响力。因此，首先应将我们的注意力放到这一主题的历史性上。

## 1. 术语和概念的历史

机械论和有机论的概念（像术语本身一样）是古老的，但是很久以前术语就与概念产生了关联。亚里士多德已将机械论作为一个明确的表述经常使用，在艺术发明、机器制造以及他后来的一篇著作中都采用了这个技术性说法。几百年来这个词语一直延续着这个含义，自笛卡儿时代以来，这个词开始用于通过类比人工发明来理论说明大自然的作用，不是作为结构整体固有驱动力的参考，而是最初由运动赋予的物质微粒结合的结果。大自然的作品看起来大不同于人类的，从数量而非质量上来看完全是由于其结构上更加完善。理论机械论，以运动理论的形式提供了技术说明的手段。机械论这一术语投入使用特别要归因于化学家和哲学家罗伯特·博伊尔，他有一种特殊的偏爱，喜欢书的标题中使用它：他甚至反对使用“大自然”一词，意欲用“mechanismus universalis”的说法将之取代。

之后的自然科学赋予这个术语时松时紧的含义。关于这些含义的讨论在不断推进。然而原则上机械论是以数字和运动来解释物质的属性。机械和物质常常被视为同义术语，没有首先想到发展到心理过程。因此，心理过程的机械论解释首先是物质原因的演绎。至于事实本身，斯宾诺莎已将精神生活解释为多个独立想法合并运作的结果，他称灵魂为精神机器。莱布尼兹，尽管执着于灵魂统一的重要性，也完善了这一观点，沃尔夫和18世纪法国心理学家将其发展得更加详尽。最终，这个词被演绎了，从象征性的到直接说教，“机械论”被应用到内在生活。[①]康德将这个术语的使用发展的更加普遍，他用其来解释“根据因果关系自然法则必然要发生的事情，虽然未必认识到受制于它的是真正的物质机械”。然而在自然哲学中，他将动态论与机械论的差异发展得更为清晰更加尖锐[②]。

“有机”这个词，最先也是由亚里士多德这位伟大的语言铸造师摆上桌面，但并不是我们现在所说的意思。“有机”最初与“工具”同源，意为“器械的”，用来形容活着的、为了某种目的而打造的生物体，不过也经常指生物体的一部分，尤其是组成生物体的不同部分。这个词只能用来形容生物，不能形容生物的内在属性，因此它的含义没有超出生物这个范围（比如说政治论）。“器械的”这层含义在新机械论中也许恰如其分，在 18 世纪，“器械”（自然的）与人造机器都毫不犹豫地归于机械门下，意为“机械”。那时说到器械，也就不再觉得有什么异常。

后来迎来了德国古典时期，宣扬要赋予人的本性以灵魂与意愿，由此“有机”这个词第一次被注入了生命的属性，并使之成为生命的主要特色。康德给予了这个词准确的概念，说明了与其他

……………………

① 莱辛也在促成这种转变。他说：“这种转变是内在驱动的结果，或者（通俗的说）是灵魂自身的进程。”赫尔巴特尤其热衷于执行精神生活的原理，他认为“将理性的有机体分成单程线，分成思想的链条，而它只能用思想的原理来解释”是我们的使命。

② 见第四卷第 427 页：“通过对最细微部分的性质与性情的对比，机械自然哲学详细的解释了其研究对象，即机械的不同。另外，动力自然哲学详细的解释了其研究对象并不是机械的不同（也就是说，机械只是单纯的外在动力的工具），他们的研究对象包含了既互相吸引又互相排斥的内在动力。”

词的区别，对这个词的发展发挥了的特殊的作用。但是赫尔德、雅各比以及其他人在这方面也是功不可没。之后，这个词由自然生物的范围扩展到了社会与国家的领域，然后又向法律、历史等领域延伸。“有机”这个词成了浪漫派的宠儿，虽然同时它也在不同的学派与思潮之间传播，并且逐渐变成日常用语。因此，虽然“机械”与“有机”在最初的意义大同小异，但是最终它们还是天各一方。现在，这两个词意指两种重要的，但对比鲜明的世界观[①]。

## 2. 问题历史渊源

我们使用一直在研究的这个术语来对比事物的本质，长期以来这一直被视为是一个问题。在古代，德谟克利特和亚里士多德倡导对这一问题进行研究。在希腊古典时期，有机论，或许我们可以这样简称，无疑占据上风。这一时期特有的思维艺术和混合模式将整体凌驾于部分之上，将生命凌驾于无生命之上，并试图用后者来解释前者。亚里士多德采用的有机论（尽管不是术语有

……………………

① 而“组织”这一措辞首次出现在政治领域似乎同法国革命运动相关；但是首次对这一措辞赋予内在意义的是德国的思想家和诗人。康德说：“确切地说，自然组织绝不类同于我们所知道的任何形式的因果关系。”他还在注解中补充说道：“另外，通过类比上述直接的自然目的，我们可以解释某种特定的联系。因此，当对一个国家形式存在的伟大民族进行重建时，组织这一词语就已经被恰当且频繁地使用了，其目的是建立一个权威制度，甚至是国家整体：因为在所述的这一整体中，每个成员都一定不仅仅是工具，同时应该又是目的；由于有助于整体的容量，各成员应在其地位和功能方面应由整体的概念所决定。他还说道：“如果一个君主国家能按照人民的内在规律进行管理，那么就能用一个有机体来代表这个君主国家，但是如果单单靠绝对的意志来管理，那么这个国家代表的只是纯粹的机器（比如，手磨机）。然而，在这两种情况下，这种表现只是象征性的。”

机体）的概念恰恰迎合了这一趋向。同样，亚里士多德首次使用了有机体的整体高于部分的原理。这一观点迅速从其直接的应用领域扩展到宏观的国家和宇宙领域；不久之后，又被引入到整个人文领域；尽管未能持续到后亚里士多德时代，但仍被后来的斯多葛学派所采纳。它从古代世界传递给基督教，而且现在这一宗教倾向赋予了其独特的内在含义。后来，它演变为教会教义，变成基督的神秘之体（奥秘之体）。中世纪的有机论认为精神与肉体构成了一个不可分割的整体，这使得它变得有形进而主导了中世纪的社会教义；它成为那个时代法则系统的主体。这一系统认为个体从整体——一个可见的整体获取所有精神的东西。

这种有机论无论是在解决实际问题还是在有关的科学方法方面都非常有影响力。对于前者而言，有机论要求个体无条件服从整体，这被认为是个体理性的发展不可或缺的条件；但同时也给了个人一种意识，那就是在这个整体中，个体代表着特定的东西，且对它而言是不可替代的。古文明时代后期热衷于个体不仅仅是宇宙的因子而且是其组成部分这一理念。“我是整个理性存在的一部分”；这种理念抚慰了在生命垂危和困惑时期的马可·奥里利乌斯。然而，基督教丰富了基督徒都是献身上帝共同体的成员的信条；所有基督徒，在命运和行为方面相互依赖、相互联系，共同构成一个有机整体。

在科学研究领域，这一思维方式同样硕果累累。它导致了目的论的产生，而目的论从古典文明时代到当下一直产生着巨大的影响。如果整体是原始和优越的东西，那么它就提供了解释单一个体及各自作用的钥匙。但是，根据柏拉图—亚里士多德的观点，整体是个一成不变的形式，一个独立存在的自给自足的生命。因而，它给所有运动设定了一个固定目标和终点。这一理念的应用并未局限于生物领域；它被延伸到覆盖整个宇宙的范畴。世界被看成是一个生命，一个坚固的整体，其中容纳的各个独立的部分都是其中的个体；各个运动并非混乱地相互交叉，而是每个都朝向一个终点，在这里过渡到使其回归本身的设定活动。但这一思维方式在其自身的自然领域，在有机生命的范畴，极富成效。动物的各个组织和器官都被认为是一个无所不包的生命，并从中获得各自的解释；同时，随着在所有阶段都存在的单一标准型个体的展开，多样化的有机信息显现了出来。纯粹的这一标准型在人类身上被发现；因此，只有从人开始才有可能说明整个领域，并进一步将领域内的无限内容置于无处不在的思维的控制之下。按照这种方式，产生了比较解剖学和生理学以及一门进化科学。另外，还以人类原型作为相似参照来解释动物的心理生活。诸如此类的方法一定让我们感觉极不适合，但它却为当时以及之后许多时代提供了一个有组织的有序实体。

即使在古文明时期，对这类思考的反对也并不少见，但是这种对立却仅仅局限于批判，未能超越并占据主导。直到现代时期，反对有机论的斗争变成自由和公平运动的主因时，这才发生。在当代人们更加平凡的生活中，自由首先发挥起作用。现代人的思想感觉到物质组织的限制，以此为媒介的精神交流受到的压制让人难以容忍。然后，人们拒绝有机论，并且渴求同整体建立直接关系，并以此来超越所有可见的秩序。我们最初在文艺复兴时期和宗教改革中看到这种趋势，接着是在尤其起源于英国的政治经济自由解放运动中发现。直接以个体为基础的生命因此获得极大的力量、理性和真理。从这个新视角来看，所有的体系都是个体的产物，并且不能拥有除个体可能赋予的权利之外的权利。根据莱布尼兹，个体内部承载着个整个无穷的宇宙，宇宙从个体内部进化而来。这种观点和有机论之间有多么大的鸿沟啊！

与此同时，在科学范围内发生了一场革命。从个体内部和从整体视角对自然的传统解释之间变得不能相容。随着更加异想天开的观点被猛烈地批判（因为它自称不是臆想而是很严肃的解释），人们开始将它看作一种彻底的主观臆断。因此，这个阶段的著作都充斥了对学院派教条象征的抱怨，包括其内在形式和力量。这被描述成无知的避难所[①]。与此相反的是，认为获得真理的基本条件是将一切事物内在的东西搁置并把所有复杂事实简单化为它们的最小元素。

同时，这些元素的发现及进一步的考察使得一直以来被模糊的现实显现出来，并赐予那些在其他情况下难以接近的事物以力量。这些事物中的元素第一次具有了灵活性和韧性。这里我们没有感受到任何古老艺术观的伟大之处，因为经院主义曾经对这一观点进行了尖锐的批判。现代社会已经对自然提出了过多的机械主义解释。它将元素提高到主体位置并基于此尝试进行整体建构，这同相对古老的思维模式形成鲜明对比；它通过空间、时间和运动将传统的连续性分割成独立片段，并借以首次使得准确理解现象成为可能。随着对所有内在联系的否定，

① 参见，例如，奥尔登堡给斯宾诺莎的一封信。

目的论自然瓦解。各种完全不同的因素相互结合，使得目的论不得不被拒绝；它具有了人的特性，毫不确定又枯燥无味。规律被普遍一致地运用，而且作为简单的基本形式主宰了所有多样性。所有这一切都用自然力抓住了人类的思想。相信新的思维会首次带来真正的知识并开创一个科学的时代。所有先前的工作都只是铺垫而已。

深刻的思想家不可能不认识到这种新思想留下了许多开放的问题，也产生了许多新问题。笛卡儿，启蒙时期最重要的思想家，将机械论仅仅视为正确理解自然的一条原则，而不是揭示最终原因的形而上学论。同时他将自己与德谟克利特的观点截然分开。他的忠实跟随者，罗伯特·波义耳认为，带有目的性的积极原因的存在是机械原因不可或缺的补充部分。贝克莱注意到这样一个事实：机械主义观仅仅解释了事件的规律和模式，而不是事件的原因。莱布尼兹进行了深入研究，提出了一种独特的宇宙哲学，利用机械论指出整个自然是精神现实的表象；他提出中心位置的终极单位（从机械主义观来看仅仅构成一个极限概念），而且赋予终极单位一个内在生命。在自然领域，一切都以机械地方式进行解释；然而，机械论的原理本身似乎缺少解释，只能在理性上帝之手的有目的的控制中寻找解释。莱布尼兹认为，存在于其本身的自然法则的目的是服务于如何最大限度地利用自然力。他发现在各个方面都选择了最短的途径，使用了最简单的工具。莱布尼兹学派坚信一切都是由部分组成的，因而整个物质世界沦入了机械的范畴，而作为一个简单身体的灵魂却没有。沃尔夫以更为模糊的方式将基于直接原因和终极原因的解释等量齐观，并借此设计了目的论这一术语。

诚然，传统的有机论和目的论学说不可能在机械论出现后随即衰退，毕竟这一学派的观念和方法早已根深蒂固。另外，尽管对有生命个体持有不同意见的人不在少数，但这个时代对他们的呼声却置若罔闻。因此，亟须一种有关生命的新思潮，一场呼吁人们寻找和发现现实中新事物的运动。这场运动的真正到来伴随着德国人文主义的兴起和发展。它显示了对更高的生命指向性的期望，对人与自然与世界更亲密关系的期待，对根据整体理解来对待事物的认识观。最初，这场运动像飓风一样动摇了人类的同情心，但却逐渐变成生命的艺术构建：从这个位置回到指尖的先哲，因为他们不是一种纯粹且高贵的自然模式？难怪，这种有机思想再次复兴，并再次在最后的文艺复兴时期被采纳。它像魔力一般影响并占据了人类的思想。

一个值得注意的事实是，从科学的角度来讲，正是康德（从气质上而很少从艺术上）为这种新的艺术思维做了准备。通过把机械主义仅仅看作人类的一种思维方式，他为其他视角和处理方法留下了空间；但这样积极的构建需要一个令人信服的动机。在他看来，这一动机只能借助于内在整体和指导目的概念在我们的思想中组成，所以似乎源于有机论。就这样，旧的学说再次兴起，并被应用到其直接领域外的整个世界。在康德看来，这一应用小心谨慎并被提出来代表一种人文观点。但是汹涌而来的艺术热情迅速清除了所有封闭的障碍，而有机论的思想获得了一种得意的自我意识，并宣称是同人文主义相背离的以内心生活和事物存在为基础的生命观，认为机械论是一种有关生命实体和精神的学说。谢林对这一新趋势进行了热情的论述，并对有机论理念下所有自然生命进行了审视[①]。

这一概念和术语随后被迅速使用。虽然古老的传统仍然固存，但显而易见，现代影响已经变得非常明显。有机论的概念代表的更多的是过程而非存在的概念；现实构成的更多的是一个活生生的生命而非一个完成的艺术品，依靠其本身的力量不断发展；因此，在一开始，这一态度的变化在历史领域取得了远远大于其在自然领域取得的成果。这一思想产生了巨大魅力，所有历史性发展并非来自突然的冲动而是来自稳步的推进，是来自一种潜意识的自然冲动而非人类的思考；它产生于一个系统的整体而非纯粹的个体力量。但当被移植到政治、法律及演讲等领域时，似乎已经获得胜利的是一个更为纯粹和丰富的实在、一个更大的整体概念、人类与物质之间一种更为紧密和谐的关系。人类不再是从外部去主宰事物，而是去分享他们的内心世界；例如，人类不是去制定规律，而是把规律当成人类精神的产物去寻找。人类现在可以自由地去认识丰富的历史传统，通过个性保留并公平地对待每个个体的发展。因此，历史的世界观（相对于启蒙时代的理性观）同有机论非常紧密地联系在一起。历史性研究成为艺术思考的亲密战友；特点是，谢林宣称历史艺术观是"第三个也是绝对的历史观"。

但这种历史观的片面性，以及由此导致的有机论的局限性，却不会长期被忽视。如果只是因为政治和教会的反动派，像亚当·穆勒和麦斯特（现代教皇极权主义之父）。如果以中世纪的

……………………

① 通常情况下，然而，他把动态的看成是机械论相反的对立面；在后一种情况下他把世界看成一个给定的事物，而在前一种情况下却看成不断成长的事物。

方式偏执狂地利用这一有机论来压制个体和现有生命力量的独立性，那么忧虑必然要出现。然而，除此之外，有机论的问题和片面性很快引起人们的注意。预设而没有证实历史的顺利而连续的发展历程；发现的事物内在的客观性被局限于事物内部；因此，历史的概念被视为是主观产物。这场运动将注意力转移到生命本身以及事物的内在联系上，并且极大地推动了对自然力统一的探索，因而有力地推动了对自然的思考；但直到被移植到现代自然科学的其他领域，这些建议在科学研究上产生的成效不大。有机的思维模式一直尝试通过利用本身的资源来得出一个确定的结论，但往往陷入鲁莽和虚幻的想象之中。并且，它诱导人类对现实采取一种明显的沉思态度，让人类自满地选择现有适合自己的东西而不是去独立思考寻找自己的道路。因此，它给整个生命带来了危险。事实上，这一整体趋势不适合背负了伟大任务的时代。

因此从未被完全压倒而仅仅是被威胁的另一方再次占据了领导地位。它以一股新的生机再次走到幕前。这是一次又一次的启示；表象不同，但本质相同。从这一角度来看，带有有机论的人文主义时代似乎不再仅仅是一个插曲。在现代自由主义和现代自由贸易学说下，社会生活的个人主义构建获得了全面的发展。在进入 19 世纪下半叶后，详尽而极端的亚当·斯密理论甚至被一些杰出的学者看作确定的真理和终结结论。自然科学本身严厉地拒绝了自然哲学的思索，而是致力于彻底摒弃有机论的一切影响。它要求按照物理学和化学的基本规律全面地看待有机增长和生命。在众多哲学家中，洛策尤其维护机械论的普遍有效性，尽管显然没有赋予其精神生活领域一个深层次基础，正如莱布尼兹所做。但这种超机械论元像生命活体一样，社会是一个由无数个单独的个体组成的十分精细的网络。这些个体彼此紧密地连接在一起，其中一个个体的作为或不作为、损失或增益都会直接影响其他个体。

Like the living body, society is an exceedingly fine network of numerous separate elements ; these are so closely connected with one another that the action or inaction, the loss or the gain, of the one directly affects the others.

素是形而上学的，而自然被交到机械主义手上。不久机械主义的主张相比其局限性变得更有影响力。因此，机械主义理论的正确理解和使用似乎为浩瀚的宇宙问题提供了可靠的解决途径。尽管具体细节方面尚有大量工作要做，但这一原理似乎已经毋庸置疑。

然后出现了一种对立的观点，一种意料之外的对立观点。它的出现并不是古老思维方式的产物，而是现代生命本身运动的产物，更多的是因经历的丰富、新的事实和问题而出现，而非因对现实的艺术解读。现代生命的经济和产业发展把人类拉得更近，极大地增加了人类间的联系点；导致人类工作的差异化与复杂化，并将个体与个体间的距离拉得更近，共同构成了一个整体。面对由此产生的社会联系，机械主义中孤立的个体理论消失了。正如机械主义从个体当中得出所有的社会联系一样，现代社会学从一开始就把个体看成是属于联系的社会整体的一部分；环境学说甚至把看不见的影响因素考虑进来，并试图把个体看成仅仅是其周围环境的产物。同时，强烈地感受到复杂的经济中个体的孤立无援和对立倾向，以及国家中体现的集体意志的必要性。

所有这些都趋向有机论的复兴。在众多哲学家里，孔德尤其受这一观念的影响，并基于此构建了他的伦理政治思想。但是，与以往早期的有机论相比，他所提倡的有机思想已有相当大的改变。无论如何，通过讨论孔德的普遍性原则，有机论已从艺术伦理领域转移到自然科学领域。尤其是比夏组织学说的发展为有机论提供了实证。像生命活体一样，社会是一个由无数个单独的个体组成的十分精细的网络。这些个体彼此紧密地连接在一起，其中一个个体的作为或不作为、损失或增益都会直接影响其他个体。这一直以来就是如此。但是，由于现代劳动分工的出现，这显得更加真实。现代劳动分工有力地证实了个体与个体间、个体与整体间的联系方式。这似乎标志着发现了伦理学与政治学的指导性原则，而这一原则的发展仅仅是为了我们的整个行为提供明确的途径。

在实际生活中，这一原理毫无根基，由一些不为人知的古老和现代元素相互交织而成；这样的结果被无意识地当作内在整体——作为一个价值概念，其中“是”是指“应该”。最后，当整体对个体提出要求并强加给他们责任时，我们发现自己完全是基于过去古老的观点。一直以来有机概念的模糊性因为新旧观点的融合变得十分混乱，到了令人难以容忍的地步。但是这个观念被牢固地保留了下来了，因为它要求个体依赖于整体环境。在整个环境里，个体发现自己应以某种方式明确地显现。因此，现代研究者们会受到反对势力的影响，但即使思想家们在重大观点上强烈地互相反驳也不会出现意外。不仅仅个体之间会发生分歧，不同部门之间的研究也会发生分歧。目前，有机论最受社会学家的欢迎，政治经济学家却很少采纳。在法学家中，主要为杰出的德国专家所青睐。

伴随着社会领域的这场运动，自然科学也取得了平行的发展，但直到现在才牵涉更为强烈的不确定性和冲突。毫无疑问，这场运动首先是源于现代进化论。该理论首先为达尔文主义中所承认。就其性质特点而言，达尔文主义远没有承认有机论的思想，而是将整个生命领域置于机械的概念之下；在自然科学中，包括生活的其他领域，这场运动经常产生同期望完全相反的结果。由于生命领域现在吸引了越来越多的关注，且成为深层次研究的对象，其独特的特点获得了更加广泛的承认，而且很明显的是，从现象当下，冲突和不安无处不在。但这个问题不是能够通过一般反思就解决的，而是要靠工作和生活选择的主要方向来解决。

Today the whole air is full of conflict and unrest, But the matter is not one to be settled by general reflections, but by the main direction which work and life actually take.

追溯到最初的物理和化学原理相比本世纪中期所设想的更加艰难。对原生质的观察、新的机械演化概念、生命连续性、突变理论以及随之骤生的新形式等共同引发了一个本质上不同的新的形势。但结果是众说纷纭。一些人认为通过进一步阐释机械概念将使新事实的应用成为可能。其他人认为非常需要一个新的原理。同这场运动相关的目的论再次走向台前，但现在更多的是作为科学解释的一种手段——经验主义目的论而非形而上学的一个部分；但即便是在这个意义上，仍有人反对说它是形而上学的故态复萌。

因而，因对生命领域的研究而产生的机械论，如果未被限制的话，被迫超过了其惯有的形式：过于简单化的机械概念。另外，其本身的基本概念受到各个方面的抨击。首先，明确的基本无机过程所揭示的内部构成的无限性使古老机械观的缺陷暴露无遗，即便是针对非重要的阶段而言。动能学认为物质的基本理念是存在于感觉之外的东西，并作为物质力量的特殊工具，因此以该原理为根据对机械的世界观进行了抨击；此外，它已经试图将所有的自然现象追溯到能量的基本概念中去。

然而，在这简单的描述当中不可能探讨提出的所有问题。关键是机械论已经失去了它长期以来似乎具备的不言而喻的特性。不过，一个古老的主题再次成为一个问题很少是在不经过转型的情况下发生的。

当下，冲突和不安无处不在。但这个问题不是能够通过一般反思就解决的，而是要靠工作和生活选择的主要方向来解决。因此，无论是在过去还是在未来，世界的进步将解决反对派宣称的形式，决定基本概念需要经历哪些新的发展，以及新的解释模式是否能取代旧的解释模式。目前哲学思考的范畴包括对现实的考察、了解概念如何与之相关，以及督促我们去做的任务。

## 3. 当今的冲突

### （1）哲学层面的思考

机械理论即使是能解释所有已知的，但在任何情况下都不能提供一个明确的结论。哲学必须将这一事实置于高于其他一切的位置。机械的解释并不能使我们超越并置的元素，一个从哲学角度看，必定能构成一个难题的结论。如果元素之间并列存在，没有任何联系，处于不互相影响的状态，那么绝不可能察觉到它们之间如何相互影响。这首先存在于自然界。相互影响的事实迫使莱布尼兹和洛策彻底重新考虑对世界的直观认识。此外，我们不能完全拒绝莱布尼兹的观点，仅仅为他人完成东西时，是无法做到全神贯注的，只有为自身内部的东西才能。因此，最终元素必然是自我存在的东西。如果继续坚持这一思想，我们得出的结论就是机械领域仅仅是一种完全不同的世界表象。关于灵魂的生命，那些追根溯源到机械联系，也将完全不能回答这些过程如何成为你我个人生活体验这个问题。方方面面的统一与联系必须以某种方式得到解释，这是任何机械的力量所无法完成的。

由于机械观架构了一个悬而未决的问题，然后从实际的角度来看，它不被承认能主宰整个现实，即使它能完全解释整个大自然。与自然相关的就是灵魂的生命，这个生命展示了（特别是人类）一个完全不同的过程。因为在迄今为止的内在生命成长不仅仅是一个自然过程的伴随物而且是一个独立个性的展开，至于我们内在精神生活逐步发展，单纯的个别元素的组合不能再提供满意的解释。每个单一现象现在都是整体的一部分，组合结果与单独元素没有直接关系，而是通过他们与整体的关系间接相关。例如，思维必然通过不同的想法发展，但它并不仅是想法的简单积累和叠加；它追求一个明确的目标，并向这个目标靠拢，但它不能忍受任何东西来破坏这种统一。没有什么比事实和逻辑矛盾的力量更能突出思维的自然特性。如果多样性在一个无所不包的活动范围内不被理解，那么这种矛盾是不能察觉到的。如果统一的愿望并不是非常强大，那也不会长久。同时，矛盾揭示了一个完全不同与机械领域的关系。它不是空间元素的碰撞而是内容的不相容性。这就引出了一个新概念——内容，这从机械的观点来看是绝对不可能理解的。此外，内容涉及新的秩序原则——即客观现实、意义和相互依存；例如，可以看到逻辑概念彼此之间的特征标记的关系。只有严重的误解才会在释义层面上混淆这样一个概念的内部结构和并列关系。就前者而言，联系的基本形式正是系统的基本形式。每个元素都是整体的组成部分，受整体影响，服从于它的强制力量。而各种因素相互决定彼此。因此，整个现实并不属于机械领域。

因此，目的或计划从不会从世界上消失，即使自然再也不为它留下存在的空间。因为计划无可争议的在人类生活中拥有现实和力量，不仅存在于个人的灵魂，而且存在于整个人类的生活，见证了科学与艺术、法律和道德的大系统，并且最终承载着整个人类的文化。因为有目的的行动是内在生活的必不可少的部分，它是作为整个现实的一部分。因此，我们必须坚持以这种方式塑造我们的世界观，使这样的事实可以理解。

最后，把物质看作一个整体，我们发现自己面对一个尖锐的替代选择。今天我们习惯于把世界看成是一系列上升的阶段。但存在着严重分歧的是，高级阶段是否是低级阶段的产物（因此完全可以通过低级阶段来解释高级阶段）或者，在高级阶段是否有新的和独创的东西产生——一些需要我们加深对整个世界的认识才能理解的东西。在自然界和精神生活的问题上，这两种观点的对立特别尖锐。后者是前者的单纯产物吗？或者后者构成了现实的新阶段的开始？关于设计理念是否有效取决于对这个问题的解决。如果精神生活及其本性和完整性，都有自己的本质和起源，那么它必然属于一个整体，而且从整体的运动中一开始就在引导它走向本身。在这种情况下，有着目标和宇宙推测的世界进程将不能没有设计理念[①]。但是如果精神生活只是自然的产物，那么它所有的目标和计划将会消失。在这种情况下，世界和人类都将陷入混乱和虚空。

### （2）科学层面的思考

在自然科学领域，矛盾的中心问题集中在生活的现象特征是否可以用物理和化学的一般规律来解释，或者我们不得不承认它

① 因此，我们再次面对形而上学，根据赫尔巴特的观点："在考虑人类和自然时，人类的精神力量不可避免地迫使人们走向形而上学，就像地球上伟大原始的山脉一样，构成广泛的、深刻的、无形的所有人类思维和活动的基础，同时它又在陡峭高耸的无法企及的顶峰傲视其他所有的高度和深度。"

是一种新的过程。它首先是一个实际问题，这样它就会被归为涉及这些现象的某个学科领域。但是同时，问题与一般学科的许多考虑密切相关，在这无法规避。我们必须再次面对生命的唯一性和神秘性，也不能像我们前辈认为的那样可以很容易地解决现在的问题，这一切都是无可争议的。似乎我们越来越不能把生命看成一个单纯的物质属性。我们逐渐认识到生命必须被赋予独立的特点。在这一点上（提及一些德国外的杰出人物）我们可能会提及柏格森和奥利弗洛奇伯爵。从这种角度看，要把问题固定在必要的和独特的生命特征上；布特鲁发现创建一个系统的能力，在这个系统中，某些部分从属于其他部分，这意味着一个“个体”和“机构”一起组成了一个“层次”，并且无机界不存在类似物。柏格森看到了生命像精神力量一样运行的决定性的证据，而自然以类似存在较大差异的有机体结构发展，因此他们似乎在通过不同的路径达到相同的目的[①]。

各文明国家处理这些问题时明显不同于彼此。值得一提的是

① 洛奇在《生命和物质》（1909），第68页中总结道：“关于生命，我努力表达的是，他既不是物质也不是能量，甚至不是物质或能量的一种功能，它属于另一种范畴。它一度以目前我们所不能知道的方式与物质世界相互作用，但它也可以在某种意义上独立存在。虽然那种情况下的存在是我们的感官所不能了解的。它的表象依赖于物质——此时此刻在我们面前的表现和它所有的陆地活动。但在其他方面，我认为它独立于物质。我认为它的本质存在是连续的，永久的，虽然它与物质的相互作用是不连续的和暂时的。”在第19页中，洛奇进一步提到：“这很明显，我这里说的‘生命’这个词具有很宽泛的意义。因为如果它被局限于原生质的特定的代谢过程——这是其最狭义的合理意义——我所说的关于其可能独立于物质之外将是荒谬的。对于它的狭义的意义，‘生命力’这个词将更合适。”

最近的法兰西思想中不连续性原理发挥的作用。[①]关于这一学派和他的动机，没有什么比引用海弗丁的话更能说明问题了。

“在法国哲学文献中，不连续哲理以一个特别有趣和充满活力方式出现。”有三种不同的因素对哲学的不连续性起着决定性的作用。首先，经验显示了质量的差异，对于此，思考和进化理论都没有能成功将其降低。我们可以在这里注意到孔德的实证主义明确地指出自然不同领域相互区别的差异。其次，即使在每一个特定现象群体中，因果律只能找到部分佐证。因此，休谟再次成为诉求对象，他的经验主义的简历是用来反对康德和进化论者的尝试，以便克服这一问题。最后，通过思想和行动，为了在世界上得到新的东西，主动意识和能力得到了关注，该能力道德层面的意义被高度重视。

在这样的思维方式下，就不可能出现把生命现象特征重新回归到低生命力的倾向；反之，任何类似机械的解释都将会受到尖锐的批评。机械原理似乎错误地将世界定位成一个给定的终极系统，而不是把它看成是发展的过程。因此它否认所有源于内部的运动以及所有必然发展可能性，拒绝把任何超越各个个体的东西归因于元素的组合，通常，把组合后的所有东西归因于单独元素；并没有对重要过程有关的更为准确的知识逐步摆脱假定的元素孤立方式给予足够的关注。

对生活和逐步运动的关注导致设计理念以一种新的状态呈现。对自然设计的完全摒弃植于长期主导的趋势，不把生命视作

① 参见H.海弗丁，现代哲学家（1905），第67页。

如果我们仅从孤立的言论出发，那理解整个社会就犹如天方夜谭，甚至社会的特性也看不清摸不透。我们也无法理解整体的（或者，比如说国家）那些高度、尊贵与独立，抑或那些从属于整体的精神特质。

If we start from mere isolated statements, it is quite impossible to make comprehensible any sort of interest in the whole, any sort of immanence of the whole within the parts ; any elevation, nobility, and independence displayed by the whole (as, for example, by the State), or any kind of spiritual character which we may ascribe to the whole.

一个原始的基本现象，而是从无生命中推出——直接反对旧的思维模式，它参照生命个体来解释整个自然的内容。作为对后者的某种反应，或者是朝着较低品种的反应，重点被放在了某些事实上，它似乎在指出生命似乎朝着一个还没达到的目标运动，单独的元素也一起努力去组成整体。它成功的难度在于如果不把它引到自然领域，是无论如何也无法理解的。亚里士多德已经敏锐地察觉到人类倾向于权衡和考虑的天性。对于我们现代人来说，难度可能更大。不论多大的难度，都会诱导我们忽略或搁置一些事实，因为她们没有机会适应机械系统。毕竟，理论必须符合事实而不是事实符合理论。

对生机论和目的论提出的主要反驳认为，包括最近的，这里提出的形成机制以同样的方式简单地解释所有事情，而且没有使我们找出任何有关必要的不同决定因素和他们产生各种立意结构的模式。

（3）社会层面的思考

不难看出，正如大自然一样，光靠机械论并不能使人们充分理解社会生活，然而，在有限的条件下促成相对的理论也并非易事。如果我们仅从孤立的言论出发，那理解整个社会就犹如天方夜谭，甚至社会的特性也看不清摸不透。我们也无法理解整体的（或者，比如说国家）那些高度、尊贵与独立，抑或那些从属于整体的精神特质。[①]所谓的机械论，就是用来将这个社会转化成一个毫无灵魂、毫无思想的齿轮，大家互不干扰，自以为是。

① 这种说法近期由基尔克（Gierke）高调提出。

在这种条件下建立一个理性世界无异于痴人说梦，异想天开。那些机械理论的拥护者无非想要唤起人们的正义之情，但是绝不能从这个角度上解释，不能被视为是机械论唯一的神秘产物。原因再简单不过：正义的概念从来不会从自然的个人主义上发展而来，而应建立在理性个体的基础上，一个没有理性做根基的世界是不可能长久存在并发展壮大的。正义也可能看起来好像是从个人身上彰显出来的，但是这只能在一种情况下发生：理性的精神实体偷偷被孤立的自然人所取代，除此以外别无他选。而在英语启蒙中更为特殊。洛克和亚当·斯密笔下的政治经济系统里是一套彻底的自我矛盾：他们以自然工具劳动，与此同时又将这些单位视为有理性有思考的组织。想要认清这些令人困惑的东西，就要逐渐增强意识，认识到整个哲学运动的不足。

然而，我们做出这样的否定并不是要得出什么结论。驳斥机械教条并不意味着我们就要接受自然的有机组织。有机这个概念源自一个古老的文化，而我们对这种文化知之甚少。它既带着古代社会教条的印记，也具有普遍存在的全面的世界观。这种有机学说的拥护者将把它从这些组织中释放出来，他们会摆出事实，证明在历史的发展进程中，我们总是将那些概念的初衷无限缩小甚至扭曲，然后加以应用。但是在这个问题上，一切事物都有其特殊性。现在，在我们所讨论的这个案例里，有机组织的概念牢固地保持着原有意思，以至于我们只要一提及这个概念，就会自然想起它的古老解释。首先来讲，将有机体的概念应用到社会这个大环境中仅仅是一个类比。尽管一个有机体与一个社会秩序之间存在着某种相似性，但是仍不乏质疑，难道这些真的能触碰到他们最本质、最深层的灵魂和品质吗？首先这种解释就要靠生命体结构才能说得通，而这本身就是一个悬而未决的难题，正如我们所见，现在这个难题已经再次成为矛盾的中心和目标。关于亚里士多德对它所做出的哲学定义，或者还有康德和他的弟子们所做的，洛采清楚地发现这些定义中没有什么解释之词，并不能做出像是说明角色表情那样的阐述。正如我们可以想象的那样，在有机概念的问题上，大自然并没有为我们提供什么主题，也没有什么具体的固定模式，我们只能自己摸索出一种方法，从我们自身开始逐渐观察事物，洞悉本质，而这种以充满直觉的身体形式做掩饰的本质，一旦被人们看穿，就会立即传送到人们思想中去。可是为什么要这么迂回呢？难道这过程中不会有使自然元素流入到精神生活中的危险吗？或者在某种情况下，本该是自然界的喻示，现在却被赤裸裸地解释出来？

然而，激起人们最大反对之声的是这一概念中冥顽不化，影响深远的中世纪思维模式，这种模式要求人们将思想中那些不可或缺的元素限制在一定阶段，并内部消化客服。在古老的有机理论中，不管从哪个方面看，个人都是社会整体的一员；或者更精确地讲，这种理论认为，正是因为个人与社会有着千丝万缕的联系才会完全依附并吸引这个社会；在有机理论中没有独立，也没有与社会对抗的个人权利。从一开始，这种对个人的压制都源于人们对国家与人类社会普遍关系的不解；无论社会生活对人们来说意味着什么，都是由国家定义的。从这层意义上来说，伦理、政治、个人主义以及社会生活的结束都完全相似。

事实上，在希腊文明的黄金时期，这种有机学说还没有完全真实地反映出这个国家的生活，它只是一些哲学家们所创造出来的产物，在生活开始变得支离破碎，分崩瓦解成无数个个人中心之处便将这个势头扼杀住，并试图重修于好。然而正如历史所说，这些举动都是冗词赘句，渣滓浊沫。不，不是这样的，是这些哲学家自己让他们的要求变成难以企及，因为他们把人抬举到远超社会环境之外的地方，向他们开启了一个全新的理想生活，一个全新的科学研究。还是那个亚里士多德，那个向先人（我们暂且可以理解为是先人）解释国家之说的人，他也只是在自己的理论假象生活中看到了真正的幸福和福佑，而这种理想生活是构筑在这个伟大的宇宙之上的。他这么做的目的只是要将还未成形的整个希腊哲学确定下来，让个人从社会环境中解放出来，而这个过程中的主要成就就是哲学。中世纪时期有机学说达到顶峰。在宗教形成过程中，整个社会完全凌驾于个人之上，并声称社会与人类的交流只能通过无形的、精神的方式进行；而个人的重要性则完全取决于他在这个社会中的地位，可以说整体代表了人性的良知。同样，中世纪时期的经济组织形式也是由一个井然有序的系统组成的，这个系统无不例外的从大局上为每个人的上下等级做了统筹安排。整个思想世界也等级森严，不可轻易逾越，每一等级都根据宗教或玄学的某些中心事实提前制定行为准则和规范，这些准则只能遵守，谁也无权审视或更改。在这种情况下，“有机”这个观点和表达方式才会看起来允理惬情，恰到好处。

将生活从一个显而易见的中心点中解放出来，每个人都有自己的生存和生活方式，这就是现代世界最大的特点。个人完全独立起来，精神独立，社会生活独立，每一个生命体都会独立地解决自己遇到的难题：同时，每个人都渴望站在自己的立场上为集体而战。而在那些习惯于中世纪思维方式的人眼里，这种改变肯定看起来像是一个鲁莽的脱离原则之举，自愿与所有关系脱离。也难怪，正如那些怀着普遍同情心的自由天主教徒一样，他们也无法理解新教教义的特殊本质和权力。事实上，与中世纪理想偶像脱离并不意味着抛弃一切，而仅仅是与肉眼可及的关系脱离。精神生活作为一个整体可以从每一个独立的点上展现出来，并焕发所有活力和生机，而现代世界的伟大之处就在于能将这一信念保卫并发展起来。这么说来，人们无须首先从外界世界中获得联系，而完全可以从自己的精神生活内部发展起来。正是由于个人可以完全支配人们内心的结合才使个人能够驾驭所有有形的秩序。既然这种结合无法从外部联系中获得，只能依靠个人决定和内心主观认同，也就是不管从哪一方面讲它都不会与自由为敌，相反却是自由的孪生姐妹。而且只有通过这种内心认同才能使生活获得纯净的内在特性。只要个人还要受到有幸秩序的制约，它就会不可避免地保留一种外向的肤浅的因素。诸如卢瑟和康德那样的人，他们清楚地说明了这场革命的剧烈程度，这场变革将从有形涉及一个无形的整体，这将是一次机遇、一次号角，从各个方面唤起人们将现实世界变革成一个完全的、无限广阔的生活。

然而不得不讲，这场变革也会与有机学说割裂，因为在人们心里，此时的有机学说已经略嫌险隘制约了。人们并没有将全部注意集中在自己与社会环境中的关系上，也没有过多地关心自己与政治团体的联系。而且，我们周围社会整体的精神特点并不是没有任何危险，并不是可以让所有人毫无障碍地利用依靠；事实正好相反，在我们社会和历史生活进程中发展起来的世俗观念、惯例等，如果不在个人劳动过程中不断地灌输新生命和新鲜血液，他们就会立刻失去自己的精神特性，而这种情况在伟人身上尤其显著。不管是社会群体的哪个方面，精神或灵性并不是靠单纯的存在而维持下来，相反，它是一个持续不断的重生过程，一个永不停息的创造过程。在我们看来，有机学说的最大危险是它将必须由自由行动所持续创造出来的新鲜感视为一劳永逸的礼物。与自然主义相反，它旨在赋予社会生活一种道德伦理特质，但是与此同时，它却并不回避道德本身就处在静止状态所带来的危险，而是将它视为有着自然血统的事物。这一点与浪漫主义所面临的危险相同：人们在事物面前所做出的反应给人们带来了自然类的力量。但是，我们又为什么要将这个不可或缺的事实与这样一个问题重重的形式联系到一起呢？为什么不寻求精神联系形式的典型本质呢？这种精神联系形式才能解决我们现代生活的要求啊！

## 第三节　法则

### 1. 历史性

时至今日，法则这个概念仍然占据着科学的中心位置，法则的范畴和内容也一致是人们争论的话题：今天某一个定义赢得人们的青睐，明天另一个定义就会后来居上。在这一点上，对方所宣称的自然和心理科学的解决方式会激起更为激烈的争论。而人们争执不休的主题不外乎某个单独科学的典型本质以及科学工作整体上的特点。于是我们发现自己正面对着一个简直无法估量的问题库。在当今研究的局限下解决这些问题简直是天方夜谭，但是不管怎么说，我们也会努力探究这些问题的本质。

法则的概念已经从人类活动的领域扩散到自然领域，并以一种新的形式重新回到人类生活中，从而引起新的问题和产物。人类总是以自己的形象为模型，将活动波及宇宙，然后再次接收、放大、转型，这就是一个铁证。从某种观点来看，这就是一个循环往复的过程，一个天人合一的过程。然而从另一个角度，由于这种自我塑造，自我同化，人类似乎有个人放大的潜质。

直到现代时期法则这一概念才成为科学研究的中心，但是最初引起人们注意却可以追溯到古典时代。起初，自然法则这种表达方式与外部世界毫无关联，仅仅指人类自身本质。与书面法则相反，它是无形法则的象征。柏拉图和亚里士多德也仅仅几次使用过这个自然名称指代外界世界，甚至是他们使用的时候也并非停留在确定的技术意义上；对他们来说更习惯用其他方式表达这个概念。最先频繁使用自然法则这一名称的是斯多葛学派，用以指代宗教观点。“是神圣法则的概念首先促使自然法则概念的产生”。对斯多葛学派来说他们很轻易就认为法则是上帝的旨意，同时也是事物自身的内在秩序，原因很简单，在他们思想中，上帝就是支持万物的理由，是万物之因，而非什么外部力量。很快，这个名称的发展就超出了斯多葛学派哲学家们所指的范围。古罗马第一位哲学家卢克莱修的理解（即条约、联赛和自然规律）很快被罗马人所广泛使用。人们认为这一行为的规律性就是神的意志，因此这一名称的采用促使当时被人们习惯了的自然拟人化作为整体的深入发展。自然法则的概念并没有对古典时代的科学研究产生深刻影响，究其原因，更多的是由于关于自然的艺术性和目的论概念占主导地位所致，而这种状况显然无益于将整体分解为基础进行加工，也无益于这些规律性的发现。教会的神父们采纳了这一称谓并加强其宗教重要性。关于自然法则，奥古斯丁认为他们只是自然行为的产物，这些行为也是天赋的，而且随时可以舍弃。因此，奇迹和自然法则之间并不存在什么矛盾之处。在中世纪，这种表达深及人心。那时《大自然的规律》指的就是人们的内心道德法则，而非外部世界的秩序。随着现代世界的到来，自然法则的概念在人们的长久忽视下，突然出现在世人面前。在当时，还没有任何一个概念能精确地表示自我意识指导下的个体，以及现代时期的独特本质。当时人们的思想倾向以及更明确的工业运动此呼彼应，愈演愈烈。自然法则应该制定人们做事的内容，而不是应该发生什么，应该表达出各要素行动的简单模式，列出这个时代的所有同情心。这是由于自然法则本身就标榜着，理解现实不是依据其他世界来理解，而是从自身本质出发；也是因为自然法则从自身上揭示本质，没有任何外在的人为添加或篡改。随之而来的是现代科学的典型特点：人们开始废寝忘食夜以继日地努力，将现实分解成最小的元素加以分析，在此基础上对其加以解释，以求获得对自然更准确的新理解。到底出于什么原因我们整个世界观完全颠覆了，这个颠覆经历了三个主要阶段：分析、法则和发展。那些揭示各要素行动的简单模式的法则组成了整体的脊梁，仅凭这些法则就能使人们得到精确的知识，让现实的发展依靠人们的思维而进行。这种使事物本质回归简单过程的方法不仅可以解释事物，而且能在为人们提供所需中使各元素产生新的结合方式。法则就是一个关键点，使人们的努力最终转化为成效卓著的工作，是理论与实践紧密结合在一起（这也是现代研究从最初就一直继承下来的趋势）。而在我们现在讨论的主题中，获取知识的目标就是我们赋予行动的出发点。我们将那些孤立的、偶然的发现慢慢积累在一起，最终变成在我们整个生活领域发挥巨大作用的独立力量，这种技能的发展靠的就是法则的指导协助。从这个角度上看，法则占据了精神生活的正中心。法则清晰地勾勒出整个时代的欲望，人们渴求得到解释，这种渴求源自事物的内在本质，人们希望得到更精确更透彻的理解，人们希望与自然环境有更积极更活跃的联系。

然而与此同时，法则也被赋予了新的含义，从而出现更复杂更棘手的难题。在探求法则的过程中，经验必然与理性并驾齐驱，从而产生和谐一致，结出喜人硕果。而这最初可能只是一个悬而未解的小谜团，通过仔细严谨的调查，进而产生有序的成果。但是值得注意的是，人类并不会应因复杂事实条分缕析而心满意足，他们会进一步分析，将这些复杂点精挑细选，直至最终得到简单普遍的元素。这些元素彼此相连，井然有序，而非毫无瓜葛，混迭失真。人们追求的是从主观经验上升到客观理性，从轻描淡写到融会贯通，通过各种努力最终使法则放之四海而皆准。只有这种理性和智慧的法则才能挑战权威，他们不能容忍特例，在他们的执行范畴内也就不会有奇迹的发生。他们所要求的是最朴素最简单的事实，将千姿百态整齐划一，以最普遍最通用的行动模式表示出来。不仅如此，这些法则还要求具备精准的表达形式、明确的公式规则，因为只有这样才能确保对所有既存事实的操作和控制。从这个角度上来说，数学尤其能赋予自然法则更准确的形式。所以，牛顿认为真正的自然研究，其终极目标就是在追溯自然现象过程中适用数学法则、实体形式以及被人们忽略的隐秘形式[①]，康德也说过："任何一门自然学说中发现的真正的科学的数量可以通过其中所遇到的数字进行测算。"这种趋势给我们带来难题，出错的概率也大大增加。只有经验推理的话就会被认为是严格死板的法则产物。在法则的普遍适用性和不可变更性上，几乎没有人能像孔德那样断然宣称：法则无非是人们对经验的描述。何况如果只保持一致，那很容易被误认为是充分的解释，那些被认为是已经解决的问题实际上才刚初见端倪。法则的概念经常会产生教条式的影响，尤其是在生物学领域，在这个领域里，那些极端复杂的现象总要求有刻板僵死的法则做依据，并以此获取自己的权利。

除了在应用更广阔的视角看待法则的过程中所产生的问题，我们还不得不面对那些令人眼花缭乱的复杂状况，那些古老观念所遗留下来的影响，这些观念总是会诉诸超自然力量和意志。要举一个这种影响的例子，我们可以看看 17、18 世纪的先哲，看看这些先哲们是如何从自然的合法性中暗指法则的神圣。另一个

① 详见《自然数学理念：隐匿现象的实质性质和回归数学的法则》一书序。

相反的例子就是从泛神论的角度看待法则，将其视为有生命的力量，将法则的建立视为在神学领域里尊严与敬畏的象征[①]。人们总是将法则视为凌驾于事物之上的力量，并决定事物的发展进程。在这里我们将再次感受到旧思维方式的影响力量[②]。最后可能会提到，任何法则或制度，其要求越严苛，人们接受起来反而越容易。我们总是在接受事实之前先检查一下，这似乎已经成为惯例，但是对法则的质疑却被视为是违背科学精神的罪恶。因此，那些实际执行法则的权威将自己转化成自然的法则，进而增加自己的特权；更不可容忍的是，我们必须立刻默认同意，不容任何反抗和质疑。正是这种不加判断才使臭名昭著的“工资的残酷法则”发挥邪恶作用。当然，法则也能操纵奇迹。要是马尔萨斯[③]在著名的中没有表达出增加人口学说，那他所造成的影响该降低多少啊！甚至帕斯卡[④]也抱怨说：“人们偏爱肯定的事。”然而人们又总是爱犯错，把那些自信和鲁莽误认为是肯定事实。

但是不管一些多么令人怀疑，在每一次巨大行动上，这样的

① 对自然法则的狂热崇拜从 G. 布鲁诺（G・Bruno）时期开始，经过整个现代时期一直延续到现在。现在，那些更加怀疑一切的人开始投身宗教，更盲目的人则相反，他们开始注意自然法则。

② 关于这一点，西格瓦特在《逻辑》中说：“如果谈论法则时，认为它只是从凌驾于万物之上的神奇力量中所延伸出来的公式，认为法则并不是法则、并不是法则内心本质的东西，那这种言论只能说是一个空虚的比喻。法则从来不是引起实际事件的起因，他们只能以最常规的方式表达实际事物的运行。”

③ 译者注：马尔萨斯，1766—1834，英国人口学家和政治经济学家。

④ 译者注：帕斯卡，1623—1662，法国数学家、物理学家和思想家。

人为错误总是不可避免，并误导我们。让我们思考一刻钟，思考一下人类历史上被争执不休的哲人称为进步（直到现在也被称为进步）的智慧行动，在现代时期，他们在法则问题上早已雷霆大怒了。

## 2. 现代世界中的法则问题

自然法则在非有机自然领域以外形成了自己的特点，因此，凭借法则的概念我们可以征服其他领域的知识，而与之伴随的是将注意力转移到这些非有机研究领域内的学科和方法。从这个角度上来讲，人们迟早会注意到这个概念本身所包含的困难和局限。在自然法则问题上，我们的所有注意力都集中在事物所呈现的形式上，以及隐含在事物之后的起因和助推力量。然而这些起因和力量会一直在背后吗？如果这些起因和助推力量坚持要走到前面，那事物的整体是不是就会随之改变呢？在处理法则问题时，我们总是将事实做庖丁解牛式的分解，至无数部分，而对每一部分都用整体的思维去分析。但是，这个过程模式又是不是对所有的调查研究都适用呢？从法则的角度上看，每一个事件都只是普遍整体中的一个个案，而对于做科学研究来说，这些个案都要考虑在内。那么，这些个案会永远满足于自己卑微的位置吗？将所有的个案整齐划一之后，它还会坚持自己的独特个性吗？最后，从法则的角度上讲（尤其是那些宣称自己解释万物，而非只是描述万物），所有事件似乎完全是命中注定地，然后毫无疑问地发生。

人们根本就没有自由决定的权力，没有机会在各种可能性之间徘徊犹豫做选择。生活的各个方面都能接受这种限制吗？这样，所有问题便会一拥而上，把我们的生活围得水泄不通。我们在经历这些问题的同时，会看到整体的根本问题，会明白大自然的机械概念到底能容纳现实生活多深多远。与法则概念对立的生活也许会呈现更尖锐的形式，也许更缓和，要么生活中的某一个特殊方面完全排斥法则概念，要么法则概念适时做出调整逐渐适应生活的需要，不再承受自然科学的制约和束缚。生活的这两种形式共同促进了一种极其活跃的运动方式，这种运动将生活各个方面的特质条分缕析，一清二楚。

早在 17 世纪，法则概念就被应用到自然范畴以外，尤其是心理学。而到了 18 世纪这种运动更加激烈，在各个学科内部发展并发挥巨大影响[①]，19 世纪后半叶到达高峰。那时，多种因素共同作用使得法则上升至整个科学工作的中心。其中最重要的就是单独学科不断独立起来。而自那以后，科学界越是不愿意从哲学中借鉴法则和原则，它就越有决心找到一个万能的、能解释一切的概念，并在自身学科内部确定与各个分支之间的联系。因此，人们的注意力开始指向法则，在法则的协助下庞大的物质世界开始秩序井然，事物之间开始出现等级结合和分化。自然科学与精神科学之间的联系促使这一运动呈现一种奇怪的紧张气氛。自然

① 法国启蒙思想家孟德斯鸠极其拥护法则概念。在他的《法律精神》开篇，他说，法律，从最广泛的意义上说，是从事物性质中所产生出来的必要关系。所有的人都有自己的法律，人类有法，圣人有法，野兽也有自己的法律。此后还提到，因此存在一种原始的原因，法律之间，不同物种之间，人类之间存在某种联系。

科学中所取得的杰出成果助长了其扩张的力量，并产生了主宰整个智力世界的目标和野心。

尤其是进化论的出现，开始为生活的各个方面提供概念支持，因此与自然科学密切相连的概念和思维模式开始逐渐渗透到其他领域。而那些领域也会相应开始抵抗，被迫考虑自己的独特个性，从而引发激烈冲突，在此过程中所产生的差异也越来越凸显[①]。自然法则产生自无机世界，其初衷本是要征服有机世界：这两者之间的对抗也由此产生，正如我们上一个章节中所遇到的情况一样，这种抗争异常激烈。法国哲学家笛卡儿致力于将自然法则渗透到人们的灵魂，荷兰唯物主义哲学家斯宾诺莎给人留下了深刻的印象：现在，每个灵魂的所有生活都被视为一个独立的网络，这个网络严格遵照机械自然的行为方式运

① B. 德尔伯里克在《健全的法律本质》《自然哲学纪事》的论述中曾对语言科学中的运动给出了清晰的描述。法国施莱格尔和博普在此之前已经对语言科学和自然科学做了对比（但是他们所做的对比并没有将前者视为自然科学），施莱格尔做出了更进一步的努力。下面这段话足以表明他的观点（《达尔文的理论和语言学》第七页）：“语言就是自然的有机体，它独立存在，用以表达人类的意志，通过一定的法则不断成长发展，达到鼎盛并最终走向灭亡。它们也会呈现出一系列现象，我们称为生命。从这个角度上讲，语言的科学——语言学也是一种自然科学。从整体上来说，它的研究方法与其他自然科学的研究方法并无二致。”另外，德尔伯里克做出了详尽的解释，其他学者（尤其是惠特尼）声称，在语言的起源和发展问题上，我们没有在语言的实际资料中发现生命法则，包括所有的人类行动所涉及的范围。作为人类行动和意志的产物，语言并非自然的有机体，而是一种制度或机构，这种制度正是人类文化的缩影。因此，语言中的法则有别于任何自然有机体的法则。德尔布吕克还对语音学法则做了调查并得出结论：不管这些法则中有多少是其自己的，他们都不应称为法则，这一点无须任何理由。

行。而根据莱布尼兹的说法，每一个自由人都有自己的行事法则：他会在身体的“物理机械”法则和灵魂的“精神逻辑”法则之间加以辨析和区分。英国人更注重发现严格意义上的心理法则，例如万物普遍联系的法则等。在德国，这个运动经历了从沃尔夫到赫尔巴特的不断推进，而在赫尔巴特时期，他曾想将数学公式进入到人们内心的灵魂生活中去。与此同时，也不乏出现大量的思想家，这些思想家强调灵魂生活的独特本质——内在一致性，变动性以及独立性，也因此为该领域内法则的建立划清界限①。在对待内心世界，以及法则在内心世界中所起的作用的问题上，起至关作用的一个问题就是在精神生活中人们是否承认存在着一个新阶段，与现实相独立存在的一种形式。如果答案是肯定的，那毫无疑问我们将不得不采取措施，应对出现在自然法则之后的任何不同形式。

自然法则是与自然过程相适应的活动形式，应该从其根本意义上去理解，从最普通最简单的角度上来看，他们属于这个特定的现实世界。操作着这个精神范畴的法则也肯定是在某种现实中生根发芽成长。这么说来，那些悬于空中，已然废止的法则，那些与现实脱节然而仍然发挥一定影响的法则都是荒诞至极的无稽

① 西格瓦特（其针对以上所有这些问题所做出的调出研究都极具价值，既清新透彻又深及本质）在普遍联系法则的问题上评价道：“普遍联系法则所做的只不过是为事物的再现之处的发生（或经常发生的）指明方向，其做出暗示的形式更倾向于使用图像或话语来进行；当然，它们没有能力再现法则，无法使所有的实际想法成为必然。”

一般来讲，阻力和生活过程的实质随着我们所应对的问题而不断变化，包括智力的、道德的或者美学范畴内的问题，而每一个问题都有自己的独特性质。

As we all know, the nature of the resistance and of the life-process in general varies according as we are dealing with the intellectual, ethical, or aesthetical sphere, each having its own peculiar characteristics.

之谈[①]。但是，那些为法则的存在提供必不可少的基础的精神生活绝对没有被人们完全占有，同时（尽管与自己的内心世界密切相关）也是一个遥不可及的目标，一项困难重重的任务；同时也是自然的、理想的。这么说来，那些成为规范标准的法则也会遇到层层阻力，并最终战胜它们[②]，这些法则并非失效无能。我们都知道，一般来讲，阻力和生活过程的实质随着我们所应对的问题而不断变化，包括智力的、道德的或者美学范畴内的问题，而每一个问题都有自己的独特性质。

另外，我们有必要讨论一下有关自然法则和道德法则的关系的问题。这个问题的发起人应该算是德国哲学家康德。他将道德的地位提高，置于所有的纯心理过程之上，这样，道德法则以及其所规定的内容从被人们视为是以一种自然法则的地位提高到能与之抗衡的水平。哲学家施莱尔马赫将其视为是对道德的单方面解释，这种解释没有揭示出其在人类本性上的坚定基础，于是他开始对自然法则与道德法则之间的密切关系提出质疑。施莱尔马赫将这种合理观点推向极致，因此也削弱了道德的特性。将道德算作人类本质的一部分，就是在自然的概念中注入新的意义。如今它必须与其他那些仅仅存在而无任何意义的事物划清界限，所

① 胡塞尔将我们的注意力吸引到这样一个事实：每一项规范，更不用说所有的那些实际规则，都会提前将一个或多个理论规则作为先决条件；也就是说，它们必须占有一个理论内容，这个理论内容能够与所有的其他规范独立，从某种理论科学领域内（不管是已经确立的还是有待确认的）有自己的自然基础。

② 从现代时期对这一主题所警醒的调查研究中，我们可以看到更多关于文德尔班的论题。

以从这个角度上说，康德的观点似乎比施莱尔马赫更强壮、更有说服力[①]。古代伦理学的特点是将自然法则和道德法则置于同等地位，但是这种同等地位如今已经被废弃了。在人性的发展进程中所显示出来的精神生活与人之间的复杂关系是无法、也不可能忽略的。不仅如此，我们很容易发现，现代思想家只要一将道德法则和自然法则原则上统一起来，随着他们所进行的研究不断深入，不可避免地就认识到有必要发现这二者之间的区别[②]。19世纪盛行的社会历史思想研究方法必然使社会和历史领域受制于固定法则的制约。现代社会科学或社会学与以往同类学科具有很大差异，这种差异首先体现在其对精确性的坚持上。在处理大额数字问题中，那些个别现象中的偶然因素被消除，得到的是一个平均值，并会标出一个界限，在这个界限内任何可视的不规范不规则都会被击败，而社会生活中的那些常规规范则会屹立不倒[③]。在此之前出现在生活领域中的统一一致，现在却充满了偶然的因素，从而引起人们的目瞪口呆、惊愕失色，但是最终它会屈服于法则概念上的认真严谨态度。于是，社会生活的趋势与真正的自然法则之间的差异越来越清晰。法则的概念已经成为导致政治经济领域内越

① 关于伦理，策勒得出的最终结论是：“它的原则并非是任何事物可以作为权力或惯例一样存在在任何地方，它们是人们意志活动的标准，这种意志受人们观念的支配。”

② 孔德曾举过一个著名例子。虽然那些经验论者不承认在原则上，法则只不过是对事物行云流水般的描述，但是他们对社会学有过这样的评论：按照一般经验看，任何科学可能已经具备足够价值，我们不能完全同意他们与社会学有同等价值。

③ 众所周知，凯特勒在同一领域的研究中独占鳌头。

如果经济运行仅仅是一个自我规制行动的独立网络，那么国家如果强行干预就会不得安宁，于是放任主义就会被视为包含政治智慧的一项政策。

If the economic process is a mere network of separate self-regulating movements, then interference on the part of the State appears to be a disturbance, and laissez faire, laissez aller must be looked upon as constituting the sum total of political wisdom.

来越激烈的运动的诱因。生活中没有任何一个方面充满了生活和人们行为的矛盾后果[①]。原因在于法则问题与国家采取何种态度处理经济运动是直接相连的。是应该积极参与还是保持被动？如果经济运行仅仅是一个自我规制行动的独立网络，那么国家如果强行干预就会不得安宁，于是放任主义就会被视为包含政治智慧的一项政策。实际上，这种放任政策本身并不仅仅是一个自然过程。因为与这一政策并肩同行的还有其他多种可能性，而作为一个历史发展进步，它必须在其他可能发生的情况中鹤立鸡群，这样，一旦被引入，这种放任政策就不必作为一种进程慢慢发展，而可以立即实现颠倒乾坤的作用，人们必须不懈努力才能使它持续发挥作用。因此，对社会状况的合理性不抱乐观态度就无法相信经济条件从自然欲望到个人力量中实现自我规制。如果这种乐观态度遭到暗中破坏，那随后倾倒的将是自然法则的普遍效力。而今，19 世纪的经济复杂局面已经严重动摇了人们的乐观态度。随着压力的越发增长，国家不得不开始干涉经济世界的运行，而这么做剥夺了这部分生活的自由，它不再只受自然法则的统治，

① 诺依曼对这一主题做出了价值巨大的研究，关于概念的历史他做过如下评论："关于社会和经济法则的探寻可以追溯到古典时期，还可以在其他地方找到。后来，这种探究受培根和牛顿所获成功的激励（虽然这些成功都属于另一个领域）而到了 17 世纪后半叶尤为活跃，这一时期的激励来自洛克和英国哲学家霍布斯（其中洛克在研究中已经使用了这一意义上的法则概念。其中的特别之处是，那些重农主义者（以及他们有这一传统的后裔们）无法因为不知如何区分我们所讨论的法则问题而不受谴责，无法因为在处理问题时不知该从法律义务还是从道德法则角度上处理而受谴责（其原因显而易见，他们深受当时盛极一时的自然权利观点的影响）。"

道德伦理及历史因素变得越来越重要①。而接受这些伦理的历史的因素并不会对我们有丝毫影响，不会有碍我们研究经济法则的步伐。但是在这个问题上，这些因素不仅与自然法则遥相呼应，根据诺依曼的解释，“他们都是有规律复发的经济现象（经济趋势或进程），这种现象具有某种可确定的动机，并受系统的经济力量所驱使”。

最近一段时期，人们讨论最热烈的话题无不与历史法则的问题有关；而这个问题在如何从整体上解释历史的争执中越来越成为焦点。随着传统的超自然历史概念逐渐瓦解（始于现代时期），人们越来越热衷于宣扬历史领域内一般运动和固定规律的合理存在。

而这种趋势在启蒙运动的渲染下也变得独具特色。其历史研究“摧毁了此前盛行的历史观点，不再以丹尼尔、启示录或奥古斯丁的君主政体为基础；还发现了一个此前不为人知，或者人们一直不以为意的世界，为一个被人们遗忘的世界开启了大门。人类失去了位于历史发端的重要位置，而在初期，一个完全不同的原始状态建立起来。但是这种解释将奇迹以及天意等视为子虚乌

① 可以说，不仅是个人，甚至是整个社会已经呈现出一种趋势，人们开始不惜牺牲自由而夸大法律概念的作用。社会主义观点认为，除了控制个人的意志或行动，整个世界历史生活的普遍运动引发了一系列通过必然的辩证法而进行的大变革和大革命。尤其需要指出的是，卡尔·马克思创造了这一观点，而这一观点与德国唯心主义哲学家黑格尔的历史哲学密切相连。然而，我们在这个问题上还是无法回避一个矛盾，那些法则产生的必然结果如果没有获得人们的认可，人们没有将其视为自己信仰中的一部分的话，它们是不可能获得彻底胜利的。看，人们在这里发挥的作用不是积极的沉思冥想，而是付诸有力的行动。

有。于是，一支无休无止的、由人类力量构成的复杂网络拉开了，人们强烈感觉到历史的简单正常势在必行，这一点在天赋人权、自然道德以及宗教等中显而易见”。如果哲学从起初的时候就倾向于重历史而轻理性，那很快人们就会发起运动，旨在揭示理性以及历史上运动所能发挥的作用（见《当代文化》中关于“历史的哲学”的论述）。尤其是莱布尼兹，他反对历史发展的一般持续性观点，而维科则提出在民族及历史时期发展过程中存在确定阶段的理论。而在哲学界，人们将各个历史事件普遍联系起来以形成一个整体的倾向越来越强烈。在 19 世纪更是得到更加突飞猛进的发展。首先，历史从整体上出现了几种清晰明确的思想；其次，在历史研究所能涉及的无数领域内，经验主义规律开始发挥作用。

前文中我们曾经提到过孔德和黑格尔——这两个人简直是既联系紧密又彼此对峙的排斥；可能在某方面他们全力拥护逻辑，但是到了另一个问题上他们慢慢地开始激化分歧。另外，由于意见上的格格不入而会产生反抗运动，这种运动不会爆发激烈冲突，而会采用沉默的、稳定的进程发展（有三个阶段，“三种状态”也昭然若揭）；在这两种情况中都没有自由行动，而是一个确定的过程，所有的个人现象都完全依赖于整体发展的每一个阶段。哲学就以这种方式把法则的思想渗透到历史中，与之相随的还有一种体系的精神，这种体系将过剩的物质财富压缩进一个过于狭窄的框架中，并热衷于通过解释消除所有非理性因素。与此同时，如果我们从另一个角度看的话，对历史材料进行科学调查也揭示了大量的经验规律。而现代生活的巨大对比在影响这些调查上起到了不可忽视的作用。历史上，人们发掘各种法则，尤其是自然法则的倾向通过人们不断认识到自己的状况及行动受外界环境制约而得到加强；不仅如此，个人还依附于整体，依附于整个社会环境。然而，还有许多其他因素从另一个不同的方向施加影响：个性化以及历史上其正面作用的特点（这正是启蒙运动所反对的）[①]，以及其他倾向于强调个性作用的因素——这种倾向在卡莱尔的作品中随处可见。关于历史规律问题的答案不仅仅取决于自然的价值以及我们所指的现实精神；还有相当大部分靠精神生活的内容来决定，而其中最重要的因素是我们生活存在中的理性及非理性因素。这些对比也会出现在处理逻辑方法的问题上，这个问题在当今一直争论不休，并已成为人们分帮结派的源头。文德尔班最近就历史方法与那些有显著精神和特点的自然科学方法之间的不同表达了自己的看法[②]。自然科学总是寻求自然法则形式的普遍性，而历史则尤其偏爱历史上存在的状态；前者是一种不变的固定样式，而后者则充满了特殊的明确的实际事件。“如果一个人可以恣意铸造新词，那科学思维一方面可以以一般法则为依据，另一方面也有其特殊性”；“事物的这种普遍规律为我们

① B. 斯蒂芬森（《论丛》第 278 页）主张：“在历史上，那些纯粹的个人因素总会以最高形式展示自己，以傲然挺立的个性和社会性，并最终将这些特点转化成人性本身，转化成伟大的壮举和真正进化过程中的忧伤，正是这种个人因素产生了历史上无与伦比的人类精神。”斯蒂芬森还主张，“使我们的灵魂在富有戏剧性与悲剧性的历史进程中战栗不安的，并非对普遍经验主义自然法则的坚信，而是缠绕于多种因素之间不可调和的矛盾和斗争——在尘世间最高地位的大自然，怀着对理想法则和理想力量的憧憬，这种憧憬在上帝的绝对性上反映出来。”

② 见《历史和自然科学（就职演说）》，1894 年。

的生活构想提供了精确严格的框架，这种规律表达出来的是永恒的现实，是凌驾于所有改变之上的本质和精华所在；所有那些构成人类历史并因此给人类带来巨大价值的个人情况在这个框架内接续发生，持续发展”[①]。里克特深入、独立地将这种说法继续往前推进，从而引发了大量的文学活动。德国的兰普雷希特是反对这种个人主义倾向的代表，他坚持认为个人只适于艺术理解，而科学思维（历史领域）必须只限于典型事物。从这一点出发，他发展了进化的社会心理阶段准则，这些阶段以一定的规则和秩序彼此相连[②]。而在现阶段，要进行更细致的讨论犹如天方夜谭，但是我们可以回到我们本章的中心问题：历史。总之，可以说崇拜现实和历史的独特个性并不一定要阻碍我们认清某些一致性的东西。例如，一个民族整体发展的方式以及生活环境发展的方式，如宗教和艺术等，通过一系列的不同阶段完成演进。从某种程度上说，这些方式可能紧密联系或彼此相像，原因很简单，这些发展都是人类那些永恒不变的特点的产品。这么看来，我们在认识历史法则问题上丝毫不需犹豫。但是这些法则所指的仅仅是事物发生的形式，而实际的内容则要取决于每个特定时代的特定特点，也因此不是人们所能推测或预料到的。历史上的个人作用到底有

① 在《历史语言学原则》中，保罗对“历史科学”和“处理法则问题的科学”进行了区分。他说：“关于历史科学的每一个分支，语言的历史，一定存在一门有关物体普遍生活状况的平行科学，而我们一直在追寻着其发展轨迹，考察其引起变化的因素的本质和行动。”

② 《教科书上的历史和历史方法、哲学》第三版及第四版是对历史法则问题讨论的主要入门书。

多少是独立存在的，整个历史又有多大程度上可以看作可以发挥独立作用，这些问题取决于我们对待精神生活特点的态度，取决于其与人类情况的关系。这个态度将决定我们是否将个人或团体行动作为历史活动的决定因素。然而，所有这些也会带来威胁因素，威胁着将我们带到方法论问题之外的领域，这个问题我们将会在后文中进行进一步探讨。

① 毫无疑问，客观性的这一概念充满复杂性，并曾遭到康德反对者的激烈抨击。例如，厄内斯特·普拉特纳（1744–1818,《哲学箴言录》第一部，第 699 页，《评论》）曾说："然而，如果其目的是为了证明知识具有客观正确性，那这种做法肯定极大地扭曲了'客观性'这一术语，且采用了哲学术语史上迄今未听说过的意义。它被用于表示完全相反的概念。难怪一向认真的施密德先觉得有必要将康德哲学中的'客观性'描述为'主观客观性'（《康德作品简明词典》，"客观性" 词条）。"

# 第三章　世界观问题

## 第一节　一元论与二元论

在我们将注意力转向以世界观为中心的问题时，我们发现自己还是摆脱不了生活过程的问题，有时是精神生活。还是在这一方面，最后一个词——精神生活，并不是一个抽象概念，而是与现实中的具体事物密切联系。在这一点上，再没有比什么是精神生活的内容更重要的问题了；更进一步说，精神生活在整个宇宙中的地位又是什么呢？不管是哪个领域，这一点就是所有调查研究所汇集的中心点，所有从详尽的研究事物所得出来的经验教训在这里找到了其最终价值所在。人们在周遭问题纠缠挣扎中其实都是自我发掘的过程，一个发掘自我本质和精华的过程。同样，历史研究表明一般而言，是精神生活的外在形式促进了理论的产生，并借与其力量，从而也证实了这一点。

### 1. 概念——历史性、评论性说明

在此前的几个世界中，一元论和二元论的概念逐渐形成。托

马斯·海德教授在《古代波斯宗教历史》中首先应用二元论的概念，书中的二元论用来指示一个宗教体系，这个体系承认两个永恒的原则，一个善良另一个邪恶。贝勒[①]和莱布尼兹[②]将这个词介绍给更广领域的读者，而词的含义并没有改变。沃尔夫首先将其与一元论对立使用，同时将其植入灵魂与肉体的关系中：沃尔夫还创造了“一元论者”这个词，来代表那些承认只有一种存在方式（要么肉体要么精神）的人。因此，这个词将理想主义和物质主义者同时涵盖在内。另外，二元论者是那些将肉体和灵魂视为相互依存的人。当然，沃尔夫自己支持二元论。这两种表达方式一直都局限在这一思想流派中，在 19 世纪之前一元论很少被人们提及。黑格尔派首先通过使用一元论来描述自己学派的思想而使这一术语得到广泛应用（因此在 1832 年古舍尔的著作完成了《一元论思想》)。而后，这一用法的使用又陷入低谷，直到达尔文进化论（海克尔和施莱歇尔）中再次引用并注入自己的意义。不仅如此，一元论被用来表示任何旨在依附并联系肉体和灵魂、自然和精神的体系，并非二者之间的互相依附和联系，而是这两者共同联系第三方。从这个意义上说，一元论和“斯宾诺莎主义”经常被当成等价物。

这些表达方式的研究将我们带入了肉体和灵魂（宇宙角度上的观点）与自然和精神之间的关系问题。我们现在所面临的这些对比，由于其与我们自身核心的紧密联系而加重，而在整个历史

① 见《琐罗亚斯德》一文。

② 见《读书札记》。

进程中似乎一直在持续增加。展现在我们面前的世界似乎有两重性：在外部，通过感性知觉的渠道，而内部则通过自发思维——一个世界充满感觉印象，另一个则充满非感觉观点。其中一个可以囊括另一个吗？或者由于人们的知识认识加深，可不可以使这个对立面浮于表面而非真实存在？除了这两组截然相反的世界观，我们还应考虑到这两个世界日益深化的不同内容。科学中已经有了更加精确的概念、更稳定的支配地位，因此，日益将精神元素逐出自然范畴。然而与此同时，精神生活在自己的领域内不断提高，不断超越单纯的自然，在独立的道路上不断取得巨大进展。这样，历史发展开始成为肉体越来越缺乏精神，而精神越来越脱离肉体，二者逐渐彼此独立起来。这就促使二元论的产生。但是同时也越发诱使了一元论的发展。在一元论体系中我们可能考虑到这样一个事实：精确研究显示，精神和身体生活中存在一种联系（这种联系正变得越来越清晰、越来越详细），同时这二者结合的冲动越来越强烈，这使人们接受不了毗邻并列的两个不同的世界。因此，我们的观念渐行渐远——虽然经验告诉我们它们分别所指的两个世界正日益紧密地联系起来。我们别无选择，只能试图重新建立事物间完全独立矛盾的状态。历史已经告诉我们这样的努力可能会导致什么后果，而这种思维模式并没有随着其所属时代的消失而减退；他们似乎会永远跟随着我们，并一直需要我们做出考虑和决定。随着时代的变迁，时至今日，虽然经历种种改变，生活和思维的几种特点方式却还一直存在并影响着我们。

这一主题的现存历史（也就是我们以之为责任和任务的历史）

最远可以追溯到法国哲学家笛卡儿，而笛卡儿之前的理论和实践对我们而言毫无历史价值。古典时期和中世纪时期，这个问题着实吸引了人们的注意力，但是直到17世纪肇端，人们对此所做的工作和研究并没有带来精确的定义和概念划分。谈论或支持精神或灵魂上的东西即被人们理解为否认肉体，除此再无其他积极意义[①]。正因如此，灵魂的概念不可避免地在很大程度上受这种负面影响，灵魂与肉体有别，是更精致、更微妙、更缥缈的事物。而人的肉体则被视为是有形的，有生命的，受灵魂力量的引导。整个大自然从本质上说是有生命有活力的[②]。自然科学给予这种描述产生的概念，经常引入精神因素，这种做法会有碍于人们自然过程的准确理解。另外，灵魂科学又受感知概念和空间概念的影响；在感知外界影响并使其进入灵魂、或将意志力量转化成空间运动上，灵魂科学毫无困难。其实这是一个混乱状况，无论对自然还是对灵魂都无公平而言。这个问题直到启蒙运动才得以解决。

尤其是笛卡儿做出了突出贡献，他做出了彻底的区别和分类，而人们也第一次认清每一个领域的特质。灵魂生活是一种内在的、固有的自我满足，灵魂生活的统一与任何单纯的复合统一大相径庭，灵魂生活的统一被称为本质的统一，而其他的复合统一则是结构统一，在外界世界中随处可见。意识先于所有实际行动，并

①这样，笛卡儿可以正大光明地声称自己第一个将灵魂整体从积极意义上定义为一种思想、一种思维（也就是一种意识活动）。

②最具特点的是亚里士多德学派将自然定义为“自身有停息、有活动原则”（与艺术形成对比，对艺术而言，这个原则是外向的）。

赋予其某种精神特点；灵魂活动会不断回归本质，并将所有的多重性连接到一个起主导作用的自我上。任何外在都不能进入这样的灵魂生活，任何外在力量都不能促使它产生超越自身的结果。这样，尽管灵魂生活依赖外在世界，但它却维持着自我满足的状态。这种对灵魂的依赖与依赖自然不谋而合。这种不断驱逐灵魂因素的活动和因素构成了一个自己的世界：在解释自然行动之前似乎必须要提及灵魂，但是，现在所有的从一开始就都归功于移动粒子（与灵魂无关），大自然所有令人捉摸不定的变化都可以用这些粒子的多重性来解释。而大自然因此也丧失了所有的内在力量和趋向。

不仅如此，人们可以看到，大自然拥有的那些丰富多彩的，富有多种感官感受的性质（色彩、声音等）不再被视为是事物自身所拥有的性质，而是灵魂假借给他们的，是人们依靠外力植入进去的。这种观点代表了两个领域截然相反、彼此对立，而这种分割过于绝对，不够充分因而不能被人们长久接受。正因如此，它虽然为该领域的研究往前推进一大步，也提供了诸多富有成效的成果，但与此同时也引起了许多新问题，带来了许多令人头疼的复杂局面。而现在，这两个领域首次各具特色地发展自己的原则和方法，而人们也首次能够站在精神的层面理解精神，站在物质的层面理解肉欲，人们的身体和精神都得到合理解释。最终，现实在人们面前解开了神秘的面纱，一切清晰可见。精神和肉体的分割带来的不仅局限于一个概念的澄清，还预示着生活和人类文化会向着不同的方向各自发展，也就是从这个时候开始，现代时期拉开帷幕。一方面，我们可以看到思维活动越来越活跃，现实生活也开始融入思维中，理性开始作为衡量存在意义的标准，人们对待事物开始渴望采用理性的态度，一种大胆超越以往界限的智育也出现在人们眼前；另一方面，一个与人类独立的外部世界建立起来，人类与周遭环境的联系日益紧密，新经历、新体验不可思议地涌入人们的生活，人们开始认识到物质因素的重要性，现实文化激起汹涌的浪潮。这两种趋势贯穿了现代世界的全部，生活充满紧张因素；同时，每一领域的分化越发明显，这一点毋庸置疑。这种生活内部的对比是二元论概念和教条的根本所在，不管人们渴望统一的力量怎样影响人们，它仍源源不断地为其注入生机和动力。

统一的愿望是事物的本质，这一点无可辩驳，因为人类的思维永远不会满足于事物分裂的状态。二元论为我们提供了有力的分析并确立了一个更精确的术语，但是从分析到某种程度上的综合，从对立到某种全面统一，似乎总有一种持久的力量激励着人们。而且，反对这种对现实分割的强大证据似乎并不缺乏：例如，我们对灵魂和肉体的密切关系有着知觉的印象，人们对灵魂生活依赖依存于肉体状态的人世逐渐深入，而对现实的统一也产生了哲学上的需求；最后，艺术不断摇摆于可视与不可视、外部与内部，并将二者联系起来彼此互动从而对各自都大有裨益。将所有因素考虑在内的话，二元论其实只不过是完成了一般的统一之路：当然这种统一并非现成的，它是精神努力的结果，要达成这个目标仅靠浮于表面的努力是绝对不能实现的。也正因此，统一在现代时期看起来是比以往任何时期更大胆更遥远的目标。

统一的趋势在这一时期分成三种运动——唯物主义、唯心主义和一元论：任何事物都可以被视为物质或精神，或者这两方面涵盖在内，成为一种现象，一种潜在事实的表达方式。严谨地说，在笛卡儿做出明确的概念划分之前没有诸如物质主义这种东西存在，直到那时才有了自己固定的称谓①。

唯物主义在所有文明国家都有自己的发展过程，一个接一个的，每一个都采取不同的形式。其中英国的唯物主义是最有效的，法国最具智慧和创造性，德国最粗俗最野蛮。尽管唯物主义时常被驳倒被废弃，但用不了多久它就会再次在人们眼中抬头并吸引来大批追随者。这一事实清楚地表明唯物主义要远比其幼稚可笑的批评者所想象的强大有韧性；而那些批评者却想用一个聪明点的借口永远铲除这一理论，他们大概永远也想不明白为什么如此显而易见的错误能够一次又一次地吸引大批追随者呢？实际上，如果唯物主义仅仅是一个理论思维的问题的话，那要克服它并非难事：灵魂生活无可争辩地要依赖身体状态，再加上唯物主义简单易懂的优点正是其无懈可击的长处。然而事实是这种依赖性可以另作他解，而至于其简单易懂性，如果少做仔细分析的话其实不然。

其实再没有比唯物主义更棘手更困难的概念了，而这种困难在为其下定义的时候就初现端倪。然而，我们越是想精确地理解物质，我们就越不可能将其与精神生活分开。确切地说，正是现

① 唯物主义者这个词首先被化学家、哲学家罗伯特·波义耳使用，他偏爱意义鲜明的词汇（见其 1674 年作品：《机械哲学的优点和根据》）。乔尔丹诺·布鲁诺仍旧沿用“享乐主义”这一古老说法。

代对肉体和灵魂更鲜明的定义，才使唯物主义无法作为一种宇宙概念来理解，而这种鲜明度、精确度对具体科学来说却是至关重要的。正如 F.A. 兰格做出的公正评论：“想要将唯物主义想得一清二楚就等于是拒绝它。”然而唯物主义的力量并不在于其科学论证，而会从生活状态和文明程度来汲取吸引力，使人们信服。我们觉得它有说服力是因为在很长一段时间内，传统的文明形式已经离我们远去，但是在相当一部分人身上还存在压迫性力量。在这段时间，唯物主义不仅可以为人们提供摆脱压迫的最好解放方式，还能使人们回归一种更简单更淳朴的生活基础。在人们眼中，它预示着一种更自然更真实的关系。不仅如此，对整体文明来说，它几乎完全强调物质状况的重要性。

正因如此，唯物主义才获得了巨大力量，吸引人们的追随和信服，在法国大革命及现代社会主义之前以及进行中才会有此种运动出现。只有生活才能将生命过程中遇到的问题驳倒，而事实正是如此，无论消极还是积极。消极方面通过其自我矛盾自我否定实现，在唯物主义文明建设过程中由于其自身不断发展而不断否定过往，而积极方面则通过不同文明形式之间的相互反对否定实现。这种矛盾的根源，在于人们认为上层精神生活支配着物质因素的产物并与物质因素相伴相随。精神生活使我们在现实世界中理解更多的事物，远超过人的感觉和观念，物质因此成为合理生命发展和展示的宝贵工具。唯物主义一方面从精神上增加一个旁观者，而另一方面却又无意识地假定出一个立意人格，并将这种立意人格视为外在因素。以唯物主义生活观看来，人类劳动和愿望在现实生活中是分离的，但是它又责怪愿望在生活中变得越来越荒废、越来越空虚。如果与此同时，外界联系不断加强对生活的渴望，那导致的结果只能是人们在所求和所有之间存在极度鸿沟而痛苦不堪。痛苦日积月累，最终会使人们逐渐脱离唯物主义的生活方式。

这一点在历史人类历史发展中体现得最明显，整个发展进程就是一个不断征服唯物主义的过程。经过了数千年痛苦获得累累硕果，也经历了痛苦的磨难和绝望，一旦意识到自己的内心生活，人们在这个物质世界中就会迷失自己的整个现实，更无法像孩子和野人一样从物质中获得满足。而在内心世界发展的过程中，物质世界也向他展示了新的魅力。光怪陆离的感官印象形成一张蕴涵巨大力量、法则和关系网络。这个网络不再是一个可以代替整体现实的触手可及的感官印象，而是各种相互孤立的事件，以及在简单法则指导下与之相关的因素任意地联系在一起。同样，外面的世界也开始变得非感性。各种因素开始从人们的思想中滋生出来，而这其中，理想因素构成了核心。在这个例子中，精神活动确实依附于非精神物体，但即使是这样，它也与其他任何有感情有知觉的人大相径庭。换句话说，不管野蛮人的感觉器官如何发达老练，其所跻身的世界与自然科学家之间仍存在着巨大的不可逾越的鸿沟。

同样存在鸿沟的还有文明人与外界生命之间的关系。如今，外界生命对人们的宝贵程度远不及掌控事物所带来的感官刺激和愉悦，而人们由于掌握了使外界事物随心而变的能力，无限地提高了生命的重要性。

比起享受外界事物所带来的乐趣，文明人更倾向于乐在其中。

他们将自己的思想意识灌输到感觉当中，从而赋予其价值，并将其塑造成自己理想的形态。野蛮人更乐于欣赏金子那耀眼迷人的原始光泽，而对于那些有自我意识的伟大商人来说，他们拥有着无限力量，能将自己的巨大影响力发挥到世界上的每一个角落，他们尚未从感性价值的令牌中解放出来！这两者之间存在着多么大的反差啊！

这么说来，我们在塑造这个物质世界的过程中，精神力量同样发挥着作用，这一点是唯物论者所无法理解的。然而与此同时，其所促成的生命的发展并不能被视为终极目标，由外界物质所产生的东西一定也混入了自身因素；如果精神生活没有任何实质内容的填充，那在这痛苦的空虚中不会有任何对外界的隶属，也不会有任何权力的延伸。然而，通过加强物质或实施经济力量都无法完成这个。也正是因此，所有想将幸福快乐建立在外界事物之上的想法最终都只会徒然而返，一无所成。生活中的唯物论与熊熊燃烧的幸福的欲望将发生最惨烈的撞击从而两败俱伤，所以唯物论只能通过不断的自身发展来持续驳倒过往。然而不管唯物主义可以带来多大的破坏性，即使通过严苛的分析，也无法保证其被积极克服，只有通过自发精神生活的不断发展才能达到成效。当这种精神生活以及其所背负的使命充斥着我们的思想时，人们无法想象自己（像唯物论者那样）能将那些思想上本质上与自己最贴近的，以及其性格伟大性的来源视为次等的衍生性事物，将自己的存在完全由内而外的颠覆开来，从而从外界中寻求快乐。唯物论由于其展示的轻松性以及显而易见的特点而能轻易影响大众。相反，唯心论仅对为数不多的上层个人思想或活动圈子有吸引力。原因很简单，只要唯心论一出现，就会受到人们的反对；而且没有了其赖以依存的精神力量，它将无法支撑到最后。现代世界产生了两种形式的唯心主义：一种将现实视为独立灵魂的王国，另一种则将其视为一种生活，一种普遍的精神。不管是哪一种唯心，他们都将这个外界世界折合成内心生活，精神和自然的关系跳出相互对立的狭隘圈子，在精神的大范畴内依等级列序。感性也不再被视为基于自身的独立世界，而是比精神生活或心理生活的低级形式———一种尚未达到完全意识的形式。

人们只要在这种生活观上稍微花点心思，就会意识到其并未像人们对它的第一印象那样卓越非凡。内心生活并不是我们所持有的那种最直接的、最确定的现实。难道我们不是轻易就相信自己不能完全脱离现在生活的这个范畴而转换成另一种生存状态，不是轻易就相信我们所成的外部世界只代表内心世界的一个特殊的、有局限性的形式吗？

然而，不管普遍观点如何公正，如何有信服力，只要人们赋予努力将其转化成现实，人们就有能力跨越这种局限，高估其资源。如果不把精神生活还原成最本质最朴实的状态，不把它视为绝对的精神生活，那唯心论者就无法将整个自然转化成精神。自然也永远无法容忍自己退化成人类精神生活的发展阶段。精神过于独立，这种假设在这种情况下无法成立。精神生活的发展——尤其是自己的道路和途径，排斥任何外来的阻力和干扰。唯心主义认为自己与大自然平起平坐，这种强烈的排斥力将精神生活转化成纯粹的思想和知识，而将那些非精神因素视为尚未被完全理解的事物，尚未进化到非意识阶段的事物。然而，只有言过其实的精神主义才能将生活还原成单纯的世界观层面，现实会展现出不包含任何生活内容的微弱形式。

这种将人类能力的唯精神论夸大，只能解释为人类文化某个特殊阶段的特性。在这个阶段中，精神力量的意识与精神创造的灵感使人们认为自己就是现实的中心，超越一切事物的惯性。然而，事物的困难不可能永远被掩盖，这种文化的肤浅很快就会暴露无遗，而对于所有那些声称自己是一个完整的体系的唯心主义来说，这就是宿命。所有试图将任何生命形式确立为完全真实的尝试无疑都失败了，而这些失败都归咎于一元论。其实，一元论也致力于统一一致，但是这种统一并非要牺牲一方利益而取得另一方的胜利，而是将双方在第三者范畴内相互包含融合。在这个第三方整体下，一方与另一方进行直接回应，从而为每一个领域在不与整体失去联系的前提下完全发展自己的特质提供了可能，并克服了身体与灵魂之间无法产生共鸣互动的难题。

有一个尤其强大的因素支持着一元论成为生活的体制，那就是自然与精神之间的平衡。这种平衡是人们一直追求的，并认为是已经得到的，亦如以往；这种平衡是外界与内心之间的平衡，是感觉与思想之间的平衡，是现实文化与理想文化的平衡；这种平衡观似乎更适合提升并扩大生活，使人们脱离生活中的狭隘空间，分享到现实的整个财富。正是因此，一元论对诗人、思想家、自然科学家以及宗教人员产生了特殊的吸引力，而这种吸引力在荷兰唯物主义哲学家斯宾诺莎赋予其经典主义外表后变得更加强烈。这似乎就是一个力量强大的公式，每一组冲突都要按照公式的要求进行。然而它又只拥有这种能量，因为它允许人们按照自己的思维模式进行思考，每个人都从自己独特的视角解释世界上的普遍观点。虽然这个观点已是不争的事实，但是一旦付诸实践，我们就会发现其看似已经驳倒的悖论其实并没有完全从人们的视线中消失。很明显，在这个问题上，人性要做出最终结论：要么二者之中任取一个，要么这两种情况永远也不可能和平统一。

按照斯宾诺莎的说法，在一元论中，这两个范畴是可以达成完美的平衡状态的。这也是“心理—生理平衡论”所宣扬的观点，这一理论在近期得出了更精确的主张。事实上，不通过强调一方而使双方有重有轻，就不可能将这一根本观点详细地实施出来。通过仔细研究我们发现，其实斯宾诺莎自己也并非严格意义上的一元论者，他总是在唯物和唯心之间周旋踟蹰。在做基础研究时他扮演者唯物主义者的角色，然而在做结论时他又摇身一变支持唯心主义，这一点在他的伦理学研究中尤其显著。研究之初他将自然视为中心，认为自然是衡量现实的标准，而灵魂生活则被降低为一个衍生现象的地位，灵魂只是自然过程的一个反射[①]。然而在总结这一理论时，这种唯物主义观点又令人猝不及防地转变成了唯心主义。我们该怎么称呼它呢？我们所崇拜的神圣生活宣称要渗透并影响整个现实，由于这种生活的发展而产生了自然，或

① 在《一般形而上学论》中，哲学家赫尔巴特表示强烈反对这一观点，称道：“更何况，在斯宾诺莎眼里，一切心理上灵魂上的事物都被退化成肉体的物质的。根据他提出的观点，人们不会注意到思想应该与物质独立存在，拥有自己的空间和世界。不管是哪个学说，怎么可能将思维视为是物质的代表呢？毋庸置疑，在这样观点的指导下，精神将屈服于物质，而这种结果的始作俑者无疑就是复本与原件之间的关系。”

者人类像通过对上帝的理性关爱来获得永生和永恒，这时我们又该采取什么态度呢？这种分割涉及概念以外的事物并影响着生活的核心。在斯宾诺莎的世界中，我们看到的不是单独的一种生活，而是两种——有时是自然主义，有时又变成了神秘主义。不管我们对斯宾诺莎做出怎样的评论，可以肯定的是他没有得到预想的统一。而后来想在自然和精神之间得到平衡所做出的努力也以失败告终。从这个意义上说，“心理—生理论”失败了：它可以使灵魂生活仅成为自然过程的反射，或者使自然过程成为精神生活的外衣。但是不管是哪条道路它都失败了。原因就是它一会儿靠近唯物主义，一会儿又倾向于采用唯心主义。

这种自欺欺人的平衡对人类文化的发展也丝毫没有作用。自然和灵魂想要得到和谐共处是艺术性自然尤其感兴趣的问题，但这种和谐并非发生在外界世界和内心世界之间，仿佛这二者是具有同等权力的元素；它完全源自内心生活。举个例子，在歌德的创作工作中，所有来自内心的因素都通过寻求外在表达来确立自己；而与此同时，外界事物反过来通过这种方式获得了内心生活。在这个问题上，通过更积极、更深刻地理解自然，精神生活也得到了充实和完善。而且，尤其值得一提的是（通过与世界整体更紧密的联系），精神生活从所有那些琐碎的，世俗狭隘的世界中解放出来；然而人类并不会划分成精神和自然。

与达尔文进化论相联系的一元论更显著地摒弃中立立场。其与唯物主义划清界限的标志就是：它将灵魂生活视为基础性主要性的现象，而非次要的低等的；灵魂生活从起初的时候就是物质的属性，而非在某一个特殊点开始慢慢发展而来的。但实际上，这个观点却又时常受到一些狡猾的唯物主义者的追捧，跟他们一样，一元论者也确实将自然视为万物的本质并允许自然观点占据整个事实，而否认所有的独立精神生活。如果人们按照这个思路继续下去的话，结果只能使生活和文化变成完全的唯物主义。而如果精神化思想贯穿现实生活中的所有角落的话，整个世界的物质将是另一番景象，人们的世界观将与莱布尼兹所持的世界观类同。然而，唯物主义一元论通常不会走那么远，它只会赋予各种元素以灵魂，正如一个属性伴随着另一个属性那样，不会变地背道而驰。实际上，灵魂不是事物所能占有的，灵魂独立存在。

如果我们因此而得出结论说，唯物主义一元论可以被提出用以反对那些最粗劣最低等的唯物主义理论，那我们必须承认，唯心主义一元论才是解决问题的更好良药。这种一元论的事实基础是：人们的内心生活并非像表面上看起来那样是相互分离的点，零零散散、三三两两、毫无联系，而是连接在一起从而形成一个全面完整的整体。从人类存在的层面上说，这个整体揭示了凌驾于个人之上的精神生活，与这种精神生活相伴的便是一个内心世界，充满自身的问题和力量。这个问题上，现实的关键点并非在于自然和灵魂之间的关系，而是精神与非精神之间的联系。每一个阶段中灵魂生活都能发挥自己的作用，原因有二：首先，精神生活本身就是自然的一部分；其次，灵魂生活欲取得人们的接受轻而易举。于是，身体与灵魂之间的关系问题渐渐让步于“精神与非精神将如何在一个共同的世界中融为一体”的问题。而从上述观点来看，问题的答案无非是非精神因素仅代表着次精神性的元素；那些显示出自然以及灵魂中的自然生活的事物，无论是在分裂状态或是作为一个各方面关系统一的网络，在整个的灵魂生活中都开始合并成为一个整体并进一步充实内容。于是现在，现实也似乎开始获得一种内涵并逐渐达到独有的深度，这在以往是从未出现的。这种从次精神层面上升到精神层面远非仅是一种预期需求，而是赋予整个人类生活的艰巨使命。因为所有人类所获得的成就，不仅限于伦理道德上的进步，都是从自然上升到精神上的升华，是我们从自然上升到精神阶段的进步。也因此，这个问题不仅停留在精神上，而是变成整个生活的中心。

然而从这个角度上说，当精神生活与现实中的基础性内容以及目标同时出现时，并不意味着它可以控制整个世界，并可以简单地在自然中重新发现自我（正如纯唯心主义所主张的那样）。虽然我们确定，精神生活展示给人们的应该是某种程度上超人类的而且具有普适性的形式，然而精神生活所采取的形式却持续被人类影响着。我们所占有的并非精神生活本身，而仅仅是人类的精神生活。在精神生活中，我们永远也接触不到它的超人类核心，除非通过人类外衣。因此，如果我们想要从人类精神生活的角度来解释整个现实，我们将不可避免地会陷入一种狭隘的、拟人的事物观。一个不可或缺的预防途径就在于自然，其无限性、优越性远超过人类所有琐屑的需求。自然将人类解救出来，使人类摆脱狭隘的陈规，并不断迫使人类将生存形式与精神生活的普遍观点分离开来。然而，所有这些影响都在精神生活的范畴内发生，而在此所描绘出来的阶段与学说的唯心主义有所区别：在这个无所不包的整体内部，这二者分别有着不同的出发点，有着不同的基础。然而，也正是因此促发了一种与唯心主义为代表的文化截然不同的人类文明。精神生活现在不仅代表着生活的基础事实，而且还标志着一项任务，这项任务不断向人类发出新的挑战。从很早以前，人类生活就设立在各种敌对力量之间，从一开始就不完整，就沉浸在一种向往的牵引力中。人们仿佛受到召唤，从而激起个人动力和决心，超越精神世界的满意范畴，从而全身心投入到整个宇宙的进步力量中去。因此人们力量的核心并非精神，而是伦理，具有最广泛意义的伦理，才是这个核心。

毫无疑问，这一挑战遇到的各种形式会因人而异、因时而异。但是，在所有这些抗争中，引发冲突的关键点和转折点永远不会改变，尤其是人们意见相左的关键点不会改变。一个至关重要的问题就是：我们到底是否认可独立精神生活的存在，以及由它所带来的一个现实新阶段。做出否定回答甚至是保留自己的意见，都意味着对这一状况做出妥协和让步，承认一种更粗鄙或更高尚的唯物主义。然而反过来，如果我们给出肯定回答，我们就会另辟蹊径从而获得指导和进步，获得最终胜利的保障。最终，我们做出肯定或否定的回答取决的不仅仅是精神上的准备判断，更重要的是精神生活激励着人类或整个时代所发出的能量和希望。而这又将我们带回个人生活的问题上。

## 2. 如今的一元论

在当今精神和知识倾向的批判性研究过程中，我们不可避免的一个问题的就是当代一元论。今天的一元论已远远超越自然与精神的关系问题，进而演变成一个强大激烈的运动，而诠释并评价这项运动依然成为我们的艰巨使命。我们需要谨记，我们所要处理的抗争越激烈，我们就越要像哲学家们那样，以更清醒更公正的态度对待之。

想要理解当代一元论，就必须对其赖以发展的广泛基础做出研究。自然观深刻影响了我们的宇宙观以及普遍生活观，从而在人类历史上取得巨大进步，而这种进步就是当代一元论的基础。这种进步包括对古老的一边倒的宗教和超验思维做出必要反应。这种思维习惯把自然视为从属的、次要的事物，在事物发展中不起决定性作用，甚至是一个值得怀疑的对象。自然观的迅速发展以及由此引发的生活变革赋予这种反应以巨大的能量和必胜的决心，而这其中默默发挥着强有力作用的因素，无非就是针对使用概念的科学精确度以及这些概念联合起来、将所有思想凝固成一个体系的巨大影响力。当然，这种影响力也不会被那些反对者忽视。举个例子，在莱布尼兹的问题中，很明显，他做再多反对自然主义的努力和抗争，也阻止不了自然概念跻身并主导其思想世界中最深入最内部的部分。

难道不是这种影响促使他认为重大进步都源自具有万能价值的概念？促使他将所有不同事物之间的鲜明比照转化成不同程度的差异？促使他将逻辑可能性的概念与抑制力的概念统一起来？整个 19 世纪，这一运动取得节节胜利。自然科学所特有的思维模式悄无声息地对我们的概念和信仰施加影响，而我们自己却对这一过程中所涉及的肯定答案及否定答案的真实本质浑然不知。进化的观点用自然过程的外衣将自己包装起来，通过这一过程中引入的严格的因果关系破坏了活动的概念，并（从逻辑上）摧毁了一个真实的现在的概念，而我们自己却一点也没受到干扰。持续的法则（也就是我们所称的“惯性定律”）在自然界逐渐占据主导地位，并迅速蔓延到有关精神和历史的研究领域。虽然在这个问题上，如果生命不想迅速陨灭的话，生命的状态就要通过不断的创造性活动来获得重生。从自然层面上讲，快乐与感官享受是基本一致的：而这种属于自然范畴的概念被不加思考地应用到精神世界中，人们开始将精神快乐视为一种乐趣。自然不断从外界进入到我们的内心，如果人们越来越认为是大自然将这个世界和现实合并为一个整体，如果一种“科学的生活观”毫不犹豫地，并以必胜的口吻声称它不仅是现实的一个特定组成部分，而是毫无遗漏地代表着整个现实的话，那按照事态的发展，也没什么值得惊讶的。

然而只要人们依然拥有特权，占据着一夫当关的位置，那尽管这一运动已取得巨大成效，它也不可能获得完全胜利。而正是这个特殊位置，现在却在进化论的撼动下受到最猛烈的动摇，这一理论将人类与动物生命连接到一起，因此人类参与到自然中，人类于是一落千丈，成为众多自然现象中的普通一员。而这种趋势在其实际应用到现实后影响更甚：通过勤勉富有成效的努力，它最终成功揭示出若干令人瞠目结舌的客观事实，将此前相互孤立的数据连接在一起，结合成一个具有巨大效力的整体。人类在经历长期的错觉妄想以及徒劳的自我颂扬之后，最终找到属于自己的一片境域。生活似乎有了更坚实、更清新、更真实的基础，就生活得到刷新，而新生活似曾相识。一个彻底的变革之旅即将启程。

现代一元论将这些趋势和思维模式借为已用并进行整合协调。

从一元论的角度看，自然概念仅需要从精神生活的方向上做适当延伸，以便于吸收所有现实从而达到主宰全部生活的目标。然而，尽管其具有如此的上风和可能性，光靠其一己之力也无法是一元论超越人类的思想而施加其作用和影响。当然，世间还有另外一种元素能点燃人们的熊熊热情，激起大众的希望。从某种程度上说，一元论既是肯定的，有时也是否定的。它所代表的不仅是自我立场，同时还有代表着教会宗教的对立面。现代文明生活与传统宗教之间从一开始就存在着巨大的鸿沟，尽管人们在这上面已经做出相当努力来弥补，仍无功而返；而且这种状况已经变得越发明显，这种异化性甚至已经发展成为更彻底更尖锐的对抗。

长久以来这些问题似乎并没有影响到社会的低下阶层[①]，但是从最近，他们已经深入到大众中而且越来越强烈地讨论人们的生活。如果旧形式的宗教信仰在经历这些变化和动荡之后依然保持优势，甚至继续散播到学校教育影响下一代，那结果只能使局势更加紧张，随之而来的便是这个社会诚信的缺失。看不到人们的愤怒之情以及压抑已久的蔑视情绪的人肯定是一个差劲的心理学家，一个目光短浅的政治家，因为所有那些骚乱都源自这些复杂情绪，而这些情绪最终总会找到发泄的突破口。现在，一元论者正迫不及待地要为人们提供这种发泄口呢！它以一种无法抗拒的、旋风一般的力量将人们一卷而走，这种威慑力难道不令人吃惊吗？

① 这样的话，举个例子，在P. 贝勒看来，启蒙运动战胜大众似乎是天方夜谭。他认为一定程度上的迷信行为离不开这个社会的利益和需求，在他看来，这种利益和需求不管在哪个时代都大相径庭。

一元论运动是完全可以理解的。如果其积极和消极的两面中不包含真理的元素的话，那它就不可能获得如此强大的影响力。但是，在理解产生这一运动的历史原因，公正地评价其所包含的真理时，我们绝不能将其置于生活中的首要位置。首先，在宗教中，现在有一种运动正在慢慢发展开来，涉及所有的文明国家和民族。这种运动将其从过时的躯壳中解放出来，根据其在生命的历史进化阶段找到目前位置。这种尝试并不简单，反而比一元论中立即拒绝宗教更富有成效、更有前景。问题是，宗教（不局限于所有的教会形式）是根植于我们的内心以及我们与这个宇宙时间的关系上的吗？抑或并非如此？如果真是这样，那现在这种局势下我们所遇到的所有薄弱环节和困难之处，都可以合理解释对一种生命力量的抛弃，而这种生命力量的任务就是要将人类与现实的关系从整体上合理化，这种力量会使人类变得伟大，是人类的灵魂变得更有价值，是人类获得真正的内心生活。

宗教的敌手总是行事匆忙，他们急于向教会及神职人员发起进攻以削弱其势力，然而智者千虑，他们大概早已忘记（正如同他们抛弃所有独立的内心生活一样）这种打击活动不害人反害己。我们不禁想起那个男孩，他的父亲拒绝给他一双取暖的手套，他就那么在寒风中瑟瑟发抖，双手早已冻得僵直，嘴里却还碎碎地念着：“我这冻僵的手还真合爸爸的意啊！就一双手套，凭什么不给我！”

那个最主要的问题我们还是没有解决——我们将一元论评定为正确与否，取决于我们在这个问题上所给出的答案。这个问题就是一元论专用的自然概念是否足以充分解释现实呢？人们的疑除了现代生活以及现代文明，再没有什么力量能让哲学研究突破环境的束缚和禁锢。

For nothing is more typical of modern life and modern civilization than the liberation of the subject from its dependence upon environment.

虑主要会从两个方向产生：一，在于知识理论领域的研究范围；二，正如历史所证明的，在于精神生活的内涵。首先必须指出的是，我们所持有的世界观并非是由外界赋予的，而是我们通过我们的思维法则，以各种心理加工过程自己组建起来的。而这种视角在起初都是建立在德国哲学家康德之上的，康德为之付出卓越努力将哲学研究沿着这条主线不断推进。当然，这种推进并非只依靠康德或其他任何哲学家个人的力量所能企及，而是在整个现代生活和思想的作用下才能取得不断进步。原因很简单，除了现代生活以及现代文明，再没有什么力量能让哲学研究突破环境的束缚和禁锢，建立起属于自己的生活。如果与此同时我们没有放弃对这个世界的拥有，而是以全力热情追逐，那生活会是另一番景象：我们追求的不是从客观到主观，而是从主观到客观；我们研究的对象不是从世界转变到人类，而是从人类到世界。这种颠覆一定会彻底改变生活的内容和实质，并因此而连带影响生活的各个方面。这种假设同样也适用于知识。我们的现实观会得到进化，激活并开始变得精神化，其结果只能从它所带来的发展的角度上来理解。我们也会充分认识到我们的现实观并非是从内部链接在一起的。而为这个现实观勾勒外形并提供普遍形式的也并不是外界世界，而是我们的精神组织。第一眼看似简单不过的元素也往往能表征着一个复杂过程的结果。与此同时，即使我们付出再多努力，我们也无法超越人类的现实观，这一点已经越发明显。这个现实观在受到细致深入的分析并被要求坦白一切的时候会变得更加棘手。新的问题、新的困难不断凸显。我们会感觉到我们自己的意见空前动摇，然而尽管状况不断，我们还是会体验到现实以及我们自身生活的不断深化。

当然，唯物主义者和一元论者不会同意上述任何观点。感官世界组成了（或貌似组成了）这个真实的全部现实。从知识理论的角度看，这就好像是一个人想要竭尽全力维护过时的托勒密天文学，而拒绝承认哥白尼的巨大发现！一个幼稚可笑的现实主义与中世纪经院哲学家所支持的现实主义形成了鲜明对比，而这些经院哲学家通常受到自然学派的强烈鄙视。因此，哲学（与自然主义对立）代表着思维模式所支持维护的主观权利，代表着一种事实——这个事实可以被遮蔽湮没，但绝不会被抛弃。

谈到第二个异议时，我们发现我们面对的是一个更深入、更复杂的难题，也就是现实内容的问题。自然主义和一元论达成一致，认为这一内容是比现实本身更肤浅、更微不足道的东西，然而他们忽略了（在另一方的观点中）最重要的事物——精神生活。他们所持的立场是所有的内心生活只不过是自然的附庸品，他们认为精神生活都是发生在每一个独立个体的过程。根据他们的这种思维观点追踪下去，他们将重点放在动物与人类之间难以划分的界限上，并指出之前一直被视为人类祖传遗物的东西，现在已经在历史进化过程中渐渐消失，而即使是现代的文明人在很大程度上也依然在自然本能的控制之下。对于前述我们不可否认，也没有要故意削弱其重要性的想法。但这并不是全部事实。因为人类灵魂生活并不会永远处于分散的孤立状态，动物的灵魂生活亦如此。最终他们将达成统一，形成一个共同的生活，反过来这个生活将为具体现实提供不可估量的财富，与单调的自然世界相比，它将展示出其最新最主要的特点。从其最显著的人性上来说，没有统一结合，历史和社会不会得到发展和演进。而如果没有历史和社会的发展和演进，又怎么会出现语言来交流思想？人类文明和文化又将如何进步和成长？在这个基础上，一个庞大复杂的人类活动习题建立起来，如法则、道德、艺术和科学等。而每一项单独的活动（如同这个整体一样）都有自己的一套指导法则、问题和经验。他们给人类带来一系列艰巨的任务和使命。他们不断吸引人类，反过来是人类变成比自己更强大的个体，从单纯的一个自然元素变成一个带有越来越强烈精神性的个体。而在这种能力的引导下，人类从内心感受到那种无穷的力量；人类开始具备道德，并具有将世界活动转变成个人活动的能力。这种深刻的转变预示着现实的一个新方面即将出现。很明显，人类现在进入到世界发展进程中的新阶段，而要认清这一点就必须扩大并加深其对整体的普遍认识。这不仅是理论层面的，在人类历史和社会发展进程中，现实就是这样被揭示出来，并在生活中不断发挥自己的作用，形成一种力量。这种力量给我们带来了不可估量的影响。认清人类生活中内心的一致性，是德国思辨哲学的首要任务。这种任务比启蒙运动所设计的层面更高级、更深远，因为它解释精神内容和价值的方式并非通过启蒙运动中个人主义的角度，而是更注重整体。

然而，自然主义却忽略了这种精神生活的崛起，忽略了文明发展中这个特殊阶段的出现，忽略了人们通过千年努力而达到的内心成长，更忽略了因此而揭示出的整个现实财富。从自然主义的角度看的话，这些都不存在；或者从某种程度上说，都没有受到系统观察和重视。我们所能看到的整体画面中，一切我们需要的只是能设身处地地站在别人的角度上思考问题，理解别人的感受和想法。

Nothing is more necessary than the capacity of sympathetically entering into other modes of thought and contemplating one's own position from the now point of view.

属于人类的东西都被抹杀了，一切精神的，一切赋予生活以充实的内容的事物都不见了，这包括对生活中的禁锢和贫瘠。这标志着它拒绝历史的全部内在实质，抛弃一切人性追求的，并期望达到最高点的事物。自然主义建立并完善了其宇宙观，但在这个宇宙观中唯独缺少了人类的存在。然后猝不及防的，人类在尽可能多地消除掉一些显而易见的突兀的特点之后，跻身进入这个世界！当我们看到生活退化到某些已经从根本上被废弃的阶段上时，我们总是会提起反应。但是，所有那些试图将生活禁闭到一个陈腐过时阶段的尝试与那些将生活退化到史前阶段的努力相比，说到底都还差得远。生活被剥夺了一些从内在本质上得到进化升华和真正发展的机会。从这个观点考虑的话，全部人类历史，包括其特点性质，只不过是一个巨大的错误，一个完全偏离真理的行动；它所呈现给人类的实际上就是一个拙劣的模仿，一个无价值的嘲讽和愚弄，一个披着华丽外表的幻想，人类被欺骗已久。

与此同时，我们经常不得不忍受着，看到一个独立的精神生活在声称自己的独立地位是理所当然后而遭到否决——只有采纳忽略和坚持己见的态度才能避免这种状况的发生。当然，要理解这种态度也不是不可能。负面的、消极的倾向总是会伴有由学说主义和狂热盲信产生其他思维方式的危险。为了能够达到自我反省并客观公正地评价旁人，我们需要的只是能设身处地地站在别人的角度上思考问题，理解别人的感受和想法。当一个体系发展到尽头并开始将自身以外的事物视为虚无的时候，这种能力就会受到威胁。休谟作为一位思想家和研究者，他堪称伟人，就其一生所为来看，他绝不是一个偏执的盲信者，然而世间还有比他的著名言辞更激烈、更明目张胆的精神狂热者吗？他能将所有偏离自己意见的所有哲学作品投入熊熊大火烧为灰烬①。

精神生活上的均衡长久以来就受到神学和宗教的威胁，而现在，在其对这种影响做出反应的过程中，它又受到来自自然科学的入侵。当然，自然科学本身并不是问题的症结，在自然科学基础上建立起来的哲学体统才是罪魁祸首，如一元论、自然主义等。另外，可能有人会这样评论，一元论是否达成了其既定主目标值得怀疑（这个目标对于像我们这样的外人来说，也认为具有至关重要性），这个目标就是使思想界得到统一。问题是，尽管使尽全力将所有概念观念啮合到一起，那它又会不会从内部将整个生活分化分离呢？从机械角度看，其概念及学说都以自然为模型，因此整个宇宙变成了一块仅有盲目现状的领地。在这块领地中，没有经营管理存在的空间，事情只能机械地发生；没有发自内心的激情和冲动，只有按部就班、循序渐进；没有真正的统一

①参见《有关人类理解的查询》，第20章结尾：“当我们漫游在图书馆中，被这些理论所说服时，我们必须为此做出怎样的破坏啊！我们如果在手里拿起一本书来，例如神学书或经院哲学书，那我们就可以问，其中包含着数和量方面的任何抽象推论吗？答案是否定的。包含着任何有关事实或存在方面的经验逻辑吗？答案同样还是否定的。让我们承认这一点吧，然后可以把这些书销毁了。因为这些书里除了诡辩和幻想什么都没有了。”难道一个思辨哲学家就应该以这种方式发表言论吗？如果真是这样，那人们大可称其为傻子或痴人了。但是，如果这种方式被用来反对哲学，那就会出现很多人。他们在其中看到这充满了强悍有力、英勇无畏的精神！

结合，只有各个部分彼此磨合、互相适应。对于一个真正有逻辑的思想来说，这就意味着所有内容和价值的消失殆尽。没有可以容纳真理概念的空间，也就没有科学的容身之所。由此产生的任何精神意识只能平静地、不加批判地屈服于这个世界进程，这就是所谓的理论。但是这种理论又是怎样被付诸实践的呢？一元论在追求真理的道路上付出了艰辛的努力，并满心欢喜地坚信人类进程，在人类生活的构建过程中，它固守着对善良和美丽的古老理想，它坚信科学能为人类存在带来更多的真理和依据，并从这种信仰中得到源源不断的动力进而进行科学研究。总之，在这些方面，我们发现一元论其实就是在沿着一条纯粹的理想主义道路前进！我们可不可以不像理想主义那样对生活抱着唯物主义的态度，而将其视为更粗俗、更冷酷的二元论者呢？而这只是古老经验的另一个例子而已，认为人们总是会得到与预期目标正好相反的结果。

## 第二节　进化论

### 1."进化"一词的来源和发展

在中世纪之前，这个词并没有真正表达出进化的意义，也没有得到广泛的应用。Entwicklung（德语：进化）首次在 17 世纪末期出现在德语中，但是直到 18 世纪后半叶才受到人们的广泛追捧。而比 Entwicklung 更古老的称呼则是 Auswicklung（也写作 Auswickeln），雅各布·博梅首次将其应用到哲学意义上。

一个概念得以完善到极致的过程就是进化。

The procedure whereby a concept is worked out in detail is called the Entwicklung of the concept.

而根据格林姆的研究，首先应用了 Entwicklun 一词的有词典编纂者史提勒，豪格维兹在《索利曼》（1684）以及哈格多恩进一步发展了这一词。到了 18 世纪，进化这个词在学者们的口中能脱口而出，经常被提及并成为一种概念、一种论证和命题。兰伯特说过："一个概念得以完善到极致的过程就是进化。"进化这个词从自身发展的意义上来讲，随着德国人本运动的发展开始被广泛使用，人本运动追求的是现实中的灵魂，追求对自然中的建构性力量的认可，而在进化这个词语上它找到了自己预期希望的极具特质的表达。而赫尔德和歌德，他们的贡献只要提及名字即可。提顿斯在 1777 年出版的主要作品中将进化应用到书名中：《关于人的本质及其发展的哲学实验》（该书介绍了关于人的本质及其发展的哲学研究）。现在 Entwicklung 已经完全取代了 Auswicklung（Auswicklung 在康德的早期作品中占据主导地位）。Entwicklung 过去经常与 Auswicklung 相对使用，现在也在哲学词汇中消失了。

这个德语表达法实际上从拉丁词汇中翻译而来，作为一个对应表达部分取代部分借鉴了原词。发展—结束，解释—相乘或者蕴涵这些词都是来自拉丁经典作品，但是只被应用到方法论意义上而非实际的增长和发展意义。所以同样还是在中世纪，托马斯·阿奎那仅使用了简单和参与这两个词的形式意义。只有来自伪狄奥尼修斯作品中的神秘的思辨哲学应用了些词汇和概念，来表达上帝与这个世界之间的内在联系。生活在现代时期开端的库萨的尼古拉斯开始用这种思维方式，并持续使用 explicatio（解释）和 complicatio（乘法）。在其使用 evolutio（发展）这个词时他认为有必要添加解释[①]。随着现代世界的发展，这种表达方式开始变得越来越常见。莱布尼兹最喜欢的词就是发展和包装，当然还有进化论和结束；18 世纪的生理学也同样将这些词应用到后来称为先成论（即“箱子理论”）中。而与之形成鲜明对比的，是一种由发展而逐渐成形的理论（在这一理论中的杰出代表是 C.F. 沃尔夫），这种理论被称为后成论而非进化论，现在却只是被理解成数量上的增长，而遭到拒绝。但是与此同时，进化仍保留着一般层面上的发展意义。这样（尤其在非日耳曼民族中）它成为由来理论最新形式的代名词。

## 2. 进化论的概念及相关问题的历史

也许再没有比进化论的学说更清晰地表明了新旧思想模式之间的差距的了。永恒定律（稳态理论）与古文明时期中的理想紧密相连，这种关系正如进化论与现代世界的关系一般。因此，关于这一主题的研究将再一次带我们迅速浏览一遍整个历史运动的进程。

进化论最明显、最重要的开始最早是在希腊哲学中发现的，但是在古典时期中期，永恒定律就已经占据主导地位。因为对于富有艺术特征的希腊人来说，他们更易于接受这种思维模式，并能更好地在思想中形成关于这一主题的清晰概念。从基本内容来说，现实被视为严格遵照规则安排的活生生的艺术品，按照一成

① 在这些概念上 C.F 沃尔夫表达得很清楚，尤其是在其德语版本和 1774 年拉丁第二版中。

不变的指令行事。科学的首要目标就是要将这一事实松绑，并从过去人们困惑不解的感官印象中解放出来。没有超前意识就不能完成这一任务，而这些概念的本质源自其与这一主体的对应对象。概念通过思想付诸实践并赋予实践以永恒的目标。从这种生活观的角度看，科学首先是一种将一个形成的世界转变成一个存在的世界，一个活生生生活的世界。存在总是置于形成之前。这种思维模式在形式的学说中有了更详尽、更完整的特点。这种学说由古希腊哲学家柏拉图提出，在亚里士多德得到进一步发展。形式与时间相独立，形式是事物的原型和标准，并作为基本力支撑着事物的发展。一种一成不变的形式贯穿着世界进程，这个进程无始无终，永恒存在。所有变化均源自物质。在现实世界中，物质并不会永远依附于形式而存在，虽然可能一时受形式的禁锢和束缚，但是其终究会挣脱形式的束缚获得自由。因此，形式一定会重新获得对物质的束缚和禁锢，这也解释了变化永恒不止的原因。这种观点首先被应用到个体生命中。但是这并不否认在这个世界之外还存在运动和变化。星辰位置的变化，国家民族的盛衰兴亡等都是我们有目共睹的现象。然而，诸如此类的变化经过人们严密的分析后，也被视为符合永恒定律。原因很简单：尽管星辰在位置上沿着自己的轨迹发生着巨大的变化，然而其终究会在此回到起点，而后循序往复地进行下一个循环。从这个意义上说，这种变化也是永恒。

同样的道理，历史也包含着无休无止的循环，其内容大相径庭。一个民族的兴盛始终要起于某一特定点然后开始走向衰落，直到一些诸如火灾或洪水等的重要灾难过后生命重新焕发，然后再开始同样的过程——这样一个历史循环往复的重复过程。我们现在所经历的，在历史上实际已经发生了无数遍，今后也同样会发生。这个世界并非静止不动，而是处在永恒的运动中。这种运动会呈现各种形式，如年、天等的时间变化，所有的外界变化中始终保持着严谨的节奏、稳定与和平。生活的各个方面都有固定的界限，在这些界限之外不存在任何真正的希望。我们无法跨越这个界限走向无限，也不会拥有比现在更美好的未来。相反，我们相信，此刻我们所感受到的现在，在此刻我们能完全理解体会到永恒，能将我们的生活延伸到不朽。在这个意义上，运动本身就承受着静止。这种运动要得到保障，首先要对真实的、美丽的事物进行思考，但是其最高形式——行为，也会变成一个常量。

这种思维模式总是将那些一成不易的事物视为好的，而将那些朝令夕改、日异月更的事物视为坏的。神圣事物的最主要特点就是永恒，这种永恒不会随着时间的改变而发生更改。这种不可改变的永恒的理想状态被奉为行动的指南、参考的标准。这一点在建设那些与历史变化相独立的理想体制上看得更明显。人类总是相信，我们生活在一个固定的基础之上，在固定的界限内运动。这种信仰被渗透到生活的方方面面，甚至是逻辑及科学方法所应用的领域。基本真理理应像概念和判断那样以最完全、最完整的形式存在，而我们所要做的事情就是对它们做出清晰的定义，令他们彼此相连而后观察它们。这样推论成了哲学工作最主要的一部分，而到了新时代，哲学工作的重点又放在了概念和判断上。

从一开始，宗教学说就由于某些个人的主观倾向而得到加强。这些人想要得到永恒的有价值的生活内容，而将由于城邦之间错综复杂的关系而引起的那些纷繁复杂的、令人生厌的变化置之不理。人们突破人类世界的束缚走向整个宇宙，也正是由于其不断探索内心高度，寻求生存的强化。

在古文明时期即将结束之时，这种趋势再次占据上风，在基督教的作用下它开始逐渐发展。问题从艺术界扩展到宗教界。在这场运动中最先进的希腊思想也想寻求片刻的休息；困难也开始超越变幻无常、毫无意义的世界活动，想要在上帝那里寻求庇佑，正如找到一个安全的港湾来躲避生活中的暴风骤雨。

有一种欲望不是追求而是占有，牢牢地占有，稳固地占有。这种思维在神秘主义的影响下从一定程度得到加深和加强。神秘主义将所有智慧的精髓用在将时间流于表面，并通过致力于永恒而达到“青春永驻”。在古文明时期逐渐消亡，中世纪迎来黎明之时，这种观点占据人们的思想，并且因为与文明的一般状态相一致而变得越来越强烈。旧形式的人类文明开始鼠入牛角，其影响逐渐减弱，然而新形式仍羽翼未丰，未取得卓著成效。即使是世界上最伟大的人，也将忠诚地维护人类的现有状态，以及将与子孙取得心灵交流视为最高任务。作为神明启示的宗教真理似乎也跟其他事物一样，是不可改变的。然而生活中的其他领域，如哲学，如医学，如法律和政治等，人们似乎也无法超越现有状况取得任何突破。教会里的一些教义其实并不比亚里士多德或迦琳的学说更可信、更富有权威性。

贯穿中世纪的那个万能的秩序体系正是建立在这种信仰之上。这个体系在整个生活领域建立起统一一致、不可更改的标准和联系，从外而内，渗透其中，在经济联系上尤为厉害。这个体系沿中世纪所经历的漫长世纪中已经累积了巨大潜能，这种潜能正欲突破限制，亲眼见证这个世界并将这个世界按照自己的需要重新洗牌。

The long centuries of the Middle Ages had served to accumulate much latent capacity, which increasingly strove to manifest itself trusting in itself to see the world with its own eyes and to shape it towards its own ends.

着特定的稳定路径引导生活，不允许出现任何除此以外的出路。这种思维模式与将自然理解成一种循序渐进的发展过程大相径庭，相反，它认为自然所做的仅仅是保留造物主赋予它的形式①。

从一开始的时候，现代世界就排斥永恒定律。因为在这种定律看来，如果离开运动，离开运动的权力，就无法建立起独立的特质；而为了于这种信念相对抗，它坚决不能失败，一定要成功达成自己的目标。事实上，人类的地位自从古文明时期的消亡就发生了改变。生机勃勃、精神焕发的新种族已经出现并慢慢强大起来。中世纪所经历的漫长世纪中已经累积了巨大潜能，这种潜能正欲突破限制，亲眼见证这个世界并将这个世界按照自己的需要重新洗牌。人类厌倦了只是接受并熟悉传统，他们心中开始产生了一种欲望，像要寻求更深的发展，想要在生活中获得重生。一个面目一新的生活意识初见端倪并被赋予了新的任务，而一种进步运动的观点逐渐主导生活和人类的工作。

然而，为这一关键力量寻求有保障的出口绝非易事。进化论的历史告诉我们，只有将这种全新的动力与人们以往的努力联系起来才能取得成功，而且这一运动必定要经历几个不同阶段才能达到最终目的。新生的动力重新回到基督教本身，尽管基督教在其教会形式下坚持不可改变性的教义，其思维世界并不乏具有相反特质的动力。历史的重要性对基督教来说要大大超过古文明时期。基督教教义中宣扬神明曾出现在时间域中，不是以一种苍白无力的反射出现，而是以充满光辉、实实在在的完整形式出现。

① 在此由于篇幅局限，我们没有空间引用更多有代表性的段落。

因此，作为这个整体的主导中心点，它必须将整体重新与自身联系起来并突破自己的限制而展露未来。

这种中心事件的特性是毋庸置疑的。基督耶稣没有再次降世，也没有再次受刑；于是古文明时期中无尽的历史循环随之消失，那种古老的永恒的事物不复存在。历史不再是一个统一的、有节奏的循环往复，而变成一个全面的整体、一支独奏。人类受到召唤，去实现一个完整的、彻底的变革，与人类之前仅需发现那些既已存在的本质相比，现在生活变得更紧张、更充实。因此，更高层次的历史的价值以及普遍的现世生活仅存在基督教中，除此以外哪里也没有。

但是对于那些掩藏在变化之中的原则而言，其实现及确切表达是一个缓慢的过程。在这之中，哲学思辨起着重要作用；而在那时，它与对更高智慧和对真理的内向占有形影不离，其首要追求的是使这个世界与上帝之间的联系更紧密，而不局限于仅仅信奉上帝而已。有了这些活动以后这个世界变成什么样子了？从上帝的角度看这又代表着什么呢？奥古斯丁有自己的理解，他认为世界无非就是神明的自我开显而已。然而根据这种理解，世界的多重性需要的是一种内在联系，各种历史事件不可能彼此孤立毫无联系，而是一种普遍运动的各个部分，不，是一个世界内的单独行动中的部分。即使是那些按照一定次序出现在人们面前的事情，也从一定程度上已经出现过。这么说来，整个世界过程可以比作一颗从种子一直成长成为参天大树的过程[①]。丢尼修、司各脱·爱留根纳以及其他一

①奥古斯丁是所述趋势的领导力量。

些神秘的思辨家将这种思维方式继续向前推进，认为整个世界就是将上帝所掩盖起来的再展示出来，是一个由永恒到现世世界的发展过程，一个由无形的整体到有形的多个个体的发展过程。那些与这种思维相关的学说和图像，其本质并非要让我们认为其与现代进化论学说联系紧密。基本体和原动力从整体上来说仍然处于一种先验性描述阶段；事物连续发生以及发生的顺序并非由于时间本身的远古，他们本是这个神圣整体的无序演变。而这个整体具有永恒性，无条件地位于比这个世界更高级的位置上。在以后的时间中，生命并没有试图达到世界的完全状态，而是从其中全身而退，进入到一个比所有多重性、所有运动、分离及不安更优的整体。但是尽管出现如此多差异，正是这个神秘世界和思辨性思维引入了现代进化论思维。前者将世界描述成神圣存在的表现，并教导人类要赞赏这种表现，同时将生活引入永恒和无限。如果上帝的观点、绝对存在的观点没有赋予世界以生活和辉煌的话，世界对于现代人来说不会显得如此壮丽、如此堂皇。

在这个方向上取得成功之前，我们要在世界与上帝之间的关系上做重要修正。世界与上帝之间取得更紧密的联系，也不会让这个世界完全被上帝所吸收，听之任之；相反，其必定会给予世界更高的价值。现在这种观点上的改变从库萨的尼古拉斯身上可以明显看出来。他是文艺复兴时期的哲学先驱，他将这个世界看作无限生命的显现（在上帝观上，新的思辨观点通常将无限置于永恒之前），因此这个世界上充满了各种生命。在尼古拉斯看来，这个世界渴求无限生命的参与，而也正是这个原因，这个世界才充满了走向无限进步的动力。创造物的职责就是通过逐渐成长初步估计出上帝所拥有的那些品质。

这样，运动的功能获得莫大的荣耀，整个世界也获得一种积极向上的动力和激励。与此同时，与古文明时期形成鲜明对比的是，艺术开始与宗教平起平坐、并驾齐驱，不，应该说艺术开始取代了宗教的位置。随着世界越来越强烈地呈现一种活生生的艺术品的形式，在这其中的所有显而易见的对比消失了，反而似乎开始从内部产生运动（正如所有的发展那样），开始从自身产生骚动。“绝对现在”不再意味着世界自身的深度与背景。乔尔丹诺·布鲁诺的思想代表了泛神论较之一神论的胜利。因此，进化论那种固有的艺术形式开始占据绝对优势，直到今天我们所使用的词汇标志仍受其影响。大自然从内而外的上升运动现在被比喻成植物悄然无声的不断生长。启蒙运动将自然分裂成无数毫无灵魂的碎片，因此不会对这种思维持赞成态度。另外，反对启蒙运动的组织和行动（以德国人文主义为例）对其做出公正判断。被认为是大自然的主要艺术作品的不仅是这些运动，还有那些艺术建设：所有改变都成了从内而外的发展，形式的所有多重性似乎都被简化成为一个简单的基本原型。进化论的观点从自然界往外扩散，然后主宰人类生活和整个宇宙；“现实中所发生的一切”现在被视为“一个绝对理性的发展”。在这种观点更细致的付诸实践的过程中，不同倾向开始变得越来越明显。浪漫主义尤其强调那种悄无声息的成长和增加，而德国古典唯心派则持宇宙逻辑，将大量的自我活动因素带入进化论观点中。但是不管是哪种理解，运动都是由内而外进行，整体的优势力量在每一个单独点上都能发挥同样的效力。

正是这种内在性，将进化论的艺术观与严格的科学观（这种现代科学充分利用了进化论学说作为其首要立论原则，而这同时也是所有科学问题的完成和标准。

Thus modern science makes use of the evolutionary doctrine as a chief synthetic principle, and it is at the same time the completion and the touchstone of the whole work of scientific enquiry.

观点在现代世界比较典型）区分开来，后者则摒弃事物的所有内在联系，完全从直接存在的角度考虑问题，事物各要素之间经验式的相互合作告诉我们如何从整体上理解大自然，而所有的进程都以时间顺序展开。从这种意义上理解的进化论已经成为现代科学的基石。这种思维会造成事物的直接方面沦为纯粹的表象；而以这个为起点，我们仍要不断深入地挖掘其真实的本质状况。这就伴随着一个分析的过程，在这个过程中我们去粗取精、去伪存真，最终借助进化论的观点，世界得以重新建立，而随着历史的发展，事物的现有状况也会易于理解。正因如此，现代科学充分利用了进化论学说作为其首要立论原则，而这同时也是所有科学问题的完成和标准：难怪现代思想和现代人都要感谢它呢。

新进化论与现代思维方式的崛起同时出现。现代世界由于时间过程的作用已经初见端倪（即时的、连续的），这个观点已经获得法国哲学家笛卡儿的赞同。几个世纪过去了，这种思想已经控制了我们思维方式的每一个分支，并越来越深入地影响着我们的整个知识体系。[①]在宇宙学上，古老的天文世界不变性的观点已经退出人们的视线，取而代之的是天体及其他体系的缓慢发展和变化（康德和拉普拉斯）。自从洛克时代开始，现代心理学已经通过研究生命的最简单现象，努力从基因上理解灵魂的成长和进步。人类历史也呈现出一种不断向上发展的运动，从最初不易为人察觉到最终取得无可限量的成就。同样，人类文化的其他方

① H. 休斯勒（H.Heussler）在其 1885 年发表的著作《17 世纪理性主义与进化论的关系》中花很大篇幅重点接受这场运动，令人敬佩。

面也处在一种不断变化的状态中：事实上，不管从哪个方面，较之以往观点看来，科学都经历了一场大变革。以前科学倾向于选择那些永恒的，能与之有直接联系的来构成一个固定的整体，这是一个具有多重性的艺术整体。但是现在它却将（看起来）固定的换成流动的，并不断深入，将事物细分成更小的、更细微的元素，将现实转换成一个未竟的过程。

从这个角度看来，以往从外而内地接近事物，而现在似乎离得更近了；因而从进化论的角度上开创了一个新的、强有力的视角。虽然现代进化论观点长期以来影响深远，但是其并未能成为生活的主导，直到达尔文涉足这一问题，进化论才得以从整体上影响生活。首先，达尔文的努力弥补了一个巨大的鸿沟。在那之前有机形式一直排斥从基因遗传层面上的解释，一方面与进化论的普遍概念保持不可逾越的鸿沟，另一方面有时人类发展的种种经历，因此其拒绝将进化论应用到人类发展的解释上。这种解释确实开始奏效（很大程度上要归功于法国博物学家拉马克），但是这点开端还不足以彼此相连形成一个整体，因此难以令人信服。达尔文通过将遗传与优胜劣汰学说结合起来，从而弥补了这个缺陷，为生活的完满做出了不可或缺的贡献。他的学说之所以强大有力，是在于他所致力研究的概念观点似乎对生活中的每一个方面都有着不可估量的适用性。赫姆霍兹说得好：“他将生活的每一个领域提高，从而超越了以往将生活仅仅作为谜一样的经验的集合，他将这些方面结合到一起实现一个跨越式的大发展。同时又建立起多个确定的概念，我们可以称为观察事物的艺术般的视角。”达尔文带给我们的不是从日渐上升的见解退化到优胜劣汰学说的局限性，我们没有因为适者生存而苦苦挣扎、痛苦不堪：因为达尔文并没说他的理论就是解释有机形式的唯一途径。然而事实再清楚不过，是达尔文将这个问题推向一个新的高度，通过他在有机生命领域中建立起来的进化论观点才使进化论本身从整体上理解生活。

这种发展首相应归功于英国哲学家赫伯宾·斯宾塞，他从现实主义视角研究物质，第一个将进化论作为生活观的基础。对斯宾塞来说，进化论意味着一个变革，从事物间的彼此孤立普遍分离状态转变成更紧密的联系。他将进化论视为世间最普遍的事实，在事物的集合中，以及在各种运动的分离状态中他都看到了进化论的存在，沿着进化论时期不断向前，最后形成一个无尽的循环。他还设想了另一个分离的时期，在这一时期运动开始收并，物质也呈现分离状态。因此，事物间的相似性变成差异性，世界整体越来越呈现出专业化，事物间开始分化，不管是天体还是人类社会，或者人类文化界及个人，这种趋势越来越明显。这段分离时期过后便是相反的发展方向。最古老哲学家（尤其是古希腊哲学家恩培多克洛）所提出的有节律运动及其他一些观点的联系再清楚不过。如果斯宾塞的学说（总的来说领先于达尔文的进化论）为后者的思想提供了普遍背景，那通过其与达尔文观点的联系，也为自已获得了无法估量的充实性、可行性及深入性。

尽管进步理论取得巨大进展，然而永恒定律深深根植于生活中的重要领域，不可能不做任何抵抗就屈服于新理论，尤其是宗教。在宗教界，不仅其传统观点中涉及个人的部分受到威胁，与其密不可分的永恒真理也有同感。但是在这个问题上同其他一样，这种观点变得越来越稳固以至于进化论本身与宗教的相悖远抵不可以说我们是傲然独立于世界之中，而非依靠世界，我们与世界共同成长。

It may be said to stand, not by the side of, but in the midst of the world, and to cooperate in its development.

过其与唯物论之间的联系，或者说与自然信仰之间的联系①。

所有这些人的想法使进化论从众多理论中脱颖而出，成为其领导者并促进以后全新的生活方式的产生。这种生活方式从根本上改变了我们与现实的基本关系，改变了我们行为的本质。我们所应对的不再仅仅是将既有现实同化吸收的问题。

现在，我们要为一个未竟事实的完成出一份力了。如此，我们的活动与环境之间的联系变得越来越紧密起来，这样其也获得了更精确的形式。可以说我们是傲然独立于世界之中，而非依靠世界，我们与世界共同成长。从现世之事到静态永恒的古老传说已经完结，将事物理想化的、作为宇宙终极的圆满目标也不复存在。现在，我们的任务更是全身心紧随时代的步伐，使自己的行动尽可能适应现实状况的需要。这就需要生活中的每一个领域做出灵活应变，针对现实做出快速反应。举个例子，法律和教育要紧密联系时代，其所规定的是事物所传扬的道理要解决现实生活的使命。于是，一个更具特色的称呼“现代”便应运而生，它紧抓即时特征，根据需要塑造各种联系；它预示着一种弹性生活，随时准备着迎接新发展。当发展，用黑格尔的话说，构成了“存在之真理”，然后各种学说观点也开始随时做出改变；我们的生活目标也会应时而变，真理成为“时代的宠儿”。很明显，这就将生活置于完全相对主义的支配下；然而既然旧思维模式早已失势，那

① 在这一点上除了其他说法，我们还能从法国著名神学家密特纳大主教的作品中找到他的观点。莱斯勒也明确区分了将进化论作为一种生活观与进化论事实间的联系和区别。此外，我们还可以注意纽曼的发展理论。

么这也对我们毫无恐惧可言。因为绝对真理已经存在于我们周围，而现在也不再被视为首要目标。现在这个目标已经变成在自己领域内成为最富有，过最奢侈的生活，而为了这个目标，与之更相关的思维方式，那种有着无限的变更性适应性的思维似乎更与之相符。它也并没有只是简单地影响我们灵魂的内心运动。现代生活的外在发展也最有利地支持将存在转变成躁动不安的渐进运动。

技术科学以超乎想象的速度加速这个生活过程，使当下变得更重要，使人们的联系变得多种多样，变化也充满了无尽的可能：现在所有工作都处在不断变化中，而且所涉及的工具也日新月异[①]。考虑到这些的话，那变化定律的胜利注定是最终胜利，似乎这个胜利带给我们的将是更自由、更清新、更有活力的生活[②]。

## 3. 纯粹进化论学说的应用和局限性

我们前面所讨论的自有其真实性和公正性。与这些事实公然

①卡尔·马克思就其影响社会而产生的结果做了细致研究，他对这一主题的探讨切中要害。他说过（见《资本论》："现代工业总是将所生产过程的既定形式视为一个变量；因此，其技术基础就是变革，而此前的所有生活模式从实质上讲都过于保守。"

②在这个以进化论的胜利而沾沾自喜的时代，科学对生活的永恒性发起质疑，这种质疑的事实基础就是温暖只能传递到相对寒冷的身体，而非较之更热的，因此整个宇宙正在朝着一种均衡的状态运转，而在这种状态中生活必定要停止。人们也许要问，到底逆向运动是不是真的不存在呢？而在这一点上，我们指的是由于辐射而产生的压力理论，这一理论已经应用到这一问题中并取得显著效果（尤其是瑞典化学家阿列纽斯）。因此阿列纽斯得出结论（见《成为世界》）："由于辐射影响，重力和压力相互作用，气温与温度达到平衡，世界才得以遵循一个循环往复的周期向前发展，而这种循环无始无终、无休无止，生活于是得以不断向前推进、从不衰退。"

对抗无疑是荒唐之举，而从中摘出单独的几个错误并加以大肆渲染也非大家之举。然而，这些发现尚不足以让生活和世界轻易就顺从于进化论的进程，也不足以使运动学说和永恒定律之间的矛盾得以解决。如果发展理论本身能够排除万难战胜一切，如果有一种趋势能够带动整个时代朝着清晰的方向发展，如果一种思维方式至臻至美，不错过任何应该考虑在内的细节，不管与自己观点相向与否，那世界将变得完美无瑕。按照这个方式的话，我接下来要特别考虑以下几点：这些变化和理论是怎样影响生活过程的？后者在他们的影响下又是怎样塑造自我的呢？尤其是在这种环境下，它又能否保持其精神个性呢？每一项运动，在涉及精神生活问题时都应该摆正自己的位置。

从其所采纳的几个概念上可以看出，在现代进化论学说中，几个不同的趋向相互交织，共同作用。使用“发展”及“进化”等词表明，人们认为事物根据整体法则从内而外暴露出来，并清晰地朝着一个确定的目标发展。然而，这并不是人们认可的现代世界主流学说，相反，这种主流学说应该将原先彼此不连的因素结合在一起，日积月累，形成一组组缓慢发展的小运动进而推动世界的发展；其拒绝所有的个人内心目标和喜好，一切“从大局出发”。那么，上述这些说法的用意何在呢？这些说法不可避免地引发让人误解的运动观，这种运动观从人们的内心慢慢地、悄无声息地滋长起来。难道他们没有向这个毫无生气、毫无灵魂而言的社会上灌输了太多的和谐气氛吗？难道他们没有将这种生活观念中的动荡消极因素封存起来吗？其实大众并没有为这些困惑感到不安。尽管沉醉于进化论思想，沉醉于无休止的进步，沉醉于事物无限的进步中，其并不乏更精确的概念。如今，许多进化论信徒们让热情冲昏了头脑，他们早已忘记问诸如什么怎样、从何而来到何而去的问题了。越是迷失精确性，概念就会变得越模糊；人们越是信心满满，就会越因为热情而掉以轻心。

然而不管怎样，可以肯定的是在现代进化论思想的领先体系中，一种机械观逐渐占据主导地位并被视为解决问题的最终途径。带有艺术性和逻辑性特点的旧进化论观点已经被甩到一边：黑格尔（尽管其影响力不为人知，远远超过大部分人的想象）已经被达尔文取而代之。

在达尔文和达尔文主义中，两个主要观点——遗传和自然选择是完全不同的。遗传理论中有大量来自不同各地区的证据，具有不可估量的丰硕成果，从科学原理上几乎不会遇到任何反对意见。另外，曾经风靡于整个科学世界的自然选择理论，现在却受到重重阻挠。从一开始，占据主导地位的哲学趋势就反对这一观点。这种观点认为我们周围所能见的所有生命形式完全通过偶然的个体变异积累，而这些变异在自然中盲目的生存下来而成①，其中不受任何内在法律的制约。自然科学也越来越

① 在这里，我们尤其要提到哈特曼做出的不懈努力和深入研究，他以最令人信服的方式指出了这一学说的不足支持（不仅从思辨的理论角度，还有大量事实论据）。他最近对这一问题做了大量研究，在《达尔文的进化论》（见《自然哲学年鉴》）中，他将最近十年的研究结果总结如下：“自然选择根本不能取得任何积极成果，而只能排斥性地进行负面操作。虽然没有被证实，但是通过最小变化，新的思维方式仍可以有一定效果，而由于最小变化的不稳定性特点已经被人们所知，那这种可能性就大大减小了。突变于是成为首选。由于内在原因意外让步于一种有明确指导的、系统变革的趋势，这就使其自身看起来成为突变中的最小量。达尔文主义所宣言的理论从纯机械原因上来解释有目的性结果，这是完全站不住脚的。”

缺乏可信度。在进化论领域内，这种观点得到越来越多的反对声。我们现在还不能讨论得太深入，但是我们不妨简单提一下威丝曼的观点，提一下进化机制，还有基因突变学说。再次将生活的特点及问题提到首要位置上的运动，必然要拒绝遵守机械的进化论学说，而推举一种动态学说。这在大马可观点的再接受及发展中可以看到，还可以在与之相随的尖锐批评纯机械进化论学说中看到，它必然要拒绝一切从内部及整体而起的发展。相比其他事物而言，它竭力反对机械理论，否认一切内在动力，从原则上摒弃生活中的一切进步，包括进化论观点。其另外一个具有同等重要性的反对意见，是认为这种学说仅得出一个合理的结论，而得出的途径就是通过假定这些因素已经已经具备最高等级的发展所具有的特点①。这些都算是同样伟大的理论，他们之间的斗争将永远继续下去，一会儿沿着这个方向发展，一会儿又转向另外一方。但是不管怎样，有一点是肯定的：我们今天所面临的局面绝不会像达尔文那些热情似火的信徒们所面临的那样简单（达尔文本人倒是没有那么教条）。

然而不可思议的是，同样是自然选择理论，在其自身领域内受到越来越强烈的批评和局限性，而在人类其他领域的研究中却越来越受到追捧。不管是在生活的哪个领域，有一个趋势是通用的，那就是回归最简单的起点——在这个点上，人类与动物世界相差无几；然后再一路往上追踪发展的踪迹，不是内在动力，而

①见洛奇《生活与物质》："再次所需要解释的问题可以按照其本来面目接受，并可直接归功于原子，为的就是希望这样能结束物质。"

是由外界刺激产生的缓慢向前的进程，我们要将其理解为适应环境和生活状况的行为。似乎这仅仅是一个自然生存的问题，一个与对手抗争最终取胜的问题。在所谓的“更高”层次上，根本没有什么新意出现，我们所拥有的只是生活中那些支离破碎的结合和变异；而作为其必然结果，精神生活一点独立性也不可能获得。这种观点所涉及的概念上的改变，深入到生活中的各个领域。当生活的所有发展都可以缩减成为维持生存的挣扎时，当所有的精神生活变成物质存在的附属品时，那所有有用的东西就会都变成价格的价值，本善的概念也会沉落成一个空虚的幻象，而真理也只能变成维持生活的观念集合。道德、美学以及知识理论都会经历一场大变革；它们必须为在发现并保留其原始因素所遇到的困难而寻找解决途径。

这种观念从整体上带给我们一种清新的视角和力量，从而影响我们的生活。它揭示了在过去经验中所未预见到的诸多新现象。它将形如散沙的物质结合成一个彼此相连的整体从而揭示一定道理。其视角落后，但却做出了诸多发现。存在的自然条件，所有复杂而又显而易见的文明中各种基础本能持续作用，历史运动那迟缓的本质，现在都受到认可。而所有这些似乎都为存在的概念赋予自然的色彩和更重要的真理，同时为提高人类条件而做出的努力要求更明确的机会以发挥其影响力。

然而如果前述内容被完全应用到理性和真理上，那必须站在更高层次的整体上，从各方面的关系的角度看问题。如果其试图通过自身得出最终定论并利用自己的资源建立起一个思维世界，那在这其中出现错误是在所难免的。而这些错误产生的原因就在于：精神生活和理性作为创造并促进精神生活自身基础在人身上发展起来，而这种发展方式遭到了错误的对待；而如果精神生活从一开始就退化成人类的附属物，没有一丝独立性，那它从纯自然中脱离出来会不费吹灰之力。那些站在这种思维方式形成的小圈子之外的人会立刻预见到这种说法的循环本质，会意识到其所影响的精神生活的变革会带来多大的破坏性。精神的价值，最终精神生活自身不仅会因为向有用性妥协而改变，他们甚至会被完全废止。

一种善行（如权力，荣誉，爱或者忠诚等）由于其有用性而被人们觊觎，也就是说，他们仅作为维持寿命或社会生活的方式，因此会经历内心的变革而不再作为一种善行而存在。真理如果不断下落，成为将我们的观点进行纯功利性安排的话，其也会有同样的下场，也许变成其他事物，但永远不可能是真理。然而，我们再确定不过的内心经验抵抗这种生活的堕落。不管我们在追求更详细的善行及真理时遇到多大的挑战，不管在这些价值中个人的力量多么渺小，作为生活的可能性，它们都是无法通过解释而消除的事实，是没有它们的存在就不可能变成现在这个样子的事实。最后有一个问题：从上述观点来看，精神生活又到底存在不存在呢？当全部灵魂生活被转变成一个基本力量的机械体系，那里没有生命可以与整体相连，也没有任何思想，没有任何感知主题。于是做判断的人就可以自我消失，宣称所有的精神活动，包括自己的，都是一种幻象！只要他不这样做，只要他不能这样做，那他所宣称的形式与内容就会发生矛盾，而这一否定（作为科学界及宇宙界的普遍真理而提出）本身就能证明精神生活要高于自然。

与这一矛盾（借此利用精神生活破坏其自身的基础条件）相

随的，是在更详细地实施这一理论过程中所遇到的其他复杂情况。而其中最重要的就是抛弃所有的精神性而与自然紧密相连，并将此视为重视生活、重视解放和自由。事实上，如果进行自己研究就会发现这种立场其实破坏了整个意义及生活的价值。从这个观点看，不管是单独个人还是整个人类所做出的努力劳动及所经历的痛苦挣扎，复杂的文明及其无数的支脉，他们所承担的使命不外乎维持寿命及感知。以极其迂回曲折的方式完成了动物们轻而易举就可成就的事业[①]。与实体存在相比，所有维持自我目标及价值的事物都将因站不住脚而消失退却。这样的生活毫无实质意义。但是我们终归是有思考有判断的生命，我们有自我中心，并将所有经历与这个中心相连，以这个中心为标准进行评估。因此，我们必然会因内容的缺失而感到痛苦空虚。而这种空虚是尤其难以忍受的，因为进化过程中绝不允许一丝一毫的改变和偏离；它们无情地将我们捆绑到无理的自然过程的轨道上。还有比这更无助的生活吗？无尽的工作，内心的孤独；它要求我们全力以赴不遗余力，然而其目标不过就是竭力维持生存而已。

不仅如此，如果从方法论的角度看，只要这种思维方式将精神生活考虑在内，就会卷入重重困难。我们会看到进化论理学、

① 在此我们可以看一下康德的评论（见《实践理性批判》："如果人们的理性与动物本能毫无二致的话，那么即使人类占有理性也丝毫不会比兽性更高级。"不，从这个角度上看，这不是进步而是退化。因为在追求同一个目标时，人们往往会利用越来越复杂的方式，越来越多的劳动和关心，这难道不是退化吗？然而，如果我们已经认可了新的内容和价值，那我们现在就早已经抛弃进化的机械理论了！

进化美学、进化法则理论等统统回溯到动物世界的初始，在这之中寻求更深入发展的关键。旧观点肯定有错误，它在开始阶段就构筑了较高等级，因此也将之后阶段错误的理想化了。如今，人们已经不再怀疑精神生活并非上帝赋予，而是从一点一滴，从动物进化到人的过程中发展而来。然而即使是开始阶段，其在整个发展过程中仍然起着不可估量的决定性作用吗？难道生命过程本身不能自我发展吗？难道其中没有新力量产生并发挥作用吗？实际上，通过将其回溯到开端来强调进化论并不及否认它更有力。更何况，这个开端真的那么简单清晰，以至于不这样的话问题就会含糊暧昧解释不清吗？我们能不能构筑一个直接的感官印象？我们对其的理解难道不是依赖于我们今天的立场和发展吗？这条路真的将我们引入了最朦胧、最晦涩的立场；解释高级阶段的时候，将其回溯到设想出来的初始开端实在不是什么捷径，只能算是旁门左道吧①。

说了这么多，我们一直在反对机械和自然进化观学说，这种观点主张以自我标准塑造整个生活。但是，进化论整个学说渗透着现代世界，在这一形式中其所包含的问题要远比表面上看起来

① 沃克特最近将这个问题归结到美学研究中，可以参见其在《美学》上发表的令人信服的文章《进化论的方法》。文章已经被单独重印成一本小册子，在第7页我们可以看到这样一段话："有一点不容忽视，要回答我们该如何对待艺术创造的问题时，不管是诗意上的，艺术的，还是美学的，如果我们想为自己的回答来点坚实基础的话，我们就必须从今天成熟人类的角度出发。"在第8页他又写道："事实上，用一个简单的词来描述原始人的美学并非一个系统的方式，而是整个美学所知的最模糊、最肤浅的问题。"第11页中，他写道："因此，基于历史及进化基础上的美学就是事物适当位里的逆转。"

的多得多。一方面，将所有运动均视为进步，是连续上升意义上的发展，这种想法太想当然了。即使是古人也充分认识到世界，尤其是人类行动的世界处在永恒运动当中；但是他们将此作为现实的低级阶段，他们看到的是复杂错乱，而没有任何平稳向前的运动。而现代人信仰的首要信条是持续向上的趋势。从宗教起源上说，这种观点受到思辨哲学的支持和发展。而宗教和思辨在今天只是自己过去的影子，对许多人来说是根本不存在的事物，然而他们的产物——对进步的信仰——却一直残存至今。

消除这些基础之后它还有强壮的根基吗？仅凭经验就能证明它是一个不争的事实吗？那些带有局限性的经验，真的能证明它是一种持续进步吗？这些问题往往掺杂了太多的主观感情。人们往往易于将所有的运动和变化视为进步；认可并接受自己所处时代里的新鲜事物的同时丢弃了旧事物。这样，每一个时代都认为自己就代表着人类历史上的最高阶段，因为他们都根据自己的标准来评价人类付出的努力：一个艺术大发展的时代会从艺术的角度评价，而一个技术时代则会从技术进步的角度出发。我们必须将暂时性、一时性的影响加到永恒影响当中并使其不断扩大。对于信仰进步来说，没有什么比一个强烈信奉现在的力量和感觉更有利的，要感受那些贯穿进步时代的事物，尤其是贯穿现代世界主流趋势的事物。从这个角度看，所有预示着提高生活的东西都被人们接纳了；而在特定领域内，那些看起来往这个方向发展的经验也被普遍化。鼓励分散的物质被连接到一起；而障碍困难却被忽视或搁置一边，甚至是抵抗本身也被视为向前发展的动力：在前述的一切中，纯经验在内在的关键的动力推动下发生了转变。

这种人类存在的观点和对待方式最终必然会在行动中受阻。更稳固、更具批判性的思维模式将打败对进步的信仰，指导人们将注意力放在阻碍因素上，将会发现这种思想导致永恒发展被覆之以一时的表象。举个例子，在过去的几个世纪中，人口不断增长的说法被普遍接受，而个别几个国家中人数停止增长反而成为引人注目的例外。但是这种说法才过去几年啊！远的不说，近在眼前的现代作家孟德斯鸠都相信欧洲人口比古文明时期少多了，应该通过制定特殊法律促进古老种族人口的增长。而后与之相反的论调又流行开来，马尔萨斯强烈表示人口过度增长会带来严重危害。有一段时间，统计数据曾一度与那个说法吻合；然而，最近又有迹象表明，在一定文明阶段人口增长受阻甚至完全停滞，而且这种迹象越来越明显。不仅如此，人口甚至出现衰减趋势。这不禁让我们产生疑问：也许增长的法则并不是永远有效，而只适用于特定的文明时期？这种思想改变整个历史的程度之甚真是令人发指！

不仅如此，数量问题开始冲破界限转而成为质量问题。历史是不是也会带动人类精神的发展？是不是会带动精神能力的增长？在这一方面，洛伦兹（奥地利动物学家）强调精神实现与生殖能力之间存在对抗性，而这种观点直接与大众的乐观意见背道而驰。洛伦兹称“精神实现越强烈越高级，相应的生殖能力就越低，这是一个不争的事实”，他还认为，“很有可能从别处得出来的一个经验在族谱问题上也同样适用；这种经验，也就是说男性配子从下而上移动，而到了更高等级，或者用现在的社会结构来说，在更高级的职业领域中，他们会慢慢灭绝”。顺着这种思维方式走，似乎“高级文明及文明人类的衰落并非因为他们无往不胜从而腐败没落，而是更高等级的文明人类的生殖能力遇到自然降低的原因”；看来“自然是无法直接繁殖精神的（仅从因果关系的意义上使用这个词）”。这样，人类运动自己就能慢慢衰落下来，文明终有一天会放慢步伐，开始变得年迈，然后会停止发展，直到再次注入新的能量和活力，还有最重要的，那就是年轻人。整个文明不再呈现出一个连续的上升趋势，而是在不同阶段都会有一个上下起伏的曲线。在这种情况下任何进步都会呈现出不同的面貌，但是不管怎样，这都是进步。

联系到我们现在所讨论的主题，应该指出的是生活中的不同领域会呈现出不同的运动种类，而这些领域中占主导作用的一个往往会将其自身的评估方式提升到普遍使用的高度而强加于其他。在技术科学及精密科学领域中无所谓损失或倒退之说，比起生活中的其他领域，他们的进步要明显连续得多。从人类生活的内心高度意义上来说，精神创造只有在个体的某些特殊点上才会得到充分体现，而后就会迅速衰落；在道德方面，人类在善行和恶行上的进步是一样的，不管是主动行动还是被动反应，这种对比会变得越来越明显。最终宗教会提出最基本的事实，这种事实经得起所有的时间演变；其认为这一事实在早些时候已经获得，因此也会将之与过去相联系。

所有的这些都试图从自己的视角出发，建立一个普遍适用于历史和世界的观点。于是关于进步的问题充满困惑；而那些确定无疑又具有普遍适用性的观点，只是在特殊的时间条件下的产物。当然还有一种理解使进化论观点充满疑问，它很容易使人们认为进化标志着一种势在必行的自然进步，其关乎的并不在于这是由个体因素的集合操作还是整体运动使然。

Evolution in the stricter sense signifies a natural process driven forward by an imperative necessity-it matters not whether this operates by an integration of separate elements or by a movement of the whole.

运动是必然的，因此人类与所处的环境陷入一种过于被动、过于沉默的境地。进步成为发生在人类身上的事物，而非人类争取所得，个人决策或行动也变得多此一举。举个例子，信奉德国浪漫主义进化观点的人将所有事物的始创归结为一种由内而外的、悄无声息的平稳发展，于是将人类的推动力与个人行动放在平等的地位上。如果在感官的自然本性及其附属品上也注入这种移动力，那同样的情况也会发生。在这两个问题上，进化论都危及生活中的道德方面，破坏了真实历史的基础条件——不断地往里注入新鲜的原始生活，将我们所接受的一切转化成个人行动和现实。人类精神生活在自由与命运之间的抗争中获得张力和个性，但这种进化论学说完全牺牲自由而屈从命运。这是在进化论严格视角下而带来的困惑，从而忽视了这样的问题。将所有取得进展性的运动都称为进化在生活中司空见惯，人们甚至都不会追究这种进步的原因是什么；而在这个问题上似乎还尚存一丝空间留给自由。另外，从更严格的意义上来说，进化标志着一种势在必行的自然进步，其关乎的并不在于这是由个体因素的集合操作还是整体运动使然。从这个角度上看，全部自由烟消云散，随之消失的便是所有历史（从人类意义上讲）。所有这些只是单纯发生了而没有产生什么行动。从历史的角度来讲，进化成为无稽之谈。不，怀疑更加深入；甚至运动的主导部分也充满怀疑，所有的现实都使进步的说法不再受到认可。起初，现代世界一片浑浊，只能从中动员各种关系，各种严密区别也慢慢缓和；这个世界看到的只有生活的提高，自由和力量的增长。而与之相随的还有巨大的损失，这个事实迟早要暴露出来。某些与精神生活存在密不可分的东西从内在看，运动本身就见证了不可取代的永恒性。

Movement itself, regarded inwardly, bears witness to the indispensability of permanence.

确实消失了。回归到最基本的形式，精神生活要求并展示出来的是永恒，这个永恒并非在时间范畴之内，而是正好与之相反。一个仅适用于今天或明天的真理只能算是谬论。

如果一条真理适用于所有领域，那它也同样经得起时间的考验；或者说不管在哪个时代，其都可以称为真理。虽然这样的论断在个别环境下只适用于一段时间，但其表达方式却经得起时间考验；作为精神经验的真理也会脱离时间的束缚。不仅如此，那些我们视为善行的，其价值的判断并非发自特定时期的视角，反而与时间无关，而是一种永恒的秩序。可以肯定的是，从不同时期得出来的善行的概念会随着所处时代而变化，而且不管哪个时代，只要被其奉为善行，那就有绝对性永恒性有效。不管人类环境如何改变，精神生活的内在优越性都不会屈服于时间。而且，诸如个性、特征、精神个性等概念也都有这种超越现实的精神生活特征。他们要求的是永恒，以及在所有运动面前的稳定性、一致性；而其不同阶段的产物都致力于表达出这种特点并将其利益最大化。所以，将精神生活完全随运动而变就等于毁掉其赖以生存的基础。

不，从内在看，运动本身就见证了不可取代的永恒性。没有一个高于自身的立场，并从这个立场上进行综合，运动就无法进行回顾分析，无法集中成一个整体，人们也无法体验整体运动。否则运动就会分裂成无数独立个体，这些独立个体犹如万花筒一般千变万化地占据并影响灵魂，但无法为其提供一个整体或任何实质内容。因此，运动观越是缺乏高于自身的力量，生活就会变得越肤浅，以致失去所有精神自由。

精神生活的这种超越时间的品质，在历史的发展进程中得到尤其明显的体现，在这里尤指人类及精神历史。

站在人类角度上看，历史绝非仅是一系列连续时间的集合，也不是人类在历史的长河中任意漂流；那样永远也不会带来任何外来影响，如自然在地壳形成过程中所发挥的力量。所有的人类历史更是对流水似的现象的抗争，有点像是企图将水流静止，与时间对抗。甚至是在最原始的想要将风俗习惯在几代人的记忆中保留下来，然后再将整个人类历史上保留下来，这些都是在与时间作抗争。然而，人类越重视历史，历史带给人类的就会超越仅仅知识上的扩大，更有生活的提高，而人类就越要付诸自我行动。

这就必然要求一个超越时间的立场。想要从内心上经历过去，我们就要将自己从现在的偶然性特点中解放出来，或者至少要朝着这样的一种解放努力；否则在此之前的一切事物中，我们只能看到对现在的投影，而所有外界事物的扩大和提高也只是我们内心的映射。我们也将无法根据每个时代的独特的关系来理解那个时代。要看到这些深层本质，我们不仅要了解过去，更要将过去与我们自己的生活相连，将过去的财富移植到我们的生活中，身临其境地体验过去所达到的高度。想要达到这种目标，我们不仅要深刻理解逝去的时代，还要对其仔细研究，去粗取精，去伪存真。然而，要达到这样的目标没有一点超越时代运动的立场，不将运动领域转移到永恒观上怎么行呢？最后要说的是，历史之所以对我们重要，只是因为我们能够将其变换成永远的现在；而其最主要的功能，就是使我们从转瞬即逝的狭义的现在中脱离出来，进入一个超越时间范畴的广义的现在。在获得一个真实的现在的过程中，没有比全身心投入到狭义瞬间更危险的敌人了。

心怀这样的憧憬，生活才能在时间运动的大潮中随波逐流、一直停滞。甚至即使我们的意识被运动的观点占据得满满当当，我们的工作也能在永恒中找到平衡。这样，即使是自然科学领域中运动学说的极端领导人物，也认可运动之外还有其他事物，在物质或能量的永恒学说中可以看到，在所有现象遵循的不变法则中也可以看到。没有这样的基础，其所做出的工作就无所谓科学，也不是一个无心的解释，而是一个语不对题的自说自话。

对于哲学家而言，如果不认同永恒优越于变化并围绕着变化，就不可能将进化论变成他们思想世界的中心。如果黑格尔认可超越时间的观点，不从这个观点出发将自己的思想体系整合成一个整体，并将一系列的运动归结到这个整体的范畴内，同时将其提高到顺势潮流之上成为永恒意义上广义的现在，那黑格尔的思想体系就会分崩离析成为零零星星的几点，这些独立的思想阶段飘浮在历史和现实中最终会毁掉整个真理。而在黑格尔的问题上，是否真正达到了最终目标却是另一个问题：至于其思想灵感本身是毋庸置疑的，确实，黑格尔思想体系的整体与其密不可分。

当我们想到黑格尔的现实对手孔德时，我们发现他们有着相似的处境。他仅通过仔细研究并突出了几个永恒因素，就成功构筑出自己的科学体系。孔德将此前历史视为不断变化的状态，而在之前阶段上取得的都是相对真理。但是到了实证主义上，他认为自己已经取得了绝对的最终真理，尽管以后会针对这个问题有更深入的发展，但是不管到了哪个时代，其核心将永恒不变；不仅如此，历史回溯完全从这一最高点开始发生。在所有运动过程中，真理将永恒存在。

社会生活就是通过一点一滴积累而成，在生活过程中慢慢揭露识别其中的永恒因素。从这个角度上看，现代生活不断进步，在转变成一个过程中并没有遇到强大的阻力。永恒因素的不断作用带来了巨大影响，促使生活从旧体系中解脱出来，并坚实地固定在现有状态，构成人们理所当然的环境。而在这些永恒因素和力量中，运动流获得新的帮助和补充。诸如这种未达到平衡的对立趋势不可能维持永恒，毫无疑问，占上风的一方在运动原则的引导下逐渐占据整片领域。这种原则会引发自己的后果，将所有固定事物分散溶解，整个生活将变得动荡不安。

与此同时，所有永恒因素和力量消失后所产生的后果会变得越来越明显；而这其中，我们会尤其怀念能够从整体上观察生活的内心综合；所有独立精神力量慢慢消失殆尽，为提高精神存在的标准而做出的努力也渐渐平息。纯运动取得的胜利将是完全胜利，不仅是相对意义上的，也是感知意义上的。它标志着对所有生活内容的丢弃，将存在溶解到单独的时刻中，任何真正的现在也将消失。

不仅如此，人类同时必须分裂成为相互排斥、相互独立的组织，越来越完全摆脱共同思想世界带来的对其提升和综合的影响。难道我们能否认吗：回顾当前状况，这种趋势已经足够明显地显示出巨大的破坏力，而由这种趋势所引起的问题和疑虑已经深入到现代生活赖以依存的基础，这些我们能否认吗？我们确实已经取得了更加丰富多彩、更加灵活机动的生活，任何权威或呆板的传统都不能束缚住我们，我们可以尽自己全力跟踪时代潮流，抓住每一个关键时刻，提高自己的生活步伐。然而，在所有这些方便繁忙的活动中，生活开始向我们传达出威胁的信号，我们浮于生活的表面，而我们的精神世界却变得越来越空虚。我们抓不住事物的内在统一、内在灵魂，而与之相随的，我们也丢失了在像流水般逝去的现象中唯一可能获得的支持。于是我们也无法维持自己的独立性，我们开始摇摇晃晃，像寒风中的树叶孤立无援。我们与真实的现在断绝联系，因为真实的现在要求生活能从自身中获得安宁，能够超越时间的束缚达到永恒[①]。相反，我们只是得到一系列瞬时，这些转瞬即逝的时刻将生活转变成不安的时光之旅，并促使我们追求即时效果，满足于感官享受，仅追求维护外在利益。于是，我们不可避免地开始不断渴望追求新鲜事物，追求那些令人目眩神迷的、可以带来感官刺激和效果的事物，我们不自觉地开始迎合大众口味和思维，也开始染上了所谓的低级趣味。这种毫无价值的“现实”曲解了亚里士多德的高尚概念，甚至赋予其正好相反的意义！

然而，我们越是迷失现实，我们就越是渴望追求那个不确定的未来，甚至开始抢夺先占。曾经在比现在更安宁的时候，洛策

①这种生活在德国文学的经典时期曾经实现过。我们仅需要回忆一下歌德说过的话（其与艾克曼的谈话）：“每一个处境，不，是每一个时刻都包含着无限的价值，因为它就是永恒的代表。”实际这个词是后来古人创造的产物；在中世纪，行动、实际、行为等词都来自亚里士多德的希腊话—拉丁语翻译，而后被广泛应用（尤其是在邓斯·司各脱时期之后），一直延续到新时期。这个词用来表示亚里士多德观点中的能量或生机的意义这种活动能够从自身获得安宁和补给，与那些以为前进的、不完整的运动形成鲜明对比。

说过：“这种对比从来没这么明显：人们热切地紧紧抓住全部生活不放，他们勤奋劳动，只为能参与其中。然而实际上，这并不是什么真正的生活，他们梦想着另外一种更加美好的生活，他们憧憬着，而只要现在的生活能放慢脚步，为其打开一扇门，他们就会过上那种生活。”

于是，那种夸张的、令人发狂的运动一拥而入，使内心生活支离破碎；生活不再真实，而越来越变成一种单纯的生活意志，这种意志指向生活，但却无丝毫生活气息，而是一种幻想。这种趋势绝不会长久。将存在转化成纯运动只能彻底毁掉生活，因此也会遭到人们的反抗。人类必须也将会克服这场危机，因为在人类的内心深处，这种做法势在必行。然而，如果存在不经历一场彻底的变革，新生活方式没有建立起来，人类没有将精神生活上升到一个新高度的勇气和力量的话，这场危机永远也克服不了。

### 4. 新生活方式的要求

虽然，在此我们无法彻底讨论人类所致力研究的问题，但是如果不指出我们研究时所应遵循的路径就不会有任何成果。因此我们还要往前进行，尽量简明地描绘出一个大体轮廓。首先，我们有必要找到坚实的支点做出对抗，以防止生活受到威胁而消失在我们面前。这种支持是外部世界所提供不了的，我们只能通过灵魂做媒介才能体验这个外部世界。如果灵魂生活要归依运动，那即使是那些最稳定的永恒性的事物，对我们来说也会成为可以改变、可以移动的，而灵魂的即时生活也不再遵循任何固定原则。因为在这个问题上，大部分可变因素交织在一起，那些转瞬即逝的现象纷繁复杂，令人困惑不已。由此又能保留一个希望，我们必须深入研究精神活动。这种精神活动根深蒂固，坚不可摧，并将这种牢固性传播到生活的其他领域中。现代世界中，许多伟大的思想家已经以各自不同的方式做出自己的努力：法国哲学家笛卡儿以纯思想的方式寻找阿基米德点，康德则付出道德行动。然而这两个人的事业都深深根植于现代生活更广阔的运动中，一方面是科学工作，另一方面则是道德出发点，他们都要为人类存在构筑一个坚实的基础，防止其消失在更多纷繁复杂的现象中。这两种运动都取得了巨大成果，直到今天仍影响深远。而与此同时，有一种困惑变得越来越强烈：他们到底是不是已经探索到根源并可以以此解释整个生活呢？首先，他们将生活约束到一个特定的方向上，在这个方向上赋予生活特定的评判标准：一个是唯精神论，而另一个则是道德观。从这个角度看，以特定的某一点为中心看问题仍然受人质疑，而从其他角度出发的观点也会使这种看法受到挑战，从而引起更严重的异议。行动可以受到精神的对抗，反之亦然。怀疑论能够将科学退化成一个纯粹的组织图像，而自然主义也能将道德转变成纯自然本能的产物。除了整体观，没有任何一个领域能够确保我们实现一切。如果精神生活中少了包含一切领域的整体观，如果原始生活没有建立在整体基础上，那我们的生活以及为之付出的努力都将付之东流。

整体的思想绝非幻想，这一点在人性运动中得到充分体现，正是这一运动使我们人类的斗争生机勃勃。不管我们的真实人格与狭义上的人类相融合多少，不管其在多大程度上受制于复杂条件和限制，一种新的生活方式，一种更深刻的现实开始变得活跃起来，并慢慢展露在人类眼中。在这个问题上，精神生活并不是以特定表现形式出现，而是一种新的现实种类，是一个新阶段的存在，而其他表现形式（包括科学思维及道德行为）都要服从并努力适应这种精神生活。只有整个生活不断前进直至到达生活整体的源头——精神时，我们才有可能得出一个坚定的结论。这样，文明中开始出现理想——这个理想超越理论与实践之间的对抗，在每一个因素内将精神阶段与精神前的阶段区分开来。

如此说来，我们只有通过积极有力的巨变和存在变革才能将那个不易动摇的中心不断往前推进，才能奋起反抗，与时间大潮和毫无意义的纯运动做斗争。如果人类不立足于超越即时存在的精神世界，不直接存在于生活过程中的话，那这场抗争将毫无获胜的希望可言，甚至我们在这条道路上所付出的努力也不会被后人理解。

然而这个回归还有更深入的要求：精神生活不应被视为我们人类本性所独有，人类应该参与到超越自我的精神生活中。究其本质而言，精神生活应该与人类相独立。如果精神生活与人类本质的关系比当前概念所认为的更独立，而同时，运动与静止之间相互适应，那现在就有希望建立其一个超越这种理论与实践对抗的新生活。只要与精神生活的实质有关，那变化（以及与之相随的变革）就毫无发生的可能。在真理观（这一观点同样超越理论与实践之间的对抗）中既不可能存在发展，也毫无变化可言。真理超越时间的范畴，永恒存在，这一点对真理的存在起着至关重要的作用。而人类则只能在时间范畴内通过经年累月的经历才能不断获得生活内容。而为了达到这个目标，自由和移动性是必不可少的。不仅如此，人类所致力的真理一旦获得并非就此一劳永逸，日后即可高枕无忧；相反，人类还要继续努力，不断征服真理。怀疑不会消失，反而会持续吞噬我们精神存在的基础，再次向我们发出挑战，再次被征服。

这样三种大相径庭的生活由此产生：一种指向永恒，不，是致力于永恒的休息，致力于将人类从所有运动中解放出来；另一种生活则完全被运动所占据，完全处在运动的影响之下；第三种生活则力图逃离永恒与运动之间的对抗，这种生活旨在寻求一种内在优越性，在前两种生活之间达到平衡。第一种生活主导着古代生活；第二种则影响着现代生活；第三种从最早期开始就在世界的精神生活中存在着，然而并没有受到原则上的认可，也没有发展成为一种强大的清晰的生活方式——这就是未来所承担的艰巨使命。旧生活方式的优势在于其坚定性以及其赋予精神生活的静止永恒性，并以自己的力量将精神生活提升为不可侵犯的秩序，不受任何喜好和偏见的制约——不管是来自个人还是整个大众。然而，当这种生活方式认为真理不仅从本质上不可更改，而且人们伸手可取时，这种方式就开始四面受敌、岌岌可危。如此，在整个经典时期，甚至可以说在整个中世纪，科学真理一直被视为终点，是已经完结了的主题，连基督教教会也不承认在宗教思想世界中还会有更深入的反战。一个本属于特定时代的事物于是被固定下来作为永恒，一切对其做深入发展都是违禁行为，人类也被套上了僵硬的枷锁。随着时间的流逝，这个枷锁越来越压迫着人们的生活。不仅如此，真理本身也受到损害，来自特定时代或特定民族的偶然因素被附加到真理身上，真理依然面目全非。所有的这些不可避免地引起世界的反抗，运动的趋势再次生长，受到人们的认可，而人们也开始意识到自己的局限性和其成就的前提条件。现代生活开始发展，而这种生活的伟大之处我们已经见识过了。如果说永恒定律错误地将精神生活的实质与人类存在形式混为一谈，那进化论则错误地使精神生活受制于人类条件，一个使生活讲僵化，而另一个则将生活挥发殆尽。

然而，也不乏妥协的举动。整体生活一直通过不断体验新事物从而不断进步，而随着时间的流逝，新事物又会不断老去。在历史进程中，内核和外表之间的区别越发明显，前者被完好无损地保留下来，而后者多半被抛弃。而这只不过算是权宜之计，现代思维模式充分彰显出个体时代的独特本质，于是这样做成功的可能性越来越小。如果我们不想一直受制于这种压迫，不想被其压垮，我们就必须改变现实观的本质，从而从内在上克服它。然而，只有精神生活受到认可，人类生活中彻底独立脱离出来，我们才能成功；只有通过这种方法我们才能既能维持永恒，又能随时应变。从人类存在的深层本质上来说，人类必须立足于一个不变的稳定的精神世界，并以此为中心向外扩散影响，逐步认识人类的生活。然而与此同时，人类的直接存在并不稳定、不完整，甚至是极其不稳定。改变必然是一个缓慢的过程，在向目标迈进不断取得进步的过程，只有通过时间的考验才能获得。然而，正是因为这种与不变基础的联系，变化运动才不致在模糊与陌生中迷失自我。在这种不断变化中自我存在得以实现，而这种自我存在的实现从一个转变过渡到另一个转变，从一个阶段上升到另一个阶段，于是这不再仅仅是关乎改变的运动了。

从人类的角度考虑，这种转变也有一定要求：生活应建立在比各自形式的心理功能更深刻的基础之中，因为现实已经处在不断的变化状态中，尤其是思想世界在不停地转变。然而在所有这些变化中，一种更明确的、更基础的生活仍能维持自己的立场，通过变化表达自己的声音，在变化中揭露那些超越时间范畴的真理。这样，人类就能够在时间中立足并逐渐超越时间：人类的生活拥有双重特质，生命不仅要将实现超越时间的真理作为一种经历，更要将生活建立在这个基础上；同时，还要努力在时间的王国中解释更明确、更清晰、更强大的真理。因此，在这里，真理既是一种占有又是一个难题。说它是占有，是因为它处在我们存在的内心最深处；说它是难题，是因为我们至今一直在努力将存在转变成一种完全自我活动的生活。从这一点看，我们可以与历史建立一种关系，这种关系会吸收并克服永恒与变化之间的对立。举个例子，我们可以考虑一下我们对诸如基督教等历史宗教的态度。这种从历史上一直沿袭下来的形式不可能永远维持下去。考虑到所有发生在我们外在或内在存在的巨大变革，如果我们被迫以旧模式生活，那我们的思想，甚至我们的情感和信仰都会面临不真实的危险。我们生活的唯一目标就在于在其他时代中评判公允，那么到了自己的时代，我们必然会有失偏颇。

但是，这种从直接存在形式的脱离并不一定意味着物质的抛弃。真正的精神生活的存在形式并不是完全的，一直以来，这种生活赋予事物以时间意义，还有生机和活力，从而是其影响整个人类历史。在任何情况下，人类生活都不会与这种精神生活脱离联系，只要精神生活在人类生活中得以体现，这就是一个永恒的主题和使命。它不会在各个时期都维持呆滞刻板的一致性，从而体现其超越时间的优越性；相反，它在各个时代都有自己的独特之处，在各个时代都有不同的面目和形式，然而却从不丢失自己的本质；它使每个时代在自己的内心发现永恒，从而将这个永恒从时间的束缚中解放出来。然而，古文明世界的观点却恰恰相反，它将时间转变成现实，并赋予时间以巨大的优势，只有通过时间的前进，生活才能循序渐进地取得进步，永恒才有可能实现。

当希腊思想将“转化生成”降至次要位置却没有任何鄙视因素时，有关世界以及我们与现实之间的关系到底是如何转变的？这个问题我们在此无力谈论。然而有一点我们有必要在结束本章内容之前提及一下。我们所指的基本变革以及永恒和改变之间的调和问题，与进化论事实绝不冲突，然而与进化论哲学、与进化论的纯自然理论则会发生尖锐冲撞。最终决定在于我们对精神生活的整体理解，以及我们自身存在的整体理解。而进化论整体的事实如何理解，则主要取决于我们能否在精神生活中识出新的生活阶段，或者说我们是不是只能在其中看到自然的延拓。在前者中，进化论呈现出一个不同的面貌，我们自身直接参与这个进化的过程，我们在体验的同时也会变得驾轻就熟。在这种进化过程中，所有的进步并非自发的，高级阶段并非是低级阶段的产物，而是一个更广阔、更强大的整体参与到这场运动中从而产生的新的力量和活力。所以，我们的现实需要背景和深度，它必须依附更强大的整体并努力将其包容在内。于是，变化不再是一个毫无目标、毫无意义的单纯竞赛，变化在永恒真理王国中不断运动，并在此基础上获得源源不断的动力。然而从另一方面说，如果精神生活只是自然的副产品，那变化也会失去平衡力，生活也毫无内容而言。然而人类以及整个世界却轻率莽撞地投向这种空洞的生活，并将此作为自己的唯一归宿。

因此，这个问题跟我们所探求的其他关键点一样，我们对精神生活的态度——尤其是对精神生活独立性的认同和反对，决定着我们思想的运动方向。

# 第四章　人类生活问题

## 第一节　文明（人类文化）①

在对待人类自身的问题上，我们会发现，我们所面临的这些问题总是以一个主导性观点为中心而展开，那就是人类的文化或文明。这种观点支系蔓生，错综复杂，这些支系随着母根的变化做出反应，并以此来更紧密地决定母根的发展。如果我们要问文明是如何变成今天这个样子，那我们就会渐渐引入了历史和社会生活的种种问题。如果我们要问文明到底是什么，那我们面对的就是有关道德、有关艺术等的问题。我们会循序渐进、按部就班，从基础到整体进行讨论。那么，我们首先要解决的就是对文明做

① 我们应该理解，“文明”这个词是德语 Kultur 的翻译，这个词的翻译很难取得令人满意的效果，可能更准确地讲应该翻译成“人类文化”，但是翻译成“人类文化”显得蹩脚冗繁，所以（按照惯例）还是选择使用“文明”这种说法。根据保尔森的观点（见《德国的经验教训》），16 世纪初期，从德国威滕博格，文明用语开始流行开来。

一个简单的概括。

## 1. 文明观点和概念的历史

按照惯例，我们还是会以这个领域内的术语开始我们本章的讨论。文明按照今天的意义来讲，起源相对比较晚。尽管后来在经典时期以及文艺复兴时期，人们对于将灵魂状态比喻成这个领域内的文明已经足够熟悉，然而英国哲学家培根才是第一个将文化的观点确立成一个明确的概念的人。在培根的道德体系中，精神文化或田园诗占主要部分。然而在最初开始的时候，这种努力却毫无效果，没有人肯直接从事这一领域的研究，也没有人取得显著进展。

直到 17 世纪法国文明开始，在这一领域内才爆发了更强烈的运动。然后这个骄傲的、自鸣得意的经典时代就开始明显支持自己的文明形式，并将其与所有低阶段的发展形势相区分，而这种区分产生了人类存在于不同条件下的普遍反映。18 世纪一直渴望在自然基础上打造历史，从而将这种趋势继续往前推进，同时也更加热衷于研究自然和文明程度之间的鲜明对比。由于极度缺乏人类进步的表达方式，不同的画面和观点一个一个地排在人们眼前，并经常相互抵触重叠、举个例子，培养、教化、改进、启蒙，这些或多或少总找不到明显的界限。在这些表达方式中，一个能表示明确立场的词似乎是由杜尔哥首次提出的，那就是文明。在德国，文艺复兴时期的拉丁语中有一种叫法是 civilisatio，而礼貌这个词（civilitas）也有相类似的意义[①]。然而从经典时期开始至今，最近仍在使用的语言中，这种意思的表达方式仍然模棱两可，暧昧不明[②]。在德语中，这种显著的差别正是中世纪发展的结果。当时流行为整个人类增添活力，对人类存在的艺术性解释包含了原汁原味的人类文化的理想，于是，关于文明的词都不可避免地朝这个方向努力适应。由于这种适应，人类文化的概念有了确定的意义并逐渐占得主流。Zivilisation（文明）[③]逐渐出现在人们眼前，用来表示人类进步的低级阶段。而**Aufklärung**（启示）则在被广泛应用之前就丢失了其更常用的意义，开始用来表示18世纪所特有的社会行为，于是逐渐演变成一个社会类别固定下来。而表示启示这层意思的，则是我们熟悉的Bildung（始创，形成），现在也有了内在含义（精神文化），而有了这层意义后，这个词开始流行开来。然而我们不妨再仔细看看这些词，因为他们主导了德语

①如在《开普勒》中，它代表了野蛮的对立面。

②在伊瑟琳的作品中可以找到这样的例子，伊瑟琳是一个很有思想的优秀作家。他经常将Stand der Natur（自然条件）和Stand der Sitten(礼貌条件）作比较，因此也会有gesitteten(举止有礼）的民族的说法。当然，他也经常使用Polizierung(提升改良）和poliziert，在这一点上，他预见到文化与文明之间的区别，于是区分出两种不同的Polizierung："一种为社会提供外在形式"，"另一种提高人类的思想和感受"。他还将Barbarei(野蛮）和Menschlichkeit(人类）做对比，还将Milderung(温和，人类化)、Milderung der Sitten(人性化行为），还有Erleuchtung(启发）和Erleuchtung der Geister(人类思想的启示）这些词一起用来表示"人类文化"。在他平轻时期的作品中，歌德会经常使用polierter人以及polierte国家。而康德则使用geschliffenen(优雅的）阶级。

③这个词不可以与英语中的"civilisation"混为一谈，英语中的"civilisation"与德语Kultur更接近。

文化是一种理性存在的延伸，这种理性存在能够在自己的自由范畴内满足普遍需要。

Culture is the drawing forth of a rational being's capacity for certain ends in general, which, being general, are within the scope of his freedom.

的使用方法并一直沿用至今。

没有任何其他附加意义的 Kultur（文明）这个词最早在赫尔德[①]的作品中用到，而其新意义也一直在不断变化，然而它也逐渐固定下来表示一个确定的含义[②]。Geisteskultar（精神文化）长期以来一直与 Kultur 共同使用（如在歌德的作品中），但是慢慢地，Kultur 的使用频率降低下来。由于德国理想主义出现两个主要的发展趋势，这个概念也开始用在两个方向上——艺术上和道德上。在诗人和人文主义者中艺术用法占主导地位，在这一方面，艺术和科学相结合作为文学创作而出现，并成为文化的权威用法，成为真修的显著标志[③]。

另一方面，康德以及行为更加果断的德国哲学家费希特都将自由作为文化的灵魂，因此文化也被赋予了道德色彩。康德是这样定义文化的："文化是一种理性存在的延伸，这种理性存在能够在自己的自由范畴内满足普遍需要。因此从人类角度上讲，自

① 译者注：赫尔德，德国哲学家，康德的学生。

② 在《哲学思维历史》的第四章中，关于这个词的讨论尤为重要："如果我们要把它称为贯穿人类整个生活的第二起源，那我们完全可以自由使用这个名字，文化（土地的孕育）或者启蒙（灵感之光）都可以。但是在这个问题上，与文化和启蒙有关的事物将贯穿世界的每一个角落。" 文化的支配目标是 Humanität（人感觉意义上的人类）。对赫尔德来说，根据实现将生活和美紧密结合的信仰，这代表着完全发展和各种力量的和谐。然而与纯自然相比，人类的显著特征就是自由。因此，自由对文化概念来说至关重要。赫尔德的《文化概念》对这个问题做了更详细的讨论。

③ 见 F.A. 沃尔夫的文章，在后文中我们会引用到。

然的最终目标就是获得自由。其实，单纯这个目标并不能使人们幸福，甚至人类在无理性世界的既有秩序和记录中获得声名显赫的地位也不会使人们幸福。”费希特将这种观点进一步往前推进，并用自己的强烈方式表达出来。在费希特看来，自由或者完全的自我活动都是文化的内容，因此后者代表了“为获得完全自由、完全独立而行使的所有力量，并不是我们自身，也不是我们纯粹的自我”。对他来说，这个任务高于一切，“在这个感官世界中，在我们人类的生活范畴内，不管是我们所做的还是我们所承受的，只要是被视为一种现象，那除非对文化有特殊价值，除此之外什么也没有。”

宗教、科学以及道德，在理性文化的分支中位列高级，文化也可成为治国之道，而思想家所梦想的过的通常被描绘成文化的国度[①]。

然而不管怎么说，人类文化上的这两种不同发展方向在个别不同的文化中也能达成一致，在所有纯粹社会秩序上，它们都是社会内部的发展，是对整个人类的提升。Zivilisation 就是用来指示后者的，因此它和 Kultur 的区别一目了然：前者更低级，而后

① 起初，“文化国度”的概念与将国家视为纯“司法机构"的理解相冲突。首先，“文化国度”也与理性国度相对抗：“到底哪里才算是有教养的、信奉基督教的、欧洲人的祖国呢？广义上说是欧洲，然而狭义上则是那些处在文化发展最高峰的欧洲国家。”后来，费希特本人也将国家和祖国的概念在实践中使用，但是在他眼中，占据重要地位的永远只有精神内容，而非感觉存在。

者则更高级；前者是发展之始，而后则是发展完满[①]。教育这个概念的发展与改进与教化（Bildung）这个词的出现密切相关。18世纪后半期，这个词的适用范围首次从外界切换到内部，从物质转换到精神。浪漫主义者对这个词的使用尤其热衷，他们似乎在如die Gebildeten（德语：受过教育的）、文化人的广泛使用上起到特殊作用。[②]从费希特身上我们可以清晰地追踪出这个词从最初含义模糊的状态逐渐变得指意明确，并获得固定内涵。不管是Bildung还是gebildet，都经历了一个独特的发展过程，这个过程与其他词语的发展大相径庭。它没有被所有民族所使用，没有被

……………………

① 这一点在康德问题上很明显："通过艺术和科学，我们已经变得高度文明，在每种社会行为和习俗上我们甚至文明到超负荷。然而，在我们称自己是'有道德的'之前，还有很长的一段路要走。道德是文化的一部分，虽然道德的观念还只应用到统一的习俗和外表的意义上，它还是不等同于文明。"瑞士教育学家裴斯泰洛齐也表达过类似意思："人类聚集在一起只能教育出同类，而不会培养它，使其获得更大发展。"F.A. 沃尔夫极其热衷文学文化，在《古代科学博物馆》引言的著名论述中，这一点尤为明显。他将文化和文明做区分，并以此将希腊人和罗马人的地位提升至所有其他民族之上。在这一点上，真正文化的主要特征就是拥有普遍文学，文化就是由文学和艺术的发展而带来的社会地位的提升。"这些文明国家与其他国家之间最主要的一点区别，就是后者一点也没有（或者仅仅从一定程度上说）超越某种文明，这种文明与真正的高级精神文化相比，应该被称为可敬的"。又写道："这种更高级的文化，就是精神文化或文学文化。""亚洲民族或非洲民族只能称为文明民族，这种文明并非文学意义上的文明，毋庸置疑，他们怎能跟我们相提并论呢？"在这段时间的发展过程中，欧洲与文化似乎一种紧密结合在一起。

② 在几个世纪的影响之下，这种表达方式在当时的意义要远比今天的意义深刻得多。这一点在研究《施莱尔马赫讲话》《关于宗教之间受过教育的那些轻慢的人》时应考虑在内。而这个词在德国浪漫主义者之间的意义问题上，想要寻求更详细的信息，请参见《哈杨浪漫学派》。

人类普遍使用，而仅仅是一个国家内更高级智力人群的应用。而Bildung这个词的重点更在于个人活动，个体部分的独立占有[①]。因此与普遍的文化比起来，它具有更多内在上的东西。

最近一段时间，Kultur和Zivilisation之间的区别变得越来越模糊，越来越变幻莫测[②]。这一点原因复杂。徘徊于诗人和思想家们脑海上空中的内心文化宣称，自己优于任何纯文明形式，而到了我们这个时代，这种文化却不再占有任何坚实的根基。不仅如此，从这个方面来讲，国与国之间无法达成一致；我们德国人所称的Kultur，到了英法那里就变成了“civilisation”（文明）。而就目前来讲，我们还无法深究这个问题。Kultur这个词的普遍意义问题是毋庸置疑的，然而其更确切的意义却至今悬而未决，每一位有影响力的人都试图在这个问题上留下自己的印记。

不管今天Kultur的意义如何不确定，它都指向另一个非常古老的问题。古文明世界不可避免地认识到国家之间与同一国家内不同的文明阶段之间的巨大反差。位于制高点的阁楼生活不仅能够增加希腊文明的自我意识，还会促进希腊生活自身更尖锐的分化。然而，仍有很多因素妨碍人们充分了解人类文化的问题。国家隔离促进特定国家获得更高的文化地位，使其成为特殊种族的纯自然天赋；而同时，对无尽循环的信奉使所有的进步都局限在一个狭隘的区域内，从而轻易地妨碍了对国家起源的公正判断。另外，在认清从自然条件中逐渐进化上升的过程上又有相当的个人偏好。

① 关于与Bildung概念有关的问题，可参见O. 维森菲尔斯，《本风暴的形成》。
② 详细概述见《巴特的哲学，社会学历史》。

理想主义试图从内部建立文明，现实主义则努力从外部搭建文明。

Idealism has endeavored to build up civillsation from within, realism to piece it together from without.

然而，视野的开阔以及始于亚历山大的种族之间更紧密的联系，必然受到人类向希腊人和野蛮人之间的分化而受阻。同一个时代，国家间对立的削弱也促进了希腊人自身教育者与未受教育者之间的尖锐对比，没有学院教育，要继承文化上的丰富财富就是天方夜谭。后来的经典时期中，文明问题上又有了很多思想家的参与和贡献。在早期基督教世界和中世纪中，这个问题逐渐沉入大的历史背景中，但是随着文艺复兴运动的兴起，它再次以充沛的精力出现在人们眼前。文明自此维持在精神工作的中心位置，现代世界的所有反对力量都围绕着这个中心展开抗争。理想主义试图从内部建立文明，现实主义则努力从外部搭建文明。

艺术概念，精神概念以及道德概念都开始冲破自己领域的禁锢，为取得上风而斗争，然而其中也不乏各种形式的相互妥协。在 19 世纪期间，历史和自然科学之间出现合作，这种合作促使在这一问题上旧形式的思辨方法越来越向精确科学让步。与此同时，文明生活所依赖的物质条件受到越来越密切的考验①，同时事实开始毫无节制地日积月累，对整体概念的需求促使人们开始涉足于有关文明的哲学的新尝试。于是，在这无数问题和矛盾中，我们在此仅挑选那些直接触及生活和精神的问题研究。

① 关于这一点，维尔康特的《土著民族与文明：一种颇具贡献意义的社会心理学》有很高的参考价值。在 E. 罗德的《希腊小说及其来源》中可以找到更多有趣信息。

如果文明的内容尚未确定，那文明的程度也无从谈起。

If the content of civilisation be quite uncertain, the same may be said of its extent.

## 2. 评论

### （1）文明的本质与价值

文明这个问题，我们想得越多，它就会变得越复杂。这个概念应该向一切将人类提升至自然之上的事物妥协，但是人类的对自然的优越性又体现在哪儿呢？这是不是说在既定存在之内，人类获得了更高的独立性和更强大的力量呢？是不是说人类在巧妙地为自己的目标应时而变的同时，能够用更广阔的视角观察周围环境呢？在他们身上我们有没有发现一种新的生活方式，是不是有新的深度产生从而使人类建立一个新的现实领域？之前的那种情况只不过是外在的，而后者则是内在的；一个是对社会的钻探打磨，另一个则是真正的精神文化。前者的现实毋庸置疑，但是后者出现的可能性却遭到哗然一片的质疑。

如果文明的内容尚未确定，那文明的程度也无从谈起。当然，其内容肯定包括将人类生活转化成更重要、更深刻的活动，不，是将人类生活建立在个人行动的基础之上。实际上，这就是 Kultur 这种表达方式所传达出来的用意。因为它在人们脑海中唤起了与自然中野蛮自由生长相对立的文明领域，然而这种行为又会不会向带有人类特点的任何事物妥协呢？或者它是不是单纯的生活的一个方面，与其他可能性同时存在呢？宗教与人类文化之间的关系引发了一种不安全感，这种不安全感进而滋生了棘手的问题。有时宗教与人类文化相伴相随，甚至宗教似乎依赖于文明的状况；有时这二者似乎又对立出现，相互抵触、相互阻碍，而文明常常从宗教的视角中受攻击，与此同时宗教亦然。

而文明的价值问题也很大程度上处于相同的境地。如果文明意味着一切将人类提升至未开化的自然的水平之上，使人类有修养受教育，那文明就必须呈现出所有价值的最高形式，而任何事物的价值都要依赖于这个整体的价值。然而与此同时，历史却因与文明相生的邪恶和危险而满腹牢骚，有时这些牢骚尖锐刺耳，使我们会将整个文明视为达娜厄的礼物。从最早时期开始，对文明的攻击主要来自三个方面。

从宗教角度来讲，文明包含人类力量的加强以及自我意识的增长，因此很容易激起质疑。虔诚的人在人类勇敢积极的努力中看到对人类能力的夸大，看到由人类不安分的本质所致的跨越界限，一种对宗教感觉的缺乏。文明生活的邪恶因素和颠覆倾向因此被视为对人类荒唐之举的惩罚。这犹如在巴比伦故事中高耸入天的巴比伦塔的倒塌和人类的堕落，还有普罗米修斯神话中所描述的故事那样，人类对知识的无尽渴求在服饰的传说中一览无余。

然而，在人类自身领域内却存在着不少疑虑，人们怀疑文明是不是真的如信誓旦旦承诺的那样带来了幸福和快乐。文明带给人类的是复杂的生活、艺术上的需要，使人类越来越依赖环境，还带给人类无尽的工作和麻烦、不可企及的愿望和狂热的激情，所有这些都将使人类逐渐脱离自己的本质，尽管人类由于外在的成功而风光无比，然而内心却充满不悦。这种情况从最初就存在着并充当主流，举个例子，古代犹太人中一直流传着这种情绪，希伯来小先知何西阿、以赛亚等亦是如此[①]。后来到了希腊时期更是充满疑惑，对当时文明改善的厌倦，对简单生活模式和状态的渴求得到越来越广泛的传播：在这种情绪的传播中，哲学家们可谓始作俑者，犬儒主义者将其逐渐扩大，而斯多葛派学者则将其升华发扬；纯文学在其影响下也扩展到普遍社会生活领域中。到了现代时期，卢梭直接将这个问题置于人类面前，以其灵敏、振奋人心、富有激情的方式唤起现代社会的注意。

如果在人类效率的增长问题上毋庸置疑的话，那幸福的流逝从一定程度上也是可以容忍的。然而事实并非如此，相反，由于文明的进步，人类的力量和效率相应开始降低，从而引发人类的满腹牢骚和抱怨，幸福感也会随着减少。于是我们知道，文明削弱人类，因为文明使人们相互依赖，因为在文明的条件下，生活中首当其冲的是人们的社会产物所带来的效果，因此外在成就排在感觉之前，从而影响了生活的质量，人们内心深处的感受成为肤浅的、虚无缥缈的事物。个体变得越来越独立，并开始单纯地执行社会所赋予他的职责，生活于是也越发背离个体的本质，变成一个纯外在物质。在这种情况下，人类又将如何保持灵魂的伟大性，人类要怎样做才能成为一个真正强壮完整的人呢？

而文明也并不乏拥护者。在这种情况下出现的邪恶因素也只能成为二级现象存在，正如切断光源，影子也会随之消失一样。只有人类才会陷入狭隘的境地，从而怀疑一切，质疑那些本身包含着伟大和无可争辩的价值的事物。

① 关于这一点，请参见布德《旧约中的游牧思想》。

文明存在于人类的生活领域中。难道文明不与其人类的地位紧密相连吗？难道文明不能超越人类世俗的狭隘空间，将精华之处从人类的附庸物中区分开来，明辨真伪吗？目前这些疑问仍悬而未决，以后还将接受更多的考验。文明对人类来说到底是一个符咒还是一个福佑呢？

### （2）关于文明的内容

毋庸置疑，有了文明，人类的存在就在很大程度上取决于自身的活动；然而普遍意义上的活动并不能帮我们解决问题。如果活动没有明确的目标和决心，不用活动的内容影响周遭的环境，不具备一个独特的个性，那人类的活动并不能吸引环境，就无法改变自身。于是这个答案又立即引发了另一个问题。在世界历史的发展过程中，这个问题已经以各种方式得到解决，由此也产生了各种不同的文明形式。然而，似乎没有一种形式的文明能够完全尽如人意。考虑到这些文明相互矛盾的目标和价值，将他们结合在一起似乎又是天方夜谭。

在整体文明的发展过程中，有三种确定独特的文化形式凸显出来：艺术形式、道德形式以及动态形式。而以这三种形式为代表的则是希腊文化、基督教精神以及现代生活。希腊文化形式的中心思想就是将自然形成的各种元素结合在一起，形成一种和谐统一的整体的内在生活。而这种结合、这种秩序和生机活力只能在人类的活动过程中影响人类。这种活动必须以永恒的、相互联系的世界观为指导，在分离运动的状态中获得感官印象。它将个体调整在一个封闭的坚实基础之内，将灵魂分散的力量和本能结合在一起（但并不因此而屈服或削弱任何事物），从而将生活组成一个整体。不管从哪方面看，这种文明形式都完成了从混乱到宇宙统一的转变。这种活动将自然和灵魂紧密结合在一起并产生了有益的结果，创造了一种强大有力、积极活跃而又趣味盎然的生活，使存在的往复循环重新变得高贵起来。然而在这个过程中，疑问和怀疑仍伴随左右。人们坚信，生活从本质上讲就一定程度上趋向理性，然而这种信仰却越来越摇摇欲坠。在这种文明中，主导生活的形式想要维持其地位，只能占有灵魂，但是这种对灵魂的占有似乎无法一劳永逸。最终，生活中繁复琐碎的复杂局面又会回到人们面前，人类存在的最深处受到严重威胁，于是与世界的基本关系以及灵魂的救赎成为所有使命中最迫切需要解决的一个问题。

于是基督教依然承担起这个使命。充分认清对立因素后，基督教带领人们朝着那个高级目标努力，在生活的无限动荡中维持固定的生活极点，这就要求完全以道德为中心。与人类的直接存在相比，我们要解决的问题是如何建立起完整的新生活；与冷酷毫无灵魂而言的直接存在相比，这种生活充满无私的爱和天真烂漫的妥协。这种理想的发展过程中，生活得到不断深化，一种无形的关系由此展开：灵感与真诚，现世与永恒，有限与无限；人类与神明此时也紧密结合在一起。然而在其历史地位问题上，这种思维模式仍属于先验论，在周遭世界中无法站稳；这个世界虽与纯内在世界同时存在，然而却依然不受影响、不受净化。在向感觉世界后退的过程中，与存在相对抗的因素成为次要因素，这样，整体的男子气概开始受到威胁。

而现代世界将这种使命视为关键所在，所有活动都要围绕于此。占据人类思维首要位置的是一种反抗力量，一种根除一切不确定因素的思想。生活自身的发展和无限增长成为首要目标，一种满足人们心理的幸福感。人类现在出现一种新的状态。人类的主要特点似乎就是能够超越所有局限性因素，人类的能力不断地促进自我力量的增长，不断地探索出新的出路，开启新的征程。而由此带动的运动也引起对世界、对社会生活以及个人灵魂的全新理解。这种运动也创造出了一种新的工作，这种工作首次战胜了凌驾于这个世界之上的神圣意识。人类也成为自我存在的主人，生活中的各个领域都出现新的生机和活力，所有才能都复苏，所有因素都释放出来。生活从全方位转变成为一股骚动不安的前进动力，精神和力量获得无限发展。

如果历史所产生的又一结果现在会以无数形式呈现在我们面前，那与这种复苏和释放相伴而生的还有无数的困惑和不安：大量非理性因素与令人欣喜的先进理性相结合，而精神生活的成功进步中也包含大量琐碎的人为过失和激情。因此，将现代文明视为幸福的唯一来源的想法处在最不稳定的阶段。同时，人们也越发开始怀疑，人们是不是该完全相信那种动态理想终有一天会实现呢？因为作为一个有思想有意识的个体，人类可以跳出运动本身，从整体、从外部的角度全面进行审视，并从中得出对自身的深化；从这个角度上讲，一种只求鲁莽前进却毫无目标的文明所能赋予人类的只能是时间的不断流逝，这样的文明毫无意义，最终会因人类的无法容忍而遭到抛弃。

所有事物都要循序渐进地依次出现在历史的舞台，然而每一个连续阶段并非毫无联系，那些从外表上看来消失了的事物会在出现在内部，并持续影响人类的生活。这些历史运动的基本趋势及普遍特点现在呈现出不同的姿态，只有通过更浅显的思维才能将其结合起来。然而，这种结合的可能性越来越小，因为当前人们的历史意识促使我们以更清醒的思维追求事物之间的特质，因此不同的解决办法也彼此排斥、争相交替。但这种排斥并没有公开暴露出来：艺术形式的文明认为道德形式狭隘阴郁，而动态形式则放荡不羁，骚动不安；在道德形式的文明的眼中，不可避免地认为艺术形式总是抱着肤浅的乐观态度，总是受自然的约束，而动态形式则自负自大；从道德形式的文明角度出发的话，其他两种形式都缺乏运动和进取精神。如今的人类就生活在这些对立和矛盾之中。在这种情况下，人类难道不会被击败，人类的精神不会受压迫吗？人类无法将这些不同的文明形式联合到一起，也无法保证任何一种处在屹立不倒的地位而抛弃其他形式。为了公平对待减少失误，人类就必须要保持一种优越地位，然而人类不仅没有获得这种优越地位，甚至连如何寻求这种地位都全然不知！这是何等悲哀。

### （3）人类与文明之间的不确定性关系

当我们考虑人类与文明之间的关系问题时，我们的困惑之感会变得越来越强烈。看起来似乎只有两种可能：要么文明为人类服务，要么反之。而现在我们必须认识到，这两种情况都不可能发生。

如果文明仅仅是为人类带来福利和安逸生活的一种方式的话，那文明的进步和发展会使人类的生活变得越来越舒适，换句话说，文明进步就是幸福增长的代名词。然而事实并非如此。原文明所带来的是人类毫无节制的欲望，从而要求人类付出无法形容的努力和劳动。

**It gives rise to unlimited desires and demands unspeakable effort and labor.**

因如下，与其说文明有益于人类的安逸，还不如说是有害；因为文明所带来的是人类毫无节制的欲望，从而要求人类付出无法形容的努力和劳动，更多的困惑、关心以及兴奋之情围绕着我们；我们被局限在严格的领域内，服从并做出各种牺牲，而所有那些能使生活变得平稳、更有乐趣的事物却无法维持。在较低的文明程度上，人类更容易找到单纯的慰藉之情，更容易感受到满足；不仅如此，对具有更低精神情感的个体与更敏感的个体来说，这种安慰所维持的时间更长久。如果说这种满足和安逸之情就是我们所追寻的最高目标，那我们这些文明人该有多嫉妒那些巴西黑人轻松安逸的生活啊！同样，显而易见，将幸福视为最高目标的精神运动（如享乐主义以及功利主义）对于促进并建立文明的内部结构贡献甚微。在文明的特定阶段内，这些精神运动确实能够使生活变得更自在、更放松，然而他们却无法提高生活，无法开辟出新的生活之路。

我们只有一个选择：将文明本身视为目标，将人类视为文明成长的一种途径，而支撑这种观点的就是其内在伟大和包容性的力量。文明获得独立发展，当其与整体结合在一起，在其内部力量的作用下会获得无与伦比的巨大发展；不仅如此，人类虽然有诸多外部力量的支持，然而当其将自身条件和状况扔在一边，完全置身于世界生活的大潮中时，人类就会获得无限的发展。黑格尔思想体系的精髓就在于此。然而这种观点早已超于这种体系之外，并深刻影响着现代生活。尽管人类环境中有许多压抑因素，民族发展中也存在兴盛与衰落，但是人类始终坚信，通过我们不懈的努力，文明已经为我们开拓了一条平稳的发展道路，文明已经在生活以及为之努力的人类散播无尽的意义、价值和永恒的品质。

“人来人往，然而知识却可以不断累积。”但是不管这句话中蕴涵着怎样的魅力，却无法达到完备，原因很简单：没有任何一种文明能够实现自我满足。如果一种文明想要完全脱离人类，将人类视为单纯的生活手段的话，那这种文明必然会走向灭亡。文明只能存在于人类的生活中，如果文明要想人类表达某种意义，那人类一定会通过精神自我理解这种文明。如果文明有能力使人类获得全部力量，那不敢这其中会受到多大的阻力，文明一定会保证人类实现最后目标。一个不带任何个人感情因素的冷漠的文明，完全与人类隔离，终将会沦落成为鬼魂——一种丧失血肉的东西。如果这种文明占据我们脑海，它就会不断误导人类，使人们为了茫然未知的结果而不断牺牲自我，生活也失去灵魂和目标。如果人们对未来的希望与任何人无关，更不会给任何人带来欢乐和益处，那这个未来又将如何支撑我们并鼓励我们现在甘愿为之付出努力和奋斗呢？

在我们生活的这个时代，人类与文明之间不可分割的联系已经变得越来越明显。除了机械文明以火箭般的速度飞速发展，还有一种呼声变得越发高涨。生活在这个世界上的人要求得到进一步的发展和深化，要求建立自己的灵魂生活，还要求精神自我得到救赎。与此同时，我们还认识到这与文明自身的真相和深度密不可分。这种经验清晰地告诫我们，人类不再只是单纯地接受文明生活，文明生活并不会像蜂蜡那样根据这样那样的需要塑造人类。人类具有一种独立的本质，这种本质促使人类做出反抗，这种本质永不满足。

文明从来不会沿着固定确定的路线发展，也不会靠任何内在驱动力向前发展；相反，文明的特定形式似乎在不断成熟老化、不断衰退。于是新的开端成为必然，新的原始生命不断出现，当然首先要有新人类的产生。举个例子，我们可以想想古文明世界的结束。文明生活不会呈现生机活力，直到新的民族重新将这种文明带上历史的舞台，并为其注入新的发展动力和活力。对于当今世界来说，这种复兴也是必不可少的吗？是不是也要经历新的民族，经历新复苏的、精神不倦怠的民族和阶级的发展呢？不管现世世界中的人类如何评论过往，在所有将他们降低到单纯工具的努力中，他们都会保持独立的姿态。然而，正如我们所见，除非经历瓦解解体，文明绝不能沦为一种单纯的手段。这样我们就处在一个两难的境地，我们不惜逃离这种境地，然而却看不到有任何逃离的可能性。我们总是在生活的平均水平上左右倾斜，在空虚的主观思想和毫无灵魂的工作之间无助地摇摆。

所有的这些困惑在今天的生活中结合在一起并相互刺激，进而使整个处境越来越难处理。这其中最令人苦不堪言的是由于人类与文明之间的不确定关系而引发的不安全感，由于缺乏全面的指导性目标使文明成果成为与人类息息相关的事物，维持人类的精神自我并使其成为必不可少之物。这个指导性目标应该同时上升至人类琐碎的例行公事之上，没有这种目标的指导人类必然会沦落成生活的受害者。缺乏这种精神，我们就会在努力创造一种新的具有鲜明特征的人类文化的道路上经历重重困难，就能利用或近或远的历史对我们施加影响，能占有我们然而却永远也不完全满足我们。所有的这些困惑和不解都导致文明具备有价值又不可或缺的本质，并最终变成不确定因素影响人们的生活。通过仔细思考不难发现缺乏实质性问题的话，整体也会受牵连，而我们也会渐渐厌倦那些动听的说辞以及蹩脚的阐述出来的“观点”。所有这些对文明以及文化的掩饰，尤其是我们在大城市中所见到的，最终会使人无法忍受。人们所宣称的目标与实际上人们所追求的事物之间的差距会变得越来越大，生活的不真实性也会随之明显，这一点必须加以阻止。人类不断增长的不满情绪也会变得越来越强烈，最终会引发反抗运动。

## 3. 真正文明的要求

### （1）深层基础的必要性

在这样的运动和动荡局面中，哲学也许作用甚微，然而哲学绝不会从中撤离。哲学的主要任务就是发掘人类努力前进的方向，以便将生活从单纯的一种“事情”转变成“存在”。为了实现这个目标，文明首先需要从我们自身出发，在这过程中我们需要实现的是自我维持，而不能向外在的种种享乐诱惑屈服投降。而现在我们对精神生活以及精神生活与人类关系的理解，已经为我们实现这个目标开启了一条希望之路。正如我们解释的那样，精神生活总是朝着独立发展，而促进精神生活发展的文明也会从人类单调乏味、毫无意义毫无灵魂而言的工作中解放出来，建立更深刻的基础。但文明不会与人类脱离关系，从本质上讲，人类只有在精神生活的整体中才能发现自我，才能有可能实现自我。从这个角度上看，人类绝不仅仅因为某种的外在因素而参与文明的发展，而都是为了实现自己的特定目标。人类甚至能够将自己的活动进一步扩展，从某一个中心点出发控制周围一切。因此在我们的意识中，精神生活将人类和文明紧密结合在一起，而没有将任何一方融入另一方而使双方发生地位上的不平等。尤其需要强调的是在这个问题上，这种结合并不是以一种既成事实的方式出现，不会随时出现在我们面前为我们带来益处，而是一种崇高的理想，使整体生活复苏，促使其投入到积极的运动中。在这一点上文明也参与到整个世界的运动中，现实从而上升到一个更高的发展阶段，一个精神自由的阶段。于是整体的力量开始隐藏到我们的工作之后并起到积极作用。

文明被理解为独立精神生活的发展，其所预示的意义远超过发展趋势上稍微转变或单纯名称上的更改。因为这样理解意味着满足了所有真正的文化愿望上的需求，而这些需求是当今观念所完全不能满足的。

于是，文明的内容和价值也第一次有了实现的可能。如果文明被禁锢在人类需求的范围内，那除了人类的标准之外别无他选；我们周围的混乱局面也无须进行区分和分割，文明也无须用理想的力量来打动人类的存在。然而，如果我们在文明中能认可一种超越人类存在的运动，一种能向人类解释出自我本质核心的运动的话，那世界上的物质就会呈现出另一番景象。

不仅如此，文明只有建立在独立精神生活的基础之上，否则文明不会达到真正的高度。如果文明完全受禁于人类，我们又不将自己的精力从眼前领域中超越出来，投入到整体的现实生活中去，我们可以将一时的热血转化成永恒的伟大，可以发现事物间纷繁复杂的特征，可以超越骄傲和浮华，将我们自己或我们这个等级提升到普通大众之上。现实生活中并不存在什么提升、升华，而只有渺小，这种渺小在伟大面前表现得尤为明显。在人类的生活圈内并不存在什么崇高，也没有真正的伟大，没有什么能够掌控其他事物的升迁提高，没有什么能抑制住其他事物的发展。因为要达到这个目标，人类自身必须生成一种超越人性的东西，一种使人类有优越性的感觉，而人类又必须能够从某种程度上将这种感觉视为自己与生俱来的特质。只有从这一立场出发才能从真正意义上提升人类存在，从而将人类从所有束缚中解脱出来，使人从仅仅为人的狭隘生活中解放出来。

人类的这种超越人类或者说完人的特质，正是真正意义上的伟大的源头，单靠这一点就能不使文明沦落成为人类的膜拜对象，不管是个人崇拜还是群体崇拜。我们不能忘记康德的话：“世间万物，包括最神圣的事物，只要落入人类手中拿来为人类的利益服务，都会变得渺小不堪。”

在文明生活的自发性问题上，现在无法与现实的新阶段脱离关系。如果文明仅仅是人类对自然的附庸关系，那随着文明的进步，文明会离自己的基础渐行渐远，文明的内容也会变得越来越人为化，越来越复杂难懂。生活也会在文明的作用下受到越来越多的束缚，各方面实现的可能性越来越小，生活越来越不自然。于是文明逐渐成为所有新鲜事物、所有新奇创造的扼杀者。我们是不是可以做这样的设想：在某个特定阶段，当人类从这种意识中醒悟过来，人类就会开始做出反抗，正如一些人会突然发现童年所特有的新鲜感和无限的可能性那样。于是人类会从内心上发自肺腑地渴望回归自然，回归最基本的开始阶段。然而这种回归自然是不可能的，正如人类无法回到童年重新来过一样，历史的脚步从来不会为任何人停止。我们必须眼睁睁地看着文明一步一步地发展，一步一步地变得越来越沧桑，越来越没有活力，看着人类逐渐落入毫无价值的市侩主义；除非有原始的，最初的新鲜生命发掘自我，有新力量开始作用，除非生活中出现新的可能性和希望，否则多数个体都将沦为小人物的命运。然而，除非生活能达到一定的精神深度，否则这些事情不会轻易发生。在人类文明的倦怠和荒废中，这种精神深度能为我们提供新的开端，能促进新的简单事物的产生，以简单事物开启新世界的征程。但是，当我们宣称所有的伟大其实都很简单的时候，我们脑海中所谓的简单与自然开始之初的朴素纯真截然不同。

最后需要指出的是，如果文明只是在现实世界中添加一些事物，而不是为我们开启一个新的、必不可少的世界的话，那文明还是缺乏必要的原动力。除了我们生活中的经历和矛盾因素，以及生活中事物永不停息的运动和变化以外，再也没有什么能激发我们，以独特的约束力使我们运动起来。

而如果一种文明所起的作用只是修饰生活的话，那这种文明将永远也不可能引起那种矛盾因素的产生。单纯以这种形式附加在生活之上迟早要被抛弃，亦如冲过甲板的水那样渐渐离我们远去。事实上，这种普通生活从内心上并不在乎文明，文明于它来说，与其说可以带来内在愉悦，还不如说是一种社会强迫性。否则的话，社会应该处在创造才能的鼎盛时代。这种创造才能之所以有实现的可能性，是因为在这些时刻，工作被视为真正精神生活的胜利。这种精神生活进而会衍生成为精神自由，同样从这个角度上考虑，当文明与生活相结合的这种愿望逐渐明显的时候，现实状况就会变得不合时宜。他们不会再如以往那样默不作声，一忍再忍；相反，自我维护的要求势在必行。正是这种要求为这个时代注入了激情和温暖，这种温暖不会因为人类而左顾右盼，相反他们会不惜做出任何牺牲，在困难面前不会退缩。

贯穿所有这些疑问的只有一个问题，只有一对矛盾——真实的文明和虚假的文明。只要文明维持其与基本精神生活之间的关系，并为其发展尽职尽责，那这个文明就是真实的；相反，如果文明仅为人所用，并将精神生活也贬低到同样的层面，那毫无疑问，这种文明就是虚假的。精神和人类这两种力量之间的抗争贯穿着整个历史的发展，并迫使我们在这种抗争中看到超越纯精神胜利之上的事物。然而今天，我们有必要更清晰地掌握古老的真理，有必要更确定地认清实现真正文明的必要条件，有必要更果断地分清真正文明与虚假文明的力量所在。

### （2）文明内在发展的必要性

现在看来，很明显文明需要更进一步的发展，而这条发展的道路方向也明确摆在我们面前。我们深受历史上的伟大实际理想的影响，这些理想我们一个也不能丢弃，然而我们却不知道到底什么能包含这些理想。看看我们周围还剩下什么，看看我们手边是不是没有能够继续深化的生活运动，这种运动能够将我们提升至现有阶段之上，并赋予我们与之抗争的力量，同时这种运动也要有足够的普遍性广泛性，能够涉及整个生活领域，将其内容分成正面和负面两个方面，将自身的独特形式也扩散到所有包含的内容上。在这个生活运动中，每一个个体意识都要能够接近原始状态，这种原始状态会对整个生活起到警醒和形成作用。

现在，这种其主导作用的原始因素在精神生活以外的附属物以及精神成就中是找不到的，它只存在与精神生活本身，我们可以这么理解——这是一场现实向精神自由的运动。只有在精神自由中才能达到真正的存在我自我，其他所有的事物都只是它的暗影而已。这种存在只能置于运动内部，而非运动以外，这种存在自身就是一个自我维护的整体，并将这个整体逐渐变成许多具体的功能，从而加深运动的深度。由此纯生活紧靠这种方式就得以上升到自我生活的高度，或者更好一点，生活中所包含的矛盾也会得以解决。某种内部因素应该出现在生活中，但与此同时这种因素又继续依附于外部，不应独立存在，这难道不是一个自相矛盾的说法吗？[①]只有从这个角度出发，才能理解生活的内容，生活的价值也会第一次从享乐的低级阶段脱离出来。从这个角度看，所有活动都可以归于真实与不真实、独立与依存的命题之下，同时我们不得不面对一个意义深远的任务，即消除旧式困惑，这种困惑磨灭了这两种命题之间的差异，消除了与基本存在相关的明确要求以及其他有关需要。在文明中，只有这些因素才被视为是本质的真实的，只有这些因素才能深化基本存在的构成并将精神现实以及我们的真实自我包含在内。所有事物，不管外表上看起

①要继续探讨这个问题的话，笔者不得不建议读者参看自己所著的一些作品，首先是《新人生观纲要》。

来有多煞有介事，都会落入人类的世俗层面，成为文明的讽刺画。然而这种基本存在的构成想要成功，存在就必须经历一个彻底的沉淀和深化过程：生活中的主流思想就要变成对真实的渴求，从所有作秀和冒充中解放出来。

由此产生了一种特殊的生活，这种生活有着严格的要求和强大的执行力。然而在这种生活领域内才存在着各种运动的空间和可能性，因为向精深自由的转变势必要在存在的条件和限制下才能完成，因此就会出现各种攻击点，不，是势必出现各种攻击点。我们人类都受制于直接感觉存在，并以此为基础延续生活，我们无法脱离这个基础而掌控生活的基本实体，没有这个立足点我们就无法揭示出整个现实。我们将自己调整到这个立足点以后也还要保留这个直接存在感并根据这种感觉调整自我。于是一对尖锐冲突会相继产生：一方面是从整体出发而为整体服务，从所有精神生活和精神创造中遗传下来的真理的内在力量，而另一方面是自我保护的自然力量，这种自我保护与精神力量相结合更促进了无限的自我主义的产生：对感觉的完全转换成为必然并成为所有真正精神生活的基本条件。由此道德任务成为急需解决的问题，同时具有构成力量的艺术活动也开始展现其独特的价值。在人类生活中力求向上的精神与毫无灵魂的冷酷的存在并存，因此这种精神也经常呈现出半精神状态。艺术构成（更精确地讲这种构成超越了艺术的界限）自己就能使不同的方面和阶段互相影响，从而使其紧密联系在一起形成一个内在整体，将灵魂力量从内而外散发出来，进而影响整体生活。没有艺术，生活就彻底失去了精神性。如果我们缺乏这种形成性高尚的活动，即使是最激进最迅速的道德进步也不能阻止生活沦落到原始状态。最后值得一提的是，提高生活重要性的任务也具有不可否认的权力。现实的绝对性，确定性以及完全控制应该属于精神生活，而人类在直接感觉存在中受制于诸多条件和限制，与精神使命相比，人类可悲的变得眼界狭隘软弱。

因此有必要加强人类的力量，扩大人类的存在，及其人类的全部才能。我们是不是可以设想在历史的某个时期，这将成为文明发展的目标呢？生活中的这些不同方面并置在一起必然导致紧张局面和严重抗争。而这绝不仅仅因为人类失误及误会所致，因为我们所讨论的这些问题如果自身不作为一种目标，并非作为生活中的主要问题而解决，那人类就不会以全力投入。于是可以理解，人类生活，从整体上说并不仅仅受道德、艺术以及动态力量的支配和影响，相反，各个不同的文明种类会相应建立起来并竞相争夺控制权。那些做出妥协的，削弱的文明形式都是力量薄弱的，这种薄弱形式只能降低生活层次和水平。然而如果不能避免这种竞争，如果人类并不希望结束这种竞争，那适得其反，人类会更希望维持某种超越抗争的因素，天下大乱，不可收拾。当然只有基本实体在这个过程中才起到关键作用，这个实体要经历每一出差异，这些差异通过各种方式回归到一个优越的统一体，并从这个统一体出发应用其标准朝着一个目标努力。而所有这些运动都源于自我独立的基：本的精神生活和粮神现实：在此应该存在一个精神空间，用以容纳并调整这二者之间的不同。在各种抗争面前我们并不是无能为力，我们可以一起朝着和谐统一而努力，我们可以通过整体文明的发展来抑制局部文明的形成。

这样局部文明以及其所取得的成就就会面对一个棘手的难

题：他们是要与生活的深刻性和整体性建立密切联系（因为只有朝着这种深刻的方向发展才能是生活组成一个整体），还是与生活基础相分离而变得越来越分散呢？这两种选择意味着两个截然不同的发展方向，一种是真实的文明形式，而另一种则是缥缈的文明；一种使与人类整体经历和命运的靠近和同化，从而获得完全发展，而另外一种则意味着不修边幅的自由功能，一种模糊性；走第一条路则会超越渺小的人类，或者至少勇敢地奋起反抗，而另一条道路上，精神对文类文化毫无抵抗作用。于是生活中的道德运动脱离了真实的精神世界，从一开始沦落为法则和公式的体系，狭隘压抑，只是一种自以为是的形式主义。而生活的艺术形式则不可避免的滋生肉欲、放荡和浮躁；动态形式则会促进自我主义、野蛮和粗鲁。局部文明的本质背后依靠的是一个整体的基本的文明，依靠的与独立精神生活相结合的文明更深层的基础。

在下面的内容中我们将考虑由文明的观点而产生的结果和要求，这种文明与文明的直接地位相比更真实、更普遍。文明应该从方法，媒介以及内容方面加以研究。

一方面我们不得不研究历史和社会问题，而另一方面还有艺术的道德问题，以及他们之间的复杂关系。我们会确切地看到这种精神文明的观点绝不仅仅是一个新称谓，而是一个新事物，一项新的使命。

关于这一点我们只说明一点，世界的现实状况迫切要求文明建立在一个更坚实的基础之上。目前状况在两种事实的耦合下变得越发紧张。首先，文明的基础和传统由于历史的传承已经变得很不牢靠，至少已经影响了人们的整体内在精神生活：而这种情况的发生主要是因为现在我们感觉到旧形式文明过于同形同性，过于人类化，因此我们还以是不是人类从某种程度上逾越了自然感觉存在的界限，是不是那种“超越人类”的整体只是一个幻觉，一种人类幻想的产物。这种疑虑已经深刻影响生活，比起那些剥夺了这个世界的精神，同时坚信他们能为人类维持理想的人来说，这种影响要更深刻得多。在现实生活中，事物要么同时存在要么随其他事物衰落，保护整体并主观性的保护那些由于整体或真实本质的原因而受抛弃的事物是不可能的。因此在我们所有的理想问题上我们开始没有安全感，不，是在我们自我问题上开始丧失安全感。我们不再拥有共同的信仰基础，不再拥有结合、指导以及上升力量的基础。如果这种不确定性持续传播，那除了所有的主观活动，生活中的内在衰退不可避免。其次，在这个动荡不安的时代，我们可以预见到人民如巨浪般完全参与到文明和幸福中。在这场运动中，人民要求在文明的内容和价值标准问题上形成自己的判断，并根据直接印象和个人理解力构筑文明，而这种理解力的主体应该几乎不受伟大历史运动和人类经验的影响。现在现存文明体系的这种内在不安全感，尤其是由于受过时及衰落因素的影响，他们无法满足人民的这种要求，无法知道人民走向安全地带。因此这场运动将横扫一切挡在他面前的事物，实际上已经开始行动了，以一种普遍的、浅薄的、狭窄的、负面的形式。

没有任何事物能带领我们走出这种危机，除非生活得到全新的发展，精神生活本身得到深化，内在事实和内在联系得以发现。救赎从来都不是莫须有的。我们可以取代那些支持者，为因此而无可挽回的丢失贡献力量，通过从内在上加强，通过我们自己到达一个更优越的世界，在这个世界中巩固自己，将我们的生活赋予新的内容从而建立起一个新的文明。如果这种巩固和深化成功的话，那这场危机将引起生活的更新和复兴，虽然诸多人类错误，但依然能为存在提供更大更多的真理内容。另外，如果不存在这种深化，这种上升的基础性原始性力量，如果人类存在中没有可以复活的真实精神世界，那所有的幸福和希望也会随之消失。这样理性和文明必然继续为人类的自私和激情服务。

## 第二节 历史

### 1. 关于这个问题的发展

今天我们与历史的关系问题上仍然充满困惑。我们依存于历史，从历史中汲取经验和教训，然而同时我们又感觉自己的生活受历史的压迫，我们将历史视为负担，因此想尽办法摆脱这个负担。但是为了达到这个目的，我们又发现我们将要面对的是一个巨大的空虚的时刻，摆脱这种空虚的威胁，我们再次回归历史。于是我们就这样在这二者之间摇摆不定，为了某种目标而采取的行动和创造也因此难以实现。让我们稍微仔细点检查一下将我们带到这种尴尬境地的缘由。在与历史的关系问题上，19 世纪充斥着启蒙运动倡导的理性主义倾向，现代人追求的是摆脱复杂的环境，因此开始回归宇宙，追求理性；除了激活这种理性，再没有什么能将人类存在从荒废和错误百出的元素中解放出来。单靠这一点就能使生活超越幼稚可笑的偏见歧视和界限，达到完全成熟过去的历史及其权威性使生活和活动成为永恒的思维，理性不受传统干扰，而且很大程度上在意识上反对传统。

The past and its authority receded before this claim to place life and activity in a timeless present of thought, undisturbed by tradition, and for the most part in conscious opposition to it.

和明澈的阶段。过去的历史及其权威性使生活和活动成为永恒的思维，理性不受传统干扰，而且很大程度上在意识上反对传统，创造一个“自然的”宗教，一个“自然的”道德，一个“自然的”社会经济，以及一种“自然的”教育。这种运动对人类思想产生了不可抗拒的巨大影响，在生活建设方面也起到很大作用。这样就需要更多的新鲜感、自由以及独立精神，尽管在这过程中要经历诸多反对和阻碍，但这些绝不能再次丧失。

但是从最初开始，这种倾向就包含棘手因素。随着时间的流逝，这些因素会日积月累，并最终引发反抗，启蒙运动所主张的年轻力量更增加了这种反抗的势头——他们认为自己正在逐渐接近绝对真理。在与传统相对立的战斗中，胜利的自信源于他们坚信他们直接掌控现实和人类的真理。人们认为这种真理存在于每一个个体之中并可以通过有效的自我冥想轻易获得。净化，升华到全意识似乎就足以保证人们掌握美德和真理。这已经对生活产生了一定影响，使生活的主要内容集中在思想和知识上，这样人类文化就具备了一个单方面的理智特点。随着第一次高潮的消退，生活开始越来越充斥着孤立的理智主义，从而将生活的内容和目标处于人类和事物自身之间，从而更威胁着人类与这个世界的关系，威胁着生活的目标和方向。而由此产生的现实也最终变得狭隘无情：生活动力开始反抗并要求更多的内容，要求向整个人类示威。历史运动倾向构成了这种新生活的主要特征。

这种历史运动背后的原动力首先源自对增强现实的渴求，对拓宽存在基础的渴求，对更多客观性，更丰富的生活内容以及更广阔联系的渴求。生活内容得到多大的丰富可以在其所有领域中看得一清二楚，如宗教艺术，如法则和科学等：现实在数量上的无限增加开始与个人行动联系在一起。整体行动促进了历史思维模式的产生并改变了生活的特点。人类不再追求与环境相分离，不再与环境相对抗，不再像在启蒙运动中那样，像控制陌生事物那样控制环境，相反，人类渴望从内在上与环境相结合，这样环境就会融入人类生活中并使人类摆脱狭隘和渺小的境地。人类的存在不仅会更加广阔，而且会更加活跃起来。人类会在事物中寻求理性，有了这种理性的指导他就会变得更自信。不仅如此，还能使人类亲近历史，而历史中的各种复杂关系也会逐渐显露出来，人类所生活的当今时代成为组成各个时代统一整体的高峰；从这个高峰往前看，一切事物都呈上升趋势，而较低阶层也变得有趣起来，并不是由于他们之间的差异和对比，而是这个逐渐上升的预备阶段所体现出来的重要意义。正如宗教改革及启蒙运动那样，绝对价值所体现出来的尖锐性和韧性在更普遍更和谐的思维模式面前黯然失色，而后就会出现更多的空间留给理解和爱。中世纪比任何时期都更强烈地经历了这种变革。

当然起初这种做法并不代表这会陷入相对主义或完全抛弃绝对真理。在骄傲的自我意识的精神指导下，精神力量可以与物质流等量齐观，根据哲学思维模式，不管怎样，经历内在扩张的理性会从历史中汲取教训，使历史为我所用，而不是委身于历史，黑格尔历史哲学将这种思维着重系统地表达了出来。现在看来，理性和历史之间的紧张关系似乎有所缓和，历史已经完全为理性的发展服务，而也就是在这种发展中，理性逐渐发现了自己的本质所在。

无论历史的进程中会出现什么样的疑惑，理性以及精神活动的优越地位会坚定地保留下来。然而在浪漫主义学派的影响下，历史并没有准确无误地朝着这个目标一路发展，在人们眼中，历史运动正是源于一种无意识的形成性力量的指导结果，与人类努力毫无瓜葛，理性，将带领人类经历历史。

沿着历史的长河顺流而下，生活和工作似乎会走向安全地带，于是各种活动的趋势渐渐平息，活在当下的思想逐渐出现在人们脑海中：过去人们总是无拘无束，总是会逃避所处时代所赋予他们的使命，甚至是在同一个阶段也出现某种历练的联合的危险，会出现某些与由于历史的发展而产生的人们视野的扩大所不相一致的情况，因此人类一方面承受生活中心的丧失，另一方面却不断要求获得外界物质的补偿。

而后，19 世纪出现了一种独特的趋势：人类关注的重心从灵魂和精神创造的问题逐渐转移到工作，从事物本身转移到由事物所代表的客观性。在历史问题上，随之而来的是精确研究的告成性进展，从而与总体研究形成鲜明对比。这种趋势在德国获得显著发展，因为正是德国首次开始为反对历史上投机态度而战的。尤其是黑格尔历史学，对宽广度、现实和独立性的要求逐渐压倒这种学说，甚至是从外界观点看来，这种学说也是过于狭隘的，因为从最根本上来讲，这种观点只包含了欧洲世界的文明，而且所关注的重点更强调古文明世界与现代世界之间的对比和反差，而由于将个体现象强行归入辩证性框架中考虑，更加剧了其内在狭隘性，严重削弱了其个体性和积极性。对纯粹的无限的事实的新欲望进而引发了对事物的强制和扭曲。随着这种渴望的不断扩大，为了摆脱这种局势，历史调查变得刻不容缓。历史研究完全了解如果将这种对宽度和现实性的要求转化成工作和成绩：这种方法已经在应用了新的工作方法，并从内容和形式上创造了一种独特的思维模式，而这种思维模式将会对现代世界的生活产生深远影响。

然而这种方法并没有自称是哲学，其主要目标就是将历史从所有哲学的束缚中解脱出来从而达到完全自立：然而除非这种趋势能够从自身，并从外界中渗透这种变革，否则就无法取得决胜性进步，也不可能获得外界的绝对支持。如果不能理解人类和这种现实性之间存在多少差距，如果意识不到在传统上在人类的自身理解力上到底存在多大的主观性，那历史研究就不可能发展并维护这种对现实的渴望。因此为了使休闲消除这种主观性的目标就必须进行有力的抗争，只有在这场抗争中取得胜利才能使生活变得更从容更透彻。这种对现实的趋向同样揭示出了个人形态的巨大价值和财富，因此历史进程也不再单纯地沿着一条道路发展，生活中不断涌入的新观点会向我们揭示出千丝万缕的网络，使我们几乎无从下手。人类没有能力从内部抓住所有要点并将其转化成简单观念，因此人类不得不采取更谦虚更拘谨的态度；人类也无法任意调整事实使其适应自己的观点从而满足自己的欲望。相反人类要服务而不是掌控，于是生活随之经历了巨大的充实和扩张，从过去的狭小封闭的空间中彻底解脱出来。

起初，所有这些都被视为是纯利益，不受任何困难的束缚，但是困惑随之显现出来。知识上的不断增长带来的是生活中的迷失。生活中所要求的客观性绝非易事：如果这种纯事实只适用于事物自身，与任何主观事物无关，与任何思维活动相异，那任何与之有关的内在食物都要被搁置一边被置之不理，因为任何这种性质的事物都可以从个人思想以外的角度上理解，无须进行任何心灵交流。不仅如此，在历史角度上，离开标准就无法辨别大与小，无法区分本质与非本质，而这些标准必须源自一个统一整体[①]。一个离开内在性和等级区分的历史只能演变成各种事件的混乱排列，根本不配称为科学。

尽管历史竭尽全力排斥哲学，然而一切与历史主要内容及原动力有关的斗争显示出历史与某些基础信念密不可分。然而如果将所有的哲学思想置之不理，那这些信念又将从何而来呢？时代克服这些困难或者说回避这些困难的方法主要有两种，首先，受到人们强烈排斥的思辨思维整体的确还保持着某种影响，虽然这种影响力量弱小，并不明显。黑格尔思想被摒弃，然而历史中的某些内在理性，对进步的某些内在必然性，智力在历史进程中的主宰地位被毋庸置疑地保留下来。这只是我们今天所面对的更普遍现象中的一部分。现代世界的发展而产生的泛神论思维模式之前收到一种坚定信仰和愉悦的生活态度的支持，如今这种思想仍然以各种方式存在在我们生活中，但其基础已经开始动摇；精神、理性、进步、人类等的一些观念仍然影响着我们，指引着我们的思想发展，为我们提供某些意义和价值。区别在于，随着这种基础的破坏，一切都开始变得苍白无力，模糊不清，富有生命力的力量也开始成为阴影照射下的概念，一些成果硕然的观点也沦落成空虚的表述。

① 关于这一点，请参见艾维德·格罗顿菲尔特的作品，这些作品对相关问题做了公正客观的评价。

整体变得越不真实，我们受到与基本信仰直接相违背的信念的影响越重。而这其中最强烈的矛盾倾向就是悲观主义，这种情绪在19世纪广泛传播开来，将世界上历史上的模糊非理性因素带到人们面前，无情地打破了人们的幻想，打破了泛神论用来掩盖存在的魔力。悲观主义将一组组事实和整体的新方面摆在我们面前，理性事实的旧信仰必然受到干扰。在这一点上，我们会发现一个显著的矛盾：人类的情绪变得沉重起来，人们和命运创造出一种阴郁的整体印象，对存在的否认刺眼地摆在我们眼前，然而与之相随，这一时期泛神论思想与事物的理想化状态相伴相生，这二者互相作为独立支撑，从而不会完全瓦解。而与悲观主义共同存在的乐观主义则向我们例证了灵魂果断性，例证了一个整体中的两个方面，现代生活因此而受尽折磨。

然而当前生活还从另一种方式上遇见这个问题。在每个时代都有不固定的思维模式，通过对各个时代做出评判从而建立起一个标准，这些都完全取决于时代本身，而通过这些时代不断取得进展。当代研究完全沉浸在时代中，通过自己的思维模式来理解和评判这个时代，并通过这种方式取得巨大成果。从没有一个时代能完全公平地对待其他时代，能从中解读出其最深刻的目标，能外部完全放弃所有关系，而从自身工作和要求中发展这些关系；从没有一个时代能在最艰难最矛盾的困境中摆正自己的位置。

以后的时代能比我们做得更好，能够通过努力尝试真正地保留我们自己所特有的品质，能够确保我们的客观性不受主观感情干扰：很明显，由于这种态度，我们自己已经处在危险和伤害当中，我们自己的目标逐渐削弱，我们越来越处在一个陌生位置上。

我们的眼界逐渐扩大，于是各种不同的元素迎面扑来，以各种形式传达给我们，主宰我们。我们的灵魂开始分出等级，各个等级有自己的显著特点并发挥着不同的作用。我们忘记了，观点上的循环不断扩大，但并不能带来我们生活的扩大。我们总是将学术知识归于精神生活的范畴之内，而这种理解毕竟只不过是半个生活，这种生活会逐渐占据我们生活的全部，占据我们全部思想和坚定的意志。我们关注的是发生在过往的精神主题，但是我们却无法完成自己时代的精神使命！

在将过去与现在，将已经消失殆尽的抱负和我们自己的愿望连接起来的过程中，我们的弱点变得越来越明显。我们看到自己过去处在安全地带中，看到事物如何一步一步发展，看到事物如何由此而生而非由彼而生，我们追随者这种思维直到抵达我们所生活的这个时期。只需往前在迈一小步，这种联系就建立起来了，我们长久以来所付出的努力就会见到成效，就会转化成个人生活。然而虽然看似非凡，我们却并没有迈出这一小步。

差距依然存在，知识和生活并没有结合在一起。不，历史知识的进步实际上并没有阻碍历史与生活的结合，科学越是精确地展示过去时期的具体特点，这些时期的内容就会越明显地取决于特定时期的状况和条件，每个时代及其思维模式之间的界限就会越明显，于是特定时期就会有特定的生活，外界事物就越不可能随意涉足。对久远历史进行历史调查应该有着特殊的热情，并能取得最灿烂的成就，这就是知识与生活相分离的另一个例子。

在研究久远历史时，我们很少关心我们自己生活中的事物状态，而越是靠近当今时代，我们所面临的问题就越不可避免，于是我们就变得越没有安全感。

知识与生活之间的差距，精神生活的基础条件与精神生活自身之间的差距在宗教领域达到最大化。宗教研究在今天已经取得巨大进展，尤其是其已经将宗教中的各个阶段清晰地摆在我们面前，并向我们展示出事实和细节的巨大价值。然而在面对这种事实时我们是多么脆弱，我们的宗教信仰和宗教生活的得益又是多么浅薄，我们在面对这一切的时候是多么束手无策啊！而只要我们没有能力建立起个人生活，这种束手无策的状态势必将继续延续下去。

历史使我们找不到这种力量。历史将我们禁锢在现状的表面，我们永远沉迷在过去中，分散我们的思维和责任，在生活中停滞不前。

因此在历史发展过程中，总会有激烈的反历史运动不断发生也在常理之中，而对逐渐衰落下去的历史主义的敌对情绪逐渐强烈起来。“抛弃历史的枷锁，让你的生活在当下灿烂绽放，生活就会重新获得生机和自然，最终成为你自己的生活。”然而这种抛弃并非易事，更何况这种试图从历史中获得解放意味着要放弃诸多让我们难割难舍的事物！实际上，历史远比我们想象中抓得更紧，甚至强迫性地不让我们离开。那些反历史运动本身就是历史发展的产物并从中获得一定色彩。即使站在反历史角度上看，这种对历史的依赖性也可以随着时间的流逝逐渐清晰：举个例子，启蒙运动追求的是脱离历史并在永恒的，不受时间影响的基础上建立起新生活，而这场运动很快被历史淹没，成为过去时，我们对这场运动的印象就是一个久远的过去！在回顾整体历史时，我们会发现一种循环运动；我们现在所处的这个时期所寻求的就是历史关系，我们不断被拒绝，于是我们开始相信否定态度正如宣言那样成为一种历史现象，猛烈地攻击历史并不会成就与依赖相异的独立性。

同时，人类有意识的理想抱负与历史相符还是相左会产生巨大的反差。与历史相左，我们就会希望完全在当下的基础上建立自己的生活，将我们个人思想和感觉所相信的事物视为真理。但是这种局限性难道不会使生活陷入狭隘贫乏的境地吗？如果展现在一个人面前的事物被视为是一切事物的衡量标准，难道生活不会必然性地走向肤浅并分裂成无数的独立现象吗？这样的话，内在独立性，生活的精神特征难道不会承受最严重的伤害吗？启蒙运动恰为我们提供了活生生的例子。因为在这场运动中，与自然对等的精神世界并没有获得足以建立起来的坚实基础，而那些思想家们，曾经如此强烈地支持精神生活优越于自然，而后来在精神世界的建设上都陆续屈服于自然概念的影响。当然这一定程度上是因为他们认为自己能够凭借精神世界的丰富内容，确定联系以及深刻的经验而轻视历史。除非内在生活自己能够超越主观，否则就无法战胜这个驾驭我们的无限世界。然而在实现这个目标的过程中，历史起着至关重要的作用。不仅如此，我们必须自问，将生活完全归于当下的努力是不是真的不会起到任何消极作用，当下处在不断的变化中，今天很快就会变成昨天，整体最终会化为乌有。我们当然不愿相信历史会仅仅抓住我们，即使我们违背我们自己的意愿，然而难道事情不就是这样吗：只要我们脱离历史，我们就会冒犯生活，而只要历史为我们充实生活的内容，我们即使不情愿，也要肯定脱离历史会使我们的生活力量和生活现实受到严重影响。

随后我们会发现我们处在一个极端复杂的位置——不，是一个难以忍受的两难境地。我们既不能保留历史，也无法与历史脱离。甩掉历史我们就会在空虚中沉沦，而屈服于历史的大潮我们又会在阴影下过活。在这种情况下，人们一般都会采取这种的办法，在自由和屈服中寻求宽慰，然而更活跃一点的人则会将妥协的不可能性转变为现实从而克服一切困难。但是真的可以从历史中解放出来而同时又与历史保持协调一致吗？生活可以在维持历史以外的事物的同时保持历史应有的价值吗？我们可以设想一种生活，这种生活不会在 18 世纪的理性主义和 19 世纪的历史主义之间来回摇摆，而能保持立即的独立个性，能够承认并彼此制约吗？当然，如果不完全转变第一印象，不积极地深入建设生活就无法实现这种生活。我们的历史调查到底能否为我们指明完成这项使命的道路，让我们拭目以待①。

## 2. 要求与前景

我们接下来要面对的问题就是人类生活能不能将自己从历史中解放出来，能不能独立的面对历史。而这个问题的答案取决于人类生活作为一个整体到底处在一个什么位置上。当然这必然要

① 关于这个问题的讨论将完全围绕一个中心展开。深入分析请参见在《当代文化》中笔者所著《哲学历史》。历史内容，以及我们与历史之间的关系已经明显处在不安全地带，这一点可以通过争端不断的几个要点以及由此而引发的激烈情绪可以看出来。否则哲学历史怎么能在短短的几年时间中再次成为讨论的焦点，而在此之前这个问题一直被视为已经解决的问题，无须深入讨论。

在人类经验的王国中，很明显，当前对过去的决定作用远不及昨天对今天的决定。

Within the realm of human experience,too,it is clear enough that it is not so much the past which decides as to the present as the present which decides as to the past.

在整体的中心问题上做出判断。如果人类完全属于自然（从某种程度上说这种属于也是毋庸置疑的），那毫无疑问人类也要受制于时间的潮流，绝不可能超越时间过完全自己的生活。即使一个人非根源于整体生活或整体存在的孤立性格能够跨出自然的范畴，也许他能因此获得更大发展，但绝不会真正地脱离时间。世界上除非通过存在，通过认识独立的精神世界，如建立起我们整体调查的主题，否则这种从时间中的脱离是绝不可能实现的。正如我们在回顾进化论时所见的那样，这种超越时间，通过永恒秩序的方式正源自精神生活的本质，并与之密不可分。历史效果或历史认同永远也不会确立某种真理或权利，因为在精神生活的世界中，真理直接由原始生活的不断前进而取得。

因此在这个领域中，过去永远取代不了现在，今天也不会完全脱离昨天而存在，这种关系正如开花结果一样因果相续。产生自过去时代的精神生活也不会因为曾经存在在世界上而继续发挥影响，惯性定律（这一定律规定，事物会维持现有状态，除非受到外界干扰）在这个问题上没有任何适用性。在此我们还会发现另一个法则：那些无法更新并转化为个人生活和行动的事物会立即消沉，离我们越来越远。也就是说所有精神生活必然从现在产生，而遮蔽这一事实就会削弱精神生活的显著特点。在人类经验的王国中，很明显，当前对过去的决定作用远不及昨天对今天的决定。根据这一点，我们对昨天的印象会不断变化，这种变化恰恰依赖于现在的精神本质。经典时期的不同观点和评判在不同时期都通用，而每一种观点和评判根据不同时期的实际情况所决定的使命及必然性有所不同。

古典时代的经院哲学寻求的是一种世俗文化，这种文化能够补充宗教生活秩序；文艺复兴在生活和美的矛盾冲突中寻找鼓励；而启蒙运动则重视经典时期的清晰和实用[①]；德国人本主义也倾向于经典主义以求回避现代生活的复杂局面，从中寻求更自然、纯净、简单而伟大的内容，因此同一个时期的价值和判断在不同时期有着不同的方面。然而一直以来总有一些人没有建立起自己的生活却想达到这个目标，对这些人来说，尽管已经做了大量研究，但却并没有从精神意义的层面上揭示任何事物，也不会揭示任何事物。因此世间一切都取决于这种生活，而其中起关键作用的环节就是对现在的占有，对具有明确精神特征的现在的占有。而能够赋予现在以这种特征的正是我们，正是现在生活着、活动着的我们。

这种精神性的现在并非偶然发展的结果，我们必须自己将其建立起来。而且这不仅仅是一个瞬间时刻，而是一个使我们上升到这个时刻的坚实基础，是一个永恒的生活。如果新的现实中不存在一种永恒的秩序，如果这种秩序不以同样永恒的方式存在在我们的生活领域中，那任何情况下都不可能达到这种生活，甚至说这种努力看起来都会是荒谬可笑的。下这种结论的原因很简单，如果这种秩序不是在精神层面上起作用，那又将如何助我们一臂之力呢？

因此，离开这种永恒的秩序就无法从历史中解放出来，而有了这种秩序我们就可以在过去的时间内获得一个安全的地位。既然我们再考虑这些问题的时候都不得不承认存在一个独立的精神世界，那对这个世界的需求也在情理之中。但与此同时我们逐渐意识到人

① 莱布尼兹正是由于这种清晰和适用性而青睐于古人。

类开始出现混乱，人类最终要到达的这个精神世界与直接存在形成尖锐对比。精神生活在一切面前都作为一个整体出现，将所有复杂的关系通过一个整体表现出来，而人类生活则会落入个人的圈子，在这个圈子里单独现象只是混合在一起，一方面事物自身的内在力量和欢愉就是行动的原动力，而另一方面自然的自我维持占主导作用，与精神力量相连以后很容易就会发展成为无限的自我主义。精神生活所要求的永恒性与人类对时间的严重依赖相违背，与所有现有现象运动不停的变化相违背，与个体的迅速消失相违背。在精神领域中，世界获得充实的内容和各种表现形式，从而达到精神自由的王国，而人类则处在看似精神空虚的状态中，在无限面前孤立无援。这种鲜明的对比又该怎么克服呢？

毫无疑问，首先需要做的是对生活的内在变革，是生活超越人类，达到精神境界的层次。事实上，一切着眼于整体并影响全人类的工作都能实现这种转变。而在这个问题上，应该整体理解那些深刻影响我们生活的事物。然而这种转变，这种新立场并不能直接揭示出新生活的帷幕。夸大人类能力则会直接使所有精神都从人类立场上出发，并以最激烈的形式达到力量上的爆发，而这种夸大也会产生一个苍白无力、朦胧虚无的世界而使自己受到伤害。

人类的局限曾经给我们留下足够印记，我们不应该再次轻易地将现实建立在自我活动的基础上。我们为使精神超越时间而做出的努力想要得到有效支持，而这种支持恰恰来自历史。当然这并非字面意义上的历史，这只是一个未经虑过的整体，因为我们现在已经不再将这个整体理解为纯理性领域，理解为纯精神生活的发展。但是这也并不排除在历史范畴内，对精神生活的某种揭示正在发生，一种玄奥的历史正在扩散开来，精神历史开始逐渐与纯人类区分开。也许一种独立的精神生活正通过各个时代的演变慢慢向我们走来，这种生活完全能够使人类获得更深入发展。

这种精神生活最明显的例子发生在世界发展过程中的某些特定时期，如经典时期，因为在这些时期某种超越纯时代和人类的事物会逐渐显现出来：在这些时期内真正伟大的因素并不会有某些特定思想和努力，与日常目标和观点相比这是一种新的生活方式。于是变革发生了，与之相伴的还有生活的精神来源，必然性的精神力量以及人类从单纯人类意义中的解放。当然没有与生活中其余部分的联系，不做多重准备，不参考其历史地位，这些都无法发生，然而组成基本实体的经典元素在任何情况下都不仅仅是现有元素的集合和发展：相反，它代表着持续和逆转，代表着向一个新阶段的转移，代表着赢得一个新的生活领域，建立起一种精神现实。因此在这个过程中常常伴随着巨变和动荡，因此也要经历一番挣扎和痛苦。

先驱必然要做出牺牲，但是这种牺牲并不一定非要以流血形式发生。而且其最终所获得的外在认同绝不代表着人类地位上的完全胜利和转变，因为这种认同意味着退化到人类存在的低级层面，意味着要适应细微的人类感觉，从一定程度上说，并非这种认同只是部分认同，并非全部。这样从本质上说，这种对立面并不是被消除，只是被掩盖起来，在整体的历史中，真正的精神和纯人类生活行动仍然彼此对立。

独立精神生活不会只以独立的几点表现出来，这些点会彼此相连，最终在整体中结合在一起，这就带来极其复杂的局面和矛盾。

在人类世界中，所有形式的精神生活都有各自的局限性，因为他们都从各自特定的角度解决各自遇见的问题，而无法完全满足精神生活的整体需要，这个整体从人类本质的最深层基础上影响生活：最终会引起反抗运动并带来新发展。不仅如此，这不仅仅能产生新观点新的努力方向，还能不断扩大加深生活发展的进程：正是这种生活进程（与之相随的还有精神现实本身）在时代的进步中不断成长，在这个过程中精神生活逐渐显露出来，而这些不仅仅是对相应现象做出反应的产物，而是现实力量所带来的启示——尽管这只是一种精神形式的现实，因此只能通过自我活动进行调整。

虽然这种精神生活的启示不能涵盖人类存在的宽度和广度，然而却能在精神领域中充分发挥作用，建立起一个能够满足生活甚至可以促进进一步发展的目标。也许那些落后于历史地位的能够一时唤起并影响人类，但最终会遇到更优越的对手，其自身不足也会逐渐暴露出来。这种历史地位既有负面作用也不乏正面影响：负面作用在于能够因为不足而排出某些问题的解决方法，而正面影响则在于能够提出新任务从而促进发展——这样，从整体上说，人类不会满足于没有精神深度以及基督教所赋予我们的道德性的生活，也不会不从历史的主题中脱离出来，更不会满足于现代世界所提供的内在无限。

因此从精神层面上说，历史中所包含的指示，要求一切可能性必须适时做出调整以使其转化成现实，只要精神元素在时代的需要下进入我们的存在，只要这种精神元素以本质形式，不受时间限制，因此以永恒的状态呈现，那这种转化就有实现的可能。当这种永恒因素呈现在我们面前时，我们必须在其达到力量最高点、最本质状只要在历史运动中出现一场彻底的使命，只要在时代的变迁中朝着永恒真理的道路上不断取得进步，那我们的整体生活观必将经历一场变革。

**Our whole view of life must undergo an alteration in so far as a thoroughgoing task is thus discovered in the movement of history and progress towards a timeless truth is made through all the changes of the ages.**

态时紧紧抓住。历史因此不再是单纯时间的排序，时间上靠前的事情也不仅仅是后面事件的预备阶段，数量也不仅仅具有自我价值，更成为一种不可磨灭的真理。于是超越复杂关系向整体努力也有了实现的可能。这样历史变成逐渐揭示精神世界的过程，变成没有时间限制的当下，历史要求得到具有充实内容的精神生活，在历史中能找到一个强有力的支撑。而在此至关重要的一步就是超越现时达到永恒，将精神历史从混乱的环境中分离出来。

然而这项使命要受制于一定条件。首先要求的是生活的深度应该超越直接存在，而且应该以超越单独个体的整体形式出现。事物不应束缚在特定的有形的来源中，而应从整体中发挥自己的作用，以确定的独特的方式，而不仅仅是含糊的普遍的形式展示自己。因此只有从内在达到统一才能在历史大潮中被认出来，才能清楚地展现在人们面前。

不仅如此，我们所处的时代本身也应该发展一种独立的精神生活。为了达到这个目标，就必须实现强大的自我集中，在人类历史中紧握自己的使命，抓住希望的关键和中心并积极筛选出超越时间之上的独立精神元素，同时还要在历史大潮中提升自己。为了辨别其他事物的特点，我们必须首先了解自己，为了发现其他时代以及整个历史中的永恒元素，我们必须首先发掘自己。过去可以逐渐发展成为现在，但却永远不能取代现在，这一点无须再证明。

只要在历史运动中出现一场彻底的使命，只要在时代的变迁中朝着永恒真理的道路上不断取得进步，那我们的整体生活观必将经历一场变革。我们现在不再在时间的大潮中随波逐流，相反，我们参与到对永恒真理的追求中，从而变得更从容更坚定。而根据历史发展的规律，生活进程会一直要求更具体的形式，更充实的内容，精神生活自身也会以更确定的形式展现在我们面前，而具体的人类本质及地位也会逐渐明朗：在所有的这些当中，一种更独特更恒久的精神存在逐渐发展起来。人类生活也因此建立起更坚实的基础，并逐渐超越纯运动的层面，即使处在不断运动当中也能感受自己并加强自己的本质。也许历史生活中的动荡不安会持续动摇最根本的基础并使人们将已经确保的事物再次视为问题所在，也许我们内心深处的永恒的事物会随着特定时期发生改变：但不管怎样，如果这预示着一场最根本的变革，那通过建立超越时间局限的精神世界，我们就能使生活的核心保持永恒，在我们的活动中维持这种元素，并将精神生活所暗示给我们的转变成现实就成为我们活动的首要任务。现在我们能够尝试着将历史中瞬间和永恒区分开并从永恒中获得精神意义上的当下。历史不再是一个有着自我满足的目标的整体，而仅仅是生活和存在的一个方面，只有在涉及永恒秩序时历史才具备这种精神内容和一定程度上的精神意义。从这个角度上考虑，我们可以看到我们永远也回不到旧的生活方式中，回不到认为能从单独努力中达到永恒并完全将其建立起来的时代：那份宁静和安憩已经成为历史离我们远去，支持已经逝去的过去就意味着否认现在。然而我们绝不需要向固定不变的现代娱乐屈服，不需使生活融入单独时刻中，不需抛弃一切内在联系和整体。当我们与永恒真理世界的联系能够赋予生活以精神特征，能够通过本质的发展揭示生活，那我们就能在永恒世界中占据一席之地，我们就能穿越时间不断前进最终到达永恒现实，在一切运动中获得永恒元素。这样过去也不是单纯意义上的过去，过去也可以成为现在的一部分，这种现在超越时间意义。

在这种信仰的指导下，科学必然具备一种独特的方式对待历史现象，在现实见证并寻求永恒，在个体中着眼整体。举个例子，耶林关于罗马法则的精神性的伟大著作中向我们展示了对这种方法的全面理解：问题的中心“并非罗马人，而是法则，是那些在罗马进行研究例证的法则”，于是人们所承担的任务变成“从永恒和普遍中将现实和属于罗马的元素分离出来”。当然这种哲学观点只能作为艰巨的科学工作的终点，但是那些因为惧怕危险而持拒绝态度的人应该记住黑格尔关于形而上学所说的话，他们所追求的是建立一个没有神明的庙宇。新生活也会对个体产生影响，在个体生活中激起新活力新观点。从个人角度上看，存在只有在脱离独立精神生活并从一定程度上维持个体和精神整体的条件下才能超越一般现象。而一旦获得这种整体，并将时间转化成经验，我们就能在工作和命运中感受精神，我们也不会再形如阴影一般游离于世，更不会陷入精神和肉体毁灭的深渊，反而能在我们的内心扎根，发展并深化永恒元素，并将其转变成超越时间的现实。而这次过程中的主题一直都没变——保证生活以充实的内容，并建立起对抗瞬间深刻的坚实基础，而正是在这样一种现实中存在着一种力量，这种力量将永远参与到真正的个人生活中去，存在在爱与迷失，幸福与不幸中。也正是因为这个原因，拥有精神力量的人才不屑于抱怨生活的短暂，因为正是能够超越这种短暂我们才能将生活建立在永恒的基础之上。歌德曾经说过：“人类一直再为过去的事情东奔西走，在考虑没有任何实际意义的事情上迷失自我，对此时间对我们来说不是一种命运，而是一个需要解决的难题。

Time is for us rather a problem than a rigid destiny.

我很遗憾。事实上，我们活在这个世上的目的就是要使短暂的时刻成为永恒。”但丁曾经表示人活于世的使命就在于铭记，从上述角度上看，但丁的这种说法有失偏颇。因为如果幸福就是真正意义上的幸福，那它将不可毁灭，会永存于世影响人们的生活，会以现在的形式贯穿所有的不幸。

而且从这个角度出发，生活的自然阶段，不同时代并不会单纯的依次消失在人们面前，这些阶段不会完全自动消失，不会作为将来阶段的预备存在，每一个阶段都会从精神上影响生活进而影响整体。由此产生了一种全新的，喜悦的，真正的青春：这绝不仅仅是感性回忆，因为这种青春仍然是未来意义上的现在的一部分，是新生活的来源。

根据这种观点，人类不是单纯意义上的现世实体，一些深刻的中世纪思想家公平地认为人类应该站在时间和永恒的交界处，站在二者交会的水平面上并参与到二者中去。时间对我们来说不是一种命运，而是一个需要解决的难题。

然而生活能从多大程度上超越时间，获得超越时间的永恒取决于其所能释放出来的精神力量。我们的存在是落入现世世界还是永恒范畴取决于我们自己。甚至是最热烈的刺激也无法满足精神内容，无法超越时间范畴，而对人类来说，所有的创造都是对无形关系网的接受和靠近。

很明显，我们拒绝这种逐渐衰落瓦解的历史主义并不意味着我们会走向理性主义。当然，我们可以承认，如果必须在这二者中做出选择的话，那我们会倾向于理想主义，因为不管生活会变得多狭隘多片面，理性主义都代表者一种真实的个人生活以及为此做出的努力和奋斗，而历史主义则满足于效仿外界生活而失去自我。然而不管怎样，我们距离理性主义生活千里之外，其言过其辞的力量意识误使它低估了自己的使命，没有认清直接存在与人类的真正深度之间的鸿沟导致其只得出直接理解而实际上却需要进行彻底的深化和变革。人们相信理性已经存在在人类生活领域中，而现在需要的就是解放，否则人类不会开始转向知识启蒙来获得人类救赎。将精神生活的本质视为是将存在上升到意识不仅远远超出理性主义自身之外，而且也是新时期的普遍错误，人们认为在我们周围以及我们内部起影响的（尽管以一种有限的模糊的方式进行）已经达到完全自由完全清晰的层次。这样的立场表明我们的生活观中对巨大困难和复杂局面的认识，当然还包括对生活过程的削弱，根据这种浮于表面的观点，生活过程根本没有任何深化的机会。然而如果精神生活不被视为是单纯的自然启发，而是一种有精神自由特征的新生活的本质，那局面则会大不相同。当然这确实会产生更紧张的气氛，然而另一方面历史要求的就是更深层次的意义和重要性。我们无法将生活转变成纯理性的世界，但是我们必须在生活中发现某些理性的启示，并对此心满意足。

在生活中占首要位置的智力对真理概念的理解过于狭隘偏执，因此启蒙运动也并不认同历史主义。纯智力真理认为自身才是唯一真理，因此从这种观点出发，不同事物无法同时出现，坚持当下的权力也就意味着否认过去。我们前面讨论的部分已经做出很清楚的说明，当智力涉足精神领域，当学说与观点，生活的发展与生活的复杂局面在历史的进程中结合到一起，当历史争端不仅在人们思想中，更在现实中爆发，那局面会彻底改变。

起关键作用的是要获得超越时间的当下，并随之逆转生活。

The decisive matter,in this case, is always the gaining of a present superior to time, with the accompanying reversal of iife.

在这个问题上，起关键作用的是要获得超越时间的当下，并随之逆转生活。历史只有在这个当下才能超越单纯的经院调查，只有通过这种方式才能使“变成”的无限扩张以及历史观的扩散不会导致相对主义的爆发并带来其他破坏影响。这种观点不仅能使所有既有实物与世界构成相连，与所有进化论观点下的有机生命相连，而且还延伸到无生命自然的最基本过程中，因为即使是在物理世界中，事物也在很大程度上按照一定次序进行，而不会任意逆转。现在被理解为时间长链上的最后一环，因此人类存在逐渐明朗，在人类发展道路上，过去被认为一成不变的内在的因素现在成为无常的，而且人类从心理本质上在很大程度上依赖于其所处时代的特征（不同时代造就不同类型的人，这是不可否认的事实）。因此生活开启了无限的财富，而我们对这种财富也有了越来越精确的理解①。所有这些都可能被认为是我们视野的扩

① 首先我们不得不提及的是狄尔泰对不同国家的人的出色描述，兰普雷希特关于这一方面的研究也不应被遗忘。在诸多学者中，R. 贝尔沃德的研究主要集中在当今心理地位的问题，请参见《现代思想的心理因素》（心理学研究协会出版）。然而很久以来，人类独立依赖于所处的时代的问题一直占据着人们的思想，这种状况甚至可以追溯到 17 世纪这种冲突逐渐明朗的时候。由于我们无法继续详细探讨这个问题，在此我们截取瓦尔赫的《心理学词典》中第 2377 页《礼貌》一文的描述：“现在由于这种变化（及传统习惯的变化）潜移默化的发生，我们甚至完全没有意识到，直到这种变化完成，这样的习惯在这个时代逐渐流行，于是这些习惯也被视为理所当然的属于这个特定时代。一些人试图创造一个天才的时代来知道人们的思想，并根据时代改变人们的习惯。巴克利就持这种态度，在《约翰·巴克利图标的感觉》（1614 年，第 505 页）中，他表示过类似态度。跟他达成共识的是《德国废弃的士兵》的匿名作者以及发表了题为《世界天才》（巴黎，1663 年，第 12 页）一书的作者佩特·福米尔纳斯。”

大，从特定时代的局限中解放出来而受到人们的追捧，然而如果没有见识的基础适应这种扩大，也没有时间上的增长以加强这种永恒性，那对知识的获取也可能导致在生活中有所损失，历史必然维持在次要位置上：永远不可能前进到首位。这么看的话，很明显我们的存在领域与理性主义者以及建设性历史哲学家相比更不完整。但是我们有为什么能这么肯定我们自己在整个生命的循环中已经功德圆满了呢？如果现实不断扩大，人类因此而相应衰退，如果生活因为更简单而得到深化，那从更谦虚的意义上讲，这难道不是一种缺陷吗？

## 附录："现代"的概念

"现代"的概念不断演变，分化人们的思想，以至于对其的讨论及解释势在必行。首先这个词语的历史需要做出解释，因为即使这个概念上没有误解，其意义也处在模糊不确定的状态。而与"现代"这个词相关的实际问题自然要追溯到它的形成历史上。不管什么时候，想要表达当时的特征性质就必然寻找一种合适的表达方式[①]。然而在"现代"上，似乎这是一个永恒的表达，也值得我们追寻其发展踪迹做更细致的研究。这个词在人们由于内心意识的选择而发生分化后被越来越频繁地使用起来：新时代的人会称自己是"现代"，以表达自己与恪守陈规的老一代人的优越性，而后者则从责备的意义上将这个词用在那些缺乏坚定性和忠诚型，盲目追寻一时流行说法的人身上。这

① 因此亚里士多德一直在不断使用这个词，用来指代当时的柏拉图主义者。

个词的历史向我们显示了这种斗争达到特殊高度，矛盾由此产生的特殊时刻。

这种表达出现在古文明世界与中世纪的转换时期，6 世纪时期的语法学家普利斯蒂安及西奥多里克的官员卡西多利乌斯使用。而在随后几个世纪中也会偶尔出现①。11 世纪结束以后，这个词作为一个党派术语在逻辑斗争中被使用：用来代表名义主义者——也就是那些否认思维概念的客观现实的人。但是其他人也被称为“现代人”，如当时的学者们都是“现代人”②。在索尔兹伯里的约翰以后这个词获得更重要的意义和更精确的应用，13 世纪的亚里士多德学派（尤其是伟大的道明会成员们，如大阿尔伯特和托马斯·阿奎那——现在是所有反现代运动的中心人物）在自己的学说中应用这个词以与深受柏拉图和奥古斯丁影响的方济会学派思维模式形成鲜明对比③，而反对这种“现代”思想的人则指责其是泛滥神学，有辩证思考和琐碎的讨论④。后来现代性的概念以及这个词本身都发展到奥卡姆及其学说当中去，“奥卡姆的学说仍然以‘现代’理论为主，一直到路德时期”⑤，而路德自己也承认自己坚持现代学说。然而这个词还有别的意义：群体生活中的

① 在《历史政治闲谈》中的一篇文章提到了本尼迪特斯·艾维尼斯修道院长的一封信（写于 800 年至 821 年间），信中写了相关内容。

② 在此继续探讨这个问题没有任何意义，但是我们可以参见普兰特的作品。

③ 罗吉尔·培根将亚历山大黑尔斯和艾伯特称为两个伟大的现代文明（见西贝尔格所著的《烦琐哲学》《赫尔佐格百科全书》）。

④ 教廷使节马丁四世在煽动并几乎毁掉巴黎大学的运动中起到至关重要的作用，他在提到现代好奇心时持反对态度。

⑤ 请参见西贝尔格，《赫尔佐格百科全书》，第 3 版，第 279 页。

人代表着一种虔诚的文明，这种虔诚，包括其外在表现形式，都将重点放在其“内在性”上；约翰内斯·巴斯的作品就以《现代化起源》为题[①]。

中世纪逐渐消退，随后文艺复兴为我们开启了一个新世界。然而在人们的思想完全清醒并完全理解这些词的确切含义之前还有很长的一段路要走。当然，从文艺复兴的角度看，“现代”并不意味着与古文明世界相对立的新式文明，而仅仅是一种看待古文明世界的新角度新方法。

而与此同时，中世纪的词汇中一直存在着一种困惑。这一点可以从信件的内容上明显看出来[②]。然而到了17世纪以后，现代世界越是赢得独立性和自我意识，当代学者就越是在时代的逼迫下将属于自己时代的元素与之前时代区分开，人类历史因此出现排列和分化，这个时代也因此而不同于过去。而其中起主要作用的是自然科学的发展以及法国文学高峰期的影响，从而是这个时代有了不同以往并优于以往时代的意识，这样就产生了“古代”与“现代”二者之间的鲜明对比。佩罗的名著《古代与现代并行》将这两种表达方式视为既有的、固定的，这本书具有充斥着17世纪后半期的自我意识特点。一旦这种对比建立起来，那距离研究古代与现代之间的独特本质就只有一步之遥了。我们很清楚这

① 请参见古斯塔夫的文章《共同生活在德国的兄弟》,《德国历史》1905年6月，第244—245页。

② 在这里，现代有时也单纯指“新”。而其源于不同逻辑学派相争的就含义同样保留了下来。但是一般来讲，它指的是遵循人们新的思维模式，如现代主义诗人、现代艺术形式等，但是并不常用。

尽管偶尔受到攻击，但是传统的束缚仍然持续很长时间。

In spite of occasional attacks the ban of tradition lasted long.

会带来什么样的重大发展，尤其是席勒在考虑对这些概念做更精确定义从而进行彻底完全研究时的想法。

另外，现代在定义自己时还需要考虑到与中世纪形成对比，而为了这个目标，首先需要做的就是在中世纪构筑一个概念，而这个概念很晚才出现在人们面前。

关于这一点，伯恩汉姆曾经说过："尽管偶尔受到攻击，但是传统的束缚仍然持续很长时间。即使是这样，像查尔斯五世时期的著名历史学家，作家司雷丹将他的编年体成为四君主政体，虽然关于神圣罗马帝国的分裂有过多次暗示，但是他仍然坚信会持续下去，因为根据丹尼尔的预言，出现第五个统治全球的君主的可能性微乎其微。"17 世纪首先见证了对各种物质用途的实际排列，一方面，语言学家和作家们首先感觉到有必要寻求确定的表达以明确区分经典时期和中世纪时期语言与文学的不同；另一方面，还有后者与文艺复兴后兴起的文学文化之间的区别。

于是从奥古斯都或安东尼时期一直到 15 世纪，文学界出现了诸如 media oetas 或 medium oevum 的表达，德国哈雷的克里斯托弗·塞勒里斯教授将这种分化模式引入到普遍历史领域以及自己的著作中：一直以来，古代史指的是君士坦丁大帝以前的时期（他详细解释道，这一时期直到奥古斯都时期还没有结束是因为罗马帝国的内外力量强大，远远超过奥古斯都）；而中世纪时期则指的是从那以后一直到土耳其人贡献君士坦丁堡，新时期则指的是攻陷后一段时间。这种分法获得人们的广泛认可，当然也并不是没有反对之声[①]。因此“现代”这个词的定义也与中世纪密不可分。追寻这个词在现代世界中的发展必然会将我们带入无尽的讨论中，而这也绝不是我们在本书中的任务。我们已经了解很多了：实际上“现代”这个词的历史要远比我们想象久远，而且这个词也有丰富的含义。

说完这种表达的发展历史，现在我们要探讨一下这个问题本身。当前时刻的最终起源以及以“现代”这个词为中心而展开的斗争其实都很简单：在文明的发展过程中，不仅有新事物出现，还包括旧事物的保留和维持。实际上，如果我们以为重新开始而与旧事物成就于不顾，如果我们不适时利用有利工具，采取便利路径，如果我们付诸努力进行意识活动而得到的成果没有随之转化成无意识的习惯性形式融入生活中，那我们的发展进程将是极其缓慢的，而我们也不会再有更多自由时间向前进步。举个简单的例子，对哲学来说，概念和术语的累积有多重要啊，它为我们开展相关工作提供了巨大的便利性。

但是事情远不止这么简单。只要将自身提升至瞬时变化的层面之上，拒绝一切改变，那人类所获得的普遍真理及精神内容就

① 这个问题是如何逐渐解决的，以及直到今天它引起多少斗争，我们对此知之甚少。乔治在1907年1月15日的《两世界月刊》中发表过一篇文章，对比利时重要历史学家戈德弗鲁·瓦库尔特进行评述，在法国学界对“中世纪”这个词的态度上，文中也有自己的见解。瓦库尔特本人强烈反对“中世纪”这个概念，他希望能确保一种主要分支受到人们的认可——基督教；因此在他的力作《现代文明的起源》（1898年，第三版）中他将“中世纪”视为现代世界的开始。

能够赢得人们的信奉和忠诚，只要我们拥有真理，我们就能够经历时间的转换达到永恒。正是这种思维模式才有了下面这种说法：

事实是春长，

有高尚的精神做连接：

古老的真理，啊！

（事实早已被发现，

崇高的思想紧紧结合在一起，

古老的真理——现在，快抓住它！）

这正是对古文明给予高度评价，并要求在我们的工作中紧密联系起来，避免分离[①]。

但是现代的支持者有自己的观点。精神内容不能像外在事物那样轻易地从一个时代传达到另一个时代，他们要求不断认可不断更新，而在这种传达过程中发生某些更改在所难免。即使是外在状态保持一致，某些单独部分的内容以及彼此之间的联系也会很容易发生改变，人们会看到旧事物的新方面并将重点放在同一事物的不同部分。不仅如此，一旦事物的某些新方面暴露在人们眼前，新问题就会随之而来，而如果人们不从内

---

① 在哲学领域中会萌生永恒的哲学的观点，而这种观点在经院哲学中已经存在已久，著有《常年理念》（1542）的阿格斯诺·斯特考强烈支持这种观点。莱布尼兹在自己的观点中也采纳这种说法，但是由于他主要支持不断进化的观点，因此这种说法在他的理论体系中有着不同的含义。最近一段时间，尤其是德伦堡再次特别支持哲学工作的稳定性，他说："对于哲学来说，除非能获得永恒性，否则将无法重新恢复到古代时的地位，而要获得这种永恒性就要向其他科学一样发展，持续进化，从历史角度解决自己所遇到的问题，而不是遇到问题就重新开始，在个人思想中再次遇到瓶颈而停滞。"（《逻辑研究》前言，第二版）

在上做相应的进步，这些新问题就会很难解决。文明变得精疲力竭，而新种群会呈现不同的心理特征。难道精神生活应该维持在事不关己的位置上吗？难道传统生活真的就建立在毋庸置疑的真理之上，而既定路径一定能指引我们通向我们的目标吗？不，到底有没有一种真正的生活能够不受个人决策的干扰，有没有不经历怀疑和挣扎，不经历变革和重塑就能做出的个人决定呢？

也许这种变革首先必须发生在一个毋庸置疑的世界中，很长时间内都不会被人们觉察出来。但是，随后就会出现一个转机，气氛越来越紧张，脱离旧世界从而获得新生命的愿望越来越迫切，在这个转折点，精神上的自我维持迫切要求与传统分裂并直接从当下出发进行创造。历史经验自己就能告诉我们这种变革是否必要，什么时候必要；然而对于一个清醒公平的思想来说，这一点不言自明。这种变革（也许是我们所知的最激烈的）随着基督教的出现而出现在人们面前，并拥有自己的价值标准，而改革和新科学也可以带动这种变革。现代世界的宗教生活如果没有一个新的独立基础，没有一种上升力量的支持，就不可能发展自己的力量和内在性，而对于一门新科学来说，有着全新的研究方法和分支，少了这种基础和力量就更不可能从经院哲学中解脱出来获得发展。人类生活想要不管更新，不断深化，既要具备连续性也要有间歇性。而在这些新运动问题上，关键点就在于他们是由精神必然性所驱使和控制的，还是人类自身追求改变的结果。

不可否认，很多变革都来自精神必然性的驱使。在人类存在不安情绪代表着内在需要与外在占有之间的差距。

The unrest is significant of a gap between inner necessities and outward possessions.

中，尤其是我们的社会生活中，这一点都可以得到印证，也许人们已经对旧有事物感到主观厌烦倦怠，也许就是单纯的渴望改变，尤其是在行为方式的问题上。这样，不同时期之间的差异逐渐加大，一些时期满足于按部就班的遵循旧路子平稳发展，而另一些时期则显得骚动不安，他们不满于现有一切状况，而对新事物表现的格外倾心。这种不同时期所表现出来的特征与精神生活的状况密切相关，不安情绪代表着内在需要与外在占有之间的差距，而在这种情况下，我们更易于渴望改变，渴望追求新事物新刺激，事物因为陈旧所以被抛弃，新事物则因为新而受到人们的追捧。因此我们必须我们在真假现代性的问题上一定要擦亮双眼自己辨别。

有的现代性中存在着精神必需性，而有的则只是人类反复无常的兴致与情绪的表达：这两种现代性所带来的影响和前景截然不同。如果一场运动只是人类渴求改变的结果，只是一种浮躁不安的情绪，那他们可能会在生活表面上掀起轩然大波，而绝不会触及生活的本质，不会赢得任何积极创造性力量，随着这种情绪的平静和消逝，这种变化随之减弱褪去；而这种使人们在不同极端间来回游走的巨变最终会带来严重伤害，热衷这种现代性最终会带给人们以及整个时代无尽的悲哀和苦难。

然而如果真正的现代性在历史生活中引起一场运动，保证真理内容受到人们的认可，那将是另一番景象：这种现代性受内在必然性的驱动，这种敏锐的力量不会受到任何因素的抵挡，真正的现代性拥有非凡的力量，分散孤立的事物开始朝着一个共同的方向集聚：完全不同的领域中也会占据着新的思维模式，占据着这个时代的精神，这种精神会扩散到每一个角落，甚至对反对者也产生积极影响，在这种运动面前，即使是根深蒂固的意见，甚至是自私的想法也会黯然失色。然而当事物浮现在表面时，困难随之产生，真实和虚伪彼此交错，难分难解。一些人认为自己不仅能够摒弃肤浅的现代性，更能达到去伪存真的效果，而还有一些人以真正的进步思想为借口，最终成为无常兴致和情绪的牺牲品。旧事物的拥护者认为自己所支持的不可违背的秩序，而新事物的支持者则将自己视为解放的代表，前者宣扬道德，后者则是精神和优越性，前者保卫的是社会整体的利益，而后者则是个体利益。但是事物自身同时存在着辩证性，旧事物都是从新事物演变过来的，甚至托马斯·阿奎那也曾经被认为是“现代”的代表！那些新事物也总有一天会老去，并在新事物面前尽力维持自己的地位。今天的那些现代运动中的很大一部分力量是因为他们处在与旧事物相对立的位置。在取胜的那一刻，这种优势就会立刻消失，新运动随之占据上风。

这种斗争所产生的复杂局面会在今天的生活中呈现出一股特殊力量。一方面，新事物首先是一种强大的世界性力量，在这股力量面前是各种抵抗，罗马体系名义上是天主教的代表，实际上却可以将天主教排斥在外，因为这个体系集中全力将人类运动引向特定的渠道，这样就使运动永远维持在中世纪框架内。另一方面，一种肤浅的现代性逐渐扩散开并受到文明生活的全力支持。生活步伐逐渐加快，越来越多的人涌向大城市和世界大都会，那些缺乏自信、悄然无声的必然不会受到人们的因循守旧只能一事无成。

All willful connection with the old is branded as a bare and sterile conservatism.

倾听，人们只会关注那些激动人心的，从未听闻的新事物，那些不被自认为有教养的人所忽视的创新力量。新事物之所以受重视只因为他们是新的，不管自身有多空虚有多愚蠢。而与此同时我们却厌倦生活中的那些真诚深刻的元素，不管对错，只要大胆说不，我们就会鼓掌欢迎，我们会对那些扭曲的虚假文明，我们逐渐变成半教育人民，试图主宰人类的精神运动并以此判断善恶，辨别真假。

真正现代性无法在人类生活中取得进步，除非它以最激烈的形式从肤浅现代性中脱离出来并做出反抗，只有打败虚假现代性才能保证真正文明的权力不受侵犯。我们所做调查的整个过程已经告诉我们，我们所处时代的本质不可能悄无声息地遵从传统发展道路，而必然会通过调整并深化生活探寻新道路。在这种情况下，因循守旧只能一事无成。我们的任务就是要保持独立并为努力向上发展的精神必然性开辟道路，这样才能获得永恒的真理并抓住当下所给予我们的礼物，新与旧才能并肩前行，共同发展。

## 第三节 社会与个体（社会主义）

### 1. 社会与个体之间的关系

#### （1）历史角度

现在，社会问题的地位与历史问题的地位大同小异。19 世纪，出现了一场反启蒙运动。虽然这场运动仍在进行，但是已经起到了抵抗作用。由于启蒙运动与反启蒙运动的鹬蚌相争，产生了一个错综复杂的局面，而要摆脱这种局面却并非易事。首先，有必要对一些术语做出一些解释。虽然“Individual”（个体）和“Individuality”（个性）最初在现代社会才得到推广，但是两者具有悠久的历史渊源。“Individual”（个体）最初意为不可分割，不能分离。是西塞罗将“ἄτομον”（不可分割，希腊语）翻译成“Individual”，“Individual”作为不可分割的这层意思就在古文明时期流行开来[①]，一直到了中世纪——最古老的德语将其译为“unspaltig”（诺特克尔）。不过到了古文明时期末期，“Individual”这个词出现了另外一层意思：分开的独一无二的事物，其特殊性只出现一次。

得到进一步扩展，并且出现了“individualis”和“individualitas”这两个词（最晚是在 12 世纪）。莱布尼兹首先将这两个词推广开来，显示了他在新旧两种语言之间不凡的传播能力。

在文明社会的早期，个体成为广大社会的一部分。个体的作为或不作为，基本上取决于他与社会的联系。随着文明社会的发展，强化个体的倾向越来越明显：个体获得了独立，开始向传统社会秩序的基础发问，并探究其真实性，通过不懈努力，最终摆脱了所有的枷锁，使他的观点成为真理的标准，使他的幸福成为行动的唯一目标。在那些将社会看作一个整体的人士的眼里，这仿佛是一场毁灭性的颠覆。因此，他们竭尽全力去抵制这种变化，

① 例如，塞内卡的《论天意》。

试图通过赋予个体一些权力来恢复个体与社会这个整体的联系，拉拢个体，以成就他们的目的。这是一场精神的拉力战，他们希望能把曾经属于他们的东西再重新夺回来。社会有机论（现在我们已经熟知），是源于把个体重新纳入社会整体的目的：这个理论似乎是专门为调解社会和个体的矛盾所设立的。在实体中，发展出自己的特色与力量的分支越多，对整体就越有利；另外，整体所在位置越高，各分支的作用就越不相同。事实上，各个分支的所有活动都离不开整体，尽管整体具有很强的局限性。而各个分支一旦离开整体，就会毫无声息，一无是处。这种有机论断然不会容忍任何一种个体权利与整体背道而驰。当这种理论应用到整个世界（起初是斯多葛学派有意应用），它就像是上天的一场特意安排，即使是世间最不起眼的东西，也没有完全相同的，就像这个世上没有两根完全相同的头发，没有两粒完全相同的谷子，没有两片完全相同的树叶①。这种有机解决方案与等级制度密不可分。等级制度起源于希腊时期末期②，后在基督教内以及中世纪得到全盛发展，至今仍有巨大影响。整体在此被设想为一种连续的上升级数或等级，离生活越来越近；一种可能让生活一级一级往下的梯子，每一级都要从上一级传到下一级。在这一方案中，只要每个部分还在整体的结构中，那么它就有自己的特殊价值以及特殊作用；然而一旦与整体分离，就会陷入一片虚无。这种生活观念的历史形态不仅在宗教等级制度中展露，也在中世纪的封建

① 见西塞罗《学院派怀疑论》第二卷。

② 在这一点上，普罗提诺的影响最为重要。

制度中显现，在这些制度中，任何个人名下的权利都是对上一级欠下的债。

这两种制度都认为，个体只能从他与整体的关系中获取价值，个体本身并不具有任何价值。这种可能被称为微观世界的理念，第一次将这种独立价值分配给个体。个体已经不再是这个世界上微不足道的一部分；相反，个体本身就是一整个世界，就是现实生活集聚的中心，就是生命将它的丰功伟绩置之于此的圣地。因此，整体就由各个世界在世界中组成，我们无法对其做出确切的解释。这种观点也是在希腊时期的末期形成，这主要还要归功于普罗提诺：他是第一个对“人”这个概念做出充分、清楚的解释的人。他认为，人包含了自身的世界，用其独特的方式反映出整体；“我们每一个人都是一个精神世界”。此外，新柏拉图派哲学将这个术语推广使用——虽然这个可以追溯到德谟克利特和亚里士多德。这种思想趋势在整个中世纪都受到投机神秘主义的保护，并且借助于后来的各类思想家（像尼古拉斯－库萨，乔尔丹诺·布鲁诺），这种思想趋势得以沿袭到现代，并在莱布尼兹的单子论中越发清晰。这种思想是对德国古典文学时期所盛行的个性与人格的疯狂崇拜。从中，我们也看到从希腊时期末期一直到新时期顶峰的一条连绵不断的思想链。一边是有机等级生活观，一边是微观世界生活观，二者截然不同，矛盾在所难免：前者认为个体是社会的微不足道的一分子，后者则坚持认为个体是独立的整体；在前者的观念中，除非作为集体中的一员，否则个体不能参与精神上的事情，而后者的观点是，个体可以直接、独立地参与精神之事。我们所处的位置不同，生命的内容也不尽相同。为社会有所付出或者发展独立个体的内心世界是我们的首席理想吗？对于后者，社会只能从个体中酝酿他的形式与力量，永远不会将自己视为一种目标。这种个体解放引起的结果是，个体的生命获得了重要的东西——科学、艺术以及宗教。首要原因是个体与无穷的世界，与创造性的生活源泉建立了直接的联系。因此，在社会与个体之间密切相关的问题是，我们生命的主要内容是寻找人类之间的交流还是寻找与整体之间的关系——我们应该首先追求一种群居的生活体制还是一种独居的生活体制。现在要对这些问题的历史发展进程追本溯源是不可能的了。在我们没有进一步偏离轨道之前，我们必须把我们的注意力转移到对当今的思想和趋势的思考上来。

我们的时代受到三种趋势不同程度的影响，这三种整体趋势是：现代社会对于个体的趋势，19 世纪支持社会的行为趋势，以及 19 世纪末个人主义的复兴。个体的解放十之八九是现代生活中整体的最显著的特征。个体寻求解放，并且赢得了胜利，这不仅仅是和上帝以及整体建立了直接的联系，还在社会这个整体中赢得了独立的位置。从文艺复兴和宗教改革开始，个体解放逐步蔓延，越来越深入，越来越广泛，越来越强大，越来越灵活。就像新的科学能够瓦解传统的量（如时间、空间、质量等等），使他们成为独立的元素，所以现代社会的发展也取决于日益独立和分离的个体。从内心最深处的疑问，到外部社会的风俗与交际[①]，这

①例如，耶林在《权利的目的》中认为，与过去相比，当今用餐习惯的转变是独立性迈出的极其重要的一步，因为它意味着“从集体主义到个人主义的进步”。以前，人们用餐都是用一个盘子、一个杯子等，而现在是一人一套餐具。

种独立越来越多地克服了一切阻碍。这种独立绝不是要脱离所有的相互关系，但是也并不意味着要将这些关系强加给个体，而是要从他们的个人意志和自由意愿出发。更不是说要放弃所有的内在关系，相反，最高水平的精神思想，像伟人康德和路德，人类独立性的发展只是生命进程中的一面，而另一面虽然自由，却是对无形力量的绝对服从。有一些人认为这些伟人只不过是个体自由的倡导者，对他们要么赞扬，要么批评，而这恰恰证明了这些人对独立性本质的愚昧无知。在当今这个时代，人们对于独立性已经没有那么疑虑和困惑了。在德国，继狂飙突进运动之后，主张个性解放的运动有了显著的文学艺术特征：那个时代的个人通过艺术创作将自己提升至平均水平之上，然后就觉得自己是“天才”，要比“庸俗市侩”优越高级得多。这种自觉提高艺术修养是一种频繁出现的现象：开始是浪漫主义，认为个性是人类的伟大创造（施莱尔马赫），并通过夸大这类思想来宣告“无限自由的主体性”的无限权利；同时，艺术与科学往往明显优先于政治[①]。后来，类似的思维模式在年轻的德国以及现在的个人主义中风靡。德国古典文学时期对个体极为重视，大教育家裴斯泰洛齐与赫尔巴特将这种思维模式带入教育领域[②]。但是，如果是这样

① 弗·施莱格尔说过类似于这样的话：“不要在政治世界散播你的信与爱，而要在神圣的科学与艺术世界，将你内心深处最珍贵的瑰宝倾洒进炽热与圣洁的永恒的溪流中。”

② 裴斯泰洛齐尤其积极提倡个人主义，他嘲讽“集体行为”“集体道德”，以及“集体信念”，声称：“我们的集体只能开化我们，不能教化我们。”这一点，卢梭对他的巨大影响功不可没：他最先从整体上描述了社会与个体之间的差别。

的话，个体就不会渴求独立以维持对这个世界和社会环境的抵制，也不会把自己包裹在骄傲优越的思想意识中；他会兴高采烈地回归社会，扩大他的生活圈子，最终与整个外界和谐相处，成为一个拥抱世界、虚怀若谷的人。这种情况在歌德的精神世界和毕生事业中尤为常见。

对个体优越性的最初抵制来自唯心主义本身，因为拥抱世界的过程由其自身驱动前进，将人存在的重心从个体转移到整个人类。然后，现实主义来到了这个有形的世界，带来了不可估量的使命，而要完成这些使命就需要联合孤立的力量，迫使人们卸下以前分离的状态，联合起来成为一个紧密的联盟，强迫他有秩序、有制度的工作。政治自由的渴望随之而来，对基于政权的社会秩序的渴望成为公民的渴望，建立一个国家容纳个体，团结起来一起为伟大的使命而奋斗的渴望也接踵而至：意想不到的科技发展推进了这场运动，相关科技的影响仍在继续，并且更加紧密地团结工人；现代工业的发展也成为这场运动的助推器，帮助它完成盈千累万的使命，形成鲜明对比的成果，积累如山似海的民众。现代生活步伐的加快，人与人之间的联系越来越密切，不同生活不同方面的互相交流，这些都为消除个体特征、向那些努力整合个体特征使之成为普遍势力、传递排山倒海般的力量做出了不可磨灭的贡献。在报刊、铁路、邮电的时代，社会舆论迅速成形，并且获得了巨大的力量。即使在成长期，社会舆论也包围着个体，导致个体与外界的交流成了个体自己的事情。

最终的理论也增强了个体的依赖性：更现代的社会学——“sociology”（孔德、凯特勒及其他人）竭尽全力通过人的社会环境证明人类彻底的局限性[①]；就这一点而言，人类的愿望和理想似乎都受到社会传递给他的信息所控制。即使是个体反对社会的暴力斗争根深蒂固，但是出于整体的需要，最终也会因此受到整体的控制。同时，社会均等的概念、正常人的概念浮出水面。据显示，如果可以测量，那么由这种准则所引起的个体的变化，比开始假设的变化程度更小②。所以我们的注意力放在个体的相似之处，而不是他们的不同之处③，对个人精神世界的分析——那些伟大诗人的拿手好戏，也让位于民众研究。在统计学中，这种研究形式也将自身锻造成了一种利器。所有的这一切，都不再是表面的改变，而是一种生活内在的改变。因为，从这一点来看，生

①“社会环境”这个词作为专业术语，很可能是拉马克在《动物学哲学》中初次引用；孔德把它的用法从动物学引申到社会学，而泰纳钟情于社会学的用法，并使这个词在德国流行开来。

② 这一点，凯特勒的人体测量学特别值得注意。

③ 平等的观念，与人类价值的平等、权利的平等，虽然在几个世纪以前才得到全盛发展，但是却源远流长。在古典时期，他们是不为人知的，后来在古文明时期，他们得到有利发展，但是却没有留下人与人之间真实差异的印记。平等的观念来源于基督教。我们与上帝之间的关系，让所有人类的差异消失不见；无限的概念让所有有限的差异看起来都似乎微不足道。然而，一开始，人们很少注意到那些宗教关系以及人类存在的影响。随着基督教的进一步发展，与等级制度相比，普遍祭司的观念更加深入。它从孤立的次要趋势中流传下来，受到中世纪费力劳心的保护，在宗教改革时期得到更加充分的表现，尤其是加尔文派改革家乐此不疲地从中抽取社区生活形成的影响。也正是从这一点上，发生了向政治领域的转移。在克伦威尔统治时期，草拟了第一部允许公民投票的宪法。宣扬理性主义、人生而平等的启蒙运动，也推动了平等观念的进一步发展。最终，卢梭将平等的观念带入人们的日常生活。人权的观念也许源于美国。费希特提出了“具有人类表象的一切平等”的准则。18世纪将它与自由和平等联系起来，最初是在社会生活的环境范围。

国家的有形力量与社会的无形力量团结在一起，共同抵御个体的独立。

The visible power of the state and the invisible power of society are united against the independence of the individual.

命中最重要的事情变成了群体所取得的成绩，而不再是我们个人在生活中的所做、所想。所有的力量都在积极的展现，个体与整体之间的联系越来越显著。此外，这种趋势引发了精神生活的具体建设。改善社会条件变成了人生的主要目标。利他主义、为美好社会奋斗成了美德；与一个和谐的社会比起来，艺术已不再高高在上；教育旨在提高整体的文化水平，不再以个体发展为重点。在这种情况下，将个体团结起来成了一项更为特殊的使命，这项使命是要发展巨大的综合体，开发固定的方法，从而有能力解决整体存在的不合理因素的矛盾，促进必不可少的生存条件的改善。眼下，人们很难意识到，有肯定就有否定，有收获就有损失。

各种错综复杂的势力密切合作，以一种或多或少隐蔽的方式，抵制着个体的发展。然而，有巨大力量加入的反个人主义势力却毫不掩饰，并在 19 世纪成为国家的一部分。这种加入的力量，很大程度上是因为经济发展的并发症，在这种并发症面前，仅仅依靠个人的努力显得杯水车薪，毫无希望。这仅仅只是普遍现象的一个主要特征。日益增加的并发症，以及文明技术的发展，需要更密切地联合各种孤立势力，需要更多的整体组织，因此，需要一个指挥中心。这造成了一种不可避免的影响，例如，教育的较大集中化。此外，这种运动在我们文明的生活中已不缺乏思想世界的鼓舞力量。国家地位成为主要载体的文明相当于我们现实生活中内在的绝对理性的现代信念。泛神论的要义绝非偶然，斯宾诺莎以及黑格尔是国家这个概念的伟大先驱。斯宾诺莎希望人们是为了他们国家的利益宣誓，而不是因为上帝。黑格尔将国家誉为：“虽处尘世，神圣尤在。”因此，国家的有形力量与社会的无形力量团结在一起，共同抵御个体的独立。那些逃离的人，或者相信他们自己逃离的人，更有可能成为其他人的牺牲者。

但是，完全的胜利通常伴随着一系列夸张现象，因此有了反作用。在这种情况下，19 世纪末，国家和社会对人类的包围引起了宣扬个体的新运动。这场运动所展示的方式经常偏离了教化意义，例如，伪天才的自我神化、自以为是的优越性这种主观情绪的夸大。然而，不是仅仅靠嘲笑就能解决这个问题。在这些问题因素的背后，存在着个体的防御运动以及对其具有威胁的局限性和压抑性的反抗。这种反作用让人们完全意识到了社会运动中存在的局限性与否定性。个体特征的消除，独立性的岌岌可危，以及对原汁原味的生活和创造的阻碍，似乎都与社会文明密不可分。正如历史压迫现实，反过来，被压迫的现实也难见历史的伟大；同样的，社会如果要削弱个体，似乎就一定会经历一场不可避免的退步。难道我们还没有清晰地察觉到，在所有威风凛凛的科技成果中，具有明显个性特征的胜利成果越来越少吗？难道我们还没有察觉到，我们的生活水平同时越来越低吗？工作，现代生活构成的核心，曾经强化了我们的灵魂。而现在，我们意识到，现代工作的巨大发展弱化了，甚至粉碎了人们的灵魂。这必然会刺激灵魂进行防御，去抵抗社会的文明，否定社会成果的价值。同时，个体也竭尽全力去解除他与社会的关系。个体的目标便成了要获得完全自由，要尽情地“活出自己”，要使自己的特点鹤立鸡群，要将自己从人群中划出界限。虽然上述目标看起来有些夸张，有些扭曲，但是它表现出了一股对当今时代的影响力。虽然这不太可能成功，但是它却有力地批判了现实，深深地动摇了对充足的社会文明的信仰。可是，尽管如此，为了提高社会条件，工作仍在继续。然而，它对个体施加的压力以及我们要完成压力的压力，越来越大。因此，我们被拐入了相反的方向：社会文明统治着我们的工作，而个人文明谴责着我们的灵魂。难道我们对这种矛盾真的无能为力吗？或者我们可以抵抗，为生命的一致而努力奋斗呢？

（2）当今社会存在的问题

**A. 纯粹的社会文明之不足**

认识到社会文明的重要性是一回事，把社会看成包含所有人类的整体又是另外一回事。如今，大量因素共同为这种认同而努力。很明显，最开始的时候，人们只能在群体中发展自己独特的特点。后来，人的整体情况基本上就取决于他的社会生活的本质。社会生活的影响对个人的生活与灵魂的渗透要比过去所设想的深得多，这也是很明显的。我们这个年代最先充分认识到人是一种社会存在。然而，我们需要立即对这种最新的认识加以最富有成效的说明。鉴于我们对社会强烈的依赖，我们的幸福感与社会的成就密切相关，提高社会水平并充分发挥它的潜能就变得尤其重要。密切的社会关系使人类能够在反抗其不合理性上取得持续的进步，并有利于创造一种生存幸福感。一个更严密的社会组织使每个个体都有提高，社会行为也越来越有效，因为它针对的是总体关系，而不是只针对个人或偶然事件。人类在直接社会生活上更加密切的联合，开启了丰富的精神情感，培养了对别人的怜悯之心，孕育了团结一致的觉悟。此外，一起共事，互相支持、互相体谅的需要，增强了人们的纪律性，使人们更加成熟，更加热爱生活（脱离群体的时候容易减弱）。考虑到这些成就，那些夸大的愿望就不足为奇了。这些愿望远远超出了实际，而那些已经实现的愿望坚定地相信它什么事都可以做到，社会生活认为它能够为所有人提供丰富的物质生活，满足所有人的一切愿望。为了实现这个目标，它给予每个个体独特的特征。道德的意义存在于达成社会环境的利益，存在于利他主义；为了社会的目的培养个体成了教育的目标；艺术的主要目标成了提高社会条件，并将其服务范围最大化；科学研究不遗余力地研究人类，但并不是将人类看作孤立的个体，而是从社会这个整体的角度出发，研究“社会心理”；而实用主义甚至努力提高人类的利益、真理的标准。以上种种所述，我们的生活行为与活着的、有感觉的人类直接关联，因此，它以一种更新鲜、更直接以及（甚至看起来）更真实的形式使人类精神上的接触更密切。所有宗教的磨难、形而上学的磨难都被隐藏起来。现在的人对于这件事越不安，那么他就越想要一种解脱。

然而，虽然这种趋势呈现出硕果累累的前景，并委以我们重任，但是，只要消极的一面伴随着积极的一面仍未引起注意，那么它就可以被人充分、欣喜地接受——而且这消极的一面非常重要。生命不是一个简单地与环境的关系的问题，也不是一个简单的相互关系的发展（虽然有这种趋势）问题，而且这种相互关系脱离了被严重削弱的孤立因素的独立性。我们不能忘记，个体是原有精神生活的唯一来源，共同的社会生活能做的只有联合和利用。如果人类的生命依赖于坚实的基础，并且只需要静静地跟随不管功利主义采取何种表现形式，它都是所有真正精神文明的永不妥协的敌人。

Utilitarianism, whatever form it may take, is an uncompromising enemy of all genuine spiritual culture.

自然的指引，那么这种原有生活的力量和自由的维系并不那么重要，其局限性也会比较容易忍受。现实生活中，生命不仅仅充满了各种各样的问题，而且位于（事实上也是如此）自然界和精神世界之间，生命必须系统地、正确地引导自己，将自己从半精神世界提升至真正的精神世界。因此，生命向我们发出号召，去完成伟大的使命。而要完成这些使命，就必须要付出辛勤的努力，运用我们全部的精神力量。这必然会使我们回归原始的力量，而这些原始的力量就是个体。

另外，社会模式的生活，其主要目标是为了改善外部的环境。它可以提升外部条件，减缓矛盾，虽然这样会使生活更轻松、更愉快，但是在深处，其影响却是毁灭性的，因为它将精神生活视为一种争取人类利益的手段。每一种精神表现形式都会不可避免地恶化，除非人们能完全将它视为一种目标。不管功利主义采取何种表现形式，它都是所有真正精神文明的永不妥协的敌人。如果仅仅作为一种手段，精神生活永远不会成为人类内心的必需品，也永远不会成为自我保护的必需品。因此，它不会真正地控制人类的灵魂，从而迫使人们进行创新。不管外部环境如何发展，这条路永远不会提升人类内在的灵魂。朝此方向发展下去，就不会有创新，不会有与整体的直接关系，不会有精神的独立。这样的生活不会创造出任何新的事物，也不会为人类的提高指明什么目标。它只会束缚人类跌落至他的自然状态，使他沦为自己的奴隶。它允许人们表现得优雅，也允许人们对自己装饰点缀，但是它无法说明高与低之间的根本区别，因此，也就不能激励人们更上一层楼，也不能正确地解除对自然与精神的困惑，或者对渺小的人类与普遍有效性的疑虑，从而与普通人进行区分。虽然这种生活方式的行为非常活跃，也非常勤奋，但是它缺乏真正的活力与决心，缺乏坚定地说“是”或“否”的勇气，没有真正的内涵。诸如纯粹的人类文明放在我们面前，只要我们仔细思考，而且只考虑它，不要考虑它带来的各种各样孤立的利益和行为，或许它还是能够持久的。但是，如果进一步探究此事以及整体的最终意义，这种生活方式的空虚、浅陋以及不足便昭然若揭。

这种生活方式下的人们，如果他们相信能够逃脱这样的精神空虚，那么通常他们也会相信集体的力量在本质上会大于孤立的力量。比如说，集体的利益要远远高于个体的利益；与混乱的个人观点比起来，公众舆论似乎更接近真理。现实中，这种精神提升的表现是由于新鲜事物的加入，这些新鲜事物来自一种不同的关系。在任何情况下，生命的新阶段都不可能因为混合或并列而形成。这种错误的争论在当今屡见不鲜——人们还没有察觉到这种量变到质变的转变：如果除了天生的自我保护的目标之外，再无其他目标，如果没有形成基本的精神存在，那么即使在社会结构中联合孤立力量也不会产生任何新事物。就算这种联合扩大到最大化，对生命的自然阶段仅仅是有用的、适合的事物也不会产生任何实质性的好处。同样的，对于某些一般观点，不管它们多么稳固，多么自信，对我们接触真正的真理却毫无帮助，而这些真理是人们所怀有的抱负的标准。如果从集体推断的话，人们总是会预先设定事物的美好与真实。

这种信念迫使我们强烈怀疑集体中的理性集合这个众所周知

真正伟大的成就在初期无论遇到怎样的迫害，最终都会凯旋。

The truly great has proved victorious in spite of persecution in the early stages.

的理论，而亚里士多德就是这个理论的首要哲学代表。[①]亚里士多德认为，整体作为一个主体，无论在政治领域还是艺术领域，都比组成它的孤立的个体更适合做出判断，因为一个人能较好地掌握一个方向的判断力，另一个人掌握另一个方向，集体就能掌握一定的方向。同时，他也认为，集体作为一个整体，比孤立的个体更容易控制愤怒以及其他的情感。然而，我们不能忘记，亚里士多德考虑到，一个公民国家，国土有限，精神上受到共同惯例与固定风俗的约束，人口的数量无法想象，也许多得无法控制。因此，在他的民主观念与卢梭对群众的信仰之间存在着巨大的鸿沟。如果支持亚里士多德，我们首先可能会提出过去的经历（亚里士多德也知道）：卓越的文学成就通常受到普通大众的认可，而不是专家。不是因为专家在精神上有什么缺陷，而是因为他们太容易钻进固定的思想圈。在这种情况下，较大的主体对这种不同寻常的成就所持有的公正的态度比那些专业技术知识更有价值。更进一步讲，伴随着理性集合这个理论，人们相信，时机和个体的偶然性（尤其是党派立场的狭隘性）呼吁人类成为一个整体，相信美好的事物会取得某种形式的胜利，甚至在人类的领域内。如果没有这种信念，那么那些少数人肯定会觉得所有的努力都是白费。因此，这种信念尤其在政治领域深入渗透。此外，大量的历史经验告诉我们，真正伟大的成就在初期无论遇到怎样的迫害，最终都会凯旋；建筑工人所摒弃的石子最终都会成为基石。如果不是更大的整体、范围更广的圈子，较少地禁锢了他们的思

① 见《政治学》。

想，使他们不断接触新思潮，那么还有什么能引发这一切呢？但是不能说真正伟大的成就的渗透能力仅仅是由于人类观点的集合，而是因为一种强大的精神需要。这种强大的精神需要使这些高级事物与那些低级事物的区别越来越明显，最终使人们无法抗拒。因此，这并不是要相信大众，而是相信一种精神需要统治着人类，以证明理性胜利的希望，甚至是人类范围内的希望是正当存在的。独自接触这种精神需要，并且作为它的代表，大众观点确实要准确无误，而且要得到毋庸置疑的优越性，否则，它很有可能连孤立的个体的观点还不如，甚至会走向无理性，而不是理性。在有的年代，平均水平提升了个体；而有的年代，平均水平却拖累了个体。在任何情况下，这都不是一个纯粹的大众问题。

既然社会类型的文明将自己置身于直接存在的范围，那么，不可避免的，群体就成了生活的主要载体。不管是好还是坏，社会类型的文明都要支持一种生活方式，也就是大多数人要处理人类文化与文明的主要问题。而人们很容易变得仓促、激动，在肯定与否定的问题上过度相似，依赖外在的、显而易见的印象，寻求最大程度的刺激，在对立之间摇摆不定，对冷静的理性或正义不情不愿。同时，个体将被推到幕后，越推越远，甚至即使他取得了出色的成就，人们也只会把他当作社会的一种工具，不会认为他本身具有任何特殊的价值。也许很多人都会承认，即使是最伟大的成就也需要历史和社会的条件与关系，世间万物都在特殊的精神氛围中形成，所以必然会带有时代的印记——奥古斯丁不会和康德生活在同一个时期，康德也不会和奥古斯丁处在同一个时代；像歌德那样的生活与著作不会出现在十字军东征时期——

而要承认这种局限性，并不是说要我们承认整个社会是一种生产力，拥有自己特殊性质的个体完全是一种无关紧要的工具。真正伟大的成就虽然有内在的联系，但是对比而言，通常与它所处时代的一般水平相关。它的伟大通常是因为它了解如何在整个时代面前成功地维护其存在的必要性，知道胜利不在于直接存在，而在于精神事业。首先，真正伟大的成就是独特的，无与伦比的，因此无可置疑。这种独立性使它能够挑选一些在特定年代引发一些行为的精神元素（事实上，从外在的表现来看，低级事物与外来事物交织在一起，几乎分不开），并使它更清晰，更强大，使之上升为一种流动的、鼓舞人心的力量。在这个过程中，精神要经历个性化，迫使人类的命运呈现一种特殊形式。在宗教中，我们对此非常明白。因为，毫无疑问，像奥古斯丁和路德这样的人不仅仅拾起了环境所赋予他们的东西，而且他们解决了人类历史地位所给予他们那个年代的一种完全独特的、典型的方式所产生的一些问题，因此，他们自身的精神特征便在整个时代烙下了印记。每一时期的强大的精神运动都有不同的可能性，而这些可能性也会变成现实，这首先要取决于那个时期的领导人物。仅仅这一点就足以避免历史的发展如出一辙。

伟大的事物能够吸引一切事物以任何方式与之联盟，帮助那些积极向上的事物，团结分散的力量并引领一整场运动。伟大事物的本身并不仅仅是集合的产物，相反，没有伟大的事物，集合根本就是不可能的事。对于集合来说，也就是分散元素的联合，虽然看起来很像社会文明的范例，但实际上是极其困难的问题。一个年代可能会包含很多不同的，甚至对立的元素。一种集合可以有很多方向，也可能会高于各个孤立的水平。真正有价值的力量会不断向上达到孤立点，常常联合不起来，因此几乎不再属于整体。如果这些向上的力量没有联合起来，那么这个年代可能会严重瘫痪。我们所处的这个年代就面临着这样的危险。通过塑造一种精神特征并且通过有力的推进，为一种特殊向上的集合扫清障碍，并且实现这个集合，成了这个时期伟人们的特殊使命。伟人是他们那个时代的主人，不是仆人。我们提及歌德那个年代，难道是因为在 18 世纪下半叶，模仿歌德风格的人文主义思潮和艺术思潮风靡一时吗？还是因为他那气贯长虹的个性产生了一些其他形式与指定目标，以作为集合点来吸引和提升那些并不十分明显的事物？

另外，社会文明将不同层次的水平隐于背后，向往最大程度的平等。它的目标当然是追求最好，也就是说，要提高整体水平，要尽可能多地带领各个领域达到最高水平，而这种水平无论如何都不能降低。但如果是这样的话，事物本身的实际性质也会强过人类的目的。不易察觉的是，那些被提升的事物的位置变成了一种衡量精神运动的手段，整体水平也不可避免地下降。如果自身没有经历过损伤，那么事物不会直接对其他事物产生影响。叔本华将思想家分为两类，一类是为别人思考，一类是为自已思考。如果他是对的，正如我们相信他是对的，那么一场主要针对沟通和改变的运动，毫无疑问是危险的。如果没有创新来平衡这场运动，那么这场运动肯定也很肤浅。

与之相联系的是这样一种倾向：不仅要承担起保护弱者的责任，不可否认，这很正确、很高尚，而且要我们尽可能地远离他们的位置，使整个生命符合他们的利益。“强硬”时期和“软弱”时期轮流上岗，现在，“软弱”无疑已是支配地位，而且倾向于带给人们这样一种观念：软弱是好事，而强硬是坏事，当有利益冲突的时候，强硬有义务给软弱让路。因此，现在出现了这样一些普遍的现象：人们袒护孩子违逆父母，袒护学生顶撞老师，袒护小道挑战权威，好像一切秩序、一切纪律都只证明了人们的自私与无情。康德有言：“如果正义败亡，那么人类就没有必要在这个世界活下去了。”而现在，这种言论很难得到认同。关于这种倾向，我们也应该提一下女权主义，现在，我们正在面临它的威胁：这不仅仅是一场争取女性应有权利的斗争，而且是一场从女性利益出发，尽可能地塑造教育与整个文明的运动。因此，男女混合教育虽然有很大问题，但是却备受推荐，首先是因为它能使女性获得与男性一样多的、相同的权利。这种对平等的崇拜，必然会使文明缺乏活力、暗淡无光，像逃避罪恶与错误那样，逃避一切强大的、有个性的事物。更糟糕的是，它还会使文明失去对完整的人的崇拜，正如歌德所说的：“没有人将他带到这个世界，然而，成为一个完整的人是极其重要的。”[①]此类运动一味扩张，流于肤浅，可能会持续一段时间，因为传统的生活结构使他们保

①尼采对人类精神的影响，首先是对平等这个理念暗淡的、软弱的特征的强烈抵制：“生命，生命本身就是要努力攀登高峰，一步一个脚印，不断向上。它渴望广阔的视野，向外看，向前看，朝着那些神圣的、迷人的美丽事物。因此，他需要攀登。正是因为它需要攀登，所以它需要台阶，也需要抛弃这些台阶以及那些攀登者！生命会不断向上——克服自己，不断向上。”（见《查拉图斯特拉如是说》）

持了平衡，就像一个人靠继承的财产也会过一段舒服的日子。但是，即便是最富有的宝库，也会有资源枯竭的一天。原来的生产问题不可能永远放在一边，只要它一浮出水面，社会文明的局限性就不会再被人们忽视。如果社会文明没有从内在提升人类，那么它就无法将精神生活依附于人类身上。如果社会文明没有使社会变得更强大，那么它也无法将最高级的事物托付给这个社会。如果不依靠自己的力量，它就不会有提高。相反，随着精神生活的衰退与停滞，它会摧毁真正伟大事物的成长条件，因此，它无法阻止人类和大众文明势不可当的势头，无法消灭真正的精神文明。这种经历如今以最残酷的方式压迫着我们，这再清楚不过了，不是吗？随着伟大的历史学家将过去的种种在我们面前慢慢展开，我们从中可以看到我们整个时代，可以看到外在文明的光辉在我们的眼前掠过。我们应该看到，人类希望通过建立紧密的联系，增强力量，以寻求进步，追求丰富的生活；应该看到社会相信自己完全有能力创造一切精神生活，竭尽全力，无休无止地使精神的宝塔与天同高。虽然外在胜利成果丰硕，但是人类正经受着内在的精神斗争，甚至再也无法集中精神，再也无法了解自己。他面临着精神崩溃的危险。在各个方面，我们都可以看到敌对与冲突，看到矛盾愈演愈烈，看到政党瓦解，看到共同想法与共同目标消失不见。我们把外在的问题放在一边，力求依靠我们自己的力量保护群体的团结，希望从群体中收获最丰硕的果实，但是结果却是一团混乱的声音。如果我们不能成功解决这些混乱，不能重新将人类置身于伟大的关系中，或者不能给人类更稳固的基础，那么，我们就会越来越可能成为社会瓦解的牺牲品。

力量本身绝不是邪恶的，而是道德的冷漠使它变得邪恶。

Power is not by any means a thing evil in itself, but it is morally indifferent.

现在，我们已经从整体上了解了社会文明的问题。接下来，我们就要花点时间讨论一下眼下国家在精神生活中的位置。现在我们都意识到了国家力量日臻强大，尤其是社会的混乱朝着日益恶化的方向发展，因此，危险应运而生。这种危险绝不是微不足道的，对它我们应该称为“政治主义”——整个精神生活受国家的影响越来越大，可以说是印上了官方印章。国家的主流思想是增强国家力量，现在是，将来也还会是。而现在，正如我们已经说过的，力量本身绝不是邪恶的，而是道德的冷漠使它变得邪恶。它没有比它自身更高的目标。它努力将所有的精神表现形式视为达成它的目标的手段，而这些表现形式继承了它的属性，对于生命的其他方面，它一概不认。然而，当这些方面受到评估判断时，首先是依据他们为生命所作出的贡献。他们失去了自我价值，同时，他们最初的创造行为肯定会受到严重的创伤。此外，当国家的思想控制着整个生命的时候，个体的特殊性质肯定会急剧减少，个体的自由行动肯定会受到很大限制。当一个人将他的思想与精力最先集中在进入政府部门、加官晋爵的时候，当他的价值是根据官位与政绩来判断的时候，那么他生命的重心就太肤浅了，他的独立性与独创性肯定会大大受挫。至于政治制度是趋于民主还是趋于专政，在这一点上已经无关紧要了。政治上的成就可能与精神的缺乏携手并进，而罗马历史能够最有力地说明这一点。因为，虽然罗马具有强大的政治力量，拥有自己的智慧与纪律，但是罗马人民从来没有创造出一条伟大的哲学思想或者一段伟大的艺术成就，一次也没有，这是不可争辩的事实。

对于这个问题，我们德国人也不能对我们自身发展所产生的问题掉以轻心。特别是在普鲁士王国，我们面临着国家的独裁统治这样的政治主义。当然，如果国家想要完成人类历史的伟大使命，那么有一段时间国家思想的每一个使命都是必不可少的。然后，权力的概念就与责任观紧密相连，因此精神上变得高尚。正是这种权利观与责任观的联合，创造出了壮丽辉煌的成就，产生了现在的德国。但是，我们绝不能忽视精神成果欠佳的危险，不能忽视对个体扼杀的危险，不能忽视统一而机械的生活模式的危险。精神创造与真正的个人生活行为绝对需要将自身视为目标，而政治主义，不论它的表现形式有多么高尚，都带有功利主义的偏见，必然会把个人生活与精神创造仅仅作为工具与手段。

**B. 纯粹的个体文明之不足**

由现代的个体发起的反对社会文明的斗争，首先并不是因为对生命中的精神内容感到焦虑，而是因为希望避免这种文明的进步对个体的威胁而产生的伤害。同时，更深的问题隐于背后，使敌对愈演愈烈。

社会类型的文明仅仅将个体视为它庞大机器上的轮齿，它只根据个体的成绩判断他的价值，有必要施加众多的限制在个体身上，以达成它的目的。此外，各种元素的集聚，群众的积累，粗糙机械的方法，社会类型的文明以势不可当的力量压制甚至消除个体的特征。它消除了对个体人格发展至关重要的沉着冷静因子，它产生了各种普通形态，使他们成为好与坏、真理与虚假的标准。比较强大的个体最终与这种压制进行反抗，保护着人类不被社会环境所吞没，相反，使人类在自己的世界中最具价值，生命的一致与本质，都与这种社会环境无关。在这一点上，他可以以整个人类历史为证，因为所有主要的社会文明与人类文化体系都朝着肤浅的、机械的生活方向发展，使个体憎恨这种社会文明，这不单单是个体的一意孤行。这种动力使他迫切渴望更加丰富的精神生活。尤其是在宗教领域，社会发展如教会一般，难免会将外在成就置身于内在感受、个人生活和精神独立之前。因此，打击教会对于宗教本身的真正利益来说，是必不可少的[①]。伴随着个体独立性的防卫斗争，出现了一场激烈的反对机械一般、千篇一律的文明建设的运动，社会正是用这种文明建设威胁着个体。难道不是因为平均水平而产生的这种低级的文明建设吗？还是他们不愿意在微不足道的平庸之上构筑一种生活的定位？难道精神力量与高尚的情感并不罕见吗？还是他们并不需要完全自由的发展（如果他们要影响整体），清晰的定义以及在一小帮人中站稳脚跟？因此，没有明确的划分，人类文化与文明并没有取得实质性的进展。高级的文明建设势在必行，以吸引其他人。炮火必须要走在军队之前，穿过茫茫的荒野。虽然有异议、有警惕、有反抗，但是在密闭的生活与开放的生活之间还是持续不断地存在着对立。即使是最彻底的政治体制，甚至触及风俗与礼节的外在环境，也无法阻止尖锐的社会差别的形成。人类如斯，雄心勃勃地想要效仿站的比他们高的人，这已经成为人类进步不可缺少的动力。对于每一个个体来说，如果他没有与自身人格紧密相连以塑成个体的

① 德国天主教政党领袖逝世之际，一位高级教士强调，死者已将他的灵魂交给了教会，这一点值得嘉奖。直到今天，这种灵魂的背弃仍会得到表扬，这难道不是一件可怕的事吗？

形态，即使为之奋斗也还是没有达到他自己真正的存在，那么是不是所有的精神活动都会有一些呆板，有一些肤浅？建设性的发展意味着分离，分化与个性化，因此，分离是人类取得进步的一种普遍的、必要的手段。考虑到这些，个体运动从防御变成了攻击，肆无忌惮地指控社会文明的局限性。作为一种会思考的物种，人类能够与现实建立直接的联系。在生物的链条上，他不仅仅是一个链环，他能面对极端并全力以赴，他意识到了纯粹的主观性的狭隘，他渴望超越这种狭隘，到达真理的彼岸。当然，这种渴望会遇到数之不尽的困难与障碍，但是，就算是只有这种渴望，它还是彰显了人类在社会环境中的优越性。通过社会本身，与个体交流精神生活，从而试图束缚个体，使之成为精神的工具，就像集成的力量所达到的效果一般，这难道不荒谬吗？难道说，一个拥有无限价值的个体，由于他与精神世界有着一些基本的联系，就要仅凭他对人类做出的贡献来评判他的价值吗？难道他就要依赖人类的喜好存活，从而失去了所有的自主感受吗？难道在人类享受真理，甚至是精神的成果之前，就一定要先有社会的保障吗？如果精神成果不产生在市场中，那么至少应该在生命中出现吗？难道这些成果应该因此堕落为市场化的商品吗？

根据上述探讨，个体（即精神指导下的个体）是精神文化的代表，而不是人类文化的代表；是无限内在的代表，而不是局限外在的代表。他是一股与肤浅做斗争的力量，将人类带离老套的惯例，必要时瞄准目标，重新将人类的愿望回归真正的大本营。如果对个体的这种评估是从精神动机出发，那么它必然会脱离社会的平均水平，也会毫不犹豫地、骄傲地拒绝任何优越性的党同伐异，而这种党同伐异却是平均水平的特点。平凡的人总是对不凡的人有着一种普遍的嫉妒与仇恨，因为不凡的人折射出了平凡人的穷困。当不凡的人以一种谦卑的、礼貌的姿态为它的存在道歉，小心翼翼地避免露出优越的意识时，平凡的人还是无法容忍，然后，只剩下平凡。因此，谦虚是一种被誉为“非利士”的美德。与之密切相关的是，不断尝试将一个概念应用到不同类型与不同价值观的事物中，使用毫无意义的赞美或责备的标签。这种冷淡无趣的思想无法做到用力地去爱或者去恨，它可以使光亮与阴影混成一团灰蒙蒙的薄雾。面对这种事，个体完全有权利去争取强烈的情感，敏锐的判断，不同的意见——甚至还可以说，这是他神圣的职责。

而事实上，个体完全能成为真正意义上的优胜者，只要他背后有一个精神世界并能利用它的力量。现在，这已经远远不是现代个人主义最常见的立场，相反，它不允许个体在直接存在之外还有根基，希望个体能够按照这种立场来塑造他的生命。它尤为被关注的是放下所有无形的联系，不再仅仅依靠人类，还要依靠精神世界。因此，除了主观的、直接的精神状态之外，它什么也没有留下。这促成了一切生命的本质，个人主义也在向主观主义靠拢。很明显，这引发了一种特殊的现实：这种主观的状态允许被固定、被增强，它有一种特点可以无限地发展其自身，当这种立场经历持续的转变时，生命可能会重新来过。因此，我们有了很大的灵活性、新鲜感以及流动性。除了自身之外，生命好像别无依靠，有了这种自由，生命比其他任何形式都更出色、更雅致、更亲密。真理的概念也失去了它惯有的难度与严苛。从此以后，个体的灵魂会体验真理，而且就在当下。因而，单个真理就让步于不可胜数的真理。每一个人都有自己的真理。这种看法会收获一种特别的快乐以及与社会形成对比的自觉意识，社会的制度体系经常与个体的生命意识发生冲突。另外，这种主观的看法代表着对生命的自由与流动性持续不断的保护，代表着最大可能的增强与推进个体及其特点的发展。

然而，如果没有以某种方式将自身皈依到精神层面，那么它就不能超越无形激励与无限运动的环境，而这种皈依往往发生在艺术与文学运动领域。艺术的多个分支，现在已经变成了以下几个方面的主要手段：在某种程度上把握和确定其他方面焦躁不安、起伏膨胀的生活；通过赋予艺术以具体的形态来强化艺术；完全依靠自身发展、在外在关系中取得独立。因此，生命本身的浓度与生命力的增强成为艺术的主要使命。艺术成了个体高贵文化的灵魂，甚至自我感觉比实用社会文化要优越得多。艺术可以扮演这个角色，首先是因为它处于所有纯粹的实用文化之上，使人们在绝大多数情况下依赖他的个人能力。其次是因为在所有对人类生命的混淆与错误的理解中，艺术能够理解人类存在的简单的基本特点，能够抓住人类永远年轻的元素，并且能够避免这种年轻的元素在传统惯例中的僵化。

但是，生命的这种演变可以轻易转化为个体的意识，如此一来，生命就会处于下坡。那些亲自参与到生活新模式的人，还有那些仅表达了他们对这种新模式持拥护态度的人，幻想着他们自己比其他人、比社会文明都要优越。结果，人们开始注重差异，注重与众不同之事，乐于分离，并且觉得分离很伟大。同时，个体越来越多的要求根据自己的想法与乐趣发展自己的人格，不理会已被大多数人所接受的一般标准，不理会道德风俗与律法，只管无拘无束地“活出自己”。个体文明也许不希望得到这种结果，但是在人类的环境条件下，这又无可避免。我们不需要指出这种主观的行为与情绪在现代的生活结构中举足轻重。它只是一个名字，一个新名字而已，但是这个事物本身却是非常古老的。

仿佛有规律的周期，都会一次又一次地出现这样一些现象：直接的生命意识对它周围的人类文化不满意，个体的完全解放被当成救赎的途径，他指望通过他的直接感受，他自定的标准，他的艺术品位换来更好的生活。柏拉图的《高尔吉亚篇》把古代哲学家与现代主观主义者之间的紧密联系做了详细阐述。在德国，在“天才的时代”之前，这种个体的解放一直闻所未闻。德国古典文学时期前期，“天才”、“实力派天才”、“真正的天才”都是那时候的流行词语，就像现在的“超人”（“美丽的灵魂”也与这场运动有关）①。然后，浪漫主义的新运动开始了，显然，这与现

……………………

① 希尔德布兰德（在《格林德语词典》中）既典型又详尽地说明了“天才”（genie）一词的起源于发展。但是，我们还想引用最近出版的歌德与拉瓦特的通信中的一些内容。这篇文章对于说明“天才”与“人才”之间的显著区别起到了重要的作用。歌德在 1780 年 7 月 24 日写道：“你用‘人才’来形容维兰德的《奥伯龙》，似乎与‘天才’相冲突，怎么看（如果不完全是）都不是一个褒义词。可是，我们应该考虑到，真正的人才并不是语言的天才。”对此，拉瓦特做出了回应（1780 年 8 月 5 日），并对人才与天才的区别给出了冗长的解释，我们只引用下面一段话：“关于‘人才’与‘天才’这两个词，也许就像‘美丽’与‘高尚’，它们的内涵不同。对于我未说，人才是用设备完工，而其他人只要付出时间与勤奋也可以做到；或者说，人才讲究快乐和优雅，而其他人讲究准确与精确。而天才能做到的事，其他人都做不到。人才的工作成果令人美慕，而天才的工作成果令人崇拜，它激发的是一种近乎尊崇的情感。”

他们编织了一张如此精妙的网，任巧劲与蛮力也无法将其突破。

They spin such a fine web around him that neither cunning nor force can break through.

在的主观主义美学有着密切的关系。

对于整体，我们很难给予正确的判断，因为很明显的，我们面对的是一种过渡现象，这种现象越恰当合理，它就会越来越适应更广泛的关系，朝向那些超越自身的事物，就会越来越错误地、坚定地巩固和孤立自己。此外，这样的话，我们就会被所有具有约束力的规范所阻碍，不能明确区分高级事物与低级事物，我们会受到精神需要与人类幻想的封锁。各种各样的元素掺杂在一起，几乎不可能避免沉迷于低级事物、同时又承认高级事物的危险，不可避免对高级事物怀有不公、同时又防备低级事物的危险。然而，我们无法有力避免想要获得尊重的责任。为什么人类文化体系一定要建立在单纯的个人之上，而个人的主观条件并不令人满意？主要有两个原因：

1. 直接存在的个体本身就成问题——他既没有主见，又缺乏独立性；

2. 个体的生命越来越空虚，越来越空洞，结果越来越不可观。

事实上，经验主义的个体并不具有独立性，因为遗传、环境以及教育因素不仅在诸多方面影响个体，甚至完全决定着个体。他们编织了一张如此精妙的网，任巧劲与蛮力也无法将其突破。毫无疑问，这种束缚触及了内在的灵魂，个人主义将完全摆脱外部的影响。无论如何，我们都不能认为这是自由的，因为直接印象没有依赖性。就算让个人主义者随心所欲与这个世界为敌来保护自己，将自己完全与这个世界分离，他还是会被这个世界遮蔽，还是会受到这个世界强烈的影响，受到这个世界的局限性的束缚。他所设想的独立性通常是另外一种依赖性，一种间接的依赖性。

个人主义者的所说、所做往往与他周围环境的所说、所做背道而驰。因此，还是环境限制了他的人生，这种关联还是没有打破。个人主义者自我感觉很优越，但是为了对自己的地位满意，他就对周围的环境熟视无睹，也就无法测量他能够达到的高度。在此，他还是脱离不了对环境的依赖。他对他的独立性感到骄傲，但同时，他必须不断地想象他周围的人都在观赏着、羡慕着他的伟大。因此，这种生活不会得到安宁与快乐，不会有独立性，不会有创新之举——它并非建立在自身需要的基础上。从而，这种生活也不会与人类脱离关系，它必须靠对立为生，并从中吸取养分。所以，它从未超越对精神的依赖。

另外，在这种态度之下，伟大意识面临着被虚荣传染的危险。生活与活着确实存在很大的不同，灵魂的深度也是千差万别。一般水平的下降将一切同时抛出，受到了个人主义者毅然决然地回绝。我们无论如何也无法去遮掩或者降低个性的重要性！对真理以及精神产物的发展来说，这是必不可少的。如果这种产物在特殊力量上没有获得充分发展，在具体的单个点上没有完全将它的本质展现出来，那么它就永远不可能克服障碍。但是生命中的优越性必须自始至终控制着整个生命，精神的力量必须指引人们，驱使人们不断前进，然后生活才能保持真实、保持健康。个体将他的目标定得很高，以便一有机会就彰显他的伟大与个性，当个体蓄意强调他与周围人的不同，甚至从中获取快乐，然而这自始至终都需要虔诚的奉献和无私的爱——每一件事背后的消极回避，每一次虚荣的自觉意识的证明，都削弱了精神的力量，疏远了成功所需的内在品质：“一个人必须拥有创造力，而不是为了创造力他感受到了整个过程的瞬息万变、浮生若梦，也开始相信昨天或今天的真理已是明日黄花。

He feels the transitory and unreal character of the whole affair, and becomes convinced that a truth for yesterday or today is no truth at all.

奋斗。”那么生活就会变得虚伪，变得病态。

显然，在现代个人主义的影响下，很多使命都已落定，比起带有享乐主义自我满足的主观主义来说，这要优越得多。尤其是现代造型艺术的热忱与认真，还有它取得的显著成就，只能通过新的实际任务、新的创造力来理解，这开启了现实生活的新篇章，使之与现实的内在联系更加密切。但是，使命越是重要，它受到内在联系与必要事物的影响就会越大，它的创造力就会越受制于真理，它就越会摆脱纯粹的主观主义与个人主义。在这种情况下，远离精神世界的个体在不知不觉中就会变成拥有精神世界的个体。但是，对于这样的个体来说，现在的风暴与奋斗只能意味着他在向真理的高级阶段过渡。同样的，对于生命内容的问题，纯粹的个人主义与主观主义只能靠不断地补充才能免遭以容忍的空虚。严格考虑，生命必须将个体的灵魂分解成若干个单独的环节，最终分解成单纯的情绪，彼此紧紧追逐、取代。因为每一个环节都有自己的权利，所以每一个环节都有自己的真理。因此，最初看上去的优势最终都有可能彻底失败。人类的生命绝不可能因为若干个单独的环节而彻底筋疲力尽。各个环节以及他们的经历不会被完全吞没，他们会回来，并呈现在我们的灵魂面前。所以，人类必须相互对比，彼此联系在一起，必须能权衡自己、判断自己，从而凌驾于各个环节之上。站在这个位置上，他也必须经历现在人们所认为的真理变成非真理的过程，所以他感受到了整个过程的瞬息万变、浮生若梦，也开始相信昨天或今天的真理已是明日黄花，相信若是自己的生命束缚于单个环节，那么它将与每一个真理擦肩而过。还有比不停转变观念与情绪，急切地谴责刚刚满腔热情冠以的荣誉，一切精神活动都退化成了单纯的幻想与情绪更让人疲惫不堪、愁云惨淡的事吗？个人主义希望能够协助生命得到最充分的发展，尽可能地使生命居功至伟。这是一种渴望，能让人立刻理解与欣赏的渴望。如果一个人站在整体的临界点上，如果他的生命始于一个高级的阶段，那么抓住这种高级阶段，并用它克服日常生活中的矛盾，活出一种像马可·奥勒留所说的“巍峨的人生”便成了我们义不容辞的责任。因此，从最早期开始，不论精神生活的需求与人类清楚地意识到所处的平均位置之间有多大的鸿沟，高级物种的想法、人类精神成就的念头兴起了，而且必不可少。这种想法可以追溯到希腊文明，从其巅峰，百转千回直到现在①。但是，如果现代个人主义放弃了所有的内在联系，因而很有可能使人类扩大到一种宇宙的存在，那么现代个人主义能否收获真正的成功？恐怕没有比在渴望引领人类通往卓尔不群的灵魂同时，又极力而残忍地反对一种独立的精神世界的这种矛盾更激烈的了。目前，宗教的位置是排在独立精神世界的第一位，可能在很多方面都不尽如人意。然而，作为一个

① 如果从古至今追寻这个问题，那肯定是一件非常有趣的事。亚里士多德仔细研究了伟大的人格，对于这种研究，他的研究就成了科学的出发点。此时，概念仍然模糊，人类领域内的“伟大”这个概念在不知不觉间已将自己转换成与人类大相径庭的“伟大”的概念。在古文明时期，“伟大”更多的是指一种比人类日常活动更加优越的平静与独立，而在现代，“伟大”代表的是一种杰出的成就以及大量的精神创造。在此，我们也察觉到对比鲜明的稳定与运动的理念。对于“伟大”言过其实的言论可能是出自路易十四时期，至少那个时期的作家们对于这个概念如痴如醉。在最近关于“历史性的伟大”的调研中，最重要的一项也许是雅各·布克哈特在他的《世界史观》中的研究。

自由的人，我们应该根据我们自己生命的需要而不是周围环境的赋予，去形成我们自己对于最高级的事物的看法与信念。如果不撤销宗教第一的位置，如果没有形而上学，就没有独立的精神世界，没有真正伟大的生命。因此，每当一个人明显比他周围的同伴优秀，那么他就离形而上学不远了。拿尼采来说，以他的思想是断然反对一切形而上学的，但是，在他的精神态度中存在着一个与最初表象截然不同的世界，确切说是这个世界的艺术创造者、形而上学者的特殊思想构造，他彻底获得了人类思想的控制权。对于整体的现代浪漫主义倾向也有可能说同样的话。然而，无论在何种情况下，单纯的思想构造都不足以发展与贯彻伟大——一种与压抑和肤浅的环境影响相对抗的伟大，它只能产生一个不切实际的伟大的主张。没有什么能够从一无所有拔地而起，单纯的精神态度背后也是空空如也。这同样也适用于对力量的渴望。尤其是现今，面对困难重重的并发症以及生命的伟大任务，我们需要力量，需要比纯粹的社会类型的人类文明所能产生的更多的力量。但是，如果仅仅通过主观的自我定位和自我说服力，将自己置身于其他人之上，我们永远不可能得到真正的力量。现代生活的实际经历足以阐明这一点。它很难像我们现在这样畅所欲言地谈论力量。然而，是不是我们变强了？是不是我们的文学与政治生活塑造了足够强大的、自我塑造的、清晰明确的人格？是不是它使我们变得伟大、提升了我们的创造性？

### C. 克服对立的内在必要性

当纯粹的社会类型的人类文化或者个人主义的人类文化都不等同于他们所面临的使命，当两者都未赋予生命实际内容的同社会与个体的关系在不同的历史时期会呈现出不同的形式。

The relationship between society and the individual will take different forms at different historical epochs.

时，毫无疑问，想要两者之间的直接妥协，将生活分为社会生活与个体生活，是最可悲的愚笨才会想要去做的事。那么，我们就十分有必要去超越这种对立。社会与个体是精神生活必要的表现方式与模式，个体创造精神生活，社会巩固精神生活。然而，社会与个体都是从周围的精神关系中获取力量与真理，而不是从他们自身获取。社会与个体的关系在不同的历史时期会呈现出不同的形式，当经历了剧变与瓦解之后（像古文明时期末期），巩固关系成为当务之急，生命将总体趋向社会类型的文明。奥古斯丁让我们看到了什么是社会类型的文明，在那时，社会类型的文明可以将最强大的个体强行拉回至社会。另外，当新一轮向上奋斗的力量感受到生命的传统秩序太狭隘、太死板，但是却只能从这种秩序中通过解放运动独辟蹊径时，围绕个体的运动将成为至高无上的事。一直到 19 世纪，这都是现代社会的主要趋势。后来，出现了反抗运动，目前，社会与个体都努力增强自己的力量，社会实用类型的文化与个体艺术类型的文化都力争成为人类的领导者。这清楚地说明了我们年代的内部分化，这种分化必须同时以一种势在必行的动力将自己提升至对立之上，将单纯的人类文化转变成能够包容对立的基本精神文化。只有通过生命内在的不断进步，才能看到这种分化，克服这种分化，实际问题的普遍真理在这个时候便成了特殊真理。也就是说，这并不是看法之间的矛盾，而是具体的生命发展之间的矛盾。

## 2. 社会民主运动

说到这个年代的精神和理性倾向，我们不能忽略社会民主。

然而，社会民主这个话题已经被人们探讨、描写得不胜其烦，我们会受到这个话题严格的限制，尤其是在哲学方面。

从哲学角度来说，社会民主运动的最大特点是它由三种不同的运动构成，并用这三种运动来促进它的终结：民主运动、经济运动以及政治运动。问题是，首先，社会生活的重心转移到群众；其次，经济问题在社会生活中占据主导地位；最后，国家被当成力量与智慧的唯一载体。其中心思想是引发一场通过国家的力量来为群众谋利益的经济革命，并保持革命的新成果。此时，所有独立的运动重新联合。独立的运动已经唤醒了人们，并使他们在联合之前就已经热情四溢，联合的整体主要就是从中获取力量，他们的联合好像只是结束一种模糊的残余以及无法面对自身的后果。让我们回顾历史，重温这些运动。

民主并不只是针对国家，还有整个人类的社会生活以及个体与生命共同利益之间的整体关系。只要清除了以前所特有的那些严峻的障碍，现代社会就会有助于民主的发展。在古文明时期，文明对某些特殊种族的限制（所以，最崇高的人也不觉得奴隶制有什么不对）不利于人人平等。基督教中肯定有一种支持民主的元素——所有个体与上帝之间直接的、平等的关系。但是这种元素被深深地隐藏在了背后，部分原因是因为等级制度，这种等级制度可以追溯到最早时期，还有部分原因是对生命超自然的敬畏。这种元素在宗教改革的某些分支中得到了有力的发展，但是不久之后就变成了一种现代运动。现代社会引导人类越来越专一地关注外部世界，同时，启蒙运动主要侧重于将人类生命中所有个体差异之外的事物放在第一位——抽象的理性，纯粹的思想。启蒙运动越是能达到一种全意识，越是能深入到个体的信念中，它就越不可抵抗。于是，人类越来越能包容所有的社会差异，使它们苍白无力，于是，认同带有人类特征的众生平等已势不可当。

但是，现代社会绝不可能摆脱偏爱高贵生活体系的反作用。我们从历史中继承了大量的政治立场的差异，财富的差异，以及教育的差异。在肉体与精神存在分歧的情况下，高贵因素比任何传统因素都要自然，而且都能保持其自然性。现代文明精心的技术分工，以及其日益增多的分支，也产生了一种特殊的高贵：这种趋势越明显，分工与分级就越多，社会就越需要分类与统治，越来越向一个新的高贵体系迈进。不过，实际生活中没有这种阻力阻碍民主运动在人类精神信念中的发展。如今，人们反对等级制度，觉得它虚伪，或者说至少已经变得虚伪，它已经是次要的了，人们已经对它置之不顾。无论如何，它都不可能被当作命运的最后一幕，它会在人类的反作用下日渐式微。小的流派在很大程度上可能会倒退，但是主流还是会继续朝着民主的方向前进。

此外，独立与显著的经济问题是现代社会的产物。所有时代的人都会关心我之所有、你之所有的问题，我们只能错误地假设，古文明时期的人们只专注于理想的使命，因为哲学家们强调不要对物质财富抱有太高的欲望。但是在古文明时期，经济并不怎么受重视。首先这是因为在人格中需要一种固定的、狭隘的特质，才会达到完全满意的结果，如此一来，只需要使用一种有限的外部手段就可以。另一个原因是，这种道德与艺术的理想生活需要从个体转移到社会，不能犹豫。这种情况也需要一种固定的狭隘性。基督教所追求的一种超感官世界也更不利于经济产物的升值。在基督教中，这个理论仍然一直受到古文明时期的影响。另外，追求力量最大化与眼前世界的现代社会，从一开始便采取了一种截然不同的态度。物质财富被当作一种在运动中获取力量的不可或缺的杠杆，既用来创造进步，又用来促进进步。民族团结进一步加强了经济运动，并提升了经济运动的地位。随着国家的经济状况呈现出一种国民经济的形式，以前的疑虑也逐渐消失了。这种价值的改变在文艺复兴时期就已经显而易见，17 世纪，我们见证了法国这个伟大的民族在政治上的影响。因此，一般情况下，世界都是这样来迎接新的观点，最终亚当·斯密的经济理论使经济运动成为整个文明生活的核心与标准，并宣布所有运动的主要动力都是为了提高生活水平，包括科学、艺术、教育以及宗教运动。其中并不缺乏对这种经济因素坚决反对的声音，但是，不断发展的复杂的科技文明越来越看重物质的重要性，而且经济运动得到了汹涌澎湃的现实主义进一步的支持，清楚地展现了精神生活对自然条件的依赖，希望能完全从外部环境推断出内在的精神世界。由于近期的发展已经产生了严重的经济并发症（与亚当·斯密的乐观态度恰恰相反），所以如果想通过建立一种经济新秩序来解决这些经济并发症，以拯救全部生命，就不足为奇了。

第三种是政治，它代表了一个国家的价值和未来的价值。19 世纪，我们已经看了太多投入到政治中的运动。想要将国家放在万物的第一位，并使之领导整个文明与人类文化的想法依旧日益强烈。社会民主主义对控制我们大多人的事物也不会有什么充分的、强烈的表现，只有一点微弱的、模糊的反应而已。在希望自己的国家无所不能的德国，社会民主运动已经取得了尤为快速的发展，但民主所坚持的个体自由与国家的权力制约产生了不可调和的矛盾。

The freedom of the individual, upon which democracy insists, come into irreconcilable conflict with the constraining power of the state.

是在盎格鲁—撒克逊民族却发展缓慢，这无论如何都绝非偶然。

民主、经济与政治的联合绝不是必要的，甚至还可以说它充满了矛盾。尤其是民主所坚持的个体自由与国家的权力制约产生了不可调和的矛盾。可是，无论情况如何，这种联合的正当性已成为历史事实，并借用这种事实的力量将现代的人们紧紧抓住。另外，不管它们存在多少矛盾，这些主流趋势仍然掌握着一种内在的联系，这一点在他们的负面特征中尤其明显：一切超自然的、形而上学的东西都被一一拒之门外——因此独立的精神世界没有容身之地，整体的精神世界想彻底地内在化，想完全地、纯粹地成为当今世界的一种文化与文明。因此这种联合成了一种单纯的人类文化。这个基本定论来自于对群众的信任、经济产物的升值以及成为理性载体的国家地位。所以，宗教信念能够统一成这种思想世界的假设是错误的，说不定这种思想世界还会被转换到宗教领域。世俗的、单纯的人性对这种运动举足轻重，它绝不仅仅是个体所献出的一个附属物。它不是一种理论，能这样或那样应用，而是一种完整生命的合成，一种包罗万象的思想世界，吸引着完整的人，索取他全部的灵魂。如今，这场运动的主要力量首先来源于它需要完整的人与人的行为，以它的一切形式达成统领一切的思想。

生命的具体发展形式只能由其自身来实现。所有的评判，不管如何新颖，如何明智，都会处于与生命的具体发展形式相同的关系中，正如阴影总是离不开产生阴影的实体。所以，在这种情况下，评判也会被按行自抑，被限制在与这场运动相关的专门涉及哲理与人生观的情境之中。

首先，很明显，我们的整个信念与这场运动中理想的生活形成了尖锐的、不可调和的冲突。我们以尽可能以坚决的态度反对一切纯粹的人类文化。这是因为我们将人类视为两个世界的聚集地，因为只有站得更高，我们的生活中才会出现有意义、有价值、正当的运动。可是，要站得更高，不仅需要世界表象的积极改变，更需要人类自身的改变；要站得更高，离不开强大的障碍、进步与革新。其次，只有通过这种方式，我们才能获得一种源于事物本质的精神文化，这种文化能赋予人类以伟大的精神世界。基于这种信念，我们抵制民主生活制度，因为它犯了虚假的感官理想化与虚假的单纯自然人的理想化的错误，并且有意将精神世界当作人类的附属品；我们抵制经济生活制度，因为它没有从内在否认精神生活的独立问题，因为它相信，只有拥有了舒适的条件，无忧无虑，人们的幸福才有保障。最后，我们抵制政治生活制度，因为它抑制了人格的独立，所以危及精神的创造力，更是因为它准备牺牲精神产物的自我价值，仅仅是为了功利主义。在所有的趋势中，我们看到了在外部环境进步的同时，内在精神却在沉没，看到了次要的事物喧宾夺主，看到了人类的精神世界变得越来越渺小。

因此我们彻底反对，果断否定。但是在否定的同时，很多事仍然悬而未知：整体是如何获取那么大的力量？它既无法激发激情，付出的代价又大，可是怎么还能使高贵的思想对它忠贞不贰呢？在它更加精密的形式背后，生命面临着威胁，其一般性肯定存在重要的问题，而这些问题我们是无法抵制的——除非他们已经找到了解决困难的方法，或者至少找到了缓解困难的方法，否则，我们永无宁日。

民主思想中还有比这更普遍的问题，即人类文化与文明的蔓延问题，人类文化与文明的产物更加平均分配的问题，以及独立的个体越来越多地参与精神生活的问题。尽管人们坚持不懈地努力，但是这方面的问题还是悬而未决：虽然我们取得了一些进步，但是这些进步在人类发展与面向大众的教育面前是多么渺小啊！追求更高层、更内在的文化的社会部分又是多么狭隘啊！基督教在我们身边已经一千多年了，然而，在如此漫长的岁月里（对人类来说已经算漫长了），真正转化成为我们自己的力量、稳定的精神财富、深入灵魂的信念却是少之又少！说到进步与精神生活，我们的精神信仰距离仅仅是一件披在一种只由本性主宰的存在之上的外衣还相差甚远；巨大的反差，紧张的局势，以及我们生活中存在的很多可能性，对形成个体意识的作用甚微。然而现在，我们正在开始——本质上是向更好的方面转变——为更高级的生活确实存在于人类的某一个角落而感到不真实，但是对于大多数个体来讲，仍会觉得很奇怪，很遥远；一旦有了这种感觉，它就需要以某种方式得到满足。虽然在追求这些目标的过程中人类能力的局限性显而易见，但是我们是否把所哀叹的情境当成一种定数也还是与之有很大的关系，或者争取更多的全员参与已经开始，因此罪恶感已尽可能地远离人类。鉴于刚正不阿的人不可能对这些考虑视若无睹，因此这些考虑也得以加强。我们的时代充满了衰老的迹象；高雅的享乐主义攻城略地；很多人选择表现出一副好逸恶劳、迟钝麻木的精神状态，他们并未赋予自己的生命任何价值，却仍在那儿高傲地索取。这种信念越来越普及，现在几乎不再仅仅是需要新人类胜于新思想，胜于新生的、纯洁的个人，胜于向上奋斗的斗志，胜于社会所渴望的心理与精神世界的问题，这很不寻常吗？那些认识到这种需要的人绝不会将自己献身于社会民主主义，也绝不会认为改革的方法行之有效，但是他们会理解渴求更好的生活的愿望。

声称在生活中处于领导地位的经济制度，威逼利诱地将我们领上了一条问题重重的道路。如果没有独立的精神生活，并且灵魂的问题得以忽视，也许经济制度就会凌驾于我们之上。同时，如果令人痛苦的沉重没有强加在我们身上以维持生命，那么经济制度就不会被奉为我们一切苦难的救赎：如果生命之树已经准备为我们扩散，我们只需坐享其成，如果所有的忧愁与苦难都销声匿迹，那么我们肯定没有幸福可言。但是悲伤仍在弥漫，因为关爱生命的经济制度以势不可当的力量汲取着人类的思想与情感，事情往往就是这样。生命因此套上了沉重的枷锁，将精神世界退化的渺小，使一种暗淡的平庸抑制了一切标新立异、自由向上的运动。确实，苦难通常能够成就伟大，但是裴斯泰洛齐却说：“有一种苦难，能够成就人类的力量，是人类幸福和伟大精神的根基。但是还有一种苦难，却是绝望的源泉。”现代社会已经竭尽全力来消除这种压力与精神的退化。也许我们不能断言，在个人的态度与情感方面，在整体环境方面，还有很多事情有待完成，还有很多其他的事物优于自身吗？

我们已经不止一次地提到政治运动中存在的问题。受这种问题威胁的不仅仅是个人的自由，还有整个生命的灵魂。“如果一切都要受到规章制度的约束，那么生活——已经是困难重重的生活——肯定会令人不胜其苦”，柏拉图在两千多年以前如是说。那么，国家的概念为什么会在当今取得如此巨大的进步，恰恰也尤其注重自由事业的发展？当然是因为个体想要打破传统关系，但是又担心自己的处境太危险，所以寻求一种坚强的后盾；因为个体希望自己的存在在某种程度上能够得到整体的尊重与保护。这已经超出了所有经济问题的范畴，触及了精神生活与整个生命。当打破古文明时期的传统关系时，一种希望得到更多支持、更多价值的欲望为基督教赢得人心做出了不小的贡献：现在，同一种欲望似乎又要以一种崭新的力量再一次打破传统关系。我们千万不能低估了这些，因为他们潜藏在生活的表面之下，静静地、秘密地行动，也正是这些行动养育了精神世界，随后，精神世界突然以不可抵挡的力量打破了传统关系，并将整个有形的生命带上了崭新的道路。如今，内部重组、分子转换（如果可以这样说的话）正在进行中。由此，塑造人类环境的事物引发了一串谎言，虽然只是暂时的，但却极其晦涩朦胧。另外，我们不能低估思想世界的价值，它在社会民主运动中发挥着作用。由于我们否定一切将人类神化的、纯粹的人类文化的特点，所以惨痛的失误在所难免。但是人类文化是人类文化，它可以使一些领域互相支持，也可以使整个人类在各自的位置上积极活跃。如今另外一个唯一能够包罗万象的体制就是天主教，因为它传承中世纪的思维方式，所以难免会日益反对当代的一些运动，甚至抵制现代人类的内在精神需求。在现代，启蒙运动拥有了一种生活统一体，同时提供了一个海纳百川的范例。但是，自从它结束之后，我们便面临着一场严重的精神分化，并且越来越令人无法忍受。尤其是启蒙运动经常使那些希望将生活建立在自由之上的人们对令人惊讶的悖论感到愧疚，实际上，他们从来都是乐此不疲的赞扬人类的伟大、尊严与能力，而理论上，他们激烈地反对能够独立支持评估人类的人生观。他们幻想自己的自由坚不可摧，殊不知越是这样，他们的思想世界就越消极、越空虚。因此，在仅仅支持这种消极的、肤浅的人生观的同时，他们也在自掘他们的抱负的坟墓：如此模糊，或者说如此欠考虑的人生观，是不会有任何深远的影响的。

不得不承认，我们面临着一个严峻的危机。人类文化与当今社会是否拥有实现内部合成、提升精神生活的能力，从而能够抵制瓦解，或者说二者能不能随机应变，这一点必须要明确。抨击第一种情况只能将人类文化带入它自己的深渊，并将它从琐碎的人类环境中解放出来；在第二种情况下，人类文化与当今社会必须沉没，否则不会有更好的结果。精神世界本身，还有它与人类的实际关系，在面对这些改变时依旧面不改色，就像天上的星星，宠辱不惊地俯视着这个纷杂骚动的世界。可能甚至直接否定一切独立的精神、解除一切无形的关系都是可以的，通过间接的证明，使人类将不可或缺的精神世界重新寻回，生命从而可以再一次获得在当今这个社会如此匮乏的真理。

## 第四节　道德的问题

### 1. 当下道德的不稳定局面

如今，我们对道德的理解与评价似乎仍然举棋不定。从一方面来说，道德似乎为哲学和宗教思想的崛起提供了坚实的基础，为那些面临土崩瓦解的群体提供了统一的战壕：因为如果其他一切因素都不稳定的话，起码人类还在，人类与人类之间的关系还在；社会生活赋予了我们很多使命，这一点无可争议。因此，一场关于伦理教化的运动爆发了，它极为关注人类福利的进步（延伸到这个特殊领域之外），如此一来，也使得我们的生命变得有价值。在这里，道德等同于利他主义，可以理解为为他人谋福利，将他人的利益置于我们自己的利益之上。这场运动在现代文明社会中形成了一个主要群体，是一场消除疼痛与困境的伟大运动，一场缓和狭隘与困难的伟大运动，一场使我们的存在更加人性化的伟大运动，一场从中汲取灵感、并将继续汲取灵感的伟大运动。

但是在这些成果当中，基本上还存在着很多令人生疑的、自相矛盾的事情。或许人们在利他主义的道德基础上很容易团结在一起，因为它将更深一层的道德问题隐于背后——如果并没有从实际上否认这些问题存在的话。难道道德就一定等同于利他主义吗？一定就要为他人谋福利吗？“利他主义”这个词出自孔德的哲学思想，而孔德的思想是出于一种对精神独立完全屈服的、将整个生命折合成与环境之间的关系的体制。这样的话，那些不接受这种哲理的人应该采纳这种道德观点吗？实际上，认同利他主义就意味着道德将会变得狭隘与肤浅。是不是社会行为与人道主义行为已经将道德的意义消磨殆尽了？我们不需要在自身面前、在发展我们自己的灵魂面前、在我们与这个世界以及外界的关系面前去面对那些伟大的使命了吗？自始至终，我们的生命就面临着这样的选择；我们的所作所为是为了获取快乐，还是客观性格的动机决定了我们的所作所为？比如，一名艺术家的创作可能由各种不同的动机所引导，也许他是为了追求名声，追求人们的认同，或是追求个人利益；也许他是为了满足公众的突发奇想与欲望；或者也许他仅仅是为了跟随内心的需要，想要创作。必要的话，以英勇的勇气服从这些想法，不论他周围的环境如何反对，不论可能遇到什么危险：我们自身以及我们的行为难道不属于道德的范畴吗？同样地，精神的自我保护可能会使研究人员或者有宗教信仰的人与环境形成最尖锐的反抗，也可能使他们彻底失去平静与安逸。事实上，整个精神运动，包括它的诉求、困难以及疑惑，可能会扰乱我们平静的生活，也可能会威胁我们即时的幸福。可是，我们能不承认它是道德使命的一种吗？如果它是，那么道德肯定比利他主义更深入、更优越。

此外，人们可能会把精神运动与利他主义对立起来，因为它不懂如何将道德建立在灵魂自身的深度之上，不懂如何将精神的自我保护做得更好：然而如今它受到围绕在精神之外的不稳定群体的欢迎。我们受到过去两种不同思想世界的影响，代表着更加内在化的道德：一种是宗教世界，一种是内在理想主义世界。在宗教世界中，精神是一种超自然的存在，在内在理想主义世界中，精神使我们肩负起整个生命的伟大使命，对我们的全部行为做出道德评估。从当今的精神生活来看，不仅这两种世界的基础会动摇，而且它们的内容在很大程度上令人生疑。宗教世界已经彻底从群众的视野消失，而内在理想主义也在日渐失去它的力量与生气。同时，我们的时代也认为宗教道德太软弱、太消极，而建立在理性基础之上的道德看起来也太抽象，我们的年代根本没有道德可言。

Our age possesses no morality at all.

它的责任的概念也让人觉得太严苛。因此，社会道德（包括利他主义）成为唯一一个未惹争议的话题，回头竟发现我们是如此肤浅，如此狭隘。

因此，这只能说明我们的年代根本没有道德可言，这与世界历史发展的精神状态相吻合，即使没有道德，我们的年代也能满足其内心最深处的需求。从它最深处的本质来看，如今的道德至少像宗教那般不稳定。[①]我们没有自己的道德，这严重削弱了道德在当今社会的力量，这是多么铁铮铮的事实！这对于道德的反对者来说，要讽刺、嘲笑道德，然后相信道德本身如此不堪一击、一无是处，经过现代的无数观察总结，使这个结论清晰明确，又是多么容易啊！如果经过生命的自我回忆与自我深化，我们还不能重获属于自己的道德的话，那么我们就无法应对这些并发症。也许这正是目前的燃眉之急。

## 2. 道德与形而上学

现在人们普遍倾向于将道德完全从哲学问题中分离出来，让道德自己支配自己。很多人相信，如此一来，生活就会变得更自由、更简单。人们还列举了大量的历史事例来证明，尤其是伟人康德。

从最早的时候开始，人们对复杂难解的哲学闻而生厌，想在

① 虽然基础不稳定，但是我们的年代还是出现了大量的道德论文与书籍。这有什么错吗？哈姆雷特曾有言：天堂与人间，还有很多事物不在我们的哲学之列。对此，利希滕贝格说得好："不错，但是从另外一方面来说，很多事物存在于我们的哲学之列，但是并不存在于天堂，也不存在于人间。"

秩序井然的生命中寻求庇护。一个人这样做也许事出有因，但是所有人都这样做也能说是事出有因吗？对于个人来说，这种行为不受他支配，如此是不是可以假设一种稳定的、人们认可的道德是不存在的？若要把不顾外在的问题、在实践行动的港湾中得到庇护的想法归咎于康德，那真是彻底的误会。他的思想并不是关于理论与实践的对比，而是关于理论理性与实践理性的对比，是理性渗入了我们的探究，从而我们不约而同地去处理外在关系。因此，康德并没有对现实的终极信念弃之不顾，他只是从由旧式的思辨哲学中得来的决定这些信念的不同角度中寻找要点，他并没有将道德视为他的中心思想，没有说道德是事物新秩序的表象、是明了的理性王国。康德是一名属于他自己那一类的形而上学者，一名彻彻底底的形而上学者。将实践放在思想之前的日常理论绝对与康德打不上交道。

实际上，只需要再进一步观察这种现象，就可以察觉到道德与世界观的冲突进入了白热化的阶段。无论我们的道德理念如何不同，它们总会脱离生活，并从纯粹的自我之中汲取渴望，取得一种超越自我保护本能的进步：对于任何被誉为道德的行为，这种进步一经发现，隐藏于它背后的情感便从纯粹的自我保护的动机中源源而来（即使隐蔽、迂回），我们便认为它的道德品质遭到摧残破坏。现在，即使大自然从纯粹的自我保护中展示生命解放的序曲，这些序曲依旧零散混杂，所以这代表着一种改变——甚至可以说是一种革命——当新行为在它的纯洁中萌芽，宣布着对生命的主权。崭新的意义与价值也在拉开帷幕。难道我们不需要一个新的世界来连接、巩固这一切吗？

进一步说，行为并不具有道德品质，除非它可以自由决断，并展示一种具有独创性的生命：如果说，道德行为仅仅是出于习惯、冲动、或者是官方的压力，而不是个人的决定与实践，那么道德行为就会立刻失去其独特的品质，从道德领域中退出。如今的自然界有着深刻的因果关系，无法进行自发行动与自由决断。它的构造使它抵制一切想要分解它的势力，因此，如果除了自然界之外，没有其他的领域，或者是如果自然界的秩序同样适用于精神生活，那么，任何一种道德都将没有立足之地，虽然道德的目的不仅仅只是“监管”社会生活。

当道德需求获得充分的自我意识时，跟所有的其他目标比起来，它会感到无比优越。然后，它不会考虑单纯的实用性，而是将绝对性直接带进人们的生活。“一个人若是丢失了自己的灵魂，即便赢得了全世界，又有何益?”这句话对于道德来说，真是成也萧何败也萧何。如果新的现实没有给这种说法做后盾，它怎么可能发生？就算它可能发生，它就不会有过多的负担吗？在直接存在中，一切目的都必须彼此适应、彼此评判，如此一来，绝对性就不会傲视群雄了。

因此，不管我们从哪个角度看，道德囊括了对一个新的世界的需求。它使初次亮相的事物得到逆转，因此道德属于形而上学。所以，如果依靠道德，我们就摆脱不了形而上学。如果我们真的热切希望道德摆脱一切形而上学，我们就必须使之肤浅浮泛。另外，将道德从旧式思辨哲学中得到的复杂的推论中解救出来，使之不仅仅是完全独立起源的哲学的附属现象，也肯定有充分的理由。

我们把精神生活当作现实内心生活的目标，这再一次引起了进退两难的境况。因为我们将精神生活看成是世界发展的“自然而然”的结果，是高等生物的伟大成就，是毫无意义的关系网与纯粹个人体制所引起的自我保护行为的鲜明对比。随着人们对这个新世界的认同，大自然必然会低人一等。但是，正是因为高等事物必须保持永不停息的自发活动，所以它必须首先在个人的心中被唤醒，进而进行自发活动。这种独享精神世界的自发活动就是道德，从而现实主义与高等生物渗透进了人们的生活，这是一个崭新的、无限自我的胜利，是一种由内而外的“向无限靠拢”。人们已经明白，精神舞台需要每一个个体穷其一生的直接参与，个体不再接受孤立感观调解的生活。因此，道德首先被设想为一场个人生活的运动，一场努力实现自我的尝试，一场自己为自己的格斗。因为我们表现出了一种广泛的人格，所以现在一种广泛的运动立刻在我们自己的身上展示了出来。对这些因素的考虑使我们需要道德与形而上学之间形成最紧密的联系，让我们觉得如果离开了形而上学，道德就会变得荒诞不经。道德不需要太多的说辞来解释它的概念。正是由于道德的存在，一个崭新的世界立刻呈现在我们面前，将我们包围，给了我们光明的现在。道德与形而上学的联系只能被旧式的学派形而上学者驳回，旧式的学派形而上学是从假想的思想需要而来，除了现有的世界之外，又设计了另外一个新的世界；或者被那些将道德视为单纯的社会秩序、监管生活的工具的人所驳回——后者肯定不需要新的世界，而且也不需要道德，道德只不过是一种名义上的存在而已！道德把独享精神生活作为目标，如果精神生活没有成为现实的核心，那么所有的道德都会沦为一种表象，对此，我们深信不疑。

有了这种信念，我们就有可能面对各种需要道德出面解决的问题与困难，各种充满过失与误解的问题与困难。因此，从根本上来说，道德是生命的升华，是真正的自我反对纯粹表象的胜利，是整个无限宇宙的独享。但是这种升华并不是从自然生活提炼出的直接存在衍生而来的，它反对直接存在，这既是一种使命，又是一种要求，也是一种命令。这种要求的局限性与否定性最终会影响生命的主张。责任的概念应运而生，它源于我们自身，而不是外在。因此我们有了生命的主张，远离了对大自然与自我的武断推断，对一切虚荣做作坚决地说“不”。

从这一点来看，道德代表的并不是现有世界里的单纯的成就，而是一个新世界的收获，在这个新世界里没有冲突，有的是新旧两个世界为至高无上的权利而奋斗。道德并不是一种新型的行动问题，而是一种新型的存在问题，但是必须不断地将这种问题转换成相应的行动。现在，人类成了不同的现实阶段的聚集地，甚至是两个对立世界的会场，他必须决定哪一个世界占统治地位。不仅如此，自此以后，他必须维持比他现在的身份地位更高的现实阶段，因为只有通过自己的行动才能实现新的世界，他的行为超越了个人的立场，赢得了普遍的意义。这使他从自我中心论中释放出来，进一步扩展了灵魂，并将一切单纯的辅助性提升至实用性，人类由此获得了无与伦比的伟岸与尊严。

的确，这种伟岸与深深的疑虑有着千丝万缕的联系。因为如果没有揭露最广泛的差异以及人与人之间最坚决的抵抗，那么实现新世界的使命就不能用这种方式放大。首先，大自然将人类绑定在单纯的自我之上，面对这个阻力，精神运动的效果甚微，它只能维持着一种单纯的目的，沦为一种单纯的表象。与单纯的人类的力量比起来，一些不可能的事现已诉之于求，这一点已经非常明显。因此，人类必须超越纯粹的人类。如果没有广泛的力量，生命又怎么能进入一个新的方向？因此，从最开始，人类就必须拥有广泛的力量，必须要有与人类行为相对应的接受能力，必须要有一双援手，能够拉攀登者一把。是的，自由必须放射出优雅的光芒。这是生命第一个真正意义上的转变！最初的主张已经无法接受，自否定之中又衍生出一个新的主张。这里有大量的需求与动荡，生命巨大的浪潮席卷着人类，改造着人类，他们有太多的残缺不全与心神不安，太多顽固不化的阻力与无可奈何的约束。但是在所有的疑虑与阻力中，生命依旧保持着自己的模样，更深的深渊已经开启，内心的无限性日益明显。如果说有什么事物能够向我们证明生命并不是只有平庸，生命中也有意味深长，那么它就是道德。

## 3. 道德与艺术（生命的道德观与艺术观）

从一开始，艺术与道德就经常打得不可开交，彼此之间的关系剑拔弩张，对彼此的敌意也绝不纯粹是人类造成的结果。真正的原因是出于事物本身的性质。道德与艺术对生命的使命与看法似乎截然不同，针锋相对：道德需要附属于普遍有效的律法，而艺术需要尽可能自由地发展个性；道德与矜持不苟的责任对话，而艺术邀请我们自由发挥我们的所长；道德在纯洁的灵魂中占有一席之地，也希望取得显著的成绩，只要一点点就行，而艺术只看重外在的呈现。为了达成对这种对比与矛盾的正确看法，我们需要简要回顾一下这个问题的历史发展情况，不过要把个人的偏见摒除在外。

（1）历史回顾

希腊人在艺术方面所取得的成就让其他民族望尘莫及，但是在他们的哲学领域中，却并没有对艺术推崇备至，这不得不说是一个奇怪的现象。与其说是一名思想家抵制艺术，不如说是哲学家中最伟大的艺术家抵制艺术，这个人就是柏拉图。在柏拉图的作品中，可以看出他在很多地方对艺术挑三拣四；他渴望一种真正意义上的真实的人、无感觉的人，这强迫他认为艺术只是影子的影子；正如在戏剧性的艺术中所看到的一样，他被不断变化的自然形式所排斥，被统治艺术的虚构的精神世界中的杂质所击退，最终，被情绪化的生命中狂热的刺激所驱除，而这种刺激在他看来不断加强。面对这些指控，艺术却仍然泰然自若，在古文明时期依旧为自己开疆辟土，并居于生命的主要地位。然而，艺术越是陷入一种主观的精湛技艺——如今是一种古怪的夸大之词与颓废的浅薄涉猎——艺术的实际内容就越来越被外表的光泽所取代，支持辞严气正的道德的呼声就会越强烈，犬儒主义与斯多葛学派就越会成为那些对享受美好事物不屑一顾的骄傲灵魂的避难所。

日渐兴起的宗教运动使艺术的独立价值第一次赢得了充分的肯定，正如在普罗提诺的哲学中那般：道德所经历的精神的深化，同样作用于艺术使命的深化。根据普罗提诺所言，美的事物包括创造力并没有在一成不变中迷失自己，它仍然保持着精神上的自由，保持着灵魂与灵魂之间的交流。

Creative power does not lose itself in the stone, it remains spiritually free and passes from soul to soul.

高级事物对低级事物的控制，灵魂对身体的控制，思想对物质的控制。创造力并没有在一成不变中迷失自己，它仍然保持着精神上的自由，保持着灵魂与灵魂之间的交流。艺术只注重灵魂的感受，它不再是柏拉图所认为的单纯的仿效自然，而是竭尽全力描述自然中至高的理性，这样一来，艺术就会取得超越自然的成就。但是其中基本的宗教秉性将美的事物带入神秘的沉思比带入艺术创作中要多得多。因此，我们看到一种艺术秉性充斥着整个生命，但却是逃避而不是主动寻找一种明显的表现形式。

对于基督教来说，如果艺术的声望与地位最初没有经受最严重的创伤，那么要将生活的重心由艺术转移到道德上来便是痴心妄想。此外，在古文明时期末所盛行的艺术类型只能怂恿人们将艺术抛弃。虽然在时代的沿袭中，艺术形成了一种不怎么光彩、经常发展成令人不快的形式，但是它在更高一层的文化发展中却是截然不同的：受宗教影响的精神生活的深化将艺术带入了一条崭新的道路。这一点在耶稣基督身上体现得淋漓尽致。毋庸置疑的是，对于历史上一般的宗教创建者来说，只有掌握了卓越的创造性想象能力，才能建设一个伟大的无形世界与强大的现在，甚至将这个无形世界变成人类的主要世界。耶稣基督正是如此。在他看来，这个世界非常温暖，非常亲切，充满灵性。他将上帝的王国——充满真爱与天真烂漫的信任的王国——清晰、坦诚地呈现在人类面前，借此唤醒人们潜在的情感，用深深的向往填满人们的心灵。他使得人类的存在进行了一场华丽的转变。这个转变在发现纯洁、天真，为纯真的生活所付出的过程中清晰可见，在将最简单的自然过程用作阐述人类灵魂的绝妙方式中也洞若观火。所以，在这种情况下，虽然它将所有的感观艺术搁置一边，但是还是为精神艺术留出了康庄大道。后来，希腊对于美的概念越来越有影响力。我们可以在尼撒的贵格利以及奥古斯丁的《三位一体论》中得到解释。奥古斯丁的《三位一体论》在极大程度上是在对艺术充满敌意的思潮的影响下成形的，他半路出家，皈依基督门下，很大一部分原因是因为他对教条的、学究式的教育极度不满，并且渴望真实的生活。但是，在他的思想里，他对美的把握很坚持，由此造就了包罗万象的整体，他教育人们理解一切多样性，将它们看作这个整体的成果与见证。最终，他将整个宇宙总结成为道德的艺术品，是能够协调公平正义与爱的一种秩序。同时，奥古斯丁还是一名语言大家，他的作品揭示出精神的强大与柔弱在存在的对立之间来回摆动。他赋予了拉丁语精妙绝伦的乐音，经过他炉火纯青的运用，拉丁语成了最适合表达内心的语言。

中世纪的教会制度使几个主要的彼此对立的思潮达成了和解，意义深远，同时也将美的概念融入进了这个制度之中。在生命的总体结构中，它可以出现在整体的秩序与和谐的显眼之处；在更细致的结构中，它以多种形式出现，号召艺术为宗教与教会歌功颂德。

现代社会存了更多的活力，但同时所有的矛盾也更加激化，破坏了中世纪的均衡。整个期间，斗争与对立从没有结束。从一开始，文艺复兴与宗教改革给予了对立最果断的解释。在文艺复兴期间，人们第一次充分意识到了用美的眼光看待这个世界与生命，现在，美的事物成了生命发展的主要工具，成了每一种力量与人类实现自我、享受自我的最重要的表达方式。艺术教给生命去发现自我，努力达到自己的最高水平。同时，生命也会回绝，因为所有无形的关系都显得那么不真实。生命对直接的现实费心劳力，只是希望通过对心灵与外界的控制，收获一种满满的无边无际的幸福。人们对生命以及自豪的自我意识充满强烈的渴望，就很容易把道德当作从外部强加的束缚、死板的教条以及令人生厌的种种限制。一个人的个性越强，就会越正义凌然地摆脱一切束缚，只听从自己的内心。因此，文艺复兴时出现了伤风败俗的不道德行为，这是它——一个影响了整个世界的力量——失败的主要原因。然而，在文艺复兴的鼎盛时期，并不缺乏与反对势力做斗争的人物，他们紧紧把握艺术，并赋予艺术一种道德的生命形式——我们只需要举米开朗基罗这一个例子就足够了。文艺复兴之后，艺术改走奇异风与洛可可风，只是偶尔一股复古浪潮会让人们想起文艺复兴。

宗教改革的力量很大程度上来源于道德以及人们内心深处责任感的加强。它为生命带来了极大的热忱，所产生的影响远远超过了改革家，甚至是他们的追随者。这种内心的深化并没有对艺术产生直接的好处。另外，拥有丰富想象力的艺术似乎更难使人类接近上帝，而与上帝建立直接的联系是生命的重中之重。所以，是不是对每一种艺术画像与艺术装饰的极度蔑视遮盖了上帝在灵魂中的存在，从而使生命变得肤浅、脆弱？然而，尽管如此，情感对艺术的敌意还是对艺术产生了深远的影响，另一种创造力更强的艺术逐渐兴起——一种相对来说与感观分离的艺术，但是在灵魂中却更加根深蒂固。路德和巴赫是这类艺术的代表。

启蒙运动所宣扬的理性主义强调逻辑清晰，它的目的性很强，也很足智多谋。其打破历史的思维模式对于艺术是有利的，但是利处不大，与道德相比还是相差甚远。同时，道德不需要有多深的深度。随着新人文主义的崛起，新纪元的破晓，人们对于美的渴望更加强烈。正如德国的主要诗人与思想家所说，人文主义思潮在其鼎盛时期为有意义的合作带来了美好。康德将道德当作了人生的基石，但是这并没有阻止他承认美的独立性与价值。事实上，他是第一个清楚地从美好的事物中将美的独立性与价值识别出来的人，他在灵魂的中心发现了美，并将它推崇至凌驾于所有单纯的实用性与享受性之上。因此，歌德发现“批判和判断的主旨与之前艺术、思想以及行为的主旨相一致”。而歌德虽然在艺术创作方面有着丰功伟绩，但是绝对没有看轻道德，也没有承认生命的艺术观；他的艺术作品太过于热切地追逐自己心底最深处的感受，自己为自己尽责。如果整体来看歌德的思想，而不是分开来看的话，认为这个问题无所谓的人，没有权利对歌德有任何微词。虽然歌德可能不会知道艺术与艺术修养受到“传统道德观念”或者“迂腐与自负”的限制，但是在要求人们像把握自由的秩序那样把握世界的秩序上，他派给了我们一个道德使命，这个使命包含整个生命，并将人类带入崇高的、普遍的责任感之中。最后，诗人与思想家席勒锲而不舍地调和“好”与“美”，因为“自由就在其中”。库尼曼（Kühnemann）如是说道：“席勒的思维模式的独特特点主要在于他道德观点的高纯度，连同他对艺术生命独立性的充分认可。”之后，这两种思想再一次分离。浪漫主义给予了艺术的优先性以及生命的艺术观一种特别明确与自发的表现力，而费希特与其他民族运动的领袖在强化道德方面施加了强有力的影响。在发展社会福利与社会效用的同时，19 世纪日臻强大的社会文明与工业文明，日渐成为艺术的附属角色。在对此提出抗议的讨伐声中，现代艺术兴起，并雄心勃勃地想要影响整个生命：它承诺给人们更健全的设施，更多的欢乐以及更多的个性；与道德不同，它名正言顺地举起了生命艺术观的旗帜。所以目前来看，这两种艺术再一次分道扬镳。

历史告诉我们，千百年来，对立长存不衰。这不是一种暂时的现象：道德一再地谴责艺术，认为艺术瓦解了生命，使生命变得不堪一击、懒惰散漫；反过来，道德也受到艺术的指控，说它冷酷无情、机械呆板、无魂无魄。另外，我们已经让自己相信：在较低生活水平中广泛分布的道德与艺术，需要互相扶持才能接近彼此的最高水平；如果没有彻底消灭反对派，那么创新思想肯定会一落千丈；这些信念清楚地证实精神生活的每一个方面都是不可或缺的，对这种分化现象的责备肯定要归因于人类，而不是问题本身的性质。现实中，如果道德与艺术互不认可对方的重要性与必不可少性，那么它们就无法以一种相称的方式执行它们的使命；如果它们不把自己置身于整个精神生活，并在精神生活的关系中寻求理解，那么它们就无法完成它们的使命。

当道德竭尽所能去接管整个生命时，它通常会发展成为一种规章制度体系，对人们严格要求，同时许诺会给人们至高无上的回报。如此一来，生命受到了鼓舞，便会专心致志，但是生命还是会主要把它当作一个命令来对待，在此道德并没有赢得人们心灵上充分的肯定，也没有带来爱与快乐。因此，人们很容易在柔弱无助与形式主义这两者之间翻来覆去。事实上，这通常是一种平凡的资产阶级生活或者是教会生活，他们对纯粹的道德心满意足；就其平均水平来说，虽然基督教早期与启蒙运动时期对道德热情洋溢，但是期间并没有什么举足轻重的精神内容。道德只有在融入一个更广泛的关系网之中，才不会变得死板与肤浅。然而，当它融入的时候，因为它是朝着新的现实发展，因为它不仅仅意味着准确无误地完成了命令，还意味着一个人内心的改头换面，意味着崭新生活的进步，道德就会发现艺术确实不可或缺：对于这个新问题，不能把它理解为一个整体，它确实存在，而且是一种鲜活的存在，没有艺术的援助；这个问题也不能在缺乏建设性的艺术成果时遍地开花，将内心世界与外部世界混为一谈。当创造一个新的世界与一种新的生活成为艺术的伟大目标，当超越纯粹的人类与单纯的日常生活成为艺术的宏伟蓝图，艺术以它的静谧与劳作，以内心所需为条件，以它解放的精神灵魂，以它将无限存在拉近我们内心的力量，以及以它在我们生活中所占的一席之地，一定会立刻被视为道德。

另外，对自己以及自己的使命自视甚高的艺术，可能也不会小看道德。即使一流的创作艺术家也不敢对生命的艺术观妄加评论，因为他无法将艺术与他的余生相分离，单独视之；他必须将他的整个灵魂扑在艺术创作上，他不会满足于单纯的手法技巧，而且他太关注艺术创作的困难与不足，无法将艺术创作视为一种单纯的享受。事实上，艺术家本身并没有对生命的艺术观评论太多，反而是对艺术一知半解的业余爱好者对此滔滔不绝，他们习得了并不正统的艺术，并且经常把他们的理论强加在艺术家身上，我们显然不能急于享乐或者只顾苦思冥想，而是要积极行动与创作。

It is clear that we are not called to comfortable enjoyment or to contemplation, but to action and creation.

而艺术家并不热衷于处理这些，也确实对此毫无防御能力，意识不到这样将艺术从整个生命中分离，不仅没有提升艺术的档次，反而降低了艺术的水平。

当我们用发展的眼光来看待这个世界，或者说，当我们认识到不仅仅是已经存在的事物要继续发展，新出现的事物也要开始发展的时候，我们就能更好地认识艺术与道德相互依存的关系。为了达到这个目的，我们需要有自己的主见，需要人类的觉醒，需要有包容一切存在的动力。起初，我们显然不能急于享乐或者只顾苦思冥想，而是要积极行动与创作。同时，如果不想让这个新世界镜花水月，模糊不清，如果我们想俘获整个灵魂，那么我们必须建立一种强大的、艺术的生活结构。想要创造新的生活，艺术必不可少。

### （2）目前的问题

#### A. 现代唯美主义

有了前面的讨论，我们就没有必要再对唯美主义表明我们的立场了。但是要反对当前的唯美主义，我们尤其需要控制内心的虚伪：如今，总体来说，这个世界以及生命充满了太多的黑暗与荒谬，生活的种种矛盾很难使我们将我们的存在转化成享受，很难感受纯粹的欢乐与整体的和谐，即使我们付出了完全的灵魂，奉献了全部的力量。这种唯美主义并没有准确表达想要逃脱生活困境的现代生活态度。想要准确表达现代生活态度，只能通过现代主观主义的联盟，一种能产生思想观点的联盟，虽然这是时代的征兆，但是它却剥夺了一切创造力与一切提升灵魂的力量。

由个人主义与唯美主义混合而成的一股思潮，衍生出了“新道德”这个标语，引起了巨大的影响，尤其是对女性。但是即便是这种思潮也不能轻视，因为它的原则肯定是经过深思熟虑。社会对道德的需求只不过是维护社会生活的秩序，社会风俗与社会效用赋予了这种秩序一种圣洁的表象。因此，虽然这种思潮存在一定的不足，但是它还是容易会以伟大的自觉意识维护自己，就像仆人常常会比他们的主人更傲慢自大。如今，随着历史的进步逐渐改变社会生活的类型，人们也随之需要改变。死板的保护传统生活类型可能会引起令人痛苦的压力，也可能会把对的变成错的，错的变成对的。在相互关系以及工作类型方面，现代社会发生了巨大的改变，从而修正社会秩序以及传统道德在各个方面都势在必行。

但是，即使认识到了这一点，我们也不能赞成唯美主观主义代表（也许特别是女性代表）以一种草率的、简易的方式解决问题。首先，道德本身是一种看不见、摸不着的社会秩序，道德行为与社会的正确性也并不相同。在道德的最高层次，这种正确性虽然得到了一定的重视，但是重视力度却并不大。将单纯的解决问题的方法变成控制性目标的想法已经被决然驳回。虽然方法本身确实有一些缺陷，但是绝对不会是毫无价值可言。它之所以没有随波逐流，是因为某些体系已经出现了问题，它们认为一切社会秩序都应该受到谴责，认为社会秩序是一种过分的束缚。而事实是，社会秩序是一种将生活提升到一定层次的必要手段，能够充分抵制无休无止的破坏性势力的行动。只有极端乐观主义才会如此天真地把幻觉当珍宝，我们通常会称为幼稚，幻想着如果人类被赋予无限的自由，那么生命就会欢欣愉悦，和睦安定。如果这种乐观主义的肤浅迷住了半开化的人，而且没有危险的话，也许他们会觉得这种乐观主义和蔼可亲。遗憾的是，人需要社会秩序来约束他的欲望，但是这并不是社会秩序的错。对此持反对态度的人，如果他们有逻辑思维，也会抵制每一种苦口良药。如果我们为了理想主义的人生观而打破一切束缚的话，是不是做什么事都会不费吹灰之力？“人既不是天使，也不是野兽，不幸的是，他要扮成天使与野兽做斗争。”

鉴于“新道德”这个标语，我们必须坚决抵制“道德”这个词的误用。不要对词语不以为意，因为对它们的误用可能会遮蔽真正的问题。我们已经习惯将道德理解为脱离个人幻想与欲望的一种秩序，拥有崇高的责任与良知。事实上，在标语“新道德”的背后，唯美主观主义带给我们的是另一种形式的享乐主义，是个体摆脱一切束缚的自我放纵。在唯美主义中自我满足的人应该一致抵制道德与宗教，认为它们从根本上就是错误的，并把道德与宗教从自己的思想中移除。但是，它们不应该借着道德与宗教的名义去掩饰截然不同的思维模式。毫无疑问，矛盾十分尖锐。是不是人只不过是自然本能的合体？是不是人的聪明才智只能将这些本能达到最好的平衡？抑或是不是我们拥有一种能够将我们的存在转化为自由行动的精神力量，能使我们成为自己的主宰？我们与现实之间的关系是被动的还是主动的？我们的主观幸福感是至高无上的吗？或者有没有一种精神需求能够驱使我们超越这种至高无上？斯多葛学派（禁欲主义）与伊壁鸠鲁派（享乐主义）已经将这种对立在我们面前展现得淋漓尽致，毫无妥协退让的余地。然而，旧享乐主义比新享乐主义的想法更严密，起码旧享乐主义并没有声称自己是新道德的代表！

在感观问题，尤其是在性的问题上，现代主观主义与其他思想的矛盾冲突最尖锐。没有人会否认这个问题的复杂性。在基督教中，尤其是天主教，对感观的轻视，甚至可以说是蔑视，仍然跌宕昭彰——之后，源于颓废的古典时期思潮以及与基督教斗争思潮的思想方法，与堕落的感官主义（肉欲主义）相对抗。实际上，尽管所有外在的严密往往会产生内在的浅薄，我们还是要处理强行挤进基督教的摩尼教带来的一些问题。浅薄就是当生命要与感观展开斗争，尽可能地削弱感观、贬低感观、使之一文不值，就是当那些成功消灭感观的人，无论他们多么冷酷与肤浅，都被誉为英雄，当作模范。毕竟，灵魂的净化与精神生活的发展从感观的滥用中获益了吗？另外，像其他所有反常的事情一样，感观的抑制必须制造比消灭邪恶的势力更多的邪恶。如果滥用，自然对此的报复通常是很严重的。但是抵制禁欲主义并不意味着事情的结束，事情不像它经常从唯美主义的角度表现出来的那么简单。生活的感观与性表明，人与自然之间存在着最亲密的关系，比其他任何事物都亲密，自然紧紧地把握住了他。然而，精神生活的发展同时将他凌驾于自然之上，因此，简单淳朴的思想已成为天方夜谭。从精神生活的角度来看，感观已经变成了一个可以有多种解释的问题。它可以不顾根据个人幻想与欲望而达成的更高的精神目标，自由自在地任意追随自己的道路吗？还是它应该臣服于精神生活的目的，在此找到自己的用处？自然拥有无可争辩的权利，对此牢记于心的人会支持前一种做法，他们经常忽略了一我们这个纷繁复杂、扭曲反常的文明世界，我们无须再去应付纯洁的自然。

In our complex and frequently perverted civilisation we have no ıonger to deal with pure nature.

个事实，那就是在我们这个纷繁复杂、扭曲反常的文明世界，我们无须再去应付纯洁的自然。现代生活的感观通常是微妙与虚伪的，甚至可以说是堕落的。为了区分自然中真正的存在，我们需要精神力量的协助。如今，想要简单地对所谓的感观妥协绝对毫无可能。

## B. 艺术在现代的地位

如今，艺术再一次成功地站在时代的前端，极大地影响着人们的思想。因此，对于它拒绝所有的依赖性，坚持独立自主的想法，我们肯定会大吃一惊。这种想法用一个众所周知的词表达就是“艺术至上”①。艺术的邦交不会对这种说法有任何疑义。艺术不应该为外来意志所用：它不应该对道德、政治以及宗教施以援手，以免陷入“艺术目的论”的境地，“艺术目的论”可能会在短时间内吸引人们的目光，但却不是长久之计，不能促进任何实质性的进步。然而，要正面解释“艺术至上”这个说法也不是件容易的事。现在经常听到一种呼声，呼吁艺术应该对一切事物漠不关心，只需要关心自己形式的完美即可。只有这样，艺术才能鹤立鸡群，自由自在地走自己的路。但是，与余生分离的艺术对艺术自身有好处吗？在这种情况下，艺术能达到它的最高水平吗？走这条路对艺术来说危险重重，它可能会堕落为一种单纯

① 这个词并没有恶意（一开始这个词是库辛于 1818 年在巴黎大学演讲时用到的）。过了很久“艺术至上”这个词才成为学校的信条，成为不同艺术派系争论的焦点。可以说孔德曾经一度也对这个词比较关心，但是他用的比较肤浅（见《实证哲学教程》第 6 卷，第 167 页）。

的形式，眼花缭乱地炫耀着它技艺超群的技巧，没有人类在背后支持，也不会对人类有任何影响。这种类型的艺术可能会发现大量的感知经验，可能会使我们的情感得到意想不到的充实与改善，可能会对克服困难上瘾，但是它只能给人类的灵魂带来少得可怜的好处，也无法显著提升精神生活。永远呼吁人们要克服一切形式与内容的对立，这不是伟大的艺术作品独有的特点吗？艺术作品的完美形式没有同时充分表达内心生活的内容吗？艺术不应该以自己的方式解决人们的问题吗？尤其是北方人，不会放弃这种心性。他们没有南方人所特有的那种自然感观能力，只有遇到困难时他们才会寻求出路。所以，灵魂的核心以及灵魂的最深处很容易被遮盖。于是，艺术成了他们找寻自己、继承传统、度过内心分化的不可或缺的途径。最完美的形式如果仅仅是一种形式的话，就永远不会满足。

那些认为实际内容对艺术有危险，与艺术不相关，从而排斥它的人，头脑中通常会有一种想法，一种抽象的概念。但是精神生活与思想是一回事吗？除了思想之外，精神生活就没有其他内容了吗？旧理智主义可能会对这个问题肯定地说是，但是现在我们不再志在成为唯理智论者。我们怎么能继续被过时的思想所羁绊，阻挡我们追寻整个人类最深最广意义上的内容的脚步呢？

依我们的观点，对实际内容搁置一旁会对艺术所追求的独立性构成危险。对物质的独立并不意味着纯粹的独立。艺术对形式偏执的付出很容易把自己变成一种单纯的专业技巧，一门心思地表现（不是对别人，而是对它自己）自己的技能。这会引起对古怪反常的、自相矛盾的以及言过其实的事物的偏爱，其影响就是承诺的自由会太容易变成另一种依赖，一种艺术家对别人的依赖，对自己情绪的依赖。真正的独立只存在于从艺术家内心需求出发而来的创作。但是如果没有什么想说的，或者想揭露的，这种艺术创作也不会凭空而来。

我们应该简要地说一说现代艺术与性之间的关系。只有非艺术的思维模式才会宁可退出这个话题，也不赞成艺术用这个话题将自己层层包围。但是，对性如此偏爱的艺术，应该把性放在最突出的位置，对它加以深思。如果艺术对性愤恨不满，并且将它推到令人生厌的程度，那么这是道德堕落的迹象，而不是技能。没有美学理论能抵挡住这种事态。

不管在发展与冲突中会有多少造型艺术，造型艺术肯定不缺乏显赫人物与辉煌成就的代表。文学领域的前景并不是那么光辉灿烂。时代赋予我们许多动机与使命。旧式的思想体制已是过眼云烟，新的思想体制正冉冉升起。人类对于其在宇宙中的位置极度渺茫，人类本身又有太多的发展与改变。但是，生命的增速不会给我们太多自我惆怅的机会，因此我们的存在变得茫然困惑，很多人已经不再了解自己。面对这种情况，文学有了一个光荣的使命。它要试着阐明我们的观点，将我们周围以及内心的一切清楚地表达出来，从我们身边一片混沌的表象中指出发展的大体走向。它应该尽可能地将我们的生活汇集成一个整体，同时要协助这个整体的发展。为了达到这个目的，文学需要一种内在的优越感将自己提升至时代的前沿，需要一个精力充沛的综合体，既能抵制也能吸收有胆识的、强大的先进精神创作。文学对此的尝试并不少，不过必须要说的是，我们德国的文学——文明世界中最伟大的文学之一——并没有达到时代的最高水平，在现代人为精神的自我保护而奋斗的过程中，在现代人竭尽所能使生命变得有意义的过程中，它也没有为现代人提供多少帮助。把这些坦白说开是我们的责任。

## 第五节　人格与性格

### 1. 人格

#### （1）人格的由来

如果要“人格”这个源于拉丁语的词追根溯源，从它源头的多种分支（即使在古文明时期也非常明显）到它在罗马律法与基督教神学中的意义讲起，会让我们偏离目前任务的轨道。①因此我们要从哲学这个角度来分析，同时尽快向现代迈进。

较近时期的哲学是从学者们的口中得来“人格”这个词，而学者们则是依据波伊提乌的定义——人是理性的个体。三位一体学说（罗塞林）对这个词的应用引起了严重的并发症，但是他们并没有阻止经院哲学用这个词。在这一点上，重要的哲学问题并没有提及。

直到现代，人们才主动处理这个问题。现在，人的概念已经

① 关于这个词的技术细节可以在 Pauly Realenzyklopädie（德国的一个百科全书）中找到。在 1866 年出版的《六月赞歌》中，有一篇马克斯·缪勒的关于这个词的由来与发展（截止到中世纪）的文章，富有启发。更重要的是，我在他的著作中找到了发表在《康德研究》对特兰德伦堡的调研中。

人格不仅仅只有智慧，它还揭露了一种自由世界中的基本高等秩序。

It becomes something far more than mere intelligence;it ls made to reveaı an essentially higher order founded in freedom.

变成了在普通的、统一的世界秩序面前保护人类与众不同地位的主要手段。从经院哲学中而来的人与人格的概念，现在已经用心理知识定义的更准确。莱布尼兹领导了这场运动，因为他将人格真正的本质放在了自我意识之中，也就是在不同时期，个体对于自身存在的身份意识。为了证明这个观点，他把人的长存不衰与低等生物的不可毁灭坚决分离。沃尔夫以及启蒙运动的哲学接受了这个观点，赫尔巴特把这个观点带入了 19 世纪。

迄今为止，人格的显著特点是它拥有智慧。而现在，它有了一个新特点：道德。经过多方面的准备，康德实现了这个改变，将实践理性推至前沿。人格是为新思维模式提供确切表述的主要思想之一。在康德看来，人格不仅仅只有智慧，它还揭露了一种自由世界中的基本高等秩序。也就是说，人格意为："整个自然机制的自由与独立。""能使人超越自我（作为感观世界的一部分），将人与只有理性才能想到的事物秩序联系在一起，同时，在这种秩序之下的是整个感观世界，与之并存的是由经验主义决定的适时的人类存在，以及一切意志的存在。"作为理性存在的人，最后会以理性告终，理性也不会只被当成一种手段。人的本能、人性与人格之间可能会有区别。首先，人是一种生物，之后是以一种理性存在；其次，才是人格，他要为他的行为负责。

之后的思想家（像谢林与费希特）想在形而上学方面补充、深化人格的道德观。然而，总的来说，康德的地位还是屹立不倒的。无论如何，人格已经在他所处的年代树立了自己的地位，优于其他一切主题，备有实践理性。不仅仅楚自我意识属于人格，自我决定也属于人格。

### （2）人格概念的由来

现在我们要简单说一下人格这个概念的由来，从某种意义上仔细地理解这个概念（从自觉、自发的主题上理解）。希腊哲学并没有对人格的概念说得太清楚，部分原因是精神生活的一致性问题在当时并没有引起注意，还有部分原因是盛行一时的理智主义认为思想是人的真正自我。

然而，人性的伟大研究者（几乎与他们的主要学说相反）对人格的概念也给出了一定的解释，这种解释在他们的思想世界是有用的：这个在柏拉图的身上可证，在亚里士多德的身上表现得更明显。人到暮年会越来越重视自己的内心，自我意识的概念也会得到进一步发展①，但是完整的人格概念还是无法形成。杰出的思想家坚决抵制类似于人格概念的神学观②。

……………………

① 在引用的文章中，特兰德伦堡清楚地说明了斯多葛学派对这个概念的发展做出的伟大贡献。他指出，“在斯多葛学派，使生命走向自我一致，走向和谐发展的性格的人，我们认为他的人格，已经成为道德的表达式”。还有，“生存才是王道，正如斯多葛学派的第一原则所说的那样，要顺从天命，即追随理性，这是世界的基本原则。进一步说，生存能根据个体的独特本性赋予个性，并将个体的独特本性建立在理性中心的基础之上”。

② 众所周知，大学士卡尼德斯（公元前 213—214 年到公元前 129 年）是第一个抵制这种神学观的人，之后普罗提诺对此的抵制最有力、最深入。卡尼德斯极力表明：“如果没有弄清神的属性与状态和他的永生与完美相矛盾，人就不能把神想象成一种活着的、理性的存在。”依照普罗提诺的人生观，他坚决反对把思想或意志，甚至自我意识归因于基本存在的观点，因为在他看来，思想、意志以及自我意识都是无限发展的，比其他任何特质都要优越。“因此，卡尼德斯认为，否认神的人格在此是第一次确切的、肯定的出现。”关于冒险的反对神的人格，普罗提诺的理由还是站稳了脚跟，甚至是斯宾诺莎都没有再说什么。

神也有道德人格，也是绝对的存在。

God is at the same time moral personality and absolute being.

神的意义在古时的基督教义中至关重要，他与精神相通。现在说起神的人格以及人与神之间的关系变得容易得多了。这个观点中潜藏的神人同形同性论并没有成为漏网之鱼，这一点，围绕着情感（比如说愤怒）是否来自于最高等生物这个问题的强烈冲突可以说明。神的概念所涉及的一些问题在奥古斯丁的影响下终于得以解决，在某种意义上，人与个人的概念被强加在抽象的、神秘的概念的基础上。同时，神也有道德人格，也是绝对的存在。意识到这两种概念（道德人格、绝对存在）的并列并没有什么矛盾时，中世纪的思维方式就没有那么重要了。然而，也是在这种情况下，现代世界把中世纪平和，或者说欣然接受的兼容并蓄快速地转变成二者择一。

因此，现代世界见证了对神这个概念的意见分化。向内在发展的思想、坚持普遍宇宙观的思想与个人观念争相对抗，因为他们认为个人观念是令人难以忍受的神人同形同性论。另外，反对泛神论的运动渴望一种活着的神，在这方面它依赖于人格，并且着重强调“神”这个字眼。直到那时，三者之间的关系才有了诸多探讨，但是也很少涉及神的人格。而现在，人格成了一种信念，成了反泛神论者的口头禅。每当生命的进程呈现出明显的艺术与理智的形态，人格的概念似乎就会非常狭隘与渺小，无法统治整个现实。另外，当道德思潮居于首位，人们就不愿意省略人格这个概念，而是希望得到这个概念的解释，这样就可以全面总结神的概念了。

如今，人格的问题引起了极大的关注。人格的培养仿佛是治愈一切邪恶的灵丹妙药。艺术、宗教以及生命都渴望人格发展得越来越强大，人格好像是战胜受到威胁的精神化存在的必不可少的辅助武器，是免遭迂腐陈旧与老态龙钟的方式方法，是永葆青春与简化生命的唯一途径。人们希望人格能成为一种内在的坚强的后盾，坦然面对宇宙的剧变；希望能以人格为中心，整合分化的、瓦解的力量。

当这么多因素汇集到一起时，我们会惊讶地发现世界是一团混乱。如果世界的发展能像自我回忆这般简简单单，能将我们从纷繁复杂的环境中拯救出来，那该是多么非凡的创举啊！也许这种拯救只是一种表象，或者也许人格所牵涉的、所要求的比我们想象的还要多。让我们看看这到底是怎么回事。

（3）人格问题的研究

人格上的诸多冲突，无疑仅仅是口头上的冲突。有的人认为人格这个词狭隘、低俗，而有的人则认为这个词广义、高尚，只要这种现象存在，那么这种冲突就根本不可能调和。不过，既然这样，像很多其他情况，口头上的冲突就仅仅是实际冲突的外在表象。直到现在，伟大的思想家仍在继续赋予人格以崇高的价值，不是因为他们对这个词神魂颠倒，而是因为这个词代表着（虽然不是完全代表）一种思想，坚持着一种他们认为必不可少的事实。从最开始，“人”与“人格”就是对人类、对精神存在的一种至高无上的表达，这是对精神生活以及精神生活的内容与价值的基本信仰，由此产生了一种精神方法，但是这种方法并不恰当。相信人格是生命的一部分的人，因此坚信精神生活不再是大自然的附属品，而是一种特殊的存在。他们主张精神生活并不仅仅存在于孤立的机能或表现形式中，还存在于一种既包含二者，又优于二者的整体中，因此精神生活有着精神自由，并演变成一种自立的生活。他们还认为，这种自立的生活不再仅仅是集中分散力量的联盟的中心，还是一种自发的行为，为达到更高层次的存在发挥自己转变性的作用。只有当上述内容被充分理解之后，人格才会给我们的存在带来完全新鲜的血液，从而证明人格这个概念已经被人们心甘情愿地、普遍地接受。

然而，只有当现实，以及我们在现实中的地位彻彻底底地发生改变时，上述的主张与想法才能说是正确的。那些总体来说错误的，并在错误的关系中扎根发芽的，无论如何都不可能是对的。如果人格的运动只是人的私事，那么人格以及人格的世界观便仅仅是一种假象，人格就会因此沦落，茫然若失。凭借人格自己的力量，它无法触及真理，除非它在精神生活构成的现实的深渊中保持自我。只有依靠世界发展的新阶段，并与这个新阶段密切联系，人才能完成人格运动，人类才能发展个人生活。不仅如此，这种新生活必须存在于人的灵魂中，帮助他将他提升至包围他、控制他的自然秩序之上。如果人没有进入无穷的内心，那么他就不会平等于无穷的外在。因此，人格是一个新的与世界的基本关系问题，是新形式的生命与存在问题。

如果事态如此，那么对人类来说，人格就不是现成的，也不是舒舒服服、轻轻松松就能得来的，所谓一分耕耘一分收获。人格对于人的意义是，人格是一项既光荣又艰巨的任务，需要彻底反转既存的环境。我们关心的并不是大自然本身的发展与变化，而是新自我的形成。而人们对于这项任务不会有太多的热情与重视，除非任务本身也坚决否认本能的自我保护，努力提升人类精神生活的形态。如果对新自我的渴望没有不断后退至生命的自然形式，那么这种否认一定不可以构成发展的过渡，必须积极保持不断向前发展的态势。

不仅如此，在精神生活中，人格也形成了一种上升的、集中的形态，而这种形态只有通过整个人类的经历与决断才能达成。生命经过了三个阶段：生命的开始、生命的奋斗、生命的精神收获。首要问题是要从根本上承认精神的使命，承认生命高于自然，承认超越本能自我保护之外的精神的发展。这导致了唯心主义与把一切精神生活视为单纯自然生活的延续的自然主义相分离。这是唯心主义与自然主义的第一次分裂。不过，在唯心主义的基础上，一个新问题产生了：在这些过程中存在着对唯心主义所需要的秩序的强烈抵制。人们可能会问，这种抵制会不会使我们的任务停滞不前？我们能战胜这种抵制的力量吗？在第一个问题下，我们面临着悲观主义，它会放弃我们的任务；在第二个问题下，我们必须相信会有一种力量能促进精神生活的进一步发展。然而，这是对个人存在的一种维护。

如今，以个人形式存在的状态是精神运动达到顶点的表现，也是将精神运动联合成一个整体的本质的表现，因为它使得早期的精神运动成为永恒。生命的长河不会停止流动。我们必须重新完成从本性到精神的提升，而要实现这一点我们就必须抵制存在的精神化，必须寻找内心的胜利。所以这是一个连续反应的整体，不断向上攀升，我们只希望整体存在不要进入这种状态，希望个人存在能找到自己的内在抵抗力，因为个人存在不像我们的整体存在那样有真正爱上帝的人不会奢求上帝能像他那样爱他。

The man who truly loves God cannot desire that God should love him in return.

动力、有灵魂。因此很明显，这不是一种拥有，而是一种最高目标，是个人存在的一种演变，而不是一种状态。正如我们的远大抱负一直不停地抵制本性自我的侵入一般，我们的思想也要防止退化到单纯的人类思想，否则我们就会有思想倦怠的危险。

在人格的发展中认识到这些任务与并发症的人，同样也会知道该怎样去看待关于这个问题的斗争。在宗教中，人格的概念通常受到排挤，而客观的（非个人的）精神生活却受到宠爱，因为在他们看来，人格严重地束缚了人的本性自我，而同时最高等的存在被设想为一种太拟人化的形态。另外，相信一种客观的存在，同时要求在无穷的浩瀚海洋中彻底融合个人，似乎是一种更好、更大、更纯的思维方式，比如，泛神论与神秘主义，印度教，以及斯宾诺莎与他曾经所说的“真正爱上帝的人不会奢求上帝能像他那样爱他”。这一观点在否定渺小的人类存在的形态上是正确的，但是这种否定之音，像浸没在深不可测的永生的海洋中，只能满足那些看不清精神生活中新的、独立的现实的人，也只能满足那些摆脱劳苦的人，摆脱对人类存在的困惑的人，摆脱焦躁不安与自怨自艾的人，摆脱渺小自我的狭隘与限制的人，但是他们并没有意识到新的生活已经冉冉升起，而且经过努力就能过上新的生活。只有过着一种苦思冥想的、极度消极的生活的人，思想软弱倦怠、意志薄弱的人，才会满足于这种否定之音。当精神生活变得更强大、更自信的时候，它就会尝试一些看起来不太可能做到的事，会渴望将这种否定变成肯定，会追随通往人格的道路。然而，这种渴望会一直伴随着退回生命的自然形态的危险。事实上，高级的宗教信仰与低级的宗教信仰通常是交织在一起而存在的：一方面，人们渴望一个新世界、一种新生活，以及一种新思想，人类的存在只不过是为它们提供一些象征；另一方面，人们想充分利用已经存在的事物，将这个新世界视为旧世界的对应，构筑神人同形同性论的最高思想，不再使人的定位仅仅局限于渺小的人类，而是提升到一个新的高度。因为后一种想法掩盖了必要的否定之音，所以对后一种想法的抵制使人们对人格的抵制变得合情合理，对历史的发展来说也必不可少。但是，它错了，当与低级事物在一起时，它会抵制高级事物，因此会放弃一切积极建设精神生活的希望。彻底战胜低级生命本能的所有希望，最终寄托于积极地建设精神生活。因为一种积极的运动只有在遇到另一种积极的运动的时候，才会善罢甘休。否定的力量，虚怀若谷的向往，不会像建设伟大的、势在必行的新精神生活那般那么彻底地破坏利己主义。因此，我们面对着这样一个问题：对生活与幸福的积极愿望，要不要凌驾于自然之上？要不要与精神的舞台对话？如果答案是否定的，那么我们所有不可估量的劳动都会付诸东流。文明在此时也会暴露出像宗教那样各种各样的问题。生命的艺术与理性也不会再对人格推崇备至，因为它们察觉人格在精神上已经退化成了单纯的人，并且掺杂着渺小的人类的顾虑，其进步不幸受到干扰。好像只有当精神生活与人、与它自己的目的划清界限时，它才能淋漓尽致地展现自己，然后才能遵循自己的内心需要，进而巩固自己，用自己特定的法则独立建设自己的生活。但是，高级与低级的人格概念在此也是交织在一起的，如果人类文化要达到它的最高峰，那么连同那些往往会拖垮我们的、缴械投降的事物对它都是有用的。准确的理解、存在与整体是人格的目标，二者与人类文化并不是并列关系，二者属于人类文化。后一种内属关系使自我生命在这种关系中显露出来，精神存在也自此实现自己的价值，将外在经历转化成个人经历，也第一次赋予了自我生命以实际内容。因为如果自我没有在实践行动中展现自己，那么肯定就不会有实际内容。因此，只有自我存在于精神生活之中，才能保护精神生活的灵魂与基础，以免精神生活成为一种空洞的机制，或者成为一种没有灵魂的文化过程，并且给予精神生活强大的力量去掌管自己的事务，而不是被自我所掌管，所抑制。而且，如果没有这样一种自我，生命就无法赢得充分的现实，也无法对现实产生安全感。如果没有了自我这个核心，那么存在就会变得虚无缥缈，它所接触的事物也会变得虚幻恍惚。印度就是典型的代表。

很明显，我们要做的并不是再去打造一个更有活力、更主观的现实，而是在整体上提升、改变既有的现实。这是一个人类文化与文明的终极问题，是一个新的、更真实的、更受鼓舞的文化理想的可能性问题。对个人、对所有人来说，这个问题的决定因素最终在于生命情感的能量，在于或多或少“把握”生命的力量。然而，实际决定并不取决于概念上的问题，而是取决于发展新现实的可能性。我们从来都没有将我们精神存在的终极准则搞清楚。从这一点来看，为了人格的发展，需要创建一个新世界，转变自然环境，当今的人格运动看起来一定很混乱，甚至可以说在很多方面都是错的。对人格运动的习惯看法并没有超越对人格更强烈的关注与巩固的渴望，没有超越更加独立于环境而存在的渴望。但是，如果人类只是现有世界中残缺不全的存在，内心并没有参与到一个新世界中来的话，这种渴望怎么会实现呢？如果现实的第一表象没有改变，生活的新基础没有打好，人格运动就很容易趋害避利，因为它很一定会发展成为一种生命自然本能的装饰品，一种自我意识的夸大，一种生命在人格上的纯粹的享乐。另外，当人格运动被视为回避宇宙问题的工具时，当它预示着在某一特定领域撤退时，它就只会变成狭隘的、空洞的市侩主义的颂歌。给一个人贴上人格的标签是不会有任何推陈出新的！除非我们能创造出一个新世界，我们的个人生活能得到提升，否则整个人格运动就仅仅是掩盖人性深处问题、遮掩当今事态的权宜之计[①]。

我们相信个人生活一定要有一个新的世界观。从个人生活的自我苏醒，自我经历、自我发展来看，它必须要创造出一个基础领域，创造出生命的原则。即使这些原则不能被转化成适当的精神意象，它们还是会成为最终证明知识以及一切剩余精神生活的真理。与其他次要的观点比起来，它们是主要的原则。如今，我们的理性态度与精神定位使得局势十分紧张，这种紧张的局势源于主要与次要的分化，个人与非个人（客观）的分化，后者不能直接转化成前者。然而，也许最终我们不能将现实分成两半，不能密切地拉近个人生活与这个世界的距离。因为如果那样的话，生命就会空洞无物，没有灵魂，它会放弃内在的统一与全部原则。因此，若想达成统一，就必须将生命充实起来，并赋予它灵魂。

① 如果歌德没有经常引用“赋予这世上的孩子最幸福的事，莫过于人格本身”这句话，倒也无妨，这句优美动人的话（出自《西东合集》）的本义并不是这般严肃的。

我们的任务就是勇敢地将这个目标作为我们的动力与启明星，虽然我们毫无希望达成这个目标，因而生命的内容与灵魂也很难有全面的接触。从这一点来看，个人的生活与文化建设和主观的生活与文化建设清楚地分离。主观的一方将自己与现实远离，没有自己的特色它无法超越自己；个人的一方力图渗入真正的生活，不是遥远与陌生的生活，而是有精神存在的生活，触及真理的生活。随着生命向自我生命的转变，人们克服了主观与客观之间的对立，这种结果也许可以用崇高来形容。它获得了充分的独立性，自我生命内在的必要性成为人们直接的个人动力。自我生命第一次成为一个完整的整体，并且这个整体建立在能够简单纯粹地展示自己性质的整体之上。这种崇高克服了挡在人与自我生命之间的障碍。人不能直接掌握自我生命，而是需要通过多种手段，像技术设备、实践、学习等等。此时，危险出现了，原先只是一种方法与途径的事物会变成一种目标，一种自身的终结，会将人的注意力从真正重要的事情上转移到它身上去。我们德国人，禀性谨慎，但是又沉重乏味，所面临的危险比其他任何一个种族的人都要多，因为对于我们来说，要通过创造力彻底克服技术问题简直比登天还难，没有体验世间万物，我们就不可能获得人类纯粹的伟大与真正的质朴。所以，尤其是当今，我们的生命中存在着严重的矛盾，矛盾围绕着智慧的产物与艺术作品以及创作的起源，不仅吸引着人类，而且促进整个人类的进步。如果想要一种更私人的文化意味着发展的基本趋势要从周围的混乱之中挑选出来，从而操纵着整个人类，那么这种想法非常值得一试。但是人格的问题远远不是那么快就能解决的，相反，它是最难解决的问题之一，不仅需要充分运用各种力量，很大程度上还需要命运的垂青。当今人们对这种困难给予很大的肯定，而所有对人格价值的主观肯定对我们塑造一种强大的、独创的人格的作用又是多么微乎其微啊！

## 2. 性格

### （1）性格的由来以及性格的概念

希腊人起初用性格这个词不仅用来指一种作画或印刷的工具，还指印刷本身，是一种器械。古文明时期，这个词向精神领域以及知识领域过渡，这与伦理、艺术以及文学息息相关。泰奥弗拉斯托斯是亚里士多德的学生及追随者，伦理学上的“性格”负有泰奥弗拉斯托斯之名，性格确实十之八九是从他后期大量的著作中得来的，但是对不同类型的人[①]的性格的准确观察与清晰描述却要追溯到亚里士多德，这位现实主义的伟大学者与朋友，在他的学派中也形成了独树一帜的特点。之后的作品与探讨，其影响与之异曲同工，所以后来的古典时期对不同特色的人以及人的行为有了敏锐的洞察力。而同时，性格意指艺术作品、文学作品以及个人印象等的特殊性质。在教会术语中，自奥古斯丁时期之后，性格这个词被用作一种技术术语，指某些圣礼（中世纪时指洗礼、坚信礼、祭祀）印在灵魂上的精神迹象，如此一来便再也不会抹去（后来被称为性格圣礼或圣歌）。这个词偶尔也会

① 类型（typus）与典型（typisch）在它们的通常意义上来讲，表示生命与存在的一般形式，它们可能出自医学。

出现在中古高地德语里（有时被用来表示书面语——字母 a，b，c——也用作上述技术术语）。它的字面意义一直延续至今，也或多或少与官方所指的“名流”的等级与头衔有联系。

在德国，由于泰奥弗拉斯托斯在法语世界的传播，这个词很可能在心理学与伦理学领域得到了更广泛的使用。[①]1687 年的泰奥弗拉斯托斯的《性格》一书出世，引起了极大的关注与反响，对其他国家也产生了很大的影响。在这本书中，性格与样貌（这个词有时会翻译成性格）、绘画、肖像等同。这层意思在“characterise”一词中仍然保留。这个词后来变成自己的字面意思，用来表示人在心理上，尤其是在道德上的本质。从这个意义上说，可能存在很多种不同的性格，好的或者坏的。这种情况下，说一个人没有性格是指他没有明显的突出的特点。性格究竟源于何处，究竟它是大自然的礼物还是自由行为的结果，还是不得而知。

康德第一次将性格这个概念提高到一个高度，使之成为一种重要的伦理论题与难题。他将身体性格与道德性格划清了界限，道德性格只是一种纯洁的、质朴的性格；身体性格包括自然性情与气质，能看出一个人会成为什么样的人；而真正的性格，意味着一个人要准备把自己打造成什么样的人。“性格这个词的真正含义是指意志的属性，根据这种藏在他身后的属性来确定他的实际原则，而这种原则是通过他自己的理性来确定，基本不变。”“这不是一个大自然能将人打造成何种人的问题，而是人能将自己塑

① 在这一点上，我们有准确的、深入的调查研究。当时我们是基于这本书而得出的结论。

造成何种人的问题。”“性格的基础是生命行为内在原则的绝对统一。”在这一点上，康德可能不会说一个人有这样或那样的性格，而是会简单地说他有一种性格，“这种性格必须是唯一的，或者根本没有”。

这种康德学派的概念将生命提升至精神自发活动的高度，迅速得到了应用。[①]以后人们对性格以及形成性格的价值的高调探讨都与康德的学说脱不了干系。随着性格伦理概念的产生，经验主义心理观也得以保留，否则人不会经常提及“遗传性格”，这种性格是由适应性变化、习惯等原因造成的。在这个老生常谈的词语中，我们再一次领略了不同年代，不同生命观交织在一起的影响。

### （2）性格在当今社会的地位

性格的伦理概念与人格的概念大同小异，不过，性格尤其强调人的自发活动。直到近期，性格才有了准确的定义，但是，通过个人意志的力量来获得独立与优越感的想法却是源远流长，当打破传统的社会体系迫使个人靠自己的力量站稳脚跟时，这种想法就会不时冒出来。斯多葛学派哲学对这种想法有经典的描述，斯多葛学派的生活方式也很有特点，其影响使斯多葛学派贯穿整个历史的发展，它的生活方式也被一些启蒙运动的伟大哲学家再一次强化，并且更加突出。康德对性格的教学在很多方面都来自斯多葛学派，他也很享受充分利用源于斯多葛学派的思想。这种趋势的危险在于，个人可能会变得孤立，变得自负，他可能会忽

① 康德的思想传播得多快啊。

视整体对不可见性的依赖（如果不是对可见性依赖），忽视与整体之间的联系。虽然存在这种危险，但是斯多葛学派的思想在一定时期内还是保护人们精神的自我保护的唯一手段。而性格的概念已经超越了这种相对狭隘的应用。因为它代表着内心生活的自我价值与独立，与单纯的外在截然相反，它见证了内心世界比外在世界的优越，那么即使个体的孤立被拒之门外，性格还是可能会荣誉加身。但是那时性格的概念就会与人格的概念如出一辙，要将二者分开讨论也就没有必要了。因此，我们应该仅仅从我们自己的年代的角度出发，指出性格的问题与性格的发展框架就可以。

虽然当今这个年代充斥着性格方面的问题，但同时它还是会悲苦地抱怨缺乏强大的性格与明确定义的人格。它呼吁文明，尤其呼吁教育，希望能下更大的力气培养男人与女人的性格。但是通过这些，我们再一次注意到，这种受欢迎的呼声还是表达得不够清晰，不够彻底。它总是让人们相信，道德的退步是在不知不觉间发生的，相信为了使一切再次步入正轨，需要令人难忘的告诫或有独创性的安排。但是事情并没有那么简单。如今我们痛苦地意识到，缺乏有独创性的、独立性的人是有着很深的渊源的，这一点毫无疑问。几个世纪以来，人们费心劳苦地得到的内心世界一直动荡不安，含混不清，从而内心世界的产物的吸引力也在持续萎缩，同时人的灵魂也日益空洞不实。除此之外，我们必须重视外在世界中现代人强烈的吸收能力、为显著成就而起的琐碎的冲突、为生存持续不断的努力，还有骇人听闻的生命加速度、由技术性越来越强、日益复杂的工作所导致的人类的分化，以及日益普及与通俗化的文明文化的低廉影响。如此一个熙熙攘攘的文明世界，能为独立性格的发展留出些许空间吗？能让独立性格发挥自己的价值吗？

那些相信事物本身具有内在需求的人，朝着性格的目标奋力向前，他们不会天真地认为性格的形成如探囊取物般那么容易，他们会将自己从现代的思潮中区别开来，如此一来，他们坚定了自己对人格以及性格的信仰，尽自己最大的努力去坚持，但同时也会竭尽全力去破坏人格与性格赖以生存的条件。在宇宙问题中，例如我们伟大的社会改革家总是满腔热情地欢迎一切能使人显得渺小、变得冷漠、依赖没有灵魂的支离破碎的本性的事物；而同时，在实际问题中，又代表人类的伟大与尊严为这种热情加砖添瓦，热烈拥护人类的事业，当察觉到缺乏独立的性格以及竞争的压迫性发展时，会变得愤愤不平。如今我们在多方面意识到的日益增强的外在性确实是一种很大的不幸，但是如果人没有独立的内心世界，如果人只不过是一种稍微高级一点的动物，除了本能的自我保护之外别无他求的话，这种不幸又怎么能战胜呢？

就算形成了性格，我们也不会取得任何实质性的进步，除非内心世界再一次居于中心，团结起来形成一种人生观，能以一种觉醒的、指引的、上升的力量占领人们的思想。眼下，我们距离这种人生观还很远。虽然我们必须承认人格与性格的发展不可以草草了之，[①]但是即使在现有的条件下我们还是可以做一些事情。

① 在此我们要提到裴斯泰洛齐的一番话，虽然平实无华，但是合情合理："当下雨时，毒菌可能很容易从污秽之中涌出，但即使阳光明媚，人的尊严、精神深度以及伟大的性格也不会这样产生。"

每一种职业、每一个人都有受到尊重与认可的权利，如果没有，那么我们就应该争取。

Every profession and every man has a right to respect and recognition, a respect which should be fought for if denied.

让我们简要说一下具体我们能做些什么，必须做些什么。

首先，我们必须更好地认清生命真正的价值，并给予它更高的荣耀。单纯的表象与主张必须待在它们该待的地方，不能在生命中篡夺高地。

在试图攻击这些错误因素的过程中，我们会遇到重重阻碍，尤其是享乐主义的成熟的，甚至是过于成熟的文明。我们所在的社会允许每一个人尽力追求自己的舒适感，但同时又不安地回避所有的冲突，并心甘情愿向社会惯例卑躬屈膝。在这种情况下，一个人再也无法自力更生，也无法实现自己的价值。他让自己的成功依赖于别人的认可，因此不可避免地降低了自己的身份，成为别人的仆人。在这方面每一个民族都有自己特殊的危险。我们德国人不可否认的危险是虚伪的荣誉、等级、奖赏以及头衔——这些只不过是生命的装饰——却在生命中扮演了主要的角色，所以妨碍了自力更生以及生命气概的发展。如果主要的事物没有降到次要的位置，那么人们就不可能把次要的事物当成主要的事物来对待。每一种职业、每一个人都有受到尊重与认可的权利，如果没有，那么我们就应该争取，但是不能对阶级界限让步，而要靠每一种职业、每一个人充分发挥自己的作用（用其与生俱来的力量与独立的性格），让生命变得有意义。

这将我们带入性格发展的第二个要求。它是独立的、自由决定的，在我们的生命中具有个人责任。我们德国人习惯了抱怨过度的统治，抱怨官僚主义给自由发展带来的阻碍，当然是正义凛然的抱怨，因为官僚主义天生就有一种倾向：将单个中心点完全独立，使其他一切事物对它产生依赖，将所有的权利都视为来自这个中心点。但是如果官僚主义与先天的倾向不吻合，如果我们没有控制生命，使生命系统化的渴望，没有对他人施加职权的渴望，也没有顽固不化的强迫他人接受自己的思维模式的渴望，那么官僚主义永远不会得到这种力量。我们太不愿意容忍他人的独特禀性，当他人与我们的意见背道而驰时，我们不愿意给他们自由发挥的舞台。我们可能会想到，这种自由放任的态度表明了我们情感中的冷漠，表明了我们放弃了自己的信念。自由的思想容易使我们首先想起滥用自由的危险。为了防止这种危险，我们宁愿降低生命的层次，按照例外规则而不是惯例去塑造生命，尽可能地限制生命、禁闭生命。因此我们想要创造出一些符合惯例的人物，典型的人物，更多物种的标本，而个人禀性的发展却受到镇压，维持内心独立性的一些最重要的东西已经失去。现代的生命中，有多少力量联合起来一起阻止人们个性的发展，按照固有的模式去塑造人类啊！众多势力又是多么严重威胁着人性的发展啊——尤其是那些呼吁人权的人！因为我们的个人主义者通常仅仅是充分展示统一特点的特殊类型的代表。

此外，个性的自由发展需要比熙来攘往的现代生活所给予的更多的安逸，更多内心的沉着。工作的超压负荷——不仅影响了数以万计的个人，也影响了整个社会——正在严重威胁着内心的发展，因为它阻碍了一切平静的自我反省、一切专心致志、一切连续的生命建设。德国人拥有世界上最高尚、最优秀的教育者，他们注定要代表真正的内在文化，但是这些教育希的负担过重，如果只是机械地工作，那么在一定程度上会让他们如释重负。

自由的问题总是会引起无休止的讨论，而不管是哪一方，似乎也总能找到支持自己的理由。

The problem of freedom gives rise to a discussion which is apparently endless. Each side possesses unlimited resources.

知道活力四射、欢欣愉悦的工作比疲惫不堪、精疲力竭的工作优胜百倍，或者知道没有彻底的补救措施，都是远远不够的。支持这一观点的人，会在各个方面为内在的发展、为生命中的精神自由创造更多自由的空间，同时促进与性格相关的目标的实现。当这一切危在旦夕时，小事也会变成大事。

## 第六节　自由意志

### 1. 引言

著名评论家贝尔在自由意志的问题上曾经这样写过："自由的问题总是会引起无休止的讨论，而不管是哪一方，似乎也总能找到支持自己的理由。"[①]而另一位著名的现代德国学者则声称决定论与自由意志论之间的矛盾已经得到"解决"。[②]这两个人到底谁的观点才是正确的呢？长久以来，思想界在这个问题上产生的分化似乎不可调和，难道在过去的几个世纪中，由于新思想的介入而最终使这个问题得以解决？抑或也许我们认为

① 海牙于1727年说过，自由问题没有尽头，每一个从事自由问题研究的人，总会能够从各个方面找到无限资源。

② 请参见美侬，《心理和道德理论价值的研究》，第209页："然而我们所要研究的并非一个决定主义问题：在我看来，不管怎样，对于那些相信因果关系法则的人来说，他们从逻辑上讲不可能是自由意志主义者，因此这个问题很久以前就已经解决了。"胡夫丁引用过这段话（《道德》，德语第二版，第102页），并表示在丹麦文学研究中，这个问题可能会得出不同的结论。

这个问题无须再探讨下去只是因为我们所坚持的特殊角度，只是因为我们深受某种特殊思想的影响吗？下面就让我们仔细回顾事情的始末，让我们看看决定论的胜利是不是真的人心所向，坚不可摧。

决定论在不同的时代有着不同的外在形式以及理论依据，然而其本质却是一成不变的。斯多葛学派哲学家可能被视为是最早的意识决定论者。①他们受因果关系理论影响，认为整个世界处在彼此相连的关系中，任何一个环节都无法脱离开整体而获得自由，事实上，与心理研究相比，斯多葛决定论者更多的是受整体生活观的影响。基督教早期阶段所宣扬的道德和实际学说也再次将自由意志放在主导型地位上，但却从没有给出科学论据。而奥古斯丁以上帝为中心的现实观中也延续了这种倾向，这种观点包含了完全绝对主义观并将所有人类决定视为上帝全能和全知的最终环节。宗教改革之后（尤其是对于早期改革者来说）这种地位的削弱（主要由教会和中世纪完成）受到公然拒绝，而最严重的宗教决定论再次横行于世。在启蒙运动的鼎盛时期，宇宙决定论成为主流并成为斯宾诺莎思想体系的经典形式，莱布尼兹表面上强烈反对决定论，然而实际上在他的理论中也存在微妙的决定论因素，康德在精神层面上也对自由做出解释，但是由于我们的生活和行为随时间的大潮而不断变化，因此这种解释并不会产生什

① R. 罗玲在《亚里士多德的归因理论》中做了详细调查，研究发现亚里士多德绝非决定理论主义者，但是他的研究也并没有得出清晰结论。

么效果和帮助。[①]

因此很明显，即使是在19世纪以前，决定论思想毫无疑问就一直领跑精神和智力世界，尤其是在思想领域的最高层上，决定论的发展道路一马平川，表现出强大的影响，并且不断增加生活力量，而不是削弱减少。在基督教刚开始盛行时期，保罗最支持决定论并做出了无人能及的工作，奥古斯丁也是一个有着无限精力的人，而且具有非凡的组织领导能力。在宗教改革的挣扎中，人们认为所有行动和状况完全而且只能依赖上帝，没有任何世俗力量能帮助我们，正是这种信仰带给人们坚定的自信和不屈的意志力。

而始于19世纪的新决定论正是所有这些历史时期的延续。之前的决定论起源于宗教或辩证主义信仰，但是现在，这种新决定论通过对经验的彻底审视，不管是来自生活中的哪个方面的经验，通过审视从而促进并完善新的决定论，决定论从没有像这样明显，这样给人深刻印象。因果关系的巨大网络在人们四周交织得越来越密，一种更确切的表达方式使古老经验重生并在人们生活中发挥越来越重要的作用，有这样一种说法，人们已经明显继承了祖先的本质，而继续发展则以来与自己的周遭环境和教育，到人们获得清醒意识的时候，他已经从内在上完整，而这一切都是命运塑造的结果，与意志无关。最近几年，社会科学的发展告诉我们，我们的行动从最根本上说，都受我们四周环境的影响，

① 严格意义上理解，这种理智自由必烦将我们的生活圈禁在静止状态，没有任何个人行动的机会。

而从历史角度上看，似乎我们永远都只是所处时代的孩提——甚至不能反对这个时代。

不仅如此，现代心理学的发展也使我们有机会更亲近地观察内心生活的微妙变化，并从整体上展示运动的每一个环节，犹如一个链条上的每一扣，从各方面进行调整和约束使其整体一致：不允许任何不确定行动的发生。除此以外，道德生活也受到了公平对待，人们所做出的努力已经取得显著成效，即使自由消失，道德的本质如责任等，仍旧会保留下来，甚至可以说道德本身就是这个过程中的获胜者，因为每一个单独行动与我们的生活整体建立了密切的联系，而生活整体也与普遍社会历史密切相关。因此，当提高和改善这些关系成为人们行动的主要目标，那人们行动就会获得一个更广大的基础，也就有了更确定的用途。

此外，人们的道德感也不断增加，个人犯罪也越来越受到社会的宽容。在决定论的影响下，一股强烈的人道主义运动逐渐发展起来，尤其是在犯罪法领域，当社会上的所有力量都朝着一个共同的方向努力，当具有几千年历史的古老思想与当今生活密切接触，从而获得新力量时，似乎所有的对抗力量戛然而止，决定论成为最终不可辩驳的获胜者。当然决定论不仅仅局限在科学领域中，在德国，决定论被视为是真正开明人士教育的核心，而那些对决定论仍心存怀疑的人则被划分为愚蠢的老顽童，被现代文明所鄙视和唾弃。

然而，如果我们想到仍然有相当数量的，而且这个数量正在不断增长的著名思想家仍对决定论持反对态度的话，那这种对决定论的乐观态度未免为时过早。[1]不仅如此，我们还发现，在其他文明国家中，对决定论的反抗情绪丝毫不比德国弱，法国就是一个再好不过的例子："间断哲学"肆意猛烈地对抗决定论，而柏格森也在灵魂生活中将自由当成最基本要素。也许这些都可以当作是问题没有得到解决的证据，虽然从德国思想中的某些特殊倾向的角度上看，似乎事实就是如此。

## 2. 对决定论的评论

决定论的问题上千头万绪，错综复杂，整个时代，以及时代中的思想家们围绕着这个问题争论不休，分帮结派，对待这样的问题我们绝不能采取随意的态度，鲁莽冲撞只能带来恶果。但是在考虑现代思想的趋势时，我们有必要将注意力先转移到与决定性问题有关的运动上。

如今决定论成为一种广受欢迎的生活观，在我眼中这极其教条。我们看待古老问题的角度过于狭隘，我们的眼光仅仅局限在我们特定时代的狭小圈子里，从我们所处的时代出发而没有将其放在历史整体中。然而一旦从整个历史上看，决定论与其反面倾向就不再呈现高低思想层次这样的关系，而人类启蒙的不断增加也不会随之产生反抗因素的不断减少。决定论已经

① 我们还可以参考其他一些近代作品：《自由意志的对手》，罗兰；《自由与必然》，弗勒希利）；《自由意志》，乔尔；《科学和哲学中的不自然法概念》（德语版，）等，文德尔班最近在这个问题的分类上做出了极具价值的贡献（《关于自由意志》，第二版），他指出有必要将不同形式区分开，乍一看去，这些形式通常都包含在"意志自由"中，其实不然。（见第 222 页）

在这个世界上存在了数千年，但是反抗运动却屡压不止——这些运动不仅发生在相对非理智阶级，在伟大的思想家中也屡见不鲜——不，最重要的是，甚至在领先的决定论者的队伍中也时有发生！不仅如此，在任何时期，决定论都没有从理论层面彻底地实施出来。当斯多葛学派向世界灌输因果关系理论，将整个世界转变成一个因果联系的世界，并将人类命运完全置于这中联系中时，人类个人决定的力量依然存在，人们可能认可这个因果联系的世界观，并在其中勉强发展，或者负隅抵抗而不愿任由这种决定论因素摆布。这种个人决定论（正是斯多葛学派道德体系的核心）明显与决定论学说相对。只要奥古斯丁的思想被人们的以上帝为中心的观念所占据，那他就会立即变成一个不折不扣的决定论者；只要他开始思考人类行动的问题，尤其是实际宗教事物，他就会将人们视为受到上帝的召唤从而进行独立合作并做出个人决定。路德在晚年生活中也从一定程度上改变了原来对决定论的强硬态度。

在斯宾诺莎身上，虽然他强烈坚持人类完全处在普遍联系的网络中，然而事实仍然是人类要获得认可从而确立自己的位置，而这种位置的确立也赋予生活以全新面貌。生活不再是一张人类幻想的网络，而是纯粹事实的领地。而且说起决定论的经验主义形式，正如我们现在所要面对和处理的状况，我们是意识到这种因果关系的网络并将其作为行动的促发力，还是我们继续保持无意识状态，对其影响不闻不问？难道这两种做法最终不会产生巨大的反差吗？这种因果秩序本身并不会发生什么影响，而是我们对这种关系所持的正面或负面作用才使生活有了不同的面貌。从这一点上来看，人类决定并非一无是处。

今天，决定论者可以从康德关于自由意志问题上所站的立场上领教到自负所带来的恶果，然而康德在他们眼中仍不失为一位伟大的思想家，康德的思想体系可以称得上是现代哲学界中最重要的成果：而在这项成果中自由是其不可或缺的里程碑，没有自由的观点，整个思想体系就分崩瓦解。[①]我们必须记住，在康德思想中，想象中的时空与现实中的自由概念是其对理性的评论的基础，而自由的观点从一开始就是其理论体系中不可磨灭的一部分。也许有人会对康德解决自由问题的特定方式不以为然，但事实上，在这位伟大的思想家眼中，自由永远是不可或缺的。

到底是什么因素，使人们置这么多对决定论明显有利的，而又无可辩驳的论据于不顾，还要一次又一次地试图超越决定论以外呢？原因很简单，决定论所带来的逻辑后果只能是毁坏人类精神和智力生活，从决定论角度看，人类灵魂和外部世界的目标都冥冥之中自由安排，他们按照某种特定方式出现从而不断发展。如果是这样的话，那严格地讲还会出现个人行动的问题吗？我们还会有良知吗？如果我们完全坚持决定论立场（而且绝不从任何形式上受传统人类生活和个体观念的影响或支配），那我们只能将自己视为旁观者，被动地看着自己默默承受一切，不仅从灵魂

① 在此我们只需引用康德在《实践理性批判》前言中的表述："自由的概念受到不容置疑的实践理性法则的证明和支持，而正是因为有了这个概念，纯粹的，甚至可以说是辩证的理性系统才得以完整。"康德还表示："不仅如此，自由是我们所了解的唯一一个具有有限性的辩证理性观点，我们完全无须费力理解它，因为这就是我们已经熟知的道德法则的条件。"

上受到束缚和枷锁，肉体上也避免不了，我们的未来发展完全被磨灭，我们所能做的就是按照上帝的旨意扮演自己的角色，沿着既定路线一步一步走下去，完全沦落成为命运的奴隶。现在这个词的实际意义也完全消失了。

当不再有做决定的需要，不再有付诸原始行动的压力和空间，当未来犹如花儿绽放一般从过去中崭露头角，留下的就只有现在的影子，生活中所有的内在关系、所有的主宰实体也随之消失。这种实体注定不能被动地传递下去，它是原始的个人行动的产物，只能不断被创造。因此从决定论的角度上看，我们的灵魂也变成了独立元素的并置，从外部看也许像是一个真题，然而事实上没有任何内在一致性和整体性，简而言之，这就是对所有自发性的完全否认，尤其玷污了决定论。当我们开始认真考虑到底这种脱离原始行动的做法、这种任由命运摆布走向模糊不明的未来的情况到底意味着什么的时候，我们似乎明白这种事情简直忍无可忍。人类陷入一片恐慌，这种束缚的力量势不可当，因此这也成为他们对命运的迫切希望，对道成肉身过程中最急于实现的渴望。

也正因如此，人们一直在探求，在无情的必然性面前抵抗到底有什么用呢？在这种情况下，人们可以采取的唯一一个理性的态度就是屈服、顺从。难道人的本性不是天生的吗？难道本性与环境的结合（广义上理解的环境）成就了今天的人吗？难道不是命运赋予了人们现在这样那样的角色，将人们指派到四处吗？难道对人类行动来说，其关键作用的不是明确的动机吗？如果人类可以随意选择自己行动的动机，如果善人可以做出邪恶的决定或者恶人也能做出善举（与之前行动无关），那生活难道不会就此人类并不是像动物那样完全停留在生存链中，安心做其中的一环。

It is an indisputable fact that man does not, as animals do, remain entirely within the chain-like process of existence.

陷入困惑和混乱的状态中去吗？

我们所应该做的就是无论如何也要让这些事实原原本本呈现在生活中，让它们充分发挥应有的作用。然而这并不意味着承认他们能彻底解决问题，承认他们能对人类的精神本质做出公正判断。有一个事实毋庸置疑：人类（首先应该考虑的是人类的思想）并不是像动物那样完全停留在生存链中，安心做其中的一环。人类所能做的就是踏出这个链条，能直面它并从整体观察它，如果人类连这一步都实现不了，那还谈何追求真理，而事实是人类不仅能实现这一步，而且能进一步探求生活的发展。难道这和行动不同吗？我们无法通过一系列毫无关联的刺激就能实现进步，我们能够提升自己，成为一个具有巨大优越性的整体，从而实现自我行动，迈进生活的新阶段。

从这个角度我们就可以探讨多样性的问题，能够评估这其中每一个因素的真正价值。但是这种价值并不是作为既成事物直接给我们的，这种价值随其所依附的整体而改变，而这个整体的重组也会带来价值的改变。如果有人问，那种突破人类原始精神生活的自我行动是怎样实现的？而事物整体性的问题又该如何解释呢？那我们就必须以诚相待，坦白解释我们无法给出任何答案。说来也可笑，如果我们要否认一切然而又无法给出合理理由，那我们该有多可怜可笑啊！在我们周围我们能看到有无数有意识有感觉的实体，每一个都是有自己特征的生命体，这些生命体不断更新不断延续，我们又该怎么解释这种现象呢？如果这无所谓不争的事实，那又可不可以说这种现象也有无法发生的可能性而受到拒绝，正如自我行动早先刚在人们意识中觉醒时那样受到人们质疑呢？似乎新生命体并非是无生命物质结合的产物，也不是有生命物质分裂的结果。因此新生命体并不能成为实体。然而我们又实在无法否认他们随时随刻都在产生！因此我们似乎有必要将我们的可能性概念归到事物现实一类中，在现实与我们狭隘的智力标准向吻合之前我们无法以任何方式强迫现实——从最根本上讲决定论的主要支柱就是理智主义。

另外，我们在考虑这个问题的时候不能忘了人类所处的特殊位置以及因此而引起的复杂局面，一方面人类是自然中的一部分，而另一方面人类也塑造了新阶段现实的开端，塑造了一个精神自由的王国：这就将人类生活转化成一个问题，而要解决这个问题就需要人类自己的决定。人类生活也因此受到反对力量的影响，双方的力量未可同日而语，一方面我们拥有自然或社会存在并享受这种存在而带来的乐趣，另一方面是有新的无限自我的精神秩序。我们有没有可能直接将能带来个人乐趣的行动结果与在提升自我的同时，实现个人职责并进一步发展爱所带来的效果进行比较呢？[①]在这一点上，很明显不是独立行动的问题，而是生活整体的主要趋势，这不是我们做什么、是什么的问题，而是我们将心用在哪里的问题。

人类的灵魂并不仅仅能构成一个两种现实阶段相连的舞台，

① 有这样一种说法：我们的动机和目的犹如固定的给定数量，像在天平上一样掌控着我们的灵魂，从而影响我们所做的各种决定，我们必须杜绝这种说法。难道所有的行为都是既定目的的产物——难道就不能因为生活的内在转折而产生新的目的吗？难道灵魂就不能赋予这些目的以新的价值吗？

自由行动并不是瞬间决定的问题，也不是一时兴起的产物。

Free activity is not to be regarded as a matter of mere momentary choice, nor its direction as determined by some sudden whim.

灵魂本身受到召唤，与生活相配合：在这个领域中，精神生活能够通过自我占有而达到完全现实。而在这个问题上所涉及的决定也非在特定时刻就能做出来的，他们是整个生活的产物。生活有必要做出持续肯定和加强。正如我们所见，精神生活不可能维持在一个不变的阶段，精神生活必须持续更新，否则就会顷刻间沦落下去，因此我们的生活也一直保持着紧张状态，我们不能沉默，不能一成不变地占有精神内容。从这个角度上看，自由行动并不是瞬间决定的问题，也不是一时兴起的产物。虽然有时候一个短暂的瞬间也能占据上风，但也只能是由于其持续量变的积累从而影响整体。我们首先应该考虑的应该是整体问题，应该是生活的主要趋势问题，而不是影响决定的某个孤立的点。

自由和命运相依相存，并共同影响我们的生活，精神个体的发展就是一个很好的范例，单纯的决定根本无法促进这样的整体发展。命运将发展的主线固定好：但是只要这个发展个体具有精神性，那发展的前提就是通过个人行动付诸个人努力，这个行动与其他外界行动相区分并作为中心起支撑作用。力量的核心首先应该是纯粹的，是独立的。追求自我，追求灵魂也许是一场让人不顾一切的战斗，会让我们付出惨重的代价，也许我们在到达终点前要有好长一段距离要走，但是只要人们意识到这一点，就会付出更大的努力、更多的工作来抓住这个终点并将生活建立在这个基础上。因此我们的生活不再只是命运的分配，更多的来自个人努力，越来越受自我行动的影响，而整个民族整个时代的发展亦是如此。从精神角度看，我们手中紧握的只是一种可能性，没有个人行动和努力就不会转化成稳固的现实。我们可以采取消极的被动的态度，使自己在环境中随波逐流，或者我们也可以从环境中获得独立，在环境中不断努力从而达到精神自由。就精神内容来讲，历史并不是建立在既定基础之上，也不会总是在风平浪静中向前发展，从整体上历史是开放的，总是会受到人们的各种质疑，在历史的发展过程中，我们总是想确保历史有一个稳定的基础，我们的职责就是从整体上理解历史，抓住历史，从一个全新的角度诠释历史。

有了这样的信仰，决定论就能在人们脑海中产生一个截然不同的画面：一幅与众不同的内心生活。从决定论的角度看，一切事物貌似都建立在相同的既定层面上，或者说不管怎样，都会从一个相同的既定背景中出发。而实际上，我们的生活并不是那么简单，生活的内容也不会那么统一一致。生活中的各种可能性。各种不同的层面交互错杂，前一刻我们还在沿着这个方向发展，后一秒钟就掉转车头，沿着其他路径前进了。在生活过程中，一种观点也许会轻易主宰另一种，从而误导我们整个生活和个体发展，但是扭转这种局面，我们需要的只是承担起一种全新的使命，经历一场巨变，这样我们的内心就会出现全新的、始料未及的因素，而旧观点就领域就会随之消失，我们由内而外的发生转变，我们的所有价值观也随之更改。之前填满我们灵魂的事物现在看来也许微不足道，不值一提。这种改变并不是因为我们内心的某种机械程序，而是我们自我刺激自我活动的产物。经历过这些以后，我们就会清醒过来，我们就会知道之前认为是天的事物其实只是一种朦胧的薄纱，一种亦真亦幻的可能性，而我们所实现的只是部分苏醒。

我们的社会存在的条件以及日常生存的必要性使我们逐渐适应周遭的一切：一个人可以逐渐在某种工作中稳定下来，开始例行公事似的烦琐工作，他需要做的就是全身心投入其中，任何闪失，任何遗漏会使他身败名裂，而对于他这样固守成规，规规矩矩在限制之内而从不会寻求更广阔生活的人来说，僵化麻木自然就是等待他的命运，他不会想到去开启新的生活之门，更不会想到改变自己。毫无疑问，正如决定论者们说服我们的那样，他的行进路线已经提前被设计好。悲伤，或者生活中的其他大动荡都是福佑，因为这些都能使我们摆脱个人情感的束缚，与生活之源建立全新的联系。

从这一点上说，艺术的使命最艰巨，艺术应该消灭传统生活的局限性，拓宽生活视角，建立起新的希望，在环境的制约面前，艺术应该竭尽全力，将灵魂解放出来。所有问题的关键都是一样的，是我们的生活包含既定数据，然后组合在一起呢，还是这些数据仍旧处在可塑状态下？个人问题也同样适用于整个人类。个人承受特定职业和命运的制约，同样，整个人类也会禁锢在特定思维模式下，特定人类文化下，受束缚和限制，这些都能使生活逐渐僵化，逐渐狭隘。在这种条件下，人类所能做的只能是沿着制定路线前进，成为实现某种功能的工具而已。那些已经到达某种类似文化系统的一定高度的人，一定认为自己完全能够解释事物的来龙去脉，解释事物发生至此的原因，在他们看来，整个历史就是一种必然性的大链条。

但是人类文化系统同样也会从鼎盛时期逐渐衰落，慢慢消失在历史的洪流中。诚然，如果人类在万千的宇宙关系中不能维持自我，无法抓住本质和关键，不能争取到进一步发展的机会，那事实的发展简直无法想象。我们周围所能加到的新生活是从旧世界中发展而来的吗？希腊思想家们有没有可能已经预见到基督教和新民族的崛起，从而带动的新的文明形式呢？从中世纪的角度看，现代所赋予生活的方向是不是也能够预见出来呢？而现在，我们越来越强烈地意识到现代文化的内在局限，意识到这种文明内容的逐渐衰老，又是什么在不断地鼓励着我们，让我们保持愉悦的状态继续工作，让我们相信人类没有在旧道路上耗尽精力，崭新的希望仍旧在向我们招手？然而没有个人活动，所有的这些希望和可能就无法转化为现实，我们不应该扮演被动的旁观者的角色，而应该接受内心的召唤，与环境和生活相配合。难道这样拓宽并激活我们的现实观的思维模式不应该进一步应用到整个宇宙中去吗？我们现代人的最大缺陷就是狭隘地将这个世界单纯理解成目前的状态，理解成我们周遭的事物，独立的可能性，或者是现实的总和。

世界上的复杂局面以及矛盾事物，不完整性的多重标志，以及事物理性与非理性的交互错杂都向我们做出暗示。看看我们周围，将现实的整体发展归为“既定事实”，这种做法似乎也会不落俗套地成为顽固狭隘的教条主义。而这种“既定事实”也成为最不幸最误导人的概念。其所宣扬的理论不言自明，充满问题并排除所有自我活动及其原创性。现在胆小甚微的思维模式几乎不会意识到精神力量的退化，而这种退化就是因为完全继承了“既成”的结果。“精神就这样毫无怨言地接受生活赋予的一切，死死地坚持这种‘理所当然’。”

由于篇幅有限，我们在此没有足够的空间充分解释我们眼中的自由和决定论问题，我们希望不久以后会有一部基于道德之上的作品详细探讨这个主题。然而我们应该在此指出，决定论是建立在现实本质这种学说的明确基础之上的，而认清这些学说的本来面目无疑会破坏决定论这种不证自明的特点。决定论将世界视为是既定的、封闭的，而人类只是这个大机器中的一个齿轮。如果这种观点是正确的，那怀疑决定论的暂时性无异于愚蠢之举。然而这个世界仍处在可塑状态，如果我们自己能够参与到这个创造当中去发挥自己的作用，那些立场不同的人也不能被视为是丧失理智。就算做最坏的打算，他们仍旧能以柏拉图和康德的思想世界自我安慰。同时我们也并不想以任何方式轻视决定论所带来的巨大作用，自由问题被提到人们面前并获得新的思考角度。物质整体得以深化，人们也不再幼稚地肆意肯定自由，生活中的诸多必然性也不会再被轻易忽视，我们生活的方式在很大程度上已经被命运设计好，但是人们不免仍旧心存疑虑，难道这些就是全部了？难道自由的同时不能维持自己的权力？难道不是自由与必然性之间的冲突和矛盾赋予了生活独特的个性？又到底是什么使生活，从最广义上讲的大生活，成为可能？我们同意谢林的说法："如果自由和必然之间无所谓任何冲突，不仅从哲学上讲，而且从更高层次上讲，那精神启示就会逐渐衰弱直至消失。"

# 第五章 根本问题

## 第一节 生活的价值

### 1. 引言：该术语的历史

当然了，我们无法从个人角度来评估生活的价值，因为生活中有太多的不确定性和偶然性：如果乐观主义和悲观主义[1]的问题没有别的意义，那实在是没有什么必要讨论。如果说生活并不像事实那样能够简单地、无可抗拒地使人们轻易相信某种学说，那我们完全不可能停止对生活的评价。生活要求的要么是我们做出积极赞成，要么就从思想上表现出其他态度。我们可以完全投身

①"乐观主义"和"悲观主义"这两个表达方式起源相对较晚。前者首先被用来表示莱布尼兹的最美世界学说。伏尔泰也曾经用"老实人还是乐观的"的说法来帮助传播这个词语的使用。而在悲观主义的问题上，人们首先想到的通常是叔本华，虽然他本人并不经常使用这个词。考德威尔在关于叔本华的一本著作中说过："他很少使用'悲观主义'这个词——也许总共也就三四次罢了——而这仅有的几次也是有关其他人的哲学问题，而且通常采用其形容词形式跟事物的乐观主义观点相区分。"

到生活的浪潮中，为生活的发展倾注自己的力量，或者我们也可以奋起反抗，努力尝试着为自己建立一个新领域并站稳。在伟大的历史发展中，这两种可能都可以从中找到典范。印度文明的鼎盛时期流传这样的信仰：生活中有无尽的痛苦，无尽的挣扎和必然，生活的主题永远都是承受，人类智慧的高峰在于努力将自己从生活中解放出来，或者换个说法，在于尝试着减轻这种痛苦。与这种对生活的消极态度相对立的则是我们西方文明为代表的看法，根据我们的价值观，生活毕竟还是好的。我们应该紧紧抓住生活，应该努力充实生活，西方思想家因此全心投身到这种肯定立场的建设中，展示现实的巨大价值。

西方思想奇想的历史发展可以分成三种主要阶段：希腊思想家将世界看成是一幅完整的艺术品，一种无所不包的和谐世界，因此我们应该努力超越所有的障碍和矛盾；基督教思想家与奥古斯丁类似，只要遇到问题，他们就会在现实中建立一种道德秩序，用这种秩序完全消除正义和爱之箭的矛盾与对比；最后一个阶段，在现代思想家眼中，世界就是一个不断进步的生活的浪潮，生活中的力量不断增长，从这个角度出发，一切在开始阶段看起来混乱不堪、自相矛盾的事物最终都会变成运动的动力和来源。

这种使生活和谐的努力经常成为人们严厉攻击甚至嘲笑的目标，如果他们只是那些空虚的思索的结果，如果他们背后没有任何深入运动的话，那他们也应该受到这样的待遇。实际上，事实正如后者所言，这些判定生活的努力根源于实际生活模式中，根源于一种自我为中心的思维中，这种思维将核心与存在的其他因素区分开并以这个核心为基础进一步发展整体。如果希腊人没有这个伟大的可塑的艺术的整体生活和现实结构的支持，这种结构没有将希腊文明提高到令人崇拜的层次，那希腊人眼中的这个艺术品世界就会空虚暗淡，虚弱无力。正是这个充满欢乐和力量的创造性艺术品才使希腊人武装起来，对抗在存在中的那些非理性因素（这种因素绝不可小觑），并是希腊人自信满满，直面痛苦和神秘。生活因此而分化成不同的层级，有高的有低的，有形式的无形式的，而人类能够接近更高一级的生活并在属于自己的领域中努力。

基督教的角度也类似。世界上依然存在邪恶因素，然而人们想要成为道德秩序世界中的一员（并且不会在这个世界中迷失自我）的意识依然是整个世界的主流，这种意识赋予人们自信，让人们勇敢地承担起各种工作，发挥自己的作用，同时促使人们勇敢地与非理性作抗争。我们肯定看得很清楚，现代世界从主流上讲还没有脱离开这种观点。在我们相信自己能够进一步发展的背后，人们开始逐渐提高生活，逐渐努力改善人类存在，没有这样的进步经验，这种对进步的信仰就不会如此深刻地打动我们的心。

正是这种生活结构的特征，这种生活的独立性，这种活动的综合（不仅仅是概念结构上）以及所焕发出来的活力才使人们相信，人们与现实基础仅仅相连并从这个基础中接受力量，生活并没有一事无成地从人们指尖偷偷溜走，相反，人们活力无限，生活中充满欢乐和尝试的勇气。然而这些并不能完全排除非理性因素的存在，似乎反而促进这种因素的增长。但是人们不再是手无寸铁地孤零零面对这种因素，现在，人们可以与现实并肩作战，生活有了实际意义并因此而获得无限的价值。有这种信仰的人不会轻易低估伟大思想家们的努力，不管他如何不满于他们给出的证据，生活并不是从这些证据中获取力量的。

## 2. 当前的复杂情况

现在这个问题也遇到了其他问题所面临的情况，从所谓的占有，我们再一次进入不断探求和尝试的阶段。每一个上述生活体系经历着最严重的动荡，其内容和力量受到类似的影响。这在艺术系统和道德系统中显而易见，但是进步的观点也失去了以往的力量和光芒——我们现在还不是很肯定到底这种外在的运动会将我们带往何处，到底谁会从中受益。不仅如此，在生活更深层次的问题上，其现状已经极其不稳定了。一个空虚的用词通常会抹杀事物的真实核心并降低整个等级。当前的生活不仅从整体上缺乏稳定性和坚固性，缺乏作为中心的主导目标，而且也丧失了掌控逐渐发展的现实，丧失了从内在上消化这种现实的力量，以及将存在转化成活动的伟大意识性目标。

随着现代世界的发展，环境所涉及的领域和限度显著增加，在我们的生活中也发挥着越来越大的作用，较之以往更深入地影响着我们，而在发展的同时，其薄弱之处也越发明显。因此世界越来越大地征服我们，主宰我们，逐渐将我们变成最不起眼的附属品，我们周围的生活也逐渐软弱、逐渐衰败下去。世界上逐渐出现一种趋势，要从我们的多重经历中挑选出所有将所有降低我们人性重要性的因素，剥夺我们显著特征的因素，不管从哪个方面，似乎我们现在正处在命运的受害者的位置上，而不是掌控物质，我们无法与现实建立内在联系。与其说我们因为外界世界的不断发展而萎靡不振，其实更多是我们在对抗这个世界时无能为力，而这就是我们之所以会对现实抱悲观主义、负面态度的原因。

这种逐渐明显的趋势首先可以从我们与伟大的自然之间的关系上看出来。我们主要倾心于大自然的高深莫测，时间空间上的无限性，以及其伟大和渺小之间的无穷无尽，无边无垠。而之前的年代，由于这种无限性和伟大性的影响也会因此而令人欢欣并从内在上得到提升，能够见证生活在现实中的无限充实，那些年代也算是卓有成效了。[①]不仅如此，从这些年代的视角看，这种无限性也会给人类带来巨大荣耀和益处，思想能够使人们超越狭隘的局限，共享无限和永恒。今天我们已经很少考虑无限的内在表现方式，而更多地将心思放在我们周围的时空，以及在时空无限性之下，人类存在瞬间变得渺小无比，仿佛顷刻间就能灰飞烟灭。实际上，人类生活似乎已经成了完全无关痛痒的事情。我们一直在接受这样的教育：当我们思考现代科学所揭示出来的无数奇观时，这个星球上的任何事物都会变得黯然失色。而这种对比的标准是一种外在的，除此以外我们一无所知。

而与此同时，自然（从内在意义上讲）却一直保持着神秘冷漠的态度，科学越是伸入自然的领域，它越是让基本真理远离我们。早期时代在自然问题上一直坚持着宗教或艺术信仰，而我们反而与自然失去了内在联系。我们的内心充满了人性的局限，没有多余的空间容纳任何其他思想，我们似乎一直被禁锢在一个领

① 古文明世界的经典时期避免了这种无限性，因为在这个世界中根本不存在有限，它能够构建出一种艺术构造。柏拉图首先赋予这个概念以正面的积极价值。

域中，找不到脱离这种局限性的道路。如果我们因此而与所有伟大的联系孤立开来，那我们试图理解并诠释自然及其各种形式的尝试无异于痴人说梦，异想天开。自然对我们来说依然是一个悬而未解的秘密，一个几乎完全无解的难题。

自然有无数种形式，要理解这些形式我们能做的只有针对各种形式采取不同行动，但是到了自然的目标的问题上时，这些行动似乎开始自相矛盾，毫无价值。自然精心创造出了一种特殊的东西，然后同样精心地创造出其他物质来毁灭前者。自然似乎在一种方向上肯定的事物到了另一个方向上就开始否认，自然挑起所有的创造物让它们自相残杀，在这场争斗中求生存，生活的各个领域在迂回和复杂中，在巨大的数量面前不断完善，然而同样是在巨大的数量面前他们也消失殆尽。这争斗中，我们不可避免地感知到生活不断向上发展的趋势，有机体的建设变得越来越复杂，各部分之间的差异也变得越来越明显，而灵魂活动也在持续增加。然而在自然本身的领域中，这种向上的运动趋势似乎并没有产生任何实际效果。如果说最高级阶段仍旧是一个在存在的斗争中进行自我维持的话，那从根本上讲，这个高级阶段与最低级阶段上的目标是一样的，只是经历由低往高的上升之后这种目标的实现变得更加迂回曲折，这么说来，这更像是倒退，而非进步！一方面是强烈的生活欲望，而另一方面则是经历煞费苦心而获得生活后的空虚落寞，这么看的话，这种对比该有多讽刺多尖锐啊！

每一个创造物都想着死死抓住存在不放，而完全不考虑为了维持这种存在而付出的力量和激情，然而反过来说，这种存在又为这些有生命力的创造物提供了什么呢？他们得到了什么？整个过程的意义何在？这些我们都无从知晓。而正因为我们一无所知，我们在想到整体时才会产生压抑感，才会困惑不解。[①]在这其中似乎有某种理性因素主宰着事情的发展，然而这种理性也有着局限性，不，这种理性自身也充满矛盾性。我们好像在这种毫无联系的、无限的生活中被迷住了双眼，而进化论与先人相比，似乎让我们更清晰更贴近地看到这个神秘的进化过程，越来越多的线索展现在人们眼前，我们逐渐联合起来，聚集到我们之下的一个阶层上，我们的灵魂和身体被指导低级生活的力量主宰着。在这个充满困惑的世界中，我们共享，我们任由必然性摆布，却完全不能理解这种必然性到底有多少合理之处。

然而人类仍旧有脱离自然的力量并将自己投身到文化当中去。他能够建立一个属于自己的领域，在这个领域中他可以主宰一切并重新发现生活中的价值。然而现在，从整体上看时，甚至是生活的这个方面已经不再简单，而是越来越复杂。当前已经没有人怀疑文化并不能直接满足个人并让个人高兴，文化一定要保证人们能够获得超越愉悦以外的事物，虽然我们还不知道这种事物到底是何物。毋庸置疑，我们对环境的力量在不断增加，同时人类存在的条件也持续改善，在痛苦和必然性面前，我们非胜不可，我们享乐的机会已经大大增加，我们甚至能够成功地延长人类的寿命。但是从整体上看，所有这些加起来都不能赋予生活任何意义和价值，只要是有思想、观察力敏锐的人都会去寻求这种意义和价值。现代文化已经获得巨大成就，但是仍旧缺乏与生活

① 因此在考虑整体时，我们或许会想起亚里士多德的名言。

最伟大的外在活动，最紧密的生活积累可能都伴随着内在冷漠，缺乏真正的力诹和愉悦。

The greatest outward activity, the most breathless acceleration of life, may be combined with an inner indifference, an absence of true power and joy.

的内在联系，正如我们所见，这种联系是人类不可或缺的，正是这种站在与现实整体的内在联系的中心的这种意识赋予生活艰巨的、前途美好的使命。因此我们无法毅然直面我们的困惑并超越这种困惑——这种困惑存在于每一种人类文化中，尤其是现在。

生活开始变得更加复杂，各种力量参与其中，相互掺杂相互作用，而在这种融合中，工作从偶然和机遇中解放出来获得独立，从而能够沿着自己的道路取得辉煌成就。然而与此同时，个体逐渐沦落成单纯的工具，这种情况越强烈，灵魂就越会与人类文化整体失去联系，个体的能力就会降低而无法为文化做贡献，更不能维持精神自我。最伟大的外在活动，最紧密的生活积累可能都伴随着内在冷漠，缺乏真正的力量和愉悦。而事实上，生活也逐渐分裂成独立的现象，甚至连自己都认不出来了。

当文化中不再包含主宰性指导性的灵魂，琐碎的人类元素（伴随着每一种文化的发展）就会恣意生长，并以不同寻常的力量出现在人们生活中，影响人们的生活。当我们开始从整体上考虑到底这些渺小得不值一提的目标在多大程度上与我们的努力相融合时，人类的日常工作就会变得完全不真实（这些工作标榜着高尚的目标，而又让人们首先追求个人利益），生活开始出现浮华和空虚，成功退化成为渺小的自我添光的筹码，我们应该对这个过程感到恶心和反感。我们会觉得自己正面对着我们绝不允许超越自己的力量，然而同时我们又似乎不能成功地克服它们。不仅如此，曾经看起来能够解决问题的进步观点现在也无法为我们提供帮助，很明显，即使进步也无法影响环境。在这个领域中，自然欲望和激情似乎为所有向上的努力设了紧箍咒，不管怎么做，我们也无法摆脱它的束缚。当前人类是无法在文化中找到满意的生活意义和价值的，而为了文化而投入工作也无法确保人们消除存在的困惑和必然。

但是人类文化也并没有完全束缚住我们的努力，人们大胆努力，从而能够超越这个领域，在内心生活的基础上开辟一片领地。致力于人类整体的大发展，人们能够超越所有困惑和不安，与现实建立直接联系，斯多葛哲学家们第一个有意识地做出这样的尝试，从那个时代开始，这种思想贯穿整个历史，而在启蒙运动时期，这种思想的影响力达到顶峰。宗教与上帝直接相连，从而寻求使人类超越所有有关直接存在的方法，我们在此不会探讨这种与世界脱离并退回到个体灵魂中的活动是不是存在危险和局限（这种活动必然与存在相分离），我们要问的只是在如今，这条路还有没有实现的可能。如果与有形的世界相脱离以及人类活动不想最终走向空虚，那就必然要求内在世界作保证。而这种内在世界只能从与更高力量的直接联系中获得，而这种更高力量也许就是神明或世间理性。

但是现代人已经无法确保实现这种力量，以至于在人类问题上，其实并不存在建立独立的内在世界的坚实基础，而随之也无法在这个有形世界和人类普遍事物中赢得独立地位。没有这个基础，个人价值的意识也成为一种非理性的虚幻，一个空虚的词语，而没有任何实际意义。失去了独立和原始内心生活的领地，人类又将凭借什么来实现一个以自我为中心的强大力量以对抗现实世界呢？现代文明的独特本质更进一步增加了独立感，因为人类工作越来越依赖于环境，工作和创造变得越来越机械化。当个人能力被缩小禁锢到一定程度，必然会引起个人活动的爆发，而且当我们的精神条件得以放松，在我们自己看来似乎我们比实际的依赖性更强烈。我们从各个方面寻求与外界的结合，寻求他们的支持，而不是依靠我们自己的意志，没有这种结合我们似乎就没有安全感。不仅如此，我们很大程度上寄希望于共同原则的伟大力量，使我们的个人态度顺应社会主流。总而言之，我们不断地压制生活的力量，而这完全没有必要。在这种情绪的作用下，要等到什么时候人们才能逐渐觉醒，才能渴望独立呢？

这么说的话，从整体上我们还高兴得太早。我们被顽固的自然力量包围着、主宰着，人类文化试图超越这种力量，然而却无法解脱，在毫无灵魂的工作和琐碎的人类主观之间纠缠不清，最终无法满足幸福。精神力量的不断应用也许会使我们摆脱这种困境，为我们建立一个稳固的基础，但是我们的能力和愿望不符，解脱自己反而使我们越陷越深。我们所付出的无数的努力和劳动最终并没有为我们带来任何利益，而实际上这些付出似乎根本没有任何意义可言，反而影响着我们的生活，使我们痛苦不堪。我们存在的整个结构似乎强迫我们认识到，那些内在上优越的事物永远建立在低一等级之上。上升的力量会在我们的存在中渐渐强大，从而使生活不断前进，新的等级和方面也得以出现。

然而那些新出现的、上升的力量无法独立，它们依然要依附于更高的等级，因此这些力量时常处在停滞状态，其影响力也大大削弱。像这样的经历（尤其当事物的状态不可更改时）使更深刻的灵魂也失去勇气和信心，阴郁的悲观主义因此而在我们四周扩散开来，难道这值得让人拍手称赞吗？如今，我们已经听了太多对生活的欣然接受，不，我们是在为生活高唱赞歌，但是这种趋势只是肤浅暂时的思想中内在空虚中的一个阶段。这是对生活的虚伪肯定，没有任何实际的灵魂基础，是一种魔力，使人们暂时将令人不满的存在抛之脑后。

但是只要对悲观主义做彻底思考，我们就会发现其自身包含一对矛盾，因此不可能作为最终结果。不是去价值就不会感觉到真正的痛苦。如果一切都变得无关紧要，那我们也不会为丧失和拒绝而心烦意乱。在经典时期的后期以及基督教时期的早期，邪恶并不是独立存在的，邪恶的出现是由于善良的沦丧，这种观点依然存在：举个例子，只有能看见的人才会尝到逐渐失明的痛苦！这种观点过去一直被用来支持善行主宰的信仰。[①]然而困难从来不会轻易克服，邪恶远不止是一种缺乏，诚然，没有制衡因素与之抗，邪恶感（而且更多的是一种强烈的感觉）是无法想象的。帕斯卡曾经中肯地问过："除非是一个被废黜的国王，否则当国王谁不高兴呢？"举个例子就能说明问题，如果人们真的会像昆虫那样朝生暮逝，如果人们心中不会自发起永恒的年头，那人们还会为事物的瞬息幻灭而喋喋不休地抱怨吗？

因此尽管每个时代都有重重困难和局限，然而这种深刻的困难意识有效地证明，人类并不是完全停滞在当前状况下，人类存在中有一股反抗的力量。如果我们内部并不存在任何超越普通文明的元素，那我们还会有从中解脱出来的愿望吗？如果不是我们的本性有要求，那失去文化的内在联系和纯客观性会给我们带来

① 奥古斯丁极力维护这种学说。根据他的观点，邪恶并非充足的结果，恰恰是不足的产物。

这么多痛苦吗？如果我们不想与这个世界建立某种内在联系，那我们会觉得这个世界的阴暗和晦涩束缚了我们的生活吗？很难说这些能为我们带来积极的影响，但是却能相信事物绝不会被一票否决，等待解答的问题还有很多。

当我们放眼现代生活整体，我们就会再往前迈一大步。现代生活的无限扩展主宰着人们的思维，而我们眼前所见的事物永远比这种思维为我们所描述的画面上的东西要多得多。甚至是我们已经拥有的（而不是我们正努力追求的）也远超过这种观点和价值能考虑到的。一个拥抱世界的生活给我们带来的意义要远比一个虔诚却没有任何结果的愿望高得多，当然，这种生活绝非一蹴而就，但是我们一直在努力，一直在付出，尤其值得一提的是，我们离伟大的历史人物越来越近，我们正在与他们的生活相联系，从中学习从中借鉴。虽然这还不完善还不完整，但是毫无疑问，在这个方向上我们正在一路前行。

文化上的悲观主义态度带给我们的局限性是显而易见的。有人说，现在除了机械般地工作，再没有什么能将人们仅仅聚集到一起，也因此我们成了一架大机器里不断转动的齿轮，但是这种说法没有任何依据。尽管我们有如此多的分歧，但是我们还是拥有一个共同的思想世界（确实，没有这个共同的思想世界我们也不会产生分歧）；我们的四周是充满精神内容和价值的共同氛围，而进一步观察，我们就会意识到在文化的影响下，人类的内心得到扩张和提升。我们越来越相信，在这种文化中会产生一个新的现实阶段，整个世界从内在上联系在一起，不再是一堆孤立的，甚至有时是彼此对抗的元素，而在我们周围发生的事情也远远超出人类的目标，这样我们今天所取得的成就不能单纯地理解成是人类卑微的自我的产物。科学的巨大进步以及艺术不知疲倦地塑造活动只是内在必然性的杰作，促使人类不断进步，不断创造。不管在这些运动中会涉及多少渺小的人类因素，其优越的本质不容否认。现代生活的实际运动亦是如此。一个时代如果在展示人类情感上超越以往任何时代，同时能够认可个人权利，让这种权利促进精神和理智力量的发展，分享生活的成果，一个时代如果社会意识的力量大大超越了个人思想，那这个时代并非从始至终，或者甚至从最初就被自我主义主宰。人们并没有认清这个事实，因为人们并没有从整体上理解各个现象，但是只要整体轮廓浮出生活的表面，我们必然会认清这个真理。

一旦我们认可了这个精神世界，我们的整个宇宙观就会发生翻天覆地的变化，我们的生活使命也会随之改变。自然不再是整个现实的组成部分，因为现实已经不再只是流于表面，它要求更深刻的内涵和意义。我们也不用在怀疑到底这种内向趋势什么时候才会发生，整个生活必然从根本上超越最初时的状态，而当精神生活不再被认为仅仅是自然产物，而是从大的意义上讲源于自然，因为自然的背后是一个更深刻的现实，于是进化论也会一改以往，呈现出不同的样貌。人类和自然开始平起平坐，紧密联系在一起，基于这种观点的巨大转变，我们也会因此承担起全新的使命。如果人类在自然本性的指导下不再满足于束缚在自己的圈子里，如果人类受到世界生活的影响，那人类求知的愿望就有了实现的可能。人们现在可能会问，难道不能将卑微的人类因素与原始精神区分开吗？难道不能从原始精神世界中架设一座桥梁，将人类与世界连接在一起，从而让人们进驻其中吗？

但是现在我们还无法进一步追寻这条思路，我们现在考虑的只是如何才能不让悲观主义的生活观侵占整个现实，而是针对特殊情况才会对应这种情绪，而这种特殊情况绝不能永远束缚我们。现实中所包含的要远大于这个时代的平均生活所赋予我们的。

我们也必须直率地承认，在这种“更多”的力量能够与克服其对抗力量之前，其必须与生活联系起来。然而在我们再次成功获得生活的自我中心，并在其中取得更确定的特征，与现实建立更活跃的联系之前，这些都不可能发生。[①]丢勒有句名言是这么说的：“理性包含在现实中，只有能从现实中辨别出理性的人才能拥有理性。”但是只有将生活融合成一个整体，只有我们的内在上经历转变和发展，我们才能认出这种理性。

不对存在进行仔细分析，不区分光明和黑暗，不将人类的整体生活转化成一项彻底的任务和使命，生活和现实中的积极因素就无法结合成一个整体。当然，非理性因素并不会因为我们选择了这条道路而消失在生活中，我们要做的就是从内在上超越这种非理性，从而规避它的负面影响。抵抗力量到底从何而来，为什么高级阶段会降落至低级，为什么宇宙会对自己的目标漠不关心——这些都是我们人类无法回答的问题。宗教和哲学都试图揭开这些谜团，然而事情只能越来越复杂，我们的内心正在经历重要改变，知道这一点就已经足够了。我们并不

① 我们已经指出，我们所倡导的行动主义并不表示我们会单纯地投身到实际理性甚至是道德活动中去。

是被动的旁观者，我们不任由命运摆布，相反，我们能够站在理性的一边，为理性事业做贡献。这么说来，沃维纳古的话也不无道理："这个世界充满挑战，至少对于一个积极分子来说挑战无处不在！"我们越是接近整体生活，我们就越会重新获得生活的勇气，生活的内部结构就越能为我们提供一个可靠的支持，对抗存在的非理性因素。

如果我们能够紧紧抓住与现实之间的联系，那我们的时代将重新获得存在的积极价值，这并不是乐观主义，也不是将生活中的困难因素最小化，我们需要做的就是认清这种生活态度与德国古典时期的鼎盛阶段时所盛行的生活态度之间的巨大差异：在德国古典时期的鼎盛阶段，世界被视为是完全的理性世界，而人类的最大荣耀来自于对宇宙和谐的艺术思考或智力上的理解，人类的首要任务就是我们周围各个方面的无意识活动。对我们现代人来说，自然和人类生活问题如此尖锐，我们无法冒险草率地就得出结论，从这场争斗中抽身而退。但是如果存在中的困难不断增加，从而使我们蒙受巨大损失，我们至少获得一样，这一样就足以慰藉我们受损的心灵，我们可以自己努力，朝着整体的进步奋斗，我们已经从消极思考中走出来，积极合作为整体而战。

## 第二节　宗教问题（内在一超验）

有关内在和超验之间对立问题的讨论就足以使我们接触整个宗教问题。但是我们并不提倡对这个问题的现代观点进行简要概述（尤其最近我们已经发表了一篇有关这一主题的著作）。[①]首先，以对相关术语的探讨为开始将是再合适不过了。

## 1. 相关术语的历史

现在习惯上共同摆在人们眼前的内在和超验的概念最早应该起源于康德时代。[②]直到那个时候，内在（永久）和超验还彼此对立：13 世纪以后，只要是维持在行动主题内部的活动或目标都叫作内在，而超越事物以外的则是超验。正是从这个意义上出发，我们才能理解斯宾诺莎的名言：上帝在我心中，而非实物的超验体现。[③]这句话的意思是上帝无须以其他外在形式作用与事物，上帝还是上帝，在上帝的内心和思想上控制这个世界。从这个观点看，世界在上帝中，而不是上帝存在在世界上。

这与经院哲学之间的唯一区别在于内在的排他性，前者更倾向于将内在活动与超验活动等量齐观。超验或先验还有其他的起源。中世纪后半期，超验这个词得到最普遍的应用，根据新柏拉图主义学说，这种应用领域已经超越日常分类。[④]从这一点出发，人类与上帝之间的关系超越了所有的概念，而现代世界，这个词

……………………

① 请参见《宗教的真理》，都德·约翰博士译，威廉与诺斯特出版社出版，1911 年；《基督教与新理学》，博伊斯·吉布森教授译，哈波斯出版社出版。

② 参见："那些只适用于潜在经验范围之内的原则，我们称为内在原则，而超验原则指的是那些旨在超出这些界限的原则。"

③ 有这样一种说法：神是一切事物的内在原因，但神不是短暂的，神永恒存在。其基本理论依据就是：所有的事情都是在神的作用下发生的，神是事物的原因。

④ 根据原因分，我们首先会猜想出四个概念：存在，一，真，善，此外还有事和物。

的这个意义仍旧被人们广泛使用。[1]康德将超验和先验区分开，并将其意义颠倒过来，成为他的思想模式的代表。[2]

## 2. 现代世界向内在发展的趋势

现代世界的普遍发展呈现出向内在性靠拢的趋势，这种趋势的独特本质在与希腊文明的主流运动的比较下更加明显。希腊文明的发展经验使希腊逐渐超越感官世界的范畴，从外部世界出发，我们研究的中心慢慢开始朝着内在世界转变，直到最后现实的宗教概念（柏拉图主义）将外部世界归为是有形世界的代表和象征。

现代世界恰恰背道而驰：在中世纪的宗教信仰中，未来世界或来世才是真正的归属，只有与未来世界取得联系才能使这个世界获得价值。而在现代世界开端，人们渴望寻求在本世界内的神圣力量，不，渴望将这种力量理解为神明的表达和反射。这就促进了万有在神论的产生，并成为文艺复兴时期最高尚的精神。然而，很快，这种观点继续深入发展，世界逐渐成为中心，上帝的观点不再被用来揭示新现实，而用来赋予世界以更深刻的内涵，乔尔达诺·布鲁诺和斯宾诺莎所坚持的泛神论就是很好的例子。泛神论在德国经典时期风靡一时，因为泛神论声称能够将所有对立结合起来，尤其能使最广泛最自由的有形世界和最开放的无形世界相连。这种泛神论思维模式在 19 世纪绝不会消失，但是当

① 沃尔夫和莱辛就使用旧意义上的“先验”的概念，兰伯特则认为像“先验”这样的概念包含着物质和精神世界中常见的因素。

② 关于“超验”，请参见第 462 页注释，关于“先验”，有这样的说法：“那些关于事物自身的，内在的知识，而不是关于外界物质的，才叫作先验。”

其全部特质全部暴露在人们面前，泛神论的倾向发生巨大改变，如果不是无神论，那更多的则是往不可知论发展，[①]并否认所有先验论问题，认为其完全无解。

世界上不管是哪种观点，最终都会产生一个无宗教的世界。起初，神逐渐靠近我们的存在，然后与存在紧密相连，并成为一种启示性力量，最终神会完全消失，成为遥不可及的事物。因此对现代人来说，曾经万能的宗教如今也成为无关紧要的东西，不，仅成为一种幻觉，而直接存在的世界则越来越完全吸引着人类的思想和感觉。当然，如果说每一个旧阶段都会对接替它的新阶段付与反抗的话，那它也不乏反对力量，但是不管怎样，新阶段永远不会因此而消失。

只有肤浅思想才会将这种深刻的变化归因于个人困惑和邪恶性情，事物必然有着深厚的基础，而其起因也必须在一般条件下做出公平判断，而旧宗教首先与人类已改变的生活感觉发生冲突。当人们失去面对生活的勇气和信仰，当人们开始向宗教寻求庇佑以求在宗教中找到平静和安宁时，这个时代就会产生这样的肤浅思想。同时在几个世纪的历程中，年轻的富有活力的民族中间逐渐出现了一种新的生活精神，他们渴求活动，而非安歇，追求大

① 在著名的《不可知论》中，R. 弗林特对这个词的起源做了详细解释。“不可知论者”这个词的创造者是赫胥黎，不久这个词就派生出了“不可知论”的说法。根据 R.H. 赫顿的说法，1869 年的一个晚上，詹姆斯·诺尔斯先生位于克莱彭的寓所中举行了一场聚会，这场聚会是为了纪念现在已经解散了的形而上协会，正是在这场聚会上，赫胥黎教授提出了不可知论者这个词。他借鉴了圣保罗对通向“未知的上帝”的圣坛的说法。

胆、冒险和奋斗，而不要安全和保护，人们不再逃离这个世界，反而强烈希望参与其中，在这个世界中逐渐增加自己的力量，而这种思想和情绪的彻底改变必然要经历一些的努力和尝试。不管从哪个方面上来说，这个直接的感官世界对人类越来越重要，它向人类展示了生活的深度，揭示出一个联系更紧密的自然，并不断影响人类的行动，是人类取得更伟大的成就。

科学显示，自然也受制于自然法则，并按照固定关系进行排列：它将那些奇迹性的因素从历史中排除，并通过内部的相互联系解释历史。人类的社会生活中逐渐掺入精神元素，从而声称巨大的力量释放出来，将我们的存在转化成一个理性的王国。所有这些因素都促使这个世界以前所未有的规模变成人类的精神和物质家园，而同时，人类独一无二的地位却受到最严厉的打击。世界变得越大越独立，贯穿其中的活动就会越显示出自己的法则，而相比之下，人类就会变得微不足道。

但是当人类重要性因此而降低，人类也就失去了抓住现实并将现实与灵魂贴近的能力。如果这个世界仅仅从外在上不断靠近，而从内在意义上讲，却逐渐变得遥不可及，那所有与基础之间的内在联系也会随之消失殆尽，所有的宗教学说也会变成单纯的人神同形论，退化成为神话而已。不仅如此，宗教在坚持自己权力和意见的地方会很轻易地从生活的中心滑落下来成为边缘学说，宗教不再是一种自然的，近乎理所应当的信仰，相反，却成为一种鲁莽胆大的宣称，想要继续维持这种学说必然要经历重重困难和挑战。因此情理之中，那些拒绝经验之外一切事物的人，那些从内在角度考虑问题的人开始提高自己的嗓音并找到越来越多的回应。也许现在有更多的人厌恶宗教，而对宗教的否认也越来越广泛地传播开来，这是史无前例的。有人将宗教视为清晰理解生活的障碍，有人将其视为积极力量的禁锢，还有人认为宗教压抑了给人带来愉悦的重要感觉，不管是那种理解，宗教似乎都成为一种毁灭性的幻象，人们迫切要求消除宗教的影响。这是那个古老问题的终结，还是影响目前阶段的中间力量，一种可能会产生相反作用的运动呢？

## 3. 内在概念的复杂性

反宗教运动的主要力量集中在它的攻击性上。一旦这种力量逐渐发挥出自己的威力并试图建立起自己的积极生活，世界就会变得混乱不堪。而那些提供给我们用来替代宗教的事物，即使来自异域，也会变得毛羽未丰，势单力薄。生活以及世界观的内在体系绝不仅仅来源于经验，这个体系以不易察觉的方式将经验理性化，并用完全不同的思想倾向，即泛神论中的元素让这种经验充实、复杂起来。微弱的泛神论形式控制着单独生活领域，在这些领域中被视为理所当然之举，这种泛神论通常不会冒险公开承认自己，相反，它更喜欢默默地为事物带来提高和进步。与歌德或斯宾诺莎的学说相比，由于缺乏清晰准确性，这种学说也被标记成为恶化的、虚假的泛神论。在一元论学说中我们可以看到它呈现出这种低级形式，而毫无疑问，这种一元论将自然精神化，并将其视为是一个有巨大价值的概念。我们会再次遇见历史哲学，这种哲学将人类的群体运动视为理性的产物，而在向理性的进化中信仰得以表达出来，虽然在这个思想世界中，理性的概念没有任何基础可言。这种哲学还会在社会政治运动中出现，在这些运动中，人类变得高贵优秀。不管从哪个方面，我们都会遇到这种理性化的经验，没有对比，其极具特征的精神本质也慢慢衰退。

不仅如此，从科学的观点看，内在的概念并不像其所声称的那么简单。那种完全吸引我们的直接现实又是何物呢？我们内心什么才是真实的？直接的并置状态就没有任何杂质的吗？于是人被分解成一些单独的感觉，当然了，如果只是因为世界上根本不存在独立的感觉之中东西的话，那做这种假设也是不可能的，我们所了解的只是依附在自我上的感觉——我的感觉或你的感觉——而不是感觉本身。因此我们就是一个整体，一个将各种感觉组合在一起的整体，我们自身开始出现一组对比并逐渐演变成一个悬而未解的难题：生活的本质是什么？但是如果要解答这个问题我们必须追溯到很久之前，如果我们自身的发展必须经历一个简便的过程，那很明显，“内在”这个标语所获得的意义真是少得可怜。

尤其在宗教问题上，中世纪的宗教普遍趋势与这一时期的超验主义背道而驰，但这绝不意味着我们整个生活建立在一个孤立的基础上。也许渐变和等级是必然存在的，不，也许逆转也是必要的，我们起初认为是生活和活动的坚实基础的事物也许本身需要首先从更深刻的世界中寻求帮助。这么说的话，那组成我们全部生活以及我们为之努力的现实又是何物呢？如果将其解释成一个直接感觉印象的世界，那我们就与内在的伟大先驱们——斯宾诺莎，歌德等——对立起来，不仅如此，我们也会丢失整个现代文明的精神深度。

对现实建立在精神生活基础之上的承认又会立即引发另外一

个问题：现实是不是能直接吸引生活的各个方面呢？或者现实不管从内部还是从外界来讲都没有任何困难克服，不，是面对那些不靠广泛的关系就无法得到进一步加强和帮助的事物呢？排他性的内在理性体系，以及其泛神论观点，由于人类和自然生活中的多重非理性因素而受到重创，因为从这种观点上看只可能出现两种选择：要么非理性因素被最小化，尽可能从人们眼前消除或解释过去，要么就将这种非理性因素视为是现实的基本元素，从而使其站在不容置疑的位置上。因此我们面对着两个极端：要么开始倾向肤浅的乐观主义，或者可以倾向悲观主义，也就意味着不断否定最终走向绝望。我们可以看到，事情并不像这种倾向内在的趋势所表现得那样简单，我们必须高度警觉，不能将这种世界观奉为真理，因为从我们的观点看，最顺利最容易的事物往往有蹊跷。将人类意志和愿望的满足作为显示的评判标准——一种新的人神同形论，那世界该变成什么模样呢？

## 4. 宗教问题的复兴

在尝试完全脱离宗教的帮助建立生活的时候，我们遇到了极为复杂的局面，然而，单纯这种因素还不足以阻碍这场运动，如果生活的大潮势不可当并充满自我意识，那即使再多的困惑和矛盾也能容纳其中。但是现在我们不难看到，今天，尽管宗教承受着猛烈的抨击和批判，宗教问题又席卷而来，对宗教的否认的确逐渐得到大众的追捧，然而这还不足以抵挡宗教，宗教在精神和智力世界的最高层上发起了最激烈的思想和激情。在既定时期内，不同的运动可能会相互交错甚至彼此对抗，而表面运动也许直接与深层运动的趋势相反。为了证明宗教的再度上升，我们只需将我们这个时代与德国经典时期做一下比较即可。在那时，宗教只不过是顺应生活的附属品，而今天它却成为生活的中心，使不同的观点汇集到一起，从而引起彼此间最惨烈的争斗，生活的各个领域中都会看到宗教的身影，不管是支持还是反对，宗教的影响力无限。现代世界对宗教的否认还不足以将宗教藐视为衰退过时的事物，相反，对宗教的攻击越是激烈，就越表示宗教仍然真是强大，仍然影响深远。也许这种否认和攻击本身并不代表着对宗教的排斥拒绝，而是对一种更简单宗教的渴望，一种更能满足当今需求的宗教。但是不管怎么说，宗教绝不会轻易消失。

我们要把这种变化归因于谁呢？这当然不是愧疚的结果，因为通常来讲这对那些皈依宗教的人来说是讲道传教，可以做出肯定和联合，但是本质上并不求进步。实际上，这种运动正是对现代生活本身做出的反应。这种生活能够以轻松愉悦的方式自由发展自我，能够施展自己的全部能力，展示自己的所有局限性，不，所有的无助和绝望，这些本质问题也变得一清二楚。人类历史提供给我们那么多例子，这也是另一种证明方式，凭借这种方式，一种宣言的不可或缺性通过其反面得以证明，通过其相反学说的额无限扩张得以证明。

生活朝着直接存在不断发展，在这过程中不断去除虚幻和迷信，唤醒隐藏的力量，以最有效的方式促进和发展这种存在。但是在这条路上所取得的成就都是次要的，这些成就确实提高了我们的生活条件，但是却并没有深化生活，所有这些无限工作的结果只能是内在的巨大空虚和无知，而我们只能将所有这些劳动和努力视为不足的象征。我们拒绝所有内在联系，因此文化越来越退化成为纯人类文化，只要人类这个概念自身能被赋予最高的理想价值，那从理想的角度看，避免客观的态度还是有可能的。[①]然而这种情况的发生是有一定条件的，它必须受某种思维模式的影响，而这种思维模式现在已经因为被称为扭曲现实而受到人们的拒绝。随着这种模式的消失，这种理想化也应该随之停止，人类毫无装饰地呈现出最自然最原始的状态，成为所有真理和善良的唯一衡量标准。现在，现代生活的所有力量得到解放，生活因此而浮于表面，肮脏、令人厌恶而一文不值，人类文明的卑微和不现实也毫不遮掩地摆在人们面前，在此基础上获得一种令人满意的生活方式，为人类存在提供更大的价值和意义也成为无望之举。人们越来越强烈地感觉到，在人类内心存在着一种内在生活方式所无法提供的元素，而这种尚未发展的因素才是不可或缺的，也许也是最好的！

因此人类开始渴求内在转变，渴求从束缚和压抑自我的微小和琐碎中解放出来，新时代即将到来。而这种趋势亦如往前，从单纯的人类文化转变成精神文化，从而提升人类的内在性，这必然会引发人类对新的现实和宗教的要求。

这首先会引发极为复杂的情况，人类从内在上开始渴求新的生活方式，而同时我们的理解和工作又被束缚在直接存在的层面上，我们想要更高的生活，但是却找不到通往这种高层次的道路，然而我们又不能向目标投降，我们在不同的问题间纠结往返，不

① 举个例子，赫尔德将“人类”视为最全面最崇高的理想：“对于人的命运来说，再没有比描述自己更高尚更尊贵的词了。”

停地自相矛盾。但是不管现实有多不完整，多不让人舒服，有一件事情可以肯定：我们从一个既定事实出发，再一次开始了一场追求，一场更艰苦更热切的追求，古老的永恒的问题以全新的面貌再一次出现在人们面前。而这种情况的进一步发展会经历什么取决于多种条件，人类和命运都脱不了干系，一切尽在未知的未来。

## 5. 宗教当前状况的要求

在回顾宗教当前地位时，我们必须坚持一个事实：宗教传统的教会形式与这个时代所产生的宗教运动之间存在着巨大的分歧。现在有很多人希望加入宗教但是又一点不受教会的吸引，对他们来说，吸引就等同于被迫。这种状况的原因首当其冲的应该是基督教传统形式和当前的文明生活之间的巨大差距，这种差距使得互相理解成为蜀道之难。整个世界的概念开始发生改变，这个世界开始无所不包，而不仅仅局限于人类，在现代人眼中，旧感觉形式过于软弱过于无趣，时代赋予人类以新的实际任务，为了完成这个任务，人类需要付出全部力量和劳动。古基督教试图将新的力量和生活勇气灌输给疲劳怯懦的人类，而现在宗教所面对的人类充满生活和运动的强烈愿望。

然而，现实生活中的主要因素，以及引起当前尖锐冲突的原因很简单，时代不再像以往那样仅通过一个问题来回答生活，仅通过组成基督教核心的答案满足一切——道德救赎、内在解放以及人类复兴的问题。感觉世界的现代活动和创造以及现代年轻的活力和力量感已经将这个问题融入现代人所感兴趣的大背景中，但是人们对这个问题已经热情消减，而对答案也漠不关心，问题的正确与否，必然性与否模糊晦涩、飘忽不定，而历史概念上的任何瑕疵很快就会被放大，进而决定整体的价值。

最后，在德国的问题上，教会对国家的依赖以及国家为其提供的便利在很大程度上促成了内在感觉的疏远，而其对其他德意志民族的疏远似乎并不那么严重明显，因此宗教为寻求自己的发展道路而爆发的运动也很好理解了。当我们将其与旧宗教形式相比较（在前者眼中，后者明显过于狭隘、局限），可以看出，现代宗教寻求更宽广、更普遍、更大的环境接受度。与人类内心生活的复杂局面相比，似乎现代宗教与整体的关系方面所面临的困境更棘手一点，现代宗教的目标就是使整体从内在上更亲近，并能感受到整体的无限性和魅力。在这样的艺术心情影响下，似乎从琐碎的人类因素中解脱出来的目标已经达成，灵魂也似乎能够在纯粹的世界中安然。

人类拒绝沉沦在纯人类的琐碎层面，以及人类对整体的渴求组成了宗教必不可少的方面，并对历史产生重要影响。然而在此暴露出来的因素能否解决宗教的整体使命，并进而消除和代替整个历史元素仍然是个问题。如果新的宗教形式紧紧束缚在自己能力范围之内，不以任何方式补充利用历史宗教生活的经验教训，那不管这种宗教有多宽广，能保证多少自由，其模糊性和空虚性不言而喻。

这种宗教并不会创造出微妙的氛围，所获得的也并非最原始的事实，它不会为人类展示出一个新世界，而只能以另一种角度和方式诠释现有世界，或用愉悦的气氛围绕着人们以打发人们慵懒的悠闲时光。在生活的困难面前，它无能为力。以这如果时代和宗教之间能够达到和谐，那时代必然会向宗教发难。

If there is again to be harmony between the age and religion, then the age must put a question to religion.

种方式永远也不能达到灵魂的进一步发展，不能将克服必然性和罪恶感的力量解放出来，更不能为人类提供一个坚实的基础，使人类在独立的内在世界中团结在一起。我们拥有的只是美好的画面和前景，但是这种图画永远也无法超越设计，进入现实！这种美学的泛神论思想会为我们带来有价值的动力，做好充分的准备，但是却并不是宗教的主要任务，如果思想中所包含的真理想要在进步运动中发挥真正的价值，就必须与更可靠更坚实的因素相结合。

但是不管这种新的宗教形式有多少不足，它仍旧反对教会形式，宗教生活与我们今天所做出的努力仍然存在一定分歧，因此问题在所难免：我们能否致力于克服这种分歧呢？如果能的话，那又该怎么做呢？如果时代和宗教之间能够达到和谐，那时代必然会向宗教发难，而宗教也不需以时代满意的方式做出答复，然而在此之前，不管是哪一方都要做出重大转变，都要获得深入发展。时代要认清人类生活中所面临的复杂局面，将这些复杂因素融入人类经历中，同时在道德问题上找到这些复杂因素的关键所在，而在此之前，时代是不会对宗教产生任何强烈的希望的。

而宗教也不能从狭隘的直接印象角度理解并处理宗教问题，相反，应该将这些问题视为一场包罗万象的运动的顶峰：这样才能为自己赢得更广泛的基础，避免不必要的损失。如果宗教在这个中心点上能够与时代在深层的元素相联系，如果与此同时，宗教能够在基本事实上清晰可见，万无一失，那宗教就能够毫不冒险地将传统内容接受检验，从而使人类看到什么才是本质的不变的，什么才是次要的受制于时间变化的。宗教首先必须强烈意识到自己的本质并从坚定不移地遵守这个立场，宗教的根本目标并不是为人类提供关于这个世界的智力信息，并仅仅是要唤起人类的新感觉或树立新的实际任务，宗教应该为人类揭示新的生活，不，是揭示一个全新的世界。而要达到这个目标，宗教既要与存在的最深层的基础取得直接联系，要主宰最基本的生活力量。

宗教证明新生活的方式很多，其中最重要的就是通过世界范围内的历史发展，通过不断发生的现实重塑，它必须承认，我们现在的生活就是所有生活的主导灵魂，是所有精神必不可少的条件。但是尽管这种生活从本质上讲并非是暂时的，但其在人类世界中的发展仍然要受到时间和历史的制约，必须要以时间和历史为标准调整自己。而只有这种生活的内容和存在形式之间有了明显区别才能保证这种调整不会承认任何损失，只有这样才能将本质不变性与存在形式的历史发展结合在一起。当今时代面临这一个尤为重要艰巨的使命，也就是在人类存在的范畴内获得一种宗教形式，从而与精神生活的历史地位对应起来（不仅仅是时代的表面趋势），在这个过程中，不会丢失（甚至削弱）宗教的任何本质。①

基督教与现代世界之间达成互谅互解要远比我们通常认为的

① 在此我只想说，我几乎想象不出能有比试图通过意识反射在创造出一种宗教更愚蠢的举动了：在其他领域中，我们已经很高兴地克服了这种思维模式，克服了这种肤浅的精神启示，然而正是在思维无法容忍的内在生活领域中，我们才更应该保持警惕，抵制这种思想。

困难得多，首先有必要全面认清并评价这个时代中的所有伟大转变，并理解这其中的内在必然性。一般的辩护形式并非这样：不会抓住事物的整体，而是各个击破；不会完全站在对立面上，而是由外及内地接近。它会不断尝试，会告诉人们现代运动并没有堵住所有道路，我们可以通过某些途径与教会的信仰达成一致。于是宗教变得越来越人为化，甚至将自己暴露在内在虚伪的危险中。也许有人会想起休谟说过，光靠一捆稻草的力量是无法阻止大海的洪流的！宗教永远也无法通过这种方式获得在整体生活中的位置，永远也无法通过这种方式实现直接和简单，靠近精神，也无法获得信仰的坚实力量，而没有这种坚实的力量，宗教的任务也就永远也无法实现。

毋庸置疑，宗教已经变得摇摇欲坠，而这一事实不容忽视，现在，基督教的生活方式并没有使人们信服地贴近精神自由，并不能强大地影响整个生活结构，不能转化成世纪经验，也无法将现实展示给每一个人。当宗教受制于如此多废弃异质的因素，当永恒真理受到数千年的封建残余的阻碍，宗教也无法得到全面发展，无法保证必胜的信心，甚至连一丝的公理的确定性都没有，哪怕是最轻微的批评和攻击，宗教也会惶恐不安、焦躁忧虑，而这种攻击在坚定不移的、强大自信的信仰上却完全没有任何效果。因此可以看出，宗教迫切要求一场全面彻底的变革，重申自己的主导特征，拒绝一切衰败腐朽的因素，这对其自身发展尤为重要且必要。然而，除非能保证绝对自由，否则如这样的任务将无法保证成功。

同时，宗教的本质必须得以维持，并有力地展现在人们面前，宗教必须用来辨别时代中所包含的真实与虚伪，现实与伪装。宗教只有从纯时代中独立出来才能取得辉煌成就。尤其对基督教来说，虽然不能完全拒绝直接世界，但宗教却能对那些所谓的最终结论摆手说不，并进而坚定地反对纯人类文化，反对那些禁锢在直接存在的文化，诸如组成现代生活主导趋势的文化等。在这个问题上，我们无法调整差异，除了直接对抗我们别无他选，诚然，这些对抗最终必然带来和平，但是，这组差异的对比是否从最初就清晰可见，还是从最初就逐渐减弱下去，其结果截然不同。新教存在着过多懦弱的默许，而对现代文化抱着热切的崇拜，似乎现代文化已经被封为绝对真理，不容置疑。在人们心中还存在着一丝对坚定拒绝的恐惧，似乎那些不会引起拒绝的肯定之词毫无价值可言，对自己地位不自信的人永远也不会取得进步。一个依赖于纯人类文化的宗教，一个紧跟在所有肤浅的短暂的运动之后的宗教必然是可悲的，是软弱无能的。对更多自由和自发性的渴求必然会结合在一起转化成对深度的期望，这是完全可能的，而人类要做的就是完成这项任务。因此在这个问题上我们也可以看到，虽然当前处境复杂而又充满矛盾，我们绝不能听之任之，相反，我们要充分发挥精神力量，从而战胜这些困难。

# 结 语

到目前为止，我们已经涉及了生活及思想的各个不同领域，并思考了在这些领域中我们所遇到的问题，因此我们也充分认识到在时间轨道上，生活可以充实甚至满溢，能有这样重要的问题并能够完成这么杰出的工作，这个时代绝非一般。但是考虑到这个时代的精神内容及其普遍趋势，我们也可以想象得出，这个时代还是一个不完整的时代。造成这种结果的主要原因很简单，我们的综合力量与物质不可估量的巨大财富毫不相符，而我们正是被这些物质紧紧包围着。生活的中心被扩张的力度赶超，而与此同时，我们也看到，我们并不像无可避免的命运那样被迫接受事物的这种状态，相反，今天的生活充满各种可能性，这些可能性完全可以为这种综合做充分准备和帮助。进步的创造性活动仍旧要仅仅抓住这些可能性并充分利用，不仅如此，我们还可以观察到，这些并不能取代那些被视为“既定”条件的直接结果，我们现在所需要的更是超越这些条件，获得生活的新支点、新立场，从而颠覆我们的直接存在。如果精神生活能够独立，那这种颠覆就完全有实现的可能，反之则希望渺茫。条条道路通罗马，在每个单独调查的问题上，我们看到精神生活的独立性是如何改变问题并提供出解决途径的。

沿着这种思维模式，对我们这个时代的研究就会超越自我通向未来。我们必须努力，将分散的力量集中起来，共同为一个包罗万象的中心使命而奋斗，必须将思考性分析性的思维转化成为创造性的综合，将对外部世界的普遍奉献转化成更私密、更倾向于内在生活，内在独立性更强的工作。而哲学则应该积极配合，发挥自己所能，为完成这项任务贡献自己的力量。

**图书在版编目（CIP）数据**

近代思想的主潮 / （德）鲁道夫·欧肯著 ；高玉飞译. -- 北京 ：北京时代华文书局，2018.1
ISBN 978-7-5699-2189-2

Ⅰ. ①近… Ⅱ. ①鲁… ②高… Ⅲ. ①欧肯一哲学思想一研究 Ⅳ. ①B516.59

中国版本图书馆 CIP 数据核字（2018）第 000959 号

诺奖得主人文译丛：

**近代思想的主潮**

JINDAI SIXIANG DE ZHUCHAO

著　　者 | [ 德 ] 鲁道夫·欧肯
译　　者 | 高玉飞

出 版 人 | 王训海
丛书策划 | 邵鹏军
责任编辑 | 周连杰
特约编辑 | 廖　丹
装帧设计 | 格林文化
责任印制 | 刘　银

出版发行 | 北京时代华文书局 http://www.bjsdsj.com.cn
北京市东城区安定门外大街 136 号皇城国际大厦 A 座 8 楼
邮编：100011　电话：010-64267955　64267677
印　　刷 | 三河市祥达印刷包装有限公司　0316-3656589
（如发现印装质量问题，请与印刷厂联系调换）
开　　本 | 880mm×1230mm　1/32　印　　张 | 13.75　字　　数 | 353 千字
版　　次 | 2018 年 7 月第 1 版　印　　次 | 2018 年 7 月第 1 次印刷
书　　号 | ISBN 978-7-5699-2189-2
定　　价 | 65.00 元